Sixth Edition

mosaicos

SPANISH AS A WORLD LANGUAGE

Volume 2

MATILDE OLIVELLA DE CASTELLS (LATE)
Emerita, California State University, Los Angeles

ELIZABETH E. GUZMÁN
University of Iowa

PALOMA LAPUERTA
Central Connecticut State University

JUDITH E. LISKIN–GASPARRO
University of Iowa

PEARSON

Boston Columbus Indianapolis New York San Francisco Upper Saddle River
Amsterdam Cape Town Dubai London Madrid Milan Munich Paris Montréal Toronto
Delhi Mexico City São Paulo Sydney Hong Kong Seoul Singapore Taipei Tokyo

Senior Acquisitions Editor: Tiziana Aime
Senior Digital Product Manager: Samantha Alducin
Development Editor: Scott Gravina, Celia Meana
MyLanguageLabs Development Editor: Bill Bliss
Director of Program Management: Lisa Iarkowski
Team Lead Program Management: Amber Mackey
Program Manager: Nancy Stevenson
Team Lead Project Managers: Melissa Feimer
Media Coordinator: Regina Rivera
Project Manager: Lynne Breitfeller
Project Manager: Jenna Gray, PreMediaGlobal

Front Cover Design: Black Sun
Cover Image: Maxim Tupikov / Shutterstock
Senior Art Director: Kathryn Foot
Operations Manager: Mary Fischer
Operations Specialist: Roy Roickering
Editorial and Marketing Assistant: Millie Chapman
Editor in Chief: Bob Hemmer
Director of Market Development: Kristine Suárez
World Languages Consultants: Yesha Brill, Mellissa Yokell, Denise Miller

This book was set in 10/13 Serifa Std.

Credits and acknowledgments borrowed from other sources and reproduced, with permission, in this textbook appear on appropriate page within text (or on pages CR-1 to CR-3).

Library of Congress Cataloging-in-Publication Data
Mosaicos : Spanish as a world language / Matilde Olivella de Castells (Late), Emerita, California State University, Los Angeles, Elizabeth E. Guzmán, University of Iowa, Paloma Lapuerta, Central Connecticut State University, Judith E. Liskin-Gasparro, University of Iowa. — sixth Edition.
  pages cm
 Text is in English and Spanish.
 Includes index.
 ISBN-13: 978-0-205-25540-5 (alk. paper)
 ISBN-10: 0-205-25540-X (alk. paper)
 1. Spanish language—Textbooks for foreign speakers—English. I. Castells, Matilde Olivella de. II. Guzmán, Elizabeth E. III. Lapuerta, Paloma.
  IV. Liskin-Gasparro, Judith E.
 PC4129.E5M69 2013
 468.2'421—dc23
                                                                                    2013042619

Volume 2 ISBN - 10:   0-205-99970-0
Volume 2 ISBN - 13: 978-0-205-99970-5

BRIEF CONTENTS

SCOPE & SEQUENCE

Capítulo	Learning Outcomes	Culture	
Preliminar Bienvenidos 2	• Introduce yourself, greet others, and say good-bye • Identify people and classroom objects and tell where they are in the classroom • Listen to and respond to classroom expressions and requests • Spell names and addresses and share phone numbers • Express dates, and tell time, and comment on the weather • Share information about the Spanish language and where it is spoken	**Enfoque cultural:** *El mundo hispano* 3	
1 ¿Qué estudias? 30	• Talk about studies, campus, and academic life • Describe daily routines and activities • Specify gender and number • Express location and states of being • Ask and answer questions • Talk about Spain in terms of products, practices, and perspectives • Share information about student life in Hispanic countries and compare cultural similarities	**Enfoque cultural:** *España* 31 **Mosaico cultural:** *La vida universitaria en el mundo hispano* 41	
2 ¿Quiénes son tus amigos? 64	• Describe people, places, and things • Express origin and possession • Talk about where and when events take place • Describe what someone or something is like • Express emotions and conditions • Identify what belongs to you and others • Discuss the people, things, and activities you and others like and dislike • Present information about Hispanic influences in the United States	**Enfoque cultural:** *Estados Unidos* 65 **Mosaico cultural:** *Los estereotipos y la cultura hispana* 75	

Vocabulario en contexto	Funciones y formas	Mosaicos
Las presentaciones 5 *Los saludos y las despedidas* 7 *¿Qué hay en el salón de clase?* 10 *Los meses del año y los días de la semana* 12 *El tiempo* 14 *Expresiones útiles en la clase* 15 *El alfabeto* 18	Identifying and describing people: **Singular forms of *ser*** 19 **Cognates** 20 Locating people and things: ***Estar* + location** 21 Using numbers: **Numbers 0 to 99** 23 Expressing time in Spanish: **Telling time** 26	
Los estudiantes y los cursos 33 *La universidad* 35 *Las actividades de los estudiantes* 38	Talking about academic life and daily occurrences: **Present tense of regular *-ar* verbs** 42 Talking about academic life and daily occurrences: **Present tense of regular *-er* and *-ir* verbs** 46 Specifying gender and number: **Articles and nouns** 50 Expressing location and states of being: **Present tense of *estar*** 53 Asking and answering questions: **Interrogative words** 55	**Escucha** • Listen for the gist 59 **Habla** • Ask questions to gather information 60 **Lee** • Identify the format of a text 61 **Escribe** • Brainstorm key ideas before writing 62
Mis amigos y yo 67 *Las descripciones* 69 *El origen* 72	Describing people, places, and things: **Adjectives** 76 Identifying and describing; expressing origin, possession, location of events, and time: **Present tense of *ser*** 80 Expressing qualities, emotions, and conditions: ***Ser* and *estar* with adjectives** 83 Expressing ownership: **Possessive adjectives** 87 Expressing likes and dislikes: ***Gustar*** 90	**Escucha** • Listen for specific information 94 **Habla** • Describe a person 95 **Lee** • Scan a text for specific information 96 **Escribe** • Use adjectives to enrich your descriptions 98

Capítulo	Learning Outcomes	Culture	
3 ¿Qué hacen para divertirse? 100	• Describe free-time activities and food • Plan your daily activities and express intentions • Identify prices and dates • State what and whom you know • Talk about places to visit in Peru • Share information about free-time activities in Hispanic countries and identify cultural similarities	**Enfoque cultural:** *Perú 101* **Mosaico cultural:** *Los hispanos y la vida social 110*	
4 ¿Cómo es tu familia? 136	• Talk about family members and their daily routines • Express opinions, plans, preferences, and feelings • Express obligation • Express how long something has been going on • Talk about Colombia in terms of its products, practices, and perspectives • Share information about families and family life in Hispanic countries and compare cultural similarities	**Enfoque cultural:** *Colombia 137* **Mosaico cultural:** *Las familias de la televisión 146*	
5 ¿Dónde vives? 170	• Talk about housing, the home, and household activities • Express ongoing actions • Describe physical and emotional states • Avoid repetition in speaking and writing • Point out and identify people and things • Compare cultural and geographic information of Nicaragua, El Salvador, and Honduras	**Enfoque cultural:** *Nicaragua, El Salvador y Honduras 171* **Mosaico cultural:** *Las viviendas en centros urbanos 181*	

Capítulo	Learning Outcomes	Culture	
6 ¿Qué te gusta comprar? 204	<ul><li>Talk about shopping and clothes</li><li>Talk about events in the past</li><li>Indicate to whom or for whom an action takes place</li><li>Express likes and dislikes</li><li>Describe people, objects, and events</li><li>Share information about shopping practices in Hispanic countries and compare cultural similarities</li></ul>	**Enfoque cultural:** *Venezuela* 205 **Mosaico cultural:** *Las tiendas de barrio* 215	
7 ¿Cuál es tu deporte favorito? 240	<ul><li>Talk about sports</li><li>Emphasize and clarify information</li><li>Talk about past events</li><li>Talk about practices and perspectives on sports in Argentina and Uruguay</li><li>Share information about sporting events in Hispanic countries and compare cultural similarities</li></ul>	**Enfoque cultural:** *Argentina y Uruguay* 241 **Mosaico cultural:** *Los hinchas y el superclásico* 250	
8 ¿Cuáles son tus tradiciones? 276	<ul><li>Discuss situations and celebrations</li><li>Describe conditions and express ongoing actions in the past</li><li>Tell stories about past events</li><li>Compare people and things</li><li>Talk about Mexico in terms of practices and perspectives</li><li>Share information about celebrations in Hispanic countries and compare cultural similarities</li></ul>	**Enfoque cultural:** *México* 277 **Mosaico cultural:** *Los carnavales y las tradiciones* 285	

Capítulo	Learning Outcomes	Culture	
9 ¿Dónde trabajas? 310	• Talk about careers and employment • Avoid repetition • Describe past events in more detail • Give instructions and suggestions • Compare demographic and economic changes in Guatemala and in the United States	**Enfoque cultural:** *Guatemala* 311 **Mosaico cultural:** *¿Trabajas o estudias?* 321	
10 ¿Cuál es tu comida preferida? 346	• Talk about ingredients, recipes, and meals • State impersonal information • Talk about the recent past • Give instructions in informal settings • Talk about the future • Present information, concepts, and ideas about food and public health in Ecuador and other Latin American countries	**Enfoque cultural:** *Ecuador* 347 **Mosaico cultural:** *Comida callejera* 356	
11 ¿Cómo te sientes? 380	• Discuss health and medical treatments • Express expectations and hopes • Describe emotions, opinions, and wishes • Express goals, purposes, and means • Share information about public health and medical practices in Cuba and the Dominican Republic, and compare cultural similarities	**Enfoque cultural:** *Cuba y República Dominicana* 381 **Mosaico cultural:** *Los remedios caseros* 390	

Capítulo	Learning Outcomes	Culture
12 ¿Te gusta viajar? 414	• Talk about travel arrangements and preferences • Express possession and clarify what belongs to you and to others • Express affirmation and negation • Express doubt and uncertainty • Talk about travel experiences • Share information about the social and economic impact of the Panama Canal	**Enfoque cultural:** *Costa Rica y Panamá* 415 **Mosaico cultural:** *El mochilero* 425
13 ¿Qué es arte para ti? 448	• Talk about art and culture • Express doubt and uncertainty • Hypothesize about the future • Describe states and conditions • Talk about Bolivia and Paraguay in terms of products, practices, and perspectives • Share information about art and culture in Hispanic countries and identify cultural similarities	**Enfoque cultural:** *Bolivia y Paraguay* 449 **Mosaico cultural:** *El grafiti y la identidad urbana* 460
14 ¿Cómo vivimos los cambios sociales? 478	• Discuss demographics and social conditions • Indicate conditions, goals, and purposes • Express conjecture • Talk about the past from a past perspective • Share information about social change, gender roles, and migration in Hispanic countries and identify cultural similarities	**Enfoque cultural:** *Chile* 479 **Mosaico cultural:** *La migración interna en el mundo hispano* 487
15 ¿Qué nos trae el futuro? 510	• Talk about advances in science and technology • Express wishes and recommendations in the past • Hypothesize and share information about the present and the future • Express unexpected occurrences • Talk about Puerto Rico in terms of its advances in science and technology	**Enfoque cultural:** *Puerto Rico* 511 **Mosaico cultural:** *La investigación tecnológica en Latinoamérica* 520

NEW to *Mosaicos*, Sixth Edition

Students and instructors will benefit from a wealth of new content and features in this edition. Detailed, contextualized descriptions are provided in the features walk-through that follows.

- **amplifire Dynamic Study Modules,** available in MySpanishLab, are designed to improve learning and long-term retention of vocabulary and grammar via a learning tool developed from the latest research in neuroscience and cognitive psychology on how we learn best. Students master critical course concepts online with **amplifire,** resulting in a livelier classroom experience centered on meaningful communication.

- *¡Cineastas en acción!,* a new video program created especially for *Mosaicos,* **sixth edition,** brings together five young filmmakers from different Spanish-speaking countries to attend a summer program at the Los Angeles Film Institute. As part of the program, each will produce documentaries on Hispanic culture in the United States or abroad while competing for a prestigious scholarship for best documentary. Who will win? Students using the *Mosaicos* program will decide!

    And, of course, our five young filmmakers will not only learn about making documentaries, but will also learn about each other, and create new bonds as they experience the diversity of Hispanic cultures in Los Angeles.

- Each chapter begins with a robust and interesting two-page cultural section—*Enfoque cultural*—which introduces students to the country of focus and starts the cultural integration that continues throughout the chapter.

- Midway through the chapter, *Mosaico cultural* provides a journalistic, thematic cultural presentation. The focus is not on a specific country, but rather on the chapter's theme and how it is reflected in different Spanish-speaking countries, including Hispanic communities in the United States.

- Relevant and interesting cultural information is presented as the introduction to many activities through brief *Cultura* sections. Rather than just a boxed aside, the cultural information presented through text and photographs forms the precursor to the activity, making clear and direct connections between language and culture. Accompanying *Comparaciones, Conexiones,* or *Comunidades* questions encourage meaningful communication and cross-cultural reflection.

- Teacher notes provide **additional cultural information** relevant to specific activities that the instructor may wish to highlight to further enrich the cultural aspect of the activities.

- **Learning Outcomes** are provided at the beginning of the chapter giving students a clear idea of the expected performance goals.

- Care has been taken to ensure that the **ACTFL Performance Descriptors**—Presentational, Interpretive, and Interpersonal—are put to consistent use throughout the chapter. A boxed Teacher's Note at the beginning of each chapter details precisely which activities fulfill the requirements for each mode. Additionally, the *Mosaicos* skills section is organized around the modes.

- **Advance organizers** accompany the *Situación* role plays, providing guidance for students to increase their success in communicating. Each grammar module now culminates with one rather than two *Situaciones* activities with careful attention given to the activity's "situation" being realistic and encouraging meaningful communication among students. Additional *Situación* activities are available in MySpanishLab and via the *Situaciones* mobile app including rubrics for activities intended to be completed in real time with Pearson's network of native speakers from around the world.

- The **visual aspect** of the vocabulary presentation has been enhanced providing even more contextualization for the new vocabulary.

- Guided **Vocabulary Tutorials** are provided within **MySpanishLab.** Students work through a series of word recognition activities, most of which culminate with a pronunciation activity in which students compare their pronunciation to that of a native speaker.

- **Pronunciation presentation and practice** is provided for each chapter within MySpanishLab with accompanying text and audio followed by activities.

- Each vocabulary section now begins with an input-based comprehension check. The first vocabulary presentation is followed by an audio-based activity, *Escucha y confirma*. *Para confirmar* follows the second two vocabulary presentations, providing students with the first step towards achieving comprehension.

- A new form-focused activity, *¿Comprendes?*, follows the presentation of each grammatical structure. This quick, form-focused activity provides students with the opportunity to test themselves in order to ensure they have understood the form of the structure before moving on. *¿Comprendes?* activities are also available to be completed online in MySpanishLab.

- *En directo* boxes, which provide colloquial expressions for specific activities making speech more native-like, now include **audio** so that students can listen to the expressions used in realistic conversational contexts.

- The *Mosaicos* skills section has been edited to make it more manageable for students. Some of the readings for the *Lee* section have been updated, ensuring consistently high-interest readings at the appropriate level. Additionally, the texts featured in the *Lee* section of chapters 13–15 are now pieces of **authentic literature** including stories and a poem.

- *Comprueba lo que sabes,* found in MySpanishLab is interactive and encourages students to self-check their mastery of chapter content. Additional practice and games that reinforce chapter vocabulary and grammar is available online.

- **Annotated Scope and Sequence** The authors share their thinking through annotations in the Scope and Sequence of the Annotated Instructor's Edition, explaining the rationale of the grammar scope and sequence.

WHY *MOSAICOS?* WHY THEN... AND WHY NOW?

MOSAICOS

Spanish as a World Language

It has been twenty years since **Mosaicos** first appeared in 1994, ushering in a new and evolved vision of how the elements that comprise basic language instruction could be combined in a highly communicative, culturally based language program. Its vision was complete and synthetic, both in the integrity of each element as well as the gathering of these elements into an integrated, connected whole. This vision of wholeness was transformed to become a sound and compelling approach, reflecting the nature of language and how it is learned. The **Mosaicos** title was carefully chosen to reflect the principles upon which it was founded and the manner in which it was structured.

The most basic elements of this approach were the following:

- A **guided communicative approach** based on solid methodological principles combined with years of empirical classroom experience, creating an informed and sensible pedagogy that works not only in theory, but also in practice.
- Learning **language in context** with a **focus on meaning.**
- The **integration of culture** as an essential part of language and of the experience of learning it.
- A **synthetic and focused approach** to listening, speaking, reading, and writing.
- The interweaving throughout the program of these elements.

The innovative and evolved approach taken in **Mosaicos** set a new standard for language programs and changed basic language publishing. Most important, **Mosaicos** has continued to evolve in response to current standards of language teaching, the recommendations of our many reviewers and their experiences in the classroom, as

well as the new technologies that transform the potential for achieving more and better communication in the classroom. The new sixth edition of **Mosaicos** is more solid and more integrated than ever before, creating for students a multifaceted experience of the intricate mosaic of the Spanish language and its cultures.

Over the past twenty years, many new and reimagined Beginning Spanish programs have appeared, but **Mosaicos, sixth edition** continues to offer a unique approach for this reason:

Mosaicos *offers instructors the truly communicative, deeply culture-focused approach they seek while providing the guidance and tools students need to be successful using a program with highly communicative goals. With Mosaicos, there is no need to compromise.*

This inclusiveness of **Mosaicos, sixth edition** extends to the broad range of students often found in many Spanish-language classrooms. Accommodating the needs and abilities of all students, from struggling learners to gifted ones, without compromising either group, is a perpetual dilemma for instructors. **Mosaicos, sixth edition** provides a highly communicative program with an articulated focus on culture, built in such a way that all students receive the guided learning support they need to succeed and become accomplished learners as they benefit from the rich program and opportunities for communication. Even the struggling student's individual possibilities for learning and communication are not shortchanged; the **Mosaicos, sixth edition** program offers the opportunity for achieving more than these students may have thought possible, allowing them to fulfill their true potential.

MOSAICOS

Sixth Edition

SPANISH AS A WORLD LANGUAGE

CASTELLS   GUZMÁN   LAPUERTA   LISKIN-GASPARRO

MySpanishLab

HOW DOES MOSAICOS DO THIS?

Integrated Culture   Context   Communication and Guidance   Four-Skills Synthesis

These words have appeared in many programs, but we believe the sixth edition of **Mosaicos** meticulously elaborates those simple words into a beautifully conceived, tightly woven, highly articulated program.

CULTURE

Up front and center, and everywhere in between!

All language is enveloped by and imbued with culture—it is the very substance of language. Culture is found both at the forefront and embedded throughout every chapter in **Mosaicos, sixth edition.** From its first edition, the authors of **Mosaicos** emphasized the link between culture and language and, in response to the broad and emphatic desire from our many users and reviewers, the new sixth edition has taken this coverage to new levels. Let's look at the many ways in which culture is integrated throughout the new **Mosaicos, sixth edition** program by looking at examples from Chapter 4.

NEW! *Enfoque cultural:* Each chapter begins with a robust and interesting two-page cultural section that

introduces students to the country of focus, giving students a real sense of the vibrancy and uniqueness of the Hispanic cultures. The cultural presentation has been significantly increased at the beginning of the chapter for two reasons. First, many students lack cultural knowledge of the countries in focus, including their geographic location, and thus benefit from this orientation before delving into the chapter. Second, leaving the main cultural presentation for the end of the chapter (as many programs do) makes culture look like an afterthought that is separate from the language itself.

Maps provide geographic location and shared borders with surrounding countries, along with visuals of some cultural and geographic features.

A **work of art** from the country in focus is provided, along with cultural information about the work, and it is enhanced online with a fully **Interactive Art Tour** in MySpanishLab. These tours, developed by experts in language and culture, feature Spanish narrations, offer an in-depth look at the work of art, and enable students to zoom in on details they couldn't otherwise see. At the same time, the tours provide further cultural information.

The **Interactive Globe**, located in the *Enfoque cultural* sections and found in MySpanishLab, allows students to further explore the country of focus and the cultural theme of each chapter through *Vistas culturales* videos and popular newspapers and magazines.

NEW! *¿Qué te parece?* Far from a dry list of statistics, these interesting and memorable cultural facts, serve to pique students' interest and begin to give shape to the individual countries.

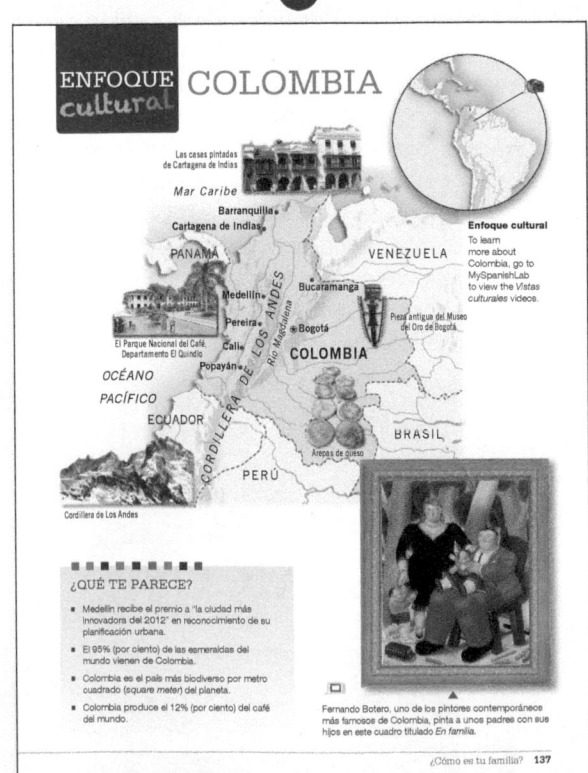

NEW! A full page is devoted to a country-focused, cultural photomontage with captioned readings, giving students a sense of the richness and the accomplishments of the country's culture and facilitates a discussion around culture. Language is carefully controlled, which ensures that students can comfortably comprehend the content. Vocabulary and grammar from previous chapters are recycled, but no new structures are introduced. Any new, non-active vocabulary is either a cognate or is glossed. The photographs also provide context with visual clues.

El carnaval de Barranquilla se celebra cada año cuatro días antes de la Cuaresma (*Lent*). Atrae a personas de todas partes que desean disfrutar de las tradiciones, la música y el baile colombianos.

ENFOQUE cultural

El escritor colombiano y ganador del Premio Nobel de Literatura, Gabriel García Márquez, cuenta con grandes éxitos literarios, entre ellos, su obra maestra, *Cien años de soledad (One Hundred Years of Solitude)*.

Bogotá, la capital de Colombia, está situada en el centro del país, a 2.600 metros sobre el nivel del mar. Es una ciudad moderna, y a la vez tradicional.

Dieciocho millones de bombillos multicolores iluminan el paseo del río Medellín. Este espectáculo de luces dura (*lasts*) desde el 1 de diciembre hasta el 7 de enero.

¿CUÁNTO SABES?

Completa estas oraciones (*sentences*) con la información correcta.

1. Ecuador, _____ y Brasil están al sur de Colombia.
2. Las casas pintadas de diferentes colores son típicas en la ciudad de _____
3. _____ es un pintor colombiano.
4. El 95% de las _____ del mundo y el 12% del _____ vienen de Colombia.
5. En Barranquilla se celebra _____ con música y baile en las calles.

138 Capítulo 4

MOSAICO **Las familias de la televisión**

Al igual que en Estados Unidos y en muchos países del mundo, la familia ocupa un lugar importante en los programas televisivos. La telenovela *Los Reyes* es una de las más famosas de la televisión colombiana. Esta serie es sobre una familia de clase media que tiene que trabajar mucho para tener una vida tranquila. Los diálogos de esta telenovela son realistas y las situaciones también.

Los Reyes es una crítica social, habla de los conflictos de clase y de los problemas de la sociedad colombiana. Sin embargo, usa a la familia como núcleo de esa discusión. La serie muestra que Colombia es un país moderno y complejo.

Naturalmente, estos conflictos no son exclusivos de Colombia.

▲ La familia ve otro episodio divertido de la serie *Los Reyes*.

En México, Argentina y España, este tipo de programa es también muy popular. En España, por ejemplo, la serie *Los Serrano* cuenta la historia de Diego Serrano, un viudo (*widower*) con tres hijos. La historia se complica cuando

Diego se casa con Lucía, madre divorciada con dos hijas. Las dos familias tienen que adaptarse para convivir juntas. Al final, como es el caso en muchas familias, la convivencia requiere paciencia y comprensión entre todos los miembros.

▼ El elenco (*cast*) de la serie *Los Serrano*

Compara
1. ¿Qué familias famosas hay en la televisión de tu país? ¿Cuál es tu favorita?
2. Escoge a una familia de una serie televisiva que te gusta. Describe a esta familia.
3. Compara la familia de la serie televisiva con tu propia familia. ¿Qué tienen en común? ¿Qué diferencias hay entre ellas?

146 Capítulo 4

NEW! Chapter theme, learning outcomes, and culture all come together in ***Mosaico cultural***. Midway through the chapter (between the vocabulary and grammar sections), ***Mosaico cultural*** provides a journalistic, thematic, cultural presentation. The focus here is not on a specific country but rather on different cultural aspects of the Hispanic world, including Latinos in the United States, which are relevant to the chapter theme. The communicative *Compara* questions that follow the readings provide the opportunity for cross-cultural reflection.

NEW! ***¿Cuánto sabes?*** Brief questions on the two chapter-opening cultural pages serve as a classroom warm-up and help ensure that students are accountable and that they read for meaning.

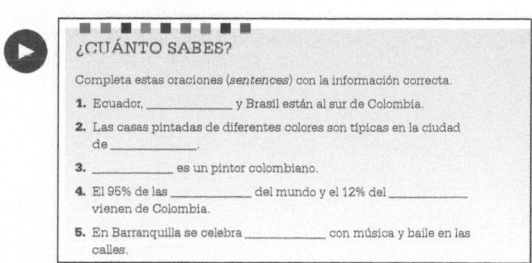

¿CUÁNTO SABES?

Completa estas oraciones (*sentences*) con la información correcta.

1. Ecuador, _____ y Brasil están al sur de Colombia.
2. Las casas pintadas de diferentes colores son típicas en la ciudad de _____
3. _____ es un pintor colombiano.
4. El 95% de las _____ del mundo y el 12% del _____ vienen de Colombia.
5. En Barranquilla se celebra _____ con música y baile en las calles.

NEW! *Cultura* Relevant and interesting cultural information is presented when appropriate as the introduction to an activity. The cultural input through text and photographs forms the first step to doing the activity, making the clear and direct connection between language and culture. Accompanying *Comparaciones, Conexiones,* or *Comunidades* questions encourage meaningful communication and cross-cultural reflection.

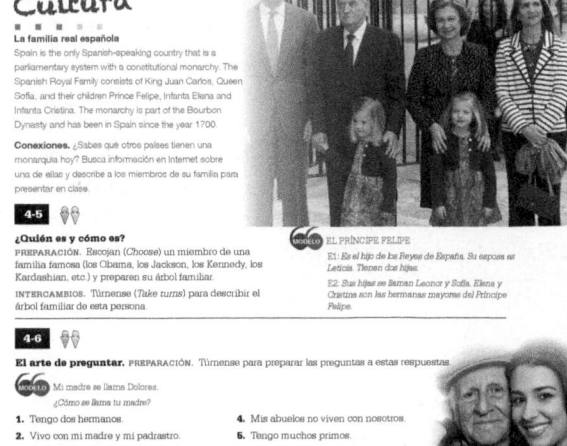

Cultura

La familia real española

Spain is the only Spanish-speaking country that is a parliamentary system with a constitutional monarchy. The Spanish Royal Family consists of King Juan Carlos, Queen Sofía, and their children Prince Felipe, Infanta Elena and Infanta Cristina. The monarchy is part of the Bourbon Dynasty and has been in Spain since the year 1700.

Conexiones. ¿Sabes que otros países tienen una monarquía hoy? Busca información en Internet sobre una de ellas y describe a los miembros de su familia para presentar en clase.

4-5

¿Quién es y cómo es?
PREPARACIÓN. Escojan (*Choose*) un miembro de una familia famosa (los Obama, los Jackson, los Kennedy, los Kardashian, etc.) y preparen su árbol familiar.

INTERCAMBIOS. Túrnense (*Take turns*) para describir el árbol familiar de esta persona.

MODELO EL PRÍNCIPE FELIPE
E1: *Es el hijo de los Reyes de España. Su esposa es Letizia. Tienen dos hijas.*
E2: *Sus hijas se llaman Leonor y Sofía. Elena y Cristina son las hermanas mayores del Príncipe Felipe.*

4-6

El arte de preguntar. PREPARACIÓN. Túrnense para preparar las preguntas a estas respuestas.

MODELO Mi madre se llama Dolores.
¿Cómo se llama tu madre?

1. Tengo dos hermanos.
2. Vivo con mi madre y mi padrastro.
3. Tengo dos abuelas y un abuelo.
4. Mis abuelos no viven con nosotros.
5. Tengo muchos primos.
6. Tengo una media hermana, pero no vive con nosotros.

INTERCAMBIOS. Ahora háganse (*ask each other*) preguntas para obtener información sobre la familia de su compañero/a. Después, compartan (*share*) esta información con la clase.

Cultura

Los apellidos
In Hispanic culture, people offically use two surnames, the first is their father's and the second is their mother's. For example, in Pablo's family, his father's name is Jaime Méndez and his mother's name is Elena Sánchez. Pablo's official name, then, is Pablo Méndez Sánchez.

Comparaciones. ¿Cuántos nombres y apellidos tienes? En la cultura hispana, ¿cuál sería (*would be*) tu nombre oficial?

4-7

Mi familia. Busca fotos de tus familiares en tu celular o en Facebook. Luego, muéstrale las fotos a tu compañero/a y describe a tus familiares.

1. nombre y apellido
2. relación familiar
3. personalidad
4. actividades que haces con la persona

4-27

Un viaje (*trip*) a Colombia. PREPARACIÓN. Tu familia va a viajar a Colombia. Selecciona la mejor recomendación para cada persona. Después añade (*add*) algo que quieres hacer tú y explica por qué.

1. _____ Mi hermana quiere visitar un lugar religioso muy original.

2. _____ A mis padres les gustaría ver joyas (*jewels*) precolombinas.

3. _____ Mi prima quiere escuchar música colombiana.

4. _____ Mis abuelos prefieren las actividades al aire libre.

    a. Tiene que asistir a un concierto de Los Príncipes del Vallenato.

    b. Tiene que ir a la Catedral de Sal.

    c. Tienen que ir al Museo del Oro.

    d. Tienen que conocer el Parque Ecológico El Portal.

INTERCAMBIOS. Busca información en Internet y prepara una breve descripción de uno de los lugares, grupos o eventos siguientes. Incluye la ubicación (*location*) y las actividades asociadas con el lugar, el grupo o los eventos. Luego, comparte la información con la clase.

1. Los Príncipes del Vallenato
2. la Catedral de Sal
3. el Museo del Oro
4. el Parque Arqueológico de San Agustín

Culture Integrated within Activities: Chapter-relevant culture is often integrated within the activities. In this example, the activities for learning to "express obligation with *tener que* + infinitive" are related to the culture of Colombia.

VIDEO

cineasta 1. com. Persona que se dedica al cine, especialmente como director.

¡Cineastas en acción!: *Where people and cultures come together!*

The Cast
All aspiring documentary filmmakers

Esteban [Costa Rica]

Artistic, free-spirited surfer

Yolanda [Mexico]

Vegan. Green. Hipster.

Esteban's good looks catch her eye, but Federico tries to touch her heart.

Vanesa [Spain]

Madrileña. Trasnochadora. Full of fun and high spirits. Who cannot love fashionista Vanesa?

Federico [Argentina]

Meat lover. A little macho and full of himself. Can he win over vegan Yolanda who finds him just plain annoying?

Héctor [Peru]

The nice guy and everyone's friend.

THE LOCATION

The Los Angeles Film Institute

Our protagonists' rendezvous point: Blanca's house, their home for the summer

The city of Los Angeles and a myriad of sites throughout the Hispanic world

Our five aspiring young filmmakers attend the Los Angeles Film Institute's summer program on documentary filmmaking. Each explores, learns, and then documents the wealth of Hispanic culture in the United States and abroad as part of their course work. Each has also brought previously shot footage from Spanish-speaking countries around the world. Lots of cultural exchange goes on among these new friends as they share aspects of their native cultures and personal experiences through video.

However, our friendly *amigos* are in competition with each other for a prestigious scholarship—spending the next academic year at the Institute—awarded to the student who produces the best work over the course of the summer. Who decides who deserves to win the coveted *beca*? Students using the **Mosaicos, sixth edition** program will decide!

Put five eclectic young filmmakers together and of course some drama will ensue—friendships, rivalries, and maybe even some romance. Watch the dramas unfold!

Technology also opens up further cultural exchange. The filmmakers are able to virtually share their various projects using tablets and smartphones. In addition, when Vanesa's cousin contacts her on Skype from Guatemala, they hop onto her Facebook page to view her photo album of Guatemala while she narrates her experiences working there. *¡El mundo se convierte en un pañuelo!*

THE PEDAGOGY

The central theme of each video segment expands on the overarching theme of each **Mosaicos, sixth edition** chapter. In the chapter *¿Qué hacen para divertirse?*, we'll visit a Peruvian restaurant in Los Angeles where the chef shares her recipe for *pescado encebollado*. We learn through Federico's eyes what his neighborhood and house in Buenos Aires look like in the chapter *¿Dónde vives?*. In *¿Qué te gusta comprar?*, we'll view a Latino fashion show in Los Angeles and in *¿Cuáles son tus tradiciones?*, we get a close-up look at the exuberance of the La Mercé festival in Barcelona. Tapas culture in Spain, gay marriage in Argentina, surfing in Perú—just a few of the many worlds our friends explore and share!

- Dialogues reinforce each chapter's vocabulary and grammar.

- In-text activities in the **En acción** section of the chapter provide pre-, during, and post-viewing activities (continuing the process approach of the **Mosaicos** four-skills section).

- Instructors can—at their discretion and reflecting their own methodology—choose whether Spanish captions are available to students. A variety of different types of auto-graded interactive activities are provided within MySpanishLab that assess listening comprehension and cultural knowledge.

- Additional culturally-based video activities are found in MySpanishLab.

CONTEXT

Vocabulary and grammar where they belong—in communicative and cultural context!

In addition to presenting language in the context of culture, one of the hallmarks of **Mosaicos** has always been the presentation of vocabulary and grammar in context through a communicatively rich format.

Vocabulario en contexto

New vocabulary is presented in contexts that reflect the chapter theme. Vocabulary is chunked into three modules per chapter so students can learn and practice a manageable amount. Language samples, photos, line drawings, and realia are used to present new material, rather than word lists and translations. Vocabulary is then consistently **recycled in new contexts,** within and across the chapters, blending it with new words and structures.

Boldface type is used within the language samples to highlight key words and phrases that students will need to learn to use actively. Audio icons remind students that recorded versions of the language samples are available online or on CD. A convenient list of these words and phrases with their translation is provided at the end of the chapter with accompanying audio.

NEW! Learning Outcomes clearly listed at the beginning of the chapter give students a clear idea of their goals for this section.

Strategically placed *Lengua* boxes provide students with succinct information right at the point of need to support self-expression.

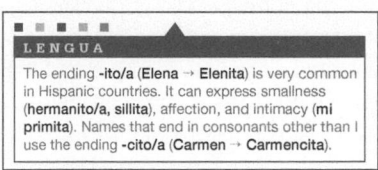

> ### LENGUA
> The ending **-ito/a** (**Elena → Elenita**) is very common in Hispanic countries. It can express smallness (**hermanito/a, sillita**), affection, and intimacy (**mi primita**). Names that end in consonants other than l use the ending **-cito/a** (**Carmen → Carmencita**).

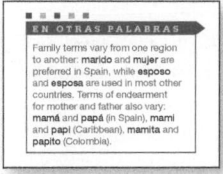

> ### EN OTRAS PALABRAS
> Family terms vary from one region to another: **marido** and **mujer** are preferred in Spain, while **esposo** and **esposa** are used in most other countries. Terms of endearment for mother and father also vary: **mamá** and **papá** (in Spain), **mami** and **papi** (Caribbean), **mamita** and **papito** (Colombia).

En otras palabras boxes give examples of regional variations of the language.

NEW! Online Vocabulary Tutorials. Guided online vocabulary tutorials offer students opportunities to work through a series of word recognition activities that help them tie words to images. Most tutorials culminate with a pronunciation activity where students compare their pronunciation to that of a native speaker.

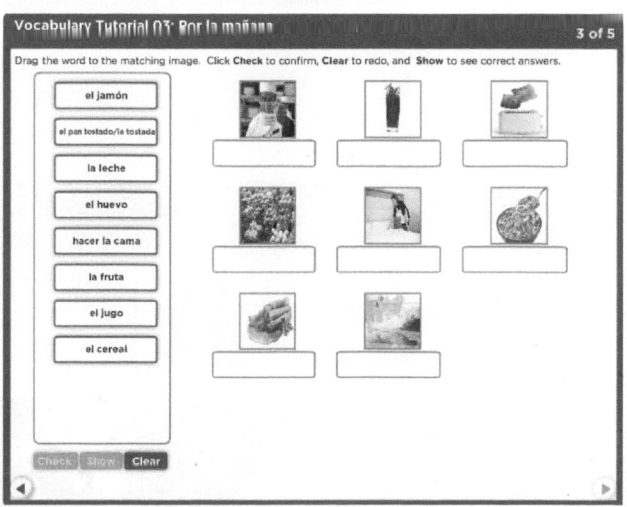

NEW! Pronunciation Presentation and Practice. Within MySpanishLab, a pronunciation topic is presented with accompanying text and audio, followed by three sets of activity types: *Identificación, Las palabras que faltan, Repetición*. In the Annotated Instructor's Edition, notes indicate the specific pronunciation topic covered in that chapter.

Funciones y formas

In **Mosaicos, sixth edition,** grammar is presented as a means to effective communication, **moving from meaning to form** and providing an understanding that is both functional and structural. Students are first presented with new structures in meaningful contexts through visuals and brief language samples. The new structures are highlighted in boldface type.

NEW! Audio is provided in MySpanishLab for all of the language samples.

A short, comprehension-based *Piénsalo* activity follows each language sample. These activities form part of the presentation of grammar in context. Students use comprehension and reasoning skills to figure out the answers, by focusing on the connection between meaning (*función*) and the new grammatical structure (*forma*).

Charts and bulleted explanations—clear, concise, and easy to understand—are designed to be studied at home or used for reference in class.

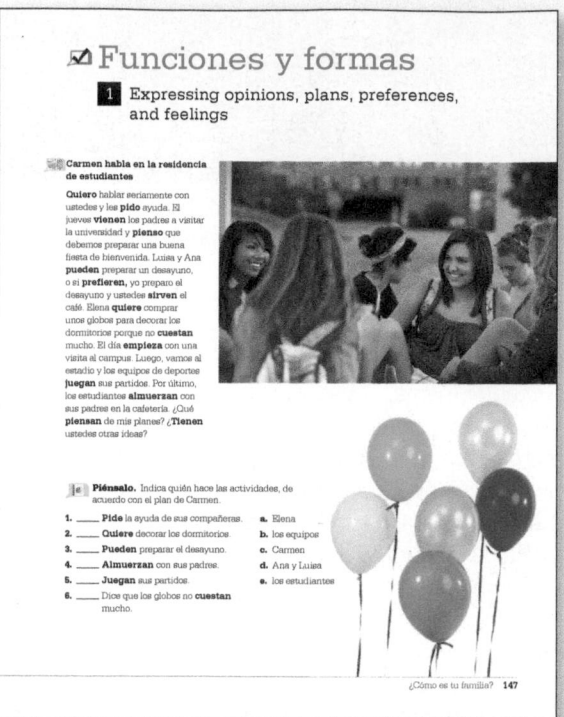

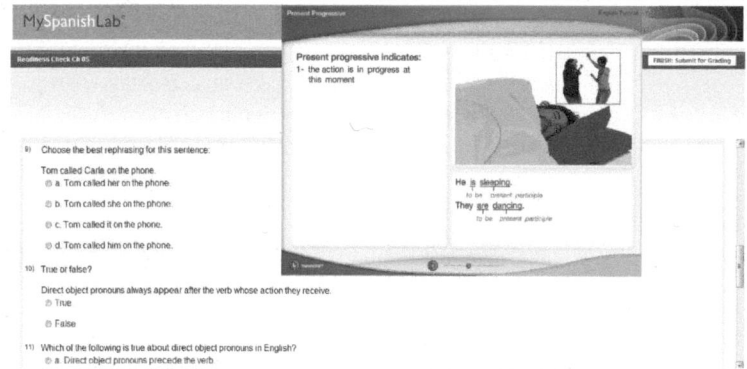

Online English Grammar Readiness Checks and Tutorials: Online English Grammar Readiness Checks assess students' understanding of the English Grammar topics needed to successfully understand the Spanish ones in the chapter and provide personalized remediation via animated English Grammar Tutorials in MySpanishLab. Understanding English grammar terminology greatly facilitates learning of the corresponding Spanish concepts. Instructors no longer need to spend valuable class time talking about the language of language . . . they can instead use the language in meaningful ways.

Online Spanish Grammar Tutorials: Online interactive grammar tutorials in MySpanishLab offer narrated explanations and illustrated examples to help students further comprehend the concepts they are learning. The tutorial ends with an auto-scored comprehension check.

These multiple and complementary means of grammar presentation provide students with different portals for understanding, while serving different learning styles and ensuring that students grasp the concepts.

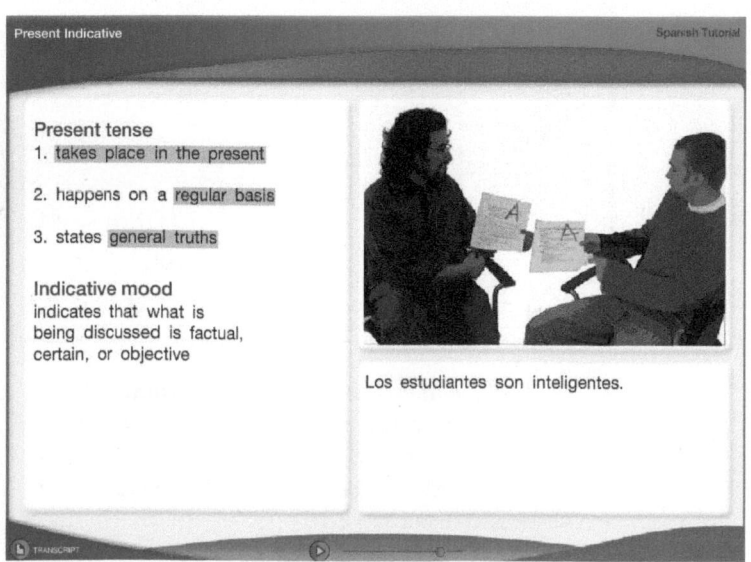

COMMUNICATION AND GUIDANCE

Providing students the guidance they need to express themselves with confidence!

Just as language and culture are inseparable in *Mosaicos,* **sixth edition,** communication and the guidance provided to foster communication are inseparable as well. Since both the vocabulary and grammar sections contribute unique aspects to the guidance provided, we will look at each one.

With *Mosaicos,* **sixth edition,** almost all of the activities provided in the textbook are communicative in nature. Discrete point practice is primarily provided online through MySpanishLab or in the printed Student Activities Manual. Classroom time is devoted to communicative practice.

The progression within each activity set moves the student along gradually from comprehension to open-ended expression. This carefully stepped progression ensures students are guided through the process and not rushed to produce before they are ready.

COMMUNICATING AND PRACTICING WITH VOCABULARY

NEW! *Escucha y confirma:* A listening activity follows the first of the three vocabulary presentations per chapter. This input-based comprehension check gives students listening practice while allowing them to assess their understanding of the vocabulary and determine if they are ready to move on to additional vocabulary practice in meaningful contexts.

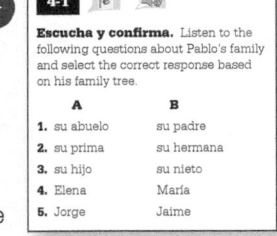

NEW! *Para confirmar:* The first activity of the second two vocabulary presentations is always an input-based comprehension check allowing students to ensure their grasp of the vocabulary before moving on to additional vocabulary practice in meaningful contexts.

NEW! Brief *Cultura* presentations introduce selected vocabulary activities to raise awareness of the cultural contexts in which language is used. Accompanying *Comparaciones, Conexiones,* or *Comunidades* questions encourage meaningful communication and cross-cultural reflection.

The activity sequence fosters the use of new and previously learned vocabulary in natural, thematically relevant contexts. Activities foster personalization as students are encouraged to talk about what is known to them, themselves, and the people they know and gradually increase in expectation of output as students become comfortable using the new vocabulary. The vast majority of the activities are done in pairs or groups so that students spend their classroom time in conversation.

COMMUNICATING AND PRACTICING WITH GRAMMAR

NEW! *¿Comprendes?* A new form-focused activity follows the grammar presentation. Students can do the activity in class with the instructor or as graded online homework before coming to class as all *¿Comprendes?* activities are auto-graded and include immediate feedback when completed within MySpanishLab. In these quick, form-focused activities students check that they are able to produce the new grammatical forms before moving to the contextualized and communicative activities.

The continuing activity sequence moves students gradually from meaningful, form-focused activities towards production of open-ended, personalized communication. The activities focus attention on the communicative purpose of the linguistic structures while invoking culturally relevant contexts. All activities require students to process meaning as well as form so that they develop skill in using their linguistic knowledge to gather information, answer questions, and resolve problems. For example, even the form-focused activities require students to process meaning, not just fill in the blank with the correct response, making the connection between meaning and form. For good reason, the grammar section is called *Funciones y formas*—a hallmark of the *Mosaicos* approach.

Instructor annotations offer suggestions on how to personalize and expand the activities, guide students through multi-stage activities, and encourage students to engage in metalinguistic processing.

NEW! Brief *Cultura* presentations introduce selected grammar activities to raise awareness of the cultural contexts in which language is used. Accompanying *Comparaciones, Conexiones,* or *Comunidades* questions encourage meaningful communication and cross-cultural reflection.

Cultura

La quinceañera

In Hispanic culture, teen girls celebrate their 15th birthday in a special way. The celebration is called a **quinceañera**, and it marks the girl's transition into adulthood. This tradition is celebrated in nearly all Spanish-speaking countries except Spain.

Comparaciones. ¿Cómo se celebra el *sweet sixteen* en tu cultura? ¿Quiénes asisten?

4-22

Una reunión. Ustedes quieren ayudar a su amiga Celeste a organizar una reunión para celebrar el cumpleaños número dieciséis de su prima. Decidan lo siguiente:

1. lugar y hora en que prefieren la reunión
2. número de personas que van a participar
3. comida y bebidas que piensan servir
4. actividades que quieren organizar

Situación

PREPARACIÓN. Lean esta situación. Luego, compartan ejemplos de vocabulario, gramática y otra información que necesitan para desarrollar la conversación.

Role A. You and a family member are planning to visit Colombia. Your friend has heard about your plans and calls with some questions. Answer your friend's questions in detail.

Role B. Your friend is planning to go to Colombia with a relative. Call to find out:
a. when he/she is planning to go;
b. with whom;
c. what places in the country he/she wants to visit and why; and
d. when they are returning.

En directo

These expressions help maintain the flow of conversation:

¡Cuánto me alegro!
I am so happy for you!

Claro, claro...
Of course...

¡Qué bien/bueno!
That's great!

Listen to a conversation with these expressions.

	ROLE A	ROLE B
Vocabulario	Family member Travel dates	Question words
Funciones y formas	Discussing plans: *Pensar* + infinitive	Discussing plans: *Pensar* + infinitive
	Expressing preferences: *Querer* + infinitive	Expressing preferences: *Querer* + infinitive

INTERCAMBIOS. Practica la conversación con tu compañero/a incorporando el vocabulario y las funciones de *Preparación*. Luego, represéntenla ante la clase.

152 Capítulo 4

NEW! The *En directo* boxes, which provide colloquial expressions for the activity, now include **audio** so that students can listen to the expressions used in meaningful conversational context.

NEW! *Situación* **Advance Organizers.** The encompassing goal of these activities has always been embraced by our users. To provide students with guidance to increase their success in communicating through open-ended role plays, the authors have provided advance organizers for the *Situación* activities. Each student prepares by listing specifics for the indicated topics of vocabulary, grammar, and culture (where appropriate) that will facilitate their conversation with their classmate.

NEW! *Situaciones app.* Additional *Situación* role-play activities are available in MySpanishLab and via a mobile app that can be easily accessed on tablets and smartphones.

Situación. Another of the hallmarks of **Mosaicos** has always been the culminating role-play activities for each grammar section. Students have the opportunity to converse in realistic contexts by putting together everything they have learned. These open-ended communicative activities prompt students to integrate relevant grammatical structures, vocabulary, and culture with contexts drawn from the chapter theme. Students also have the opportunity to complete activities and communicate "live" with native speakers around the world.

NEW! Each grammar module now culminates with one rather than two *Situación* activities with careful attention to creating realistic situations for the students to enact.

FOUR-SKILLS SYNTHESIS

Bringing it ALL together!

Mosaicos* section:** Not only are listening, speaking, reading, and writing practiced throughout the chapters of *Mosaicos,* **sixth edition** but the final culminating section of each chapter—*Mosaicos*—is devoted to the development and practice of each of these communication skills in a highly focused manner. True to the synthetic nature of this section, the chapter's thematic content and vocabulary are brought together with its linguistic structures and cultural focus. Hence the name, *Mosaicos,* whereby students have the opportunity to bring it ***all together into a coherent whole.

To enhance the development of these skills, **guidance** is provided for each section. First, specific **strategies** are presented for each of the four skills. The strategies build on each other within and across the chapters. Activities are designed so that students systematically practice implementing the strategies presented. Second, a **process approach**, with pre-, during, and post-activities, is applied for all four skills through the *Preparación* and *Un paso más* steps. The cumulative effect of the fifteen *Mosaicos* sections throughout the text will greatly increase students' abilities to effectively listen, speak, read, and write.

NEW! ***Comprueba*** boxes provide a self-check guide for students to help them determine if they have covered the main points accurately and sufficiently.

NEW! Each set of activities is now organized around the three ACTFL Performance Descriptors of the three Modes of Communication: Presentational, Interpretive, and Interpersonal. This organization maximizes learning as three parts of a single goal: communication. By consistently using all three interrelated modes, students' opportunity to use the language in relation to the theme is multiplied. Instructor annotations indicate the mode for each activity.

NEW! Based on pre-revision survey feedback from our users, some readings for the Lee section have been

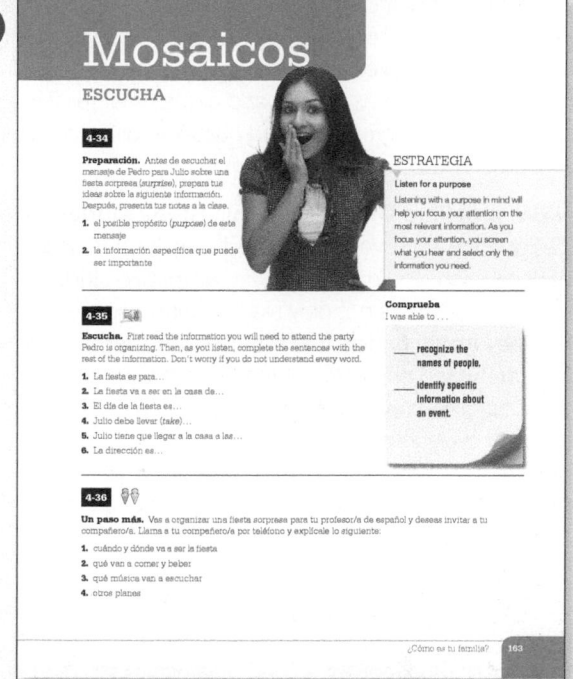

updated, ensuring consistently **high-interest readings at the appropriate level.** Additionally, the last three chapters, 13–15, now introduce students to **authentic literature,** enriching the program while giving those students who go on to the intermediate level an introduction to reading and interpreting literature.

If students need more practice with any of the four skills, **additional practice** is provided for each skill within the Student Activities Manual, available in print or in Pearson's award-winning online learning and assessment MySpanishLab platform.

CHAPTER SELF-ASSESSMENT

A check to ensure that all the pieces are firmly in place!

Within the MySpanishLab online learning and assessment system, at the end of each chapter, students can check their mastery of chapter content through further practice in a variety of activities, resources, and games that reinforce chapter vocabulary, grammar, and culture in different ways. Examples of available resources are:

- **NEW! amplifire Online Dynamic Study Modules** are designed to improve learning and long-term retention of vocabulary and grammar. With **amplifire** study modules, students not only master critical concepts, but they **study faster, learn better, and remember longer.** Based on the latest research in neuroscience and cognitive psychology on how we learn best, learners cycle through a process of test/learn/retest until they achieve mastery of the content. The result is a personalized, adaptive approach—tailored to individual students' needs.

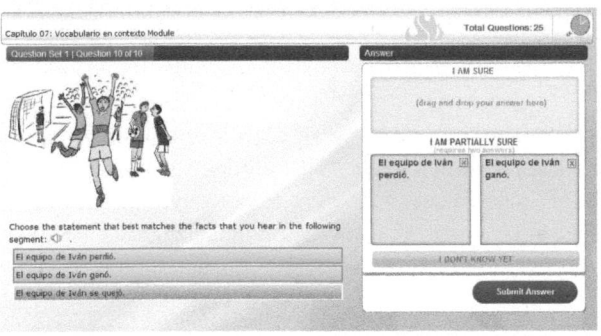

amplifire is the only assessment available that is able to quickly and effectively pinpoint knowledge gaps and areas of misinformation—where learners were confident but incorrect about their answer choices. Instructors can use the results to determine what information the learners retained and where misinformation and gaps still exist, and adjust their curricula accordingly.

- **Vocabulary Flashcards** with audio recordings by a native speaker help students review words and quiz themselves on the active vocabulary. Flashcards can be accessed via mobile devices for practice on the go.
- **NEW! Games** are a painless, enjoyable, and effective way to practice new skills. Games vary from *Concentration* (flip cards to match words to visuals), to *Soccer* (provide the appropriate word in a context), to a *Quiz Show* game in which students choose the appropriate response in a multiple-choice format. Questions are contextualized and move beyond simple form-based exercises to more meaningful, engaging activities.
- **Oral Practice:** Provides two oral activities. Students record their response to the activity and submit it for instructor grading.
- **NEW!** The **Practice Test with Study Plan** is an auto-scored, full-length test that reviews chapter vocabulary and grammar. Students are given a study plan based on their performance. The study plan refers them to explanations in the eText, extra practice activities, and tutorials to help them review concepts where they need additional practice.

Informed by National Standards

The National Standards for Foreign Language Learning: Preparing for the 21st Century, whose five goal areas (Communication, Cultures, Connections, Comparisons, and Communities) have served as an organizing principle for language instruction for more than a decade, inform the pedagogy of the sixth edition of **Mosaicos.** Marginal notes throughout the Annotated Instructor's Edition draw attention to the way specific activities and other elements of the program help students develop proficiency in the five goal areas. A number of strategies have been implemented to achieve success.

Communication.   Students are prompted to engage in meaningful conversations throughout the text, providing and obtaining information, expressing their opinions and preferences, and sharing their experiences. Readings and listening activities invite them to interpret language on a variety of topics, while *presentaciones* and writing assignments call on them to present information and ideas in both written and oral modes. The **ACTFL Performance Descriptors of the three Modes of Communication**—Presentational, Interpretive, and Interpersonal—are used consistently throughout the chapters and are the organizing principle for the *Mosaicos* skills' section. By consistently using all three modes, students' opportunity to use the language in relation to the theme is multiplied.

Cultures.   Many features of the **Mosaicos** program give students an understanding of the relationship between culture and language: The **Enfoque cultural** opening spread, the maps, the art, and the accompanying Art Tour; the **Mosaico cultural** section; the cultural vignettes in the **¡Cineastas en acción!** video; the *Cultura* sections; and the culture integrated within the activities.

Connections.   Ample opportunities are provided for students to makes connections with other disciplines through realia, readings, the **Enfoque cultural** section, the **Mosaico cultural** section, the *Conexiones* questions which accompany the *Cultura* sections, the diverse cultural vignettes of the **¡Cineastas en acción!** video, and the conversation activities throughout the text. Students gain information and insight into the distinctive viewpoints of Spanish speakers and their culture.

Comparisons.   *Lengua* and *En otras palabras* boxes, the *Compara* questions in each **Mosaico cultural** section, and the *Comparaciones* questions in the *Cultura* sections—all provide students with points of comparison between English and Spanish (and among the varieties of Spanish spoken in different parts of the world). Readings and activities frequently juxtapose U.S. and Hispanic cultural products, practices, and perspectives.

Communities.   Students are encouraged to extend their learning through guided research on the Internet and/or other sources, and many of the topics explored in **Mosaicos** can stimulate exploration, personal enjoyment, and enrichment beyond the confines of formal language instruction. *Comunidades* questions which accompany many of the *Cultura* sections encourage reaching out to the community and cross-cultural reflection.

The Complete *Mosaicos* Program

Mosaicos is a complete teaching and learning program that includes a variety of resources for students and instructors, including an innovative offering of online resources.

FOR THE STUDENT

Student Text (ISBN 10: 0-205-25540-X)

The **Mosaicos, sixth edition** Student Text is available in a complete, hardbound version, consisting of a preliminary chapter followed by Chapters 1 through 15. The program is also available as three paperback volumes rather than the single hardcover version. Volume 1 of the paperback series contains the preliminary chapter plus Chapters 1 to 5; Volume 2, Chapters 5 to 10; and Volume 3, Chapters 10 to 15. All three volumes include the complete front and back matter.

Student Activities Manual (ISBN 10: 0-205-24796-2)

The Student Activities Manual (SAM), thoroughly revised for this edition, includes workbook activities together with audio- and video-based activities, all designed to provide extensive practice of the vocabulary, grammar, culture, and skills introduced in each chapter. The organization of these materials parallels that of the student text and include a *Repaso* section at the end that provides additional activities designed to help students review the material of the chapter as well as to prepare for tests.

The online Student Activities Manual found in MySpanishLab now features premium content which includes a variety of interactive activities not available in print.

Answer Key to Accompany Student Activities Manual (ISBN 10: 0-205-25544-2)

An Answer Key to the Student Activities Manual is available separately, giving instructors the option of allowing students to check their homework. The Answer Key now includes answers to all SAM activities.

Audio CDs to Accompany Student Text (ISBN 10: 0-205-25542-6)

A set of audio CDs contains recordings of the *Vocabulario en contexto* and *Funciones y formas* language samples, the **Mosaico cultural** reading passages, and the audio material for the *Escucha y confirma* listening activities included in the student text. These recordings are also available online.

Audio CDs to Accompany Student Activities Manual (ISBN 10: 0-205-25541-8)

A second set of audio CDs contains audio material for the listening activities in the Student Activities Manual. These recordings are also available online.

Video on DVD (ISBN 10: 0-205-25545-0)

¡Cineastas en acción! is a newly shot video filmed to accompany the sixth edition of **Mosaicos.** Vocabulary and grammar structures of each chapter are used in realistic situations while gaining a deeper understanding of Hispanic cultures.

Pre-viewing, viewing, and post-viewing activities are found in the **¡Cineastas en acción!** sections of the textbook and the Student Activities Manual. The video is available for student purchase on DVD, and it is also available within MySpanishLab.

MySpanishLab with Pearson eText, Access Card, for *Mosaicos*: Spanish as a World Language (multi-semester access) (ISBN 10: 0-205-99724-4)

MySpanishLab, part of our MyLanguageLabs suite of products, is an online homework, tutorial, and assessment product designed to improve results by helping students quickly master concepts, and by providing educators with a robust set of tools for easily gauging and addressing the performance of individuals and classrooms. **MyLanguageLabs** has helped almost one million students successfully learn a language by providing them everything they need: full eText, online activities, instant feedback, **amplifire** dynamic study modules, and an engaging collection of language-specific learning tools, all in one online program. For more information, including case studies that illustrate how MyLanguageLabs improves results, visit www.mylanguagelabs.com.

FOR THE INSTRUCTOR

Annotated Instructor's Edition
(ISBN 10: 0-205-25543-4)

The Annotated Instructor's Edition contains an abundance of marginal annotations designed especially for novice instructors, instructors who are new to the **Mosaicos** program, or instructors who have limited time for class preparation. The format allows ample space for annotations alongside full-size pages of the student text. Marginal annotations suggest warm-up and expansion exercises and activities and provide teaching tips, additional cultural information, and audioscripts for the in-text listening activities. Answers to discrete-point activities are printed in blue type for the instructor's convenience.

Instructor's Resource Manual
(available online)

The Instructor's Resource Manual (IRM) contains complete lesson plans for all chapters, integrated syllabi for regular and hybrid courses, as well as helpful suggestions for new and experienced instructors alike. It also provides videoscripts for all episodes of the **¡Cineastas en acción!** video, audioscripts for listening activities in the Student Activities Manual, and a complete guide to all **Mosaicos** supplements. The Instructor's Resource Manual is available to instructors online at the **Mosaicos** Instructor Resource Center and in MySpanishLab.

Supplementary Activities (available online)

Available in MySpanishLab, the Supplementary Activities ancillary consists of a range of engaging activities that complement the vocabulary and grammar themes of each chapter. It offers instructors additional materials that can serve to energize and enrich their students' classroom experience.

Testing Program (available online)

The Testing Program has been thoroughly revised and expanded for this edition. The testing content correlates with the vocabulary, grammar, culture, and skills material presented in the student text. For each chapter of the text, a bank of testing activities is provided in modular form; instructors can select and combine modules to create customized tests tailored to the needs of their classes. Two complete, ready-to-use tests are also provided for each chapter. The testing modules are available to instructors online in MySpanishLab for those who wish to create computerized tests (MyTest) or in the **Mosaicos** Instructor Resource Center as downloadable Word documents.

Testing Audio CD (ISBN 10: 0-205-25549-3)

A special set of audio CDs, available to instructors only, contains recordings corresponding to the listening comprehension portions of the Testing Program.

PowerPoint™ Presentations
(ISBN 10: 0-205-99712-0)

A PowerPoint™ Presentation is available for each chapter of the text. These dynamic, visually engaging presentations allow instructors to enliven class sessions and reinforce key concepts. The presentations are available to instructors online in MySpanishLab or in the **Mosaicos** Instructor Resource Center.

Situaciones adicionales (available online)

The downloadable *Situaciones adicionales* provide instructors with additional opportunities for reinforcing and assessing students' speaking skills. The activities are also available via the *Situaciones* mobile app.

Instructor Resource Center

Several of the instructor supplements listed above—the Instructor's Resource Manual, the Testing Program, the PowerPoint™ Presentations,—are available for download at the access-protected **Mosaicos** Instructor Resource Center (www.pearsonhighered.com/mosaicos). An access code will be provided at no charge to instructors once their faculty status has been verified.

ONLINE RESOURCES

MySpanishLab with Pearson eText Access Card—for *Mosaicos*: Spanish as a World Language

MySpanishLab, part of our MyLanguageLabs suite of products, is an online homework, tutorial, and assessment product designed to improve results by helping students quickly master concepts, and by providing educators with a robust set of tools for easily gauging and addressing the performance of individuals and classrooms. **MyLanguageLabs** has helped almost one million students successfully learn a language by providing them everything they need: full eText, online activities, instant feedback, **amplifire** dynamic study modules, and an engaging collection of language-specific learning tools, all in one online program. For more information, including case studies that illustrate how MyLanguageLabs improves results, visit www.mylanguagelabs.com.

COMPANION WEBSITE

The open-access Companion Website (www.pearsonhighered.com/mosaicos) includes audio to accompany listening activities and sample language from the textbook and audio to accompany the listening activities in the Student Activities Manual.

Acknowledgments

Mosaicos is the result of a collaborative effort among the authors, our publisher, and our colleagues. In particular, the cultural content of the sixth edition has been enhanced by the work of the contributors who created content and activities for the program: María Lourdes Casas, Óscar Martín, Frances Matos-Shultz, Sergio Salazar, Kristine Suárez, Lilián Uribe, and U. Theresa Zmurkewycz. We also extend our thanks to Alicia Muñoz Sánchez and Raúl J. Vázquez-López, who wrote ancillary materials. We are also indebted to the members of the Spanish teaching community for their time, candor, and insightful suggestions as they reviewed drafts of the sixth edition of **Mosaicos.** Their critiques and recommendations helped us to sharpen our pedagogical focus and improve the overall quality of the program. We gratefully acknowledge the contributions of the following reviewers:

Sissy Alloway,
Morehead State University

Debra Ames,
Valparaiso University

Ashlee S. Balena,
University of North Carolina at Wilmington

Fleming L. Bell,
Valdosta State University

Talia Bugel,
Indiana University-Purdue University, Fort Wayne

Stephen Buttes,
Indiana University-Purdue University, Fort Wayne

Sara Casler,
Sierra College

Jens Clegg,
Indiana University-Purdue University Fort Wayne

Hilda Coronado,
Glendale Community College

Lisa DeWaard,
Clemson University

Neva Duffy,
Chicago State University

Ari Gutman,
Auburn University

Crista Johnson,
University of Delaware

Keith Johnson,
California State University, Fresno

Maribel Manzari,
Washington & Jefferson College

Bryan Miley,
Glendale Community College

John Andrew Morrow,
Ivy Tech Community College

Margarita Orro,
Miami Dade College, North Campus

Claudia Ospina,
Wake Forest University

Leon Palombo,
Miami Dade College, North Campus

Yelgy Parada,
Los Angeles City College

Kristina Primorac,
University of Michigan

Terri Rice,
University of South Alabama

Lee J. Rincón,
Moraine Valley Community College

Pamela Rink,
Tulsa Community College

Angelo J. Rodriguez,
Kutztown University of Pennsylvania

Felipe E. Rojas,
Chicago State University

Anita Saalfeld,
University of Nebraska at Omaha

Michael Sawyer,
University of Central Missouri

Rachel Showstack,
Wichita State University

Gayle Vierma,
University of Southern California

Maida Watson,
Florida International University

Amanda Wilcox,
Auburn University

Kelley L. Young,
University of Missouri-Kansas City

Hilma-Nelly Zamora-Breckenridge,
Valparaiso University

U. Theresa Zmurkewycz,
Saint Joseph's University

Mosaicos Advisory Board

Silvia Arroyo,
Mississippi State University

Donna Binkowski,
Southern Methodist University

Joelle Bonamy,
Columbus State University

Robert Cameron,
College of Charleston

Susana Castillo-Rodríguez,
University of New Hampshire

Juliet Falce-Robinson,
University of California, Los Angeles

Ronna Feit,
Nassau Community College, SUNY

Chris Foley,
Liberty University

Leah Fonder-Solano,
University of Southern Mississippi

Muriel Gallego,
Ohio University

Kathryn Grovergrys,
Madison Area Technical College

Marie Guiribitey,
Florida International University

Todd Hernández,
Marquette University

Yun Sil Jeon,
Coastal Carolina University

Lauri Kahn,
Suffolk County Community College

Rob Martinsen,
Brigham Young University

Teresa McCann,
Prairie State College

Eugenia Muñoz,
Viriginia Commonwealth University

Michelle Orecchio,
University of Michigan

Susana García Prudencio,
Pennsylvania State University

Bethany Sanio,
University of Nebraska, Lincoln

Virginia Shen,
Chicago State University

Julie Sykes,
University of Oregon

Kelley L. Young,
University of Missouri - Kansas City

Gabriela C. Zapata,
University of Southern California

Nancy Zimmerman,
Kutztown University

We are also grateful for the guidance of Celia Meana and Scott Gravina, the Developmental Editors, for all of their work, suggestions, attention to detail, and dedication to the text. Their support and efficiency helped us achieve the final product. We are very grateful to the many other members of the Pearson World Languages team who provided guidance, support, and fine attention to detail at all stages of the production process: Samantha Alducin, Senior Digital Product Manager, and Regina Rivera, Media Editor, for helping us produce the new MySpanishLab program, the new video, audio programs, and Companion Website. Thanks to Jonathan Ortiz and Millie Chapman, Editorial Assistants, for their hard work and efficiency in managing the reviews and attending to many editorial details.

We are very grateful to our World Languages Consultants, Denise Miller, Yesha Brill, and Mellissa Yokell, for their creativity and efforts in coordinating marketing campaigns and promotion for this edition. Thanks, too, to our program and project management team, Nancy Stevenson and Lynne Breitfeller, who guided *Mosaicos, sixth edition,* through the many stages of production; to our partners at PreMediaGlobal, especially Jenna Gray, for her careful and professional production services and to the PreMediaGlobal design team for the gorgeous interior. A special thank you to Kathryn Foot, Senior Art Director and designer Michael Black of Black Sun for their creative work on the cover. Finally, we would like to express our sincere thanks to Steve Debow, Senior Vice President for World Languages, Bob Hemmer, Editor in Chief, Tiziana Aime, Senior Acquisitions Editor, and Kristine Suárez, Director of Market Development, for their guidance and support through every aspect of this new edition.

About the Authors

Elizabeth with her husband in Petra, Jordan

PALOMA LAPUERTA

My Ph.D. is from... Université de Genève, Switzerland, but I did my "licenciatura" in Universidad de Salamanca, Spain.

My research area is... Spanish Language and Peninsular Literature.

One of my proudest teaching moments was... when I noticed that everybody was having a good time... and learning!

My favorite vacation spot in the Hispanic world is... I have two: Castellón, Spain, which is by the sea, and Pereira, Colombia, which is near the Andes.

I can't live without my... Moleskine®.

My favorite feature in Mosaicos is... that it takes you to places beyond the textbook.

The movie I have seen most often is... *Volver*, by Pedro Almodóvar.

My favorite activity is... to travel.

The site that I found most beautiful was... Machu Picchu.

The landscape I found most impressive was... Namibia.

Paloma in Istanbul, Turkey

ELIZABETH E. GUZMÁN

I did my graduate studies in Spanish Applied Linguistics at the University of Pittsburgh.

One of my proudest teaching moments was... when my former students have shown me what a difference I can make in my students through my love of teaching.

My favorite vacation spots in the Hispanic world are... the lake regions of my native Chile and Peru.

I can't live without... my laptop and Pandora radio.

My favorite feature in Mosaicos is... that it opens the doors to the fascinating Spanish-speaking world, its people, and its diverse cultures.

My favorite activities are... traveling, gardening, and listening to music.

The people closest to my heart are... my family, my friends, and the people who value freedom and justice as much as I do.

What makes me happy is... knowing that my work transcends me.

The people I admire are... those from whom I can learn something.

My favorite classroom is... one in which students and I become part of one community working toward common goals.

Judy with student Jia and her first apple pie

JUDITH E. LISKIN-GASPARRO

My Ph.D. is from... the University of Texas–Austin

My research area is... classroom-based second language acquisition.

One of my proudest teaching moments was... when my doctoral student won the ACTFL-MLJ Birkmaier Award for Doctoral Dissertation Research. There have been four proudest moments, because four of my SLA students have won this award since 2007.

My favorite vacation spot in the Hispanic world is... For its mystery and sheer beauty, Machu Picchu. For the lifestyle and amazing *tortillas de patatas*, San Sebastián.

I can't live without my... laptop.

My favorite feature in Mosaicos is... its clickability (my made-up word). It invites students and instructors to challenge linear patterns of learning.

My public talent is... baking cookies—all kinds, and for all occasions. I also give pie workshops.

My secret talent is... making up cool games to play with toddlers.

I am thrilled when... people think I am a native speaker of Spanish.

mosaicos

5

¿Dónde vives?

LEARNING OUTCOMES

You will be able to:

- talk about housing, the home, and household activities
- express ongoing actions
- describe physical and emotional states
- avoid repetition in speaking and writing
- point out and identify people and things
- compare cultural and geographic information of Nicaragua, El Salvador, and Honduras

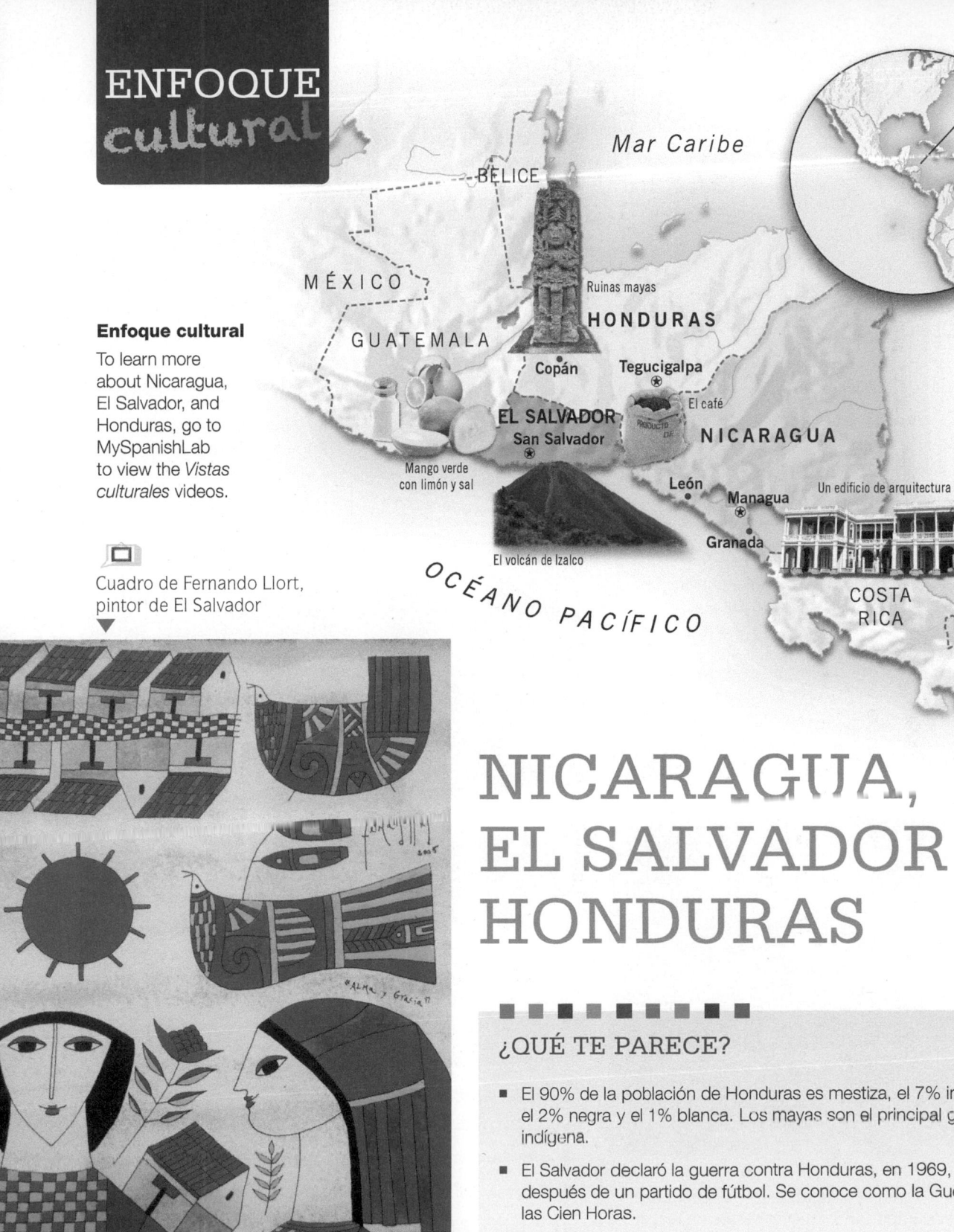

ENFOQUE cultural

Enfoque cultural

To learn more about Nicaragua, El Salvador, and Honduras, go to MySpanishLab to view the *Vistas culturales* videos.

Cuadro de Fernando Llort, pintor de El Salvador

Mar Caribe

BELICE

MÉXICO

GUATEMALA

Ruinas mayas

HONDURAS

Copán

Tegucigalpa

El café

EL SALVADOR

San Salvador

Mango verde con limón y sal

El volcán de Izalco

NICARAGUA

León

Managua

Granada

Un edificio de arquitectura colonial

COSTA RICA

OCÉANO PACÍFICO

NICARAGUA, EL SALVADOR Y HONDURAS

¿QUÉ TE PARECE?

- El 90% de la población de Honduras es mestiza, el 7% indígena, el 2% negra y el 1% blanca. Los mayas son el principal grupo indígena.

- El Salvador declaró la guerra contra Honduras, en 1969, después de un partido de fútbol. Se conoce como la Guerra de las Cien Horas.

- El café es un producto de exportación importante en esta región.

- El lago Nicaragua es el único lago del mundo donde hay tiburones (*sharks*).

El turismo es la segunda industria más importante de Nicaragua. El número de turistas que visitan Nicaragua aumenta cada año un 15% desde el 2007 y se espera llegar a 2,6 millones de turistas para el año 2020.

Suchitoto y Santa Ana son dos ciudades coloniales de El Salvador. Aquí se encuentran casas coloniales, museos, galerías de arte e iglesias.

En el valle de Copán, en Honduras, se encuentran las ruinas más importantes de la civilización maya. Este antiguo centro de actividad y cultura es ahora el Parque Arqueológico Copán e incluye vestigios de plazas, templos y un estadio para el juego de pelota. Aquí vemos uno de los marcadores (*scoreboards*).

¿CUÁNTO SABES?

Completa estas oraciones con la información correcta.

1. El Salvador tiene frontera con _____, _____ y _____.
2. Hay tiburones en _____.
3. Los mayas son el grupo indígena principal de _____.
4. El pintor Fernando Llort es de _____.
5. La mayor parte de la población de Honduras es _____.
6. El _____ de Honduras se exporta a muchos países.

Vocabulario en contexto

Talking about housing, the home, and household activities

 ¿Dónde vives?

En las ciudades de Nicaragua, El Salvador y Honduras hay **viviendas** de diferentes **estilos.** La ciudad de Granada, en Nicaragua, tiene **calles** y plazas como esta, con casas coloniales de colores alegres. En Tegucigalpa, la capital de Honduras, hay **edificios** de **apartamentos.** Algunas personas prefieren vivir **cerca** del **centro. Creen** que los **barrios** de las **afueras** están muy **lejos** del **trabajo** y de los centros de diversión.

EN OTRAS PALABRAS

Some words for the parts of a house vary from one region to another in the Spanish-speaking world. Here are some examples:

habitación → dormitorio, cuarto, alcoba, recámara

sala → salón, living

planta → piso

piscina → pileta, alberca

▲ Una calle en el centro de Granada, Nicaragua

¿En qué piso viven?

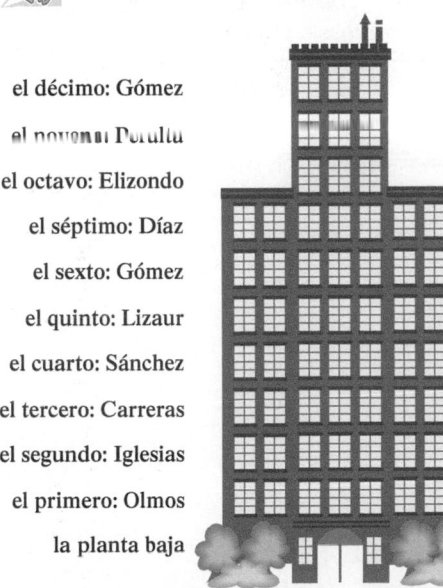

el décimo: Gómez

el noveno: Peralta

el octavo: Elizondo

el séptimo: Díaz

el sexto: Gómez

el quinto: Lizaur

el cuarto: Sánchez

el tercero: Carreras

el segundo: Iglesias

el primero: Olmos

la planta baja

 **Cultura**

La planta baja

In most Hispanic countries the term **planta baja** is used for the American first floor/lobby. **El primer piso** or **primera planta** is usually what in the United States is the second floor, and so on.

Comparaciones. Si presionas el botón "1" en un ascensor (*elevator*) en un país hispano, ¿a qué piso llegas? ¿Y en Estados Unidos?

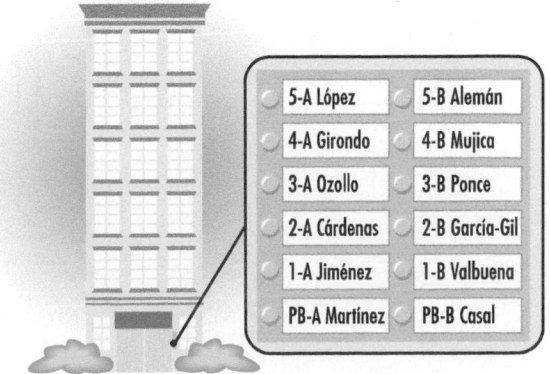

5-A López	5-B Alemán
4-A Girondo	4-B Mujica
3-A Ozollo	3-B Ponce
2-A Cárdenas	2-B García-Gil
1-A Jiménez	1-B Valbuena
PB-A Martínez	PB-B Casal

LENGUA

Ordinal numbers are adjectives and agree in gender and number with the noun they modify (e.g., **la segunda casa, el cuarto edificio**). **Primero** and **tercero** drop the final **-o** when used before a masculine singular noun.

el **primer** apartamento   el **tercer** piso

El apartamento del anuncio

MARTA DÍAZ: Hola, buenos días. Me llamo Marta Díaz. Me gustaría visitar el apartamento del anuncio.

DIEGO LÓPEZ: Sí, claro. Mucho gusto, señorita Díaz. Yo soy Diego López. Pase, pase. Como usted puede ver, el apartamento es muy alegre.

MARTA DÍAZ: ¡Ah, sí! Tiene muchas ventanas y luz natural.

DIEGO LÓPEZ: Esta es la **sala.** Es muy grande. Junto a la sala hay un **comedor** pequeño y al lado está la **cocina.**

MARTA DÍAZ: ¡La cocina es lindísima!

DIEGO LÓPEZ: Sí, todos los **electrodomésticos** son nuevos. A la izquierda del **pasillo** hay dos **habitaciones** y un **baño.**

MARTA DÍAZ: Esta habitación tiene muy buena **vista** a la **piscina** y al **jardín.** Además, los **muebles** son de buena calidad. Me gusta mucho el apartamento. ¿Cuánto es el **alquiler?**

DIEGO LÓPEZ: 12.000 lempiras al mes.

MARTA DÍAZ: Pues, señor López, me encantan el apartamento y esta **zona** céntrica. Y el precio es muy bueno. Voy a decidir esta noche y lo llamo mañana.

DIEGO LÓPEZ: Perfecto, señorita Díaz. Hasta mañana.

ALQUILERES

Categoría:	Alquiler apartamentos
Ciudad:	Tegucigalpa
Ubicación:	Palmira
Descripción:	PALMIRA ALQUILER DE APARTAMENTO MUY AMPLIO, CÉNTRICO Y ACCESIBLE, 2 HABITACIONES, SALA–COMEDOR, COCINA, 1 BAÑO, ÁREA DE LAVANDERÍA, ESTACIONAMIENTO, PISCINA.
Precio:	$ 12.000

■ ■ ■ ■ ■
EN OTRAS PALABRAS

The Spanish word for *apartment* varies according to the country. **El apartamento** is used in Central America, Colombia, and Venezuela, and **el departamento** is common in Mexico, Argentina, Peru, and Chile. The word used in Spain is **el piso.**

■ ■ ■ ■ ■
EN OTRAS PALABRAS

The expressions **Pase(n)** and **Adelante** invite people to enter a room or a house in many Spanish-speaking countries. In others, like Colombia, the expression **Siga(n)** is preferred.

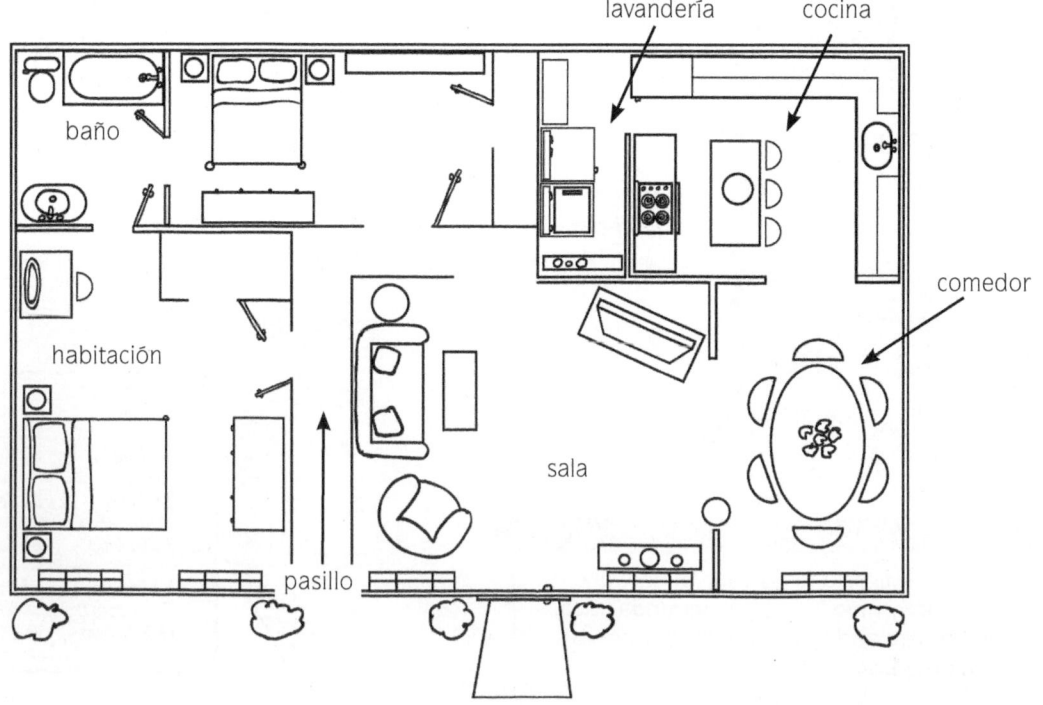

lavandería   cocina

comedor

baño

habitación

sala

pasillo

PRÁCTICA

5-1

Escucha y confirma. Look at the floor plan of the house on page 174 and decide if each of the sentences you hear is cierto (**C**) or falso (**F**).

1. _____
2. _____
3. _____
4. _____
5. _____
6. _____

5-2

Asociación. Indica si las siguientes afirmaciones son ciertas (**C**) o falsas (**F**), según la conversación entre Diego y Marta.

1. _____ Marta Díaz quiere comprar el apartamento.
2. _____ La sala es pequeña.
3. _____ El apartamento tiene dos baños.
4. _____ Los electrodomésticos son nuevos.
5. _____ Los muebles son de buena calidad.
6. _____ A Marta no le gusta la zona céntrica.

5-3

¿En qué piso viven? Túrnense y pregúntense dónde viven las diferentes personas. Tu compañero/a debe contestar de acuerdo con el dibujo (*drawing*) en la página 174.

 MODELO E1: *¿Dónde viven los Girondo?*   E2: *Viven en el cuarto piso, en el apartamento 4-A.*

Cultura

Hoteles de lujo

In many Hispanic countries, the tourism industry is one of the most important drivers of the economy. As a result, most beach and ski resorts tend to be similar everywhere, and, with some exceptions, do not reflect local architecture or building styles. A booming tourism industry also sparks controversy. Although it brings jobs to local communities, most of the economic benefits are enjoyed by the multinational companies that own the resorts, not by the communities themselves.

Comparaciones. En Estados Unidos, ¿hay zonas de playa donde hay turismo masivo? ¿Dónde están? En general, ¿son zonas ricas o pobres?

5-4

Un hotel de lujo. Tu amigo/a (tu compañero/a) es un/a arquitecto/a que va a construir un hotel de lujo en la Bahía de Jiquilisco, cerca de San Salvador, y te pide consejo (*advice*) sobre cómo distribuir los siguientes espacios del hotel.

 MODELO el restaurante

E1: *¿En qué piso vamos a poner el restaurante?*

E2: *Debe estar en la planta baja.*

1. la discoteca
2. la recepción
3. el gimnasio
4. la oficina de seguridad
5. las habitaciones
6. la piscina
7. la cafetería con vistas a la playa
8. el salón de computadoras

5-5

La casa de alquiler. **PREPARACIÓN.** Ustedes van a mudarse (*move*) a un apartamento porque la casa donde viven es muy grande y la quieren alquilar. Escriban un anuncio para alquilar su casa. Incluyan la siguiente información:

- número de habitaciones y de baños
- distribución (*layout*) de los cuartos
- color de la sala
- otras características (garaje, jardín, sótano [*basement*], ático, etc.)
- ubicación (*location*) de la casa en relación al centro de la ciudad, a la universidad, etc.
- precio

INTERCAMBIOS. Presenten su anuncio a la clase y contesten las preguntas de sus compañeros sobre la casa que quieren alquilar.

Exterior de la casa ▶

◀ Interior de la casa

Cultura

Terremoto en Managua

Managua, the capital of Nicaragua, like many cities, has been shaped by its history, economy and natural disasters. As a result of the devastating earthquake in 1972, most of the city has been rebuilt in the outskirts, which are geographically safer areas. The traditional downtown area, although rebuilt, focuses on government and tourism, but lacks residential and commercial activity.

Conexiones. ¿En qué regiones de tu país ocurren desastres naturales? ¿De qué tipos: huracanes, terremotos (*earthquakes*), tornados? ¿Qué hacen las personas para proteger (*protect*) su vivienda de los desastres naturales?

▲ Casa en el centro de Managua

5-6

Ventajas y desventajas.
Hablen de las ventajas y desventajas de los temas relacionados con las viviendas. Escriban las más importantes y luego compartan sus opiniones con la clase.

	VENTAJAS	DESVENTAJAS
1. vivir en un apartamento		
2. vivir en una casa		
3. tener una piscina		
4. compartir una casa con 3 o 4 compañeros/as		

La casa, los muebles y los electrodomésticos

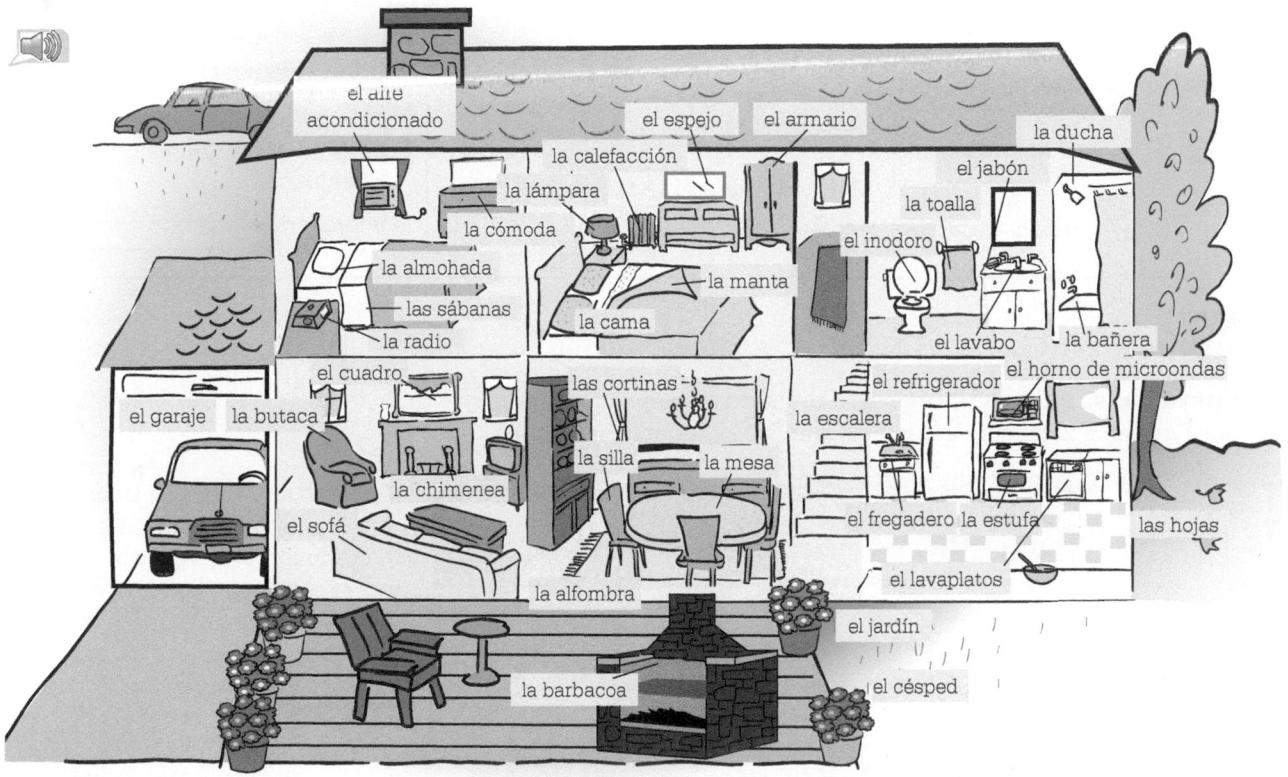

el aire acondicionado · el espejo · el armario · la ducha · la calefacción · el jabón · la lámpara · la toalla · la cómoda · el inodoro · la almohada · las sábanas · la manta · la radio · la cama · el lavabo · la bañera · el cuadro · las cortinas · el refrigerador · el horno de microondas · el garaje · la butaca · la escalera · la silla · la mesa · la chimenea · el sofá · el fregadero · la estufa · las hojas · el lavaplatos · la alfombra · el jardín · el césped · la barbacoa

PRÁCTICA

5-7 · e

Para confirmar. PREPARACIÓN. Escribe las siguientes palabras en la columna apropiada.

la alfombra	las cortinas	el/la radio
el armario	el cuadro	el refrigerador
la butaca	el horno	las sábanas
la cómoda	el lavaplatos	la silla

APARATOS ELÉCTRICOS	MUEBLES	ACCESORIOS

INTERCAMBIOS. Contesten las siguientes preguntas relacionadas con *Preparación*.

1. Según ustedes, ¿qué aparato eléctrico cuesta más dinero?

2. ¿Qué muebles necesitan todos los días los estudiantes?

3. ¿Qué accesorios tienen ustedes en su cuarto?

4. ¿En qué parte de la casa generalmente están estos accesorios?

5-8

El curioso. Intercambien preguntas para describir los cuartos de la casa/del apartamento de cada uno/a. Traten (*Try*) de obtener la mayor información posible.

MODELO E1: *¿Cómo es la sala de tu casa?*

E2: *Es pequeña. Hay una alfombra verde y un sofá blanco grande.*

E1: *¿También hay una mesa de cristal? ¿Y cómo es tu dormitorio?*

LENGUA

Here are some electronics that you may have in your house:

el cargador	*charger*
la consola de videojuegos	*games console*
la impresora	*printer*

5-9

Preparativos. PREPARACIÓN. Vas a mudarte (*move*) a una casa muy grande y tienes que comprar muchas cosas. Organiza tu lista de compras según las siguientes categorías.

	MUEBLES	ACCESORIOS	ELECTRODOMÉSTICOS/ APARATOS ELECTRÓNICOS
para el dormitorio			
para la sala			
para el comedor			
para la cocina			

 INTERCAMBIOS. Comparte tu lista de compras con tu compañero/a. Él/Ella te va a recordar (*remind you about*) otras cosas que probablemente vas a necesitar.

MODELO E1: *Voy a comprar una cama nueva para el dormitorio.*

E2: *¿No vas a comprar sábanas y mantas? ¿Y no necesitas un sofá?*

5-10

Por catálogo. Miren los objetos del catálogo y elijan (*choose*) un producto de cada categoría. Describan sus preferencias y expliquen dónde van a poner estos accesorios.

barato/a	cómodo/a	grande
bonito/a	de buena calidad	lindo/a
caro/a	de color…	pequeño/a

 E1: *Me gusta la toalla gris porque no es cara y es muy linda. Es para el cuarto de baño.*

E2: *Yo prefiero la toalla azul porque es más grande. Voy a poner la toalla en mi baño.*

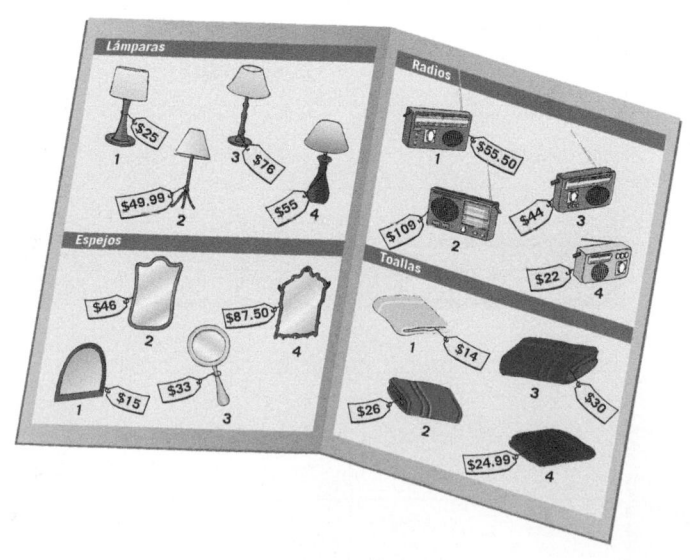

◆ Las tareas domésticas

 Gustavo **lava** los **platos** todos los días.

 Beatriz a veces **seca** los platos.

 Beatriz **cocina** frecuentemente. Ella usa mucho los electrodomésticos.

 Gustavo **limpia** el baño y **pasa** la **aspiradora** una vez por semana.

 Gustavo **saca** la **basura** todas las noches.

 Gustavo **barre** la **terraza** por las tardes.

 Beatriz **tiende** la ropa después de lavarla.

 Después la **dobla** cuando está **seca**.

 Beatriz **plancha** la ropa los sábados.

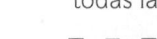

LENGUA

The following expressions denote frequency:

a veces *sometimes*
frecuentemente *frequently*
los domingos (lunes, martes, …) *on Sundays (Mondays, Tuesdays, …)*
todos los días *every day*
una vez por semana *once a week*
todas las mañanas (tardes, noches) *every morning (afternoon, night)*

PRÁCTICA

5-11

Para confirmar. Pon estas actividades en el orden que las haces por la mañana. Después, compara tus respuestas con las de tu compañero/a. Usa las siguientes expresiones para indicar el orden: **primero, luego, más tarde, después, finalmente.** ¿Hacen las mismas cosas y en el mismo orden?

 MODELO E1: *Primero preparo el café. ¿Y tú?*

E2: *Primero hago la cama.*

_____ lavar los platos

_____ preparar el café

_____ salir para la universidad

_____ desayunar

_____ secar los platos

_____ hacer la cama

5-12

Actividades en la casa. Pregúntale a tu compañero/a dónde hace estas actividades normalmente cuando está en casa.

 MODELO
E1: *¿Dónde lavas la ropa?*

E2: *Lavo la ropa en la lavandería. ¿Y tú?*

1. dormir la siesta
2. escuchar música
3. ver la televisión
4. pasar la aspiradora
5. estudiar para un examen
6. hablar por teléfono con amigos/as

5-13

¡A compartir las tareas! PREPARACIÓN. Ustedes van a compartir una casa el próximo año académico. Preparen una lista de todas las tareas domésticas que van a hacer.

INTERCAMBIOS. Discutan qué tareas va a hacer cada uno/a de ustedes según sus gustos. Finalmente, hagan un calendario de tareas y compártanlo con el resto de la clase.

 MODELO
A mí me gusta tener la cocina limpia. Por eso, yo voy a lavar los platos todas las noches.

5-14

El agente de bienes raíces. PREPARACIÓN. The Mena family and their two children live in San Salvador. They have decided to move to a larger place and they are talking to a real estate agent. Before listening, write down with your partner the kind of housing and the characteristics of the neighborhood they may be looking for.

  ESCUCHA. As you listen, circle the letter next to the correct information and compare your answers with those of your classmate.

1. Los señores Mena quieren comprar…
   a. una casa.
   b. un apartamento.
2. El señor y la señora Mena prefieren vivir…
   a. en una buena zona.
   b. lejos de un parque.
3. El agente de bienes raíces…
   a. no sabe cómo ayudarlos.
   b. tiene una casa buena para ellos.
4. El agente dice que la casa del barrio La Mascota…
   a. cuesta mucho.
   b. tiene un buen precio.
5. El señor Mena dice que…
   a. los niños necesitan estar al aire libre para jugar.
   b. los niños no necesitan jugar al aire libre.

Cultura

Tareas domésticas

Nowadays it is more common in many Spanish-speaking countries to see male family members doing the household chores traditionally assigned to women, such as shopping for groceries, cooking, cleaning the house, and taking care of the children.

Comparaciones. ¿Hay tareas domésticas solo para hombres o solo para mujeres en tu familia y en otras familias que conoces? Explica con ejemplos.

MOSAICO cultural — Las viviendas en centros urbanos

▲ **Edificios de apartamentos en Bogotá**

Las ciudades del mundo hispano son complejas, multiculturales y un poco caóticas. Debido a la falta de espacio en las áreas metropolitanas, muchas personas viven en apartamentos. Algunas prefieren vivir cerca del centro para disfrutar de la vida cultural de la ciudad: teatros, centros comerciales, centros educativos, etc. En ciudades como Bogotá, Lima, Quito y Buenos Aires, existe una tendencia a construir altos edificios de apartamentos para solucionar el problema de espacio.

Con el crecimiento (*growth*) de las ciudades, también crece el costo de vida. ¿Sabías que, según un estudio del 2012, comprar vivienda en zonas exclusivas de Bogotá es más caro que comprar un apartamento en Manhattan? Por esta razón, algunas personas deciden vivir en un tipo de vivienda colectiva. En esta vivienda urbana vive una familia o un grupo de amigos, que comparten un baño y la cocina con otros. Estos lugares se llaman *conventillos* en Argentina, *casas de vecindad* en España o *inquilinatos* en Uruguay, Bolivia y Colombia.

En Uruguay y Argentina, por ejemplo, en estos tipos de vivienda residen inmigrantes y trabajadores de pocos recursos. Sin embargo, los conventillos son importantes centros de cultura popular porque reúnen a personas de diferentes nacionalidades, regiones y clases sociales. En los conventillos del barrio de la Boca de Buenos Aires, por ejemplo, se origina el tango.

Compara

1. ¿Cómo son las ciudades en tu región o estado? ¿Hay problemas de espacio?

2. Generalmente, ¿dónde viven las personas en tu ciudad, en casas o en apartamentos? ¿Hay altos edificios de apartamentos como en Bogotá?

3. ¿Existen viviendas colectivas o algo similar en tu ciudad? ¿Dónde están? ¿Quiénes viven allí?

4. Busca fotos de las viviendas típicas de tu ciudad y describe cómo son.

▲ **Conventillo en el barrio de la Boca en Buenos Aires**

☑ Funciones y formas

1 Expressing ongoing actions

ÓSCAR:	¿Aló?	
CATALINA:	Hola, Óscar. Te habla Catalina. ¿Qué **estás haciendo?**	
ÓSCAR:	Hola, Catalina. ¡**Estoy trabajando** mucho!	
CATALINA:	¿Por qué?	
ÓSCAR:	Mis padres **están pasando** sus vacaciones en la playa y vuelven mañana. ¡La casa es un desastre total!	
CATALINA:	¿Así que **estás limpiando?**	
ÓSCAR:	¡Claro! **Estoy barriendo** el piso, **ordenando** la sala, **recogiendo** la ropa… de mi cuarto. Y tú, ¿qué **estás haciendo?**	
CATALINA:	¿Yo?… Nada. **Estoy leyendo** el periódico y **tomando** un café.	

Piénsalo. Indica a quién o a quiénes se refieren las siguientes afirmaciones. ¿A Catalina (**C**), a Óscar (**O**) o a ambos (**C y O**)?

1. _____ **Está trabajando** mucho.
2. _____ **Está descansando.**
3. _____ **Está limpiando** la casa de sus padres.
4. _____ No está contento porque **está trabajando** mucho en casa.
5. _____ **Está bebiendo** algo.
6. _____ **Están haciendo** actividades diferentes.

Present progressive

- Use the present progressive to emphasize that an action or event is in progress at the moment of speaking, rather than a habitual action.

  Óscar **está limpiando** la casa.   *Oscar is cleaning the house.* (at this moment)

  Óscar **limpia** la casa.   *Oscar cleans the house.* (habitually)

- Form the present progressive with the present tense of **estar** + *present participle*. To form the present participle, add **-ando** to the stem of **-ar** verbs and **-iendo** to the stem of **-er** and **-ir** verbs.

	Estar	Present Participle
yo	**estoy**	
tú	**estás**	
Ud., él, ella	**está**	habl**ando**
nosotros/as	**estamos**	com**iendo**
vosotros/as	**estáis**	escrib**iendo**
Uds., ellos/as	**están**	

- When the verb stem of an **-er** or an **-ir** verb ends in a vowel, add **-yendo.**

  leer → leyendo

  oír → oyendo

- Stem-changing **-ir** verbs (**o → ue, e → ie, e → i**) change **o → u** and **e → i** in the present participle.

  dormir (ue)   (**o → u**)   d**u**rmiendo

  sentir (ie)   (**e → i**)   s**i**ntiendo

  pedir (i)   (**e → i**)   p**i**diendo

- Spanish does not use the present progressive to express future time, as English does; Spanish uses the present tense instead.

  Salgo mañana.   *I am leaving tomorrow.*

  ¿**Te levantas** temprano mañana?   *Are you getting up early tomorrow?*

 ¿COMPRENDES?

Indica qué están haciendo los estudiantes en este momento. Usa la forma correcta de los verbos en el presente progresivo.

1. Alicia y sus compañeros _____ mucho para su clase de astronomía. (trabajar)
2. Ellos _____ información sobre los planetas. (leer)
3. En este momento Alicia _____ investigación en Internet. (hacer)
4. Pero Cristina no _____ en este momento. (estudiar)
5. Cristina _____ con Alicia. (hablar)
6. Alicia piensa: Cristina _____ tiempo. ¡Tenemos que terminar este trabajo! (perder)

MySpanishLab

Learn more using Amplifire Dynamic Study Modules, Grammar Tutorials, and Extra Practice activities.

PRÁCTICA

5-15

Un día ocupado. Hoy es un día de mucha actividad para la familia Villa. Asocia las actividades de la izquierda con las explicaciones de la columna de la derecha, para averiguar (*find out*) por qué las están haciendo.

1. _____ La Sra. Villa está preparando una cena deliciosa y un pastel (*cake*) especial.
2. _____ Su hijo Marcelo está barriendo la terraza.
3. _____ Su hija Ana está lavando los platos en el fregadero.
4. _____ Alicia está decorando la mesa.
5. _____ Pedro está hablando por teléfono.

a. Está llamando a su mejor amigo para invitarlo a la fiesta.

b. El lavaplatos no está funcionando.

c. Es una ocasión especial.

d. Es el cumpleaños de su esposo.

e. Está muy sucia (*dirty*) y unos amigos vienen a celebrar el cumpleaños.

5-16

La vida activa. Túrnense para describir qué está haciendo cada persona en estas escenas. Indiquen en qué lugar está y hablen de qué va a hacer más tarde.

MODELO E1: *Rodrigo y Soledad están cantando en una fiesta. Están en la terraza.*
E2: *Después van a bailar y conversar con sus amigos.*

Rodrigo   **Soledad**

Pepe

Arturo

Carlos

Catalina

Gonzalo

5-17

Lugares y actividades. Mira las siguientes fotografías de celebraciones y descríbele a tu compañero/a dos o tres actividades que las personas están haciendo en una de las fotos. Tu compañero/a va a hacer lo mismo (*the same*) con otra fotografía.

Situación

PREPARACIÓN. Lean esta situación. Luego, compartan ejemplos de vocabulario, gramática y otra información que necesitan para desarrollar la conversación.

Role A. There is a big family gathering at your aunt's house today, but you are away at school. Call and greet the family member who answers the phone. Explain that you cannot attend, and express your regret for not being there. Ask how everyone is and what each family member is doing at the moment.

Role B. You are at a big family gathering today. A family member calls to say he/she cannot attend. Answer the phone. Greet the caller and answer his/her questions. Finally, tell the caller that everyone says hello (**todos te mandan saludos**) and say good-bye.

	ROLE A	ROLE B
Vocabulario	Words for family relationships Question words	Words for family relationships Activities that family members do at family gatherings
Funciones y formas	Present progressive Expressing regret Asking questions Observing phone etiquette	Present progressive Expressing regret Giving information Observing phone etiquette

INTERCAMBIOS. Practica la conversación con tu compañero/a incorporando el vocabulario y las funciones de *Preparación*. Luego, represéntenla ante la clase.

2 Describing physical and emotional states

Hoy es un día de verano y los Robledo se están mudando. **Tienen prisa** porque ya son las tres de la tarde. El señor Robledo y su hija Isabel **tienen calor** porque hace cuatro horas que trabajan bajo (*under*) el sol. Ella **tiene mucha sed** y está bebiendo agua. El bebé, Nicolás, llora porque **tiene hambre.** La señora Robledo le da de comer mientras la abuelita Rosa duerme la siesta. Después de empacar su ropa y todas sus fotografías, libros y plantas, Rosa **tiene mucho sueño.** ¡Qué día para los Robledo!

e **Piénsalo.** Identifica a la persona (o personas) del dibujo según la descripción de su estado físico.

1. _____ Va a comer porque **tiene hambre.**

2. _____ Está tomando agua porque **tiene sed.**

3. _____ No **tienen frío** porque es verano y hace calor.

4. _____ Está cansada y **tiene sueño.**

5. _____ **Tienen calor** porque están trabajando bajo el sol.

6. _____ **Tienen prisa** porque quieren salir pronto.

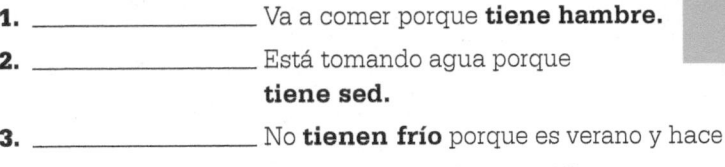
Nicolás
Sr. Robledo
Isabel
Rosa

Expressions with *tener*

■ Spanish uses **tener** + *noun* for many conditions and states where English uses *to be* + *adjective*. You have already seen the expression **tener... años: Eduardo tiene veinte años.** Here are some other useful expressions.

Tener + *noun*		
tener	**hambre**	*hungry*
	sed	*thirsty*
	sueño	*sleepy*
	miedo	*afraid*
	calor	*hot*
	cuidado	*careful*
	frío	*cold*
	suerte	*lucky*
	prisa	*in a hurry/rush*
	razón	*right, correct*

(to be)

■ With these expressions, use **mucho/a** to indicate *very.*

Tengo **mucho** calor (frío, miedo, sueño, cuidado).
I am very hot (cold, afraid, sleepy, careful).

Tienen **mucha** hambre (sed, suerte).
They are very hungry (thirsty, lucky).

e **¿COMPRENDES?**

Completa las oraciones con **tener** y una expresión lógica para describir cómo está Olivia.

1. Son las 12:00 de la noche. Olivia _____.
2. Hace 95 °F y no puede dormir. _____.
3. Oye ruidos (*noises*) en la casa. _____.
4. Pero los ruidos desaparecen y no vuelven. Olivia piensa que _____.

MySpanishLab

Learn more using Amplifire Dynamic Study Modules, Grammar Tutorials, and Extra Practice activities.

PRÁCTICA

5-18 e

Asociaciones. Lee las situaciones y luego asocia cada una de ellas con una expresión lógica de la derecha.

1. Mi hermano siempre tiene _____ y, por eso, está comiendo ahora.

2. Mi hermana duerme a todas horas porque siempre tiene _____.

3. En este momento mis primos están visitando la Antártida; probablemente tienen _____.

4. Mis abuelos están bebiendo agua en la cocina porque tienen _____.

5. Mi mamá tiene _____; siempre gana (*wins*) cuando juega a la lotería.

6. ¡Uf! Todavía estoy planchando mi blusa y mis amigos van a llegar en cinco minutos. Yo tengo _____.

a. sed

b. prisa

c. suerte

d. sueño

e. mucho frío

f. hambre

5-19

¿Qué están haciendo, dónde están y cómo se sienten?

PREPARACIÓN. Túrnense y describan qué están haciendo las personas en los dibujos. Indiquen dónde están y cómo se sienten.

 MODELO *El padre y su hijo están durmiendo en el sofá. Tienen sueño.*

1.

2.

INTERCAMBIOS. Respondan a las siguientes preguntas sobre las escenas de *Preparación*.

1. ¿Cuál de los dibujos describe mejor cómo se sienten ustedes en este momento?

2. ¿Qué dibujo refleja (*reflects*) el clima de su región en diciembre?

3. ¿A qué hora se sienten ustedes como las personas del dibujo del modelo?

3.

4.

5-20

Estados físicos y estados de ánimo (*moods*). PREPARACIÓN. Termina las siguientes ideas y luego compara tus respuestas con las de tu compañero/a. Usa expresiones con **tener.**

1. Generalmente, cuando mis hermanos y yo hacemos una barbacoa, nosotros . . .

2. Cuando mi madre pasa mucho tiempo limpiando nuestra casa, ella . . .

3. En las mañanas de invierno, yo siempre . . .

4. Cuando yo leo un libro aburrido, siempre . . .

5. Cuando llego a casa y mi compañero/a está preparando mi plato favorito, yo siempre . . .

INTERCAMBIOS. Usando tus apuntes de *Preparación,* escribe una semejanza y una diferencia entre tu compañero/a y tú.

Situación

PREPARACIÓN. Lean esta situación. Luego, compartan ejemplos de vocabulario, gramática y otra información que necesitan para desarrollar la conversación.

Role A. You are staying at a hotel. You call the front desk and say the following:

a. you are very tired, but you cannot sleep because the people in the next room are making a lot of noise (**ruido**);

b. you are cold and need more blankets (**mantas**); and

c. you want to know what time the dining room opens because you are always hungry in the morning.

Role B. You work at the front desk in a hotel. A guest calls you with two complaints and a question. Be as understanding and helpful as possible in responding to the guest.

	ROLE A	ROLE B
Vocabulario	Words that describe physical states	Words and expressions to express reassurance
Funciones y formas	Lodging a complaint Observing phone etiquette	Reacting appropriately to a complaint Using a professional speech style Observing phone etiquette

INTERCAMBIOS. Practica la conversación con tu compañero/a incorporando el vocabulario y las funciones de *Preparación.* Luego, represéntenla ante la clase.

3 Avoiding repetition in speaking and writing

 ¿Qué hacen estas personas?

 El padre lava los platos y los niños **los** secan.

La abuela cuida (*takes care of*) a la niña. **La** cuida todos los días.

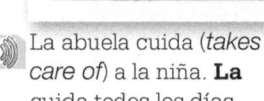 **Piénsalo.** Asocia la descripción con la foto correcta, **A, B** o **C**.

1. _____ La niña está contenta porque su abuela **la** cuida.

2. _____ El padre trabaja y los niños **lo** ayudan.

3. _____ Los cocineros tienen una cocina enorme. **La** usan todos los días.

4. _____ Ellos están preparando mucha comida. Después, los clientes van a comer**la.**

5. _____ La abuela está cuidando a la niña. La abuela **la** quiere mucho.

6. _____ El padre está en la cocina con sus hijos. **Los** mira con cariño y habla con ellos mientras trabajan.

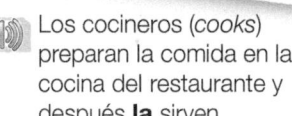 Los cocineros (*cooks*) preparan la comida en la cocina del restaurante y después **la** sirven.

Direct object nouns and pronouns

- Direct objects answer the question *what?* or *whom?* in relation to the verb.

  ¿Qué dobla Pedro?   *What does Pedro fold?*

  (Pedro dobla) **las toallas.**   *(Pedro folds) the towels.*

- Direct objects may be nouns or pronouns. When direct object nouns refer to a specific person, a group of persons, or a pet, the word **a** precedes the direct object. This **a** is called the **a personal** and has no equivalent in English. The **a personal** followed by **el** contracts to **al.**

  Amanda seca **los platos.**   *Amanda dries the dishes.*

  Amanda seca **al perro.**   *Amanda dries off the dog.*

¿Ves la piscina?	*Do you see the swimming pool?*
¿Ves **al** niño en la piscina?	*Do you see the child in the swimming pool?*

■ The **a personal** is not used with the verb **tener.**

María tiene un hijo.	*María has a child.*

■ Since the question word **quién(es)** refers to people, use the **a personal** when **quién(es)** is used as a direct object.

¿**A quién** vas a ayudar?	*Whom are you going to help?*
Voy a ayudar **a** Pedro.	*I am going to help Pedro.*

■ Direct object pronouns replace direct object nouns and are used to avoid repeating the noun while speaking or writing. These pronouns refer to people, animals, or things already mentioned.

Direct Object Pronouns			
me	*me*	**nos**	*us*
te	*you* (familiar, singular)	**os**	*you* (familiar plural, Spain)
lo	*you* (formal, singular), *him, it* (masculine)	**los**	*you* (formal and familiar, plural), *them* (masculine)
la	*you* (formal, singular), *her, it* (feminine)	**las**	*you* (formal and familiar plural), *them* (feminine)

■ Place the direct object pronoun before the conjugated verb form.

¿Barre la cocina Mirta?	*Does Mirta sweep the kitchen?*
No, no **la** barre.	*No, she does not sweep it.*
¿Cuidas a tu hermanito?	*Do you take care of your little brother?*
Sí, **lo** cuido.	*Yes, I take care of him.*

■ With compound verb forms (a conjugated verb and an infinitive or present participle), a direct object pronoun may be placed before the conjugated verb, or may be attached to the accompanying infinitive or present participle.

¿Vas a ver a Rafael?	*Are you going to see Rafael?*
Sí, **lo** voy a ver mañana. Sí, voy a ver**lo** mañana. }	*Yes, I am going to see him tomorrow.*
¿Están limpiando la casa?	*Are they cleaning the house?*
Sí, **la** están limpiando. Sí, están limpiándo**la.** }	*Yes, they are cleaning it.*

LENGUA

You have seen that words that stress the next-to-the-last syllable do not have a written accent if they end in a vowel: **lavando.** If we attach a direct object pronoun, we are adding a syllable, so the stress now falls on the third syllable from the end and a written accent is needed: **lavándolo.**

e ¿COMPRENDES?

Completa las oraciones con el pronombre correcto según la información.

MARIO: Rosario, ¿cuándo vamos a visitar el apartamento?

ROSARIO: (1) _____ vamos a visitar el jueves. ¿Leíste el anuncio del periódico?

MARIO: Sí, (2) _____ leí. El apartamento parece grande pero no sé si tiene lavandería.

ROSARIO: (3) _____ debe tener porque dice el anuncio que los apartamentos que alquilan tienen área de servicio.

MARIO: Sí, debemos (4) visitar _____ todos para estar seguros.

MySpanishLab

Learn more using Amplifire Dynamic Study Modules, Grammar Tutorials, and Extra Practice activities.

PRÁCTICA

5-21

La división del trabajo. Tus compañeros Martín, Pedro y Julio comparten un apartamento y tú quieres saber cómo dividen las tareas domésticas entre ellos. Indica la respuesta más apropiada a cada pregunta que le haces a Julio.

1. ¿Quién limpia la nevera?
   a. Yo lo limpio.
   b. Pedro la limpia.
   c. Nosotros las limpiamos.

2. ¿Quién hace las camas?
   a. Pedro la hace.
   b. Yo los hago.
   c. Martín las hace.

3. ¿Quién tiende la ropa?
   a. Los tres lo tendemos.
   b. Pedro los tiende.
   c. Martín la tiende.

4. ¿Quién saca la basura?
   a. Martín lo saca.
   b. Pedro las saca.
   c. Yo la saco.

5. ¿Quién pasa la aspiradora?
   a. Martín y yo las pasamos.
   b. Pedro la pasa.
   c. Ellos lo pasan.

5-22

En casa. Adivina (*Guess*) a qué o a quién se refiere tu compañero/a en el contexto de la casa y la familia.

 MODELO **Los** lava después de comer
E1: *Los lava después de comer.*
E2: *Los platos.*
E1: *¡Sí, tienes razón!*

1. La madre **la** plancha cuando está seca.
2. Los hijos **lo** ordenan todos los sábados.
3. Los niños **las** hacen después de levantarse.
4. El padre **los** llama porque necesita ayuda.
5. Cada uno **las** limpia en su cuarto para tener más luz natural.
6. El esposo **la** pasa por la alfombra de la sala.
7. El hermano mayor **los** ayuda con su tarea.

5-23

¿Qué es lógico? PREPARACIÓN. Mira el dibujo y asocia las situaciones con las acciones más lógicas.

SITUACIÓN	ACCIÓN
1. _____ Las camas están sin hacer.	a. Los hijos los van a ordenar.
2. _____ La ropa está seca.	b. La madre las hace después de leer el periódico.
3. _____ Los dormitorios están desordenados.	c. El padre las va a limpiar.
4. _____ El aire acondicionado no funciona.	d. La hija va a plancharla.
5. _____ Las ventanas están sucias.	e. Los hijos lo van a organizar y limpiar.
6. _____ No pueden poner el auto en el garaje porque hay muchos muebles viejos y cajas con libros.	f. El hijo mayor lo va a reparar (*fix*).

 INTERCAMBIOS. Dile a tu compañero/a cuáles de las afirmaciones de *Preparación* describen mejor tu apartamento o tu casa en este momento.

5-24

Mis responsabilidades en casa. PREPARACIÓN. Averigua (*Find out*) si tu compañero/a es responsable de las siguientes tareas domésticas en su casa. Añade una más.

 MODELO doblar la ropa

    E1: *¿Doblas la ropa?*

    E2: *Sí, normalmente la doblo. ¿Y tú?*

1. sacar la basura

2. ordenar el garaje

3. limpiar la bañera

4. lavar las sábanas

5. cortar el césped (*grass*)

6. …

 INTERCAMBIOS. Comparen sus respuestas. Después, díganle a otra pareja cuáles son las tareas domésticas que ustedes dos hacen y averigüen si ellos las hacen también.

MODELO E1: *Nosotros no lavamos los platos en casa porque tenemos lavaplatos. ¿Y ustedes los lavan?*

    E2: *Sí, los lavamos y los secamos también.*

  5-25

El apartamento de mi compañero/a. Vas a cuidar el apartamento de tu compañero/a por una semana y quieres saber cuáles van a ser tus obligaciones y qué cosas tu amigo/a te permite hacer allí.

 MODELO **Para saber tus obligaciones:**

    E1: *¿Debo sacar la basura?*

    E2: *Sí, la debes sacar todos los días.*

    Para saber qué es permitido (*allowed*):

    E1: *¿Puedo lavar mi ropa en tu lavadora?*

    E2: *Sí, puedes lavarla.*

1. regar las plantas

2. alquilar películas con tu cuenta de Netflix

3. pasear al perro

4. usar los electrodomésticos

5. limpiar el apartamento

6. hacer una fiesta

7. hacer la tarea en tu computadora

  5-26

Los preparativos para la visita. La familia Granados está muy ocupada porque espera la visita de unos parientes. Túrnense para preguntar y contestar sobre lo que está haciendo cada miembro de la familia.

 MODELO E1: *¿Quién está preparando la comida?*

    E2: *La madre está preparándola.*

 5-27

Una mano amiga. PREPARACIÓN. Tu compañero/a te va a hacer preguntas sobre tus relaciones con otras personas. Contesta, escogiendo a una de las personas de la lista.

| mi madre | mi novio/a | mi padre |
| mi mejor amigo/a | mis abuelos | ¿…? |

 MODELO ayudar económicamente

    E1: *¿Quién te ayuda económicamente?*

    E2: *Mis padres me ayudan económicamente.*

1. querer mucho

2. escuchar en todo momento

3. llamar por teléfono con frecuencia

4. ayudar con los problemas

5. aconsejar (*advise*) cuando estás indeciso/a

6. entender siempre

INTERCAMBIOS. Dile a tu compañero/a qué haces por las siguientes personas. Indica en qué circunstancias lo haces.

 **MODELO** tu amigo/a

> E1: *Lo/La ayudo cuando está cansado/a.*
>
> E2: *Y yo lo/la escucho cuando tiene problemas en el trabajo.*

1. tu papá

2. tu mamá

3. tu novio/a

4. tus vecinos (*neighbors*)

5. tu compañero/a de cuarto

6. tu mejor amigo/a

Situación

PREPARACIÓN. Lean esta situación. Luego, compartan ejemplos de vocabulario, gramática y otra información que necesitan para desarrollar la conversación.

Role A. You and your brother/sister have to do some chores at home. Since you are older, you tell your sibling three or four things that he/she has to do. Be prepared to respond to complaints and questions.

Role B. You and your older brother/sister have to do some chores at home. Because you are younger, you get some orders from your sibling about what you have to do. You do not feel like working, and you especially do not like being bossed around, so respond to everything you hear with a complaint or a question.

	ROLE A	ROLE B
Vocabulario	Words for house chores Household items	Words for house chores Household items
Funciones y formas	Enlisting the help of another person Telling someone what to do *Deber* + verb infinitive Responding to complaints Direct object pronouns	Reacting to orders from a family member Complaining to a family member Direct object pronouns

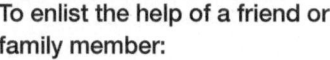

En directo

To enlist the help of a friend or family member:

Vamos a + *infinitive… Let's…*

Yo voy a… *I'm going to…*

Y tú, ¿por qué no…? *And how about if you…?*

To complain to a friend or family member:

Oye, no me des más órdenes. *Look, don't order me around.*

Basta de órdenes. *Stop ordering me around.*

Yo sé qué debo hacer. *I know what I have to do.*

To respond to a complaint from a friend or family member:

Es importante hacerlo. *It has to be done.*

No te quejes demasiado. *Don't complain so much.*

No seas perezoso. *Don't be so lazy.*

 Listen to a conversation with these expressions.

INTERCAMBIOS. Practica la conversación con tu compañero/a incorporando el vocabulario y las funciones de *Preparación*. Luego, represéntenla ante la clase.

---

4 Pointing out and identifying people and things

 AGENTE: **Esta** casa blanca es muy moderna y el precio es muy bueno.

CLIENTE: Pero **esa** tiene jardín, ¿verdad?

AGENTE: Es verdad. **Esta** casa y **aquella** no tienen jardín. Por eso, **esa** casa con jardín es más cara.

 Piénsalo. El agente les está presentando diferentes tipos de viviendas a sus clientes. Indica si cada descripción se refiere a la imagen de la vivienda que está cerca (**C**), un poco lejos (**P**) o lejos (**L**) del agente.

1. _____ **Esta** casa de dos pisos está en una ciudad. Tiene muchas ventanas en cada piso, pero no tiene jardín.

2. _____ **Aquella** casa donde están la madre y su hija es de material sólido y de un color alegre.

3. _____ **Esa** casa es de construcción sólida y tiene dos pisos y un garaje. Está en una zona muy verde.

Demonstrative adjectives and pronouns

- Demonstrative adjectives agree in gender and number with the noun they modify. English has two sets of demonstratives (*this, these* and *that, those*), but Spanish has three sets.

Demonstrative Adjectives

Demonstrative Adjectives

this	**este** cuadro / **esta** butaca	*these*	**estos** cuadros / **estas** butacas
that	**ese** horno / **esa** casa	*those*	**esos** hornos / **esas** casas
that (over there)	**aquel** camión / **aquella** casa	*those* (over there)	**aquellos** camiones / **aquellas** casas

- Use **este, esta, estos,** and **estas** when referring to people or things that are close to you in space or time.

Este escritorio es nuevo.	*This desk is new.*
Traen el sofá **esta** tarde.	*They will bring the sofa this afternoon.*

- Use **ese, esa, esos,** and **esas** when referring to events, people, or things that are not relatively close to you. Sometimes they are close to the person you are addressing.

Esa lámpara es muy bonita.	*That lamp is very pretty.*
Ese amigo de Lola vende su auto, ¿verdad?	*That friend of Lola's is selling his car, isn't he?*

- Use **aquel, aquella, aquellos,** and **aquellas** when referring to people or things that are more distant, or to events that are distant in time.

Aquel edificio es muy alto.	*That building (over there) is very tall.*
En **aquella** ocasión los niños jugaron en el parque.	*On that (long ago) occasion, the children played in the park.*

Demonstrative Pronouns

- Demonstratives can be used as pronouns to mean *this one/these* or *that one/those,* thus avoiding repetition when speaking or writing.

Demonstrative Pronouns

this	**este** / **esta**		*these*	**estos** / **estas**
that one	**ese** / **esa**		*those*	**esos** / **esas**
that one (over there)	**aquel** / **aquella**		*those (over there)*	**aquellos** / **aquellas**

- To refer to a general idea or concept, or to ask for the identification of an object, use **esto, eso,** or **aquello.** These forms are invariable.

Trabajan mucho y **eso** es muy bueno.	*They work a lot, and that is very good.*
¿Qué es **esto**? Es un espejo.	*What is this? It is a mirror.*
Aquello es un edificio de la universidad.	*That (over there) is a university building.*

PRÁCTICA

5-28

Cerca, relativamente cerca o lejos.
Decide cuál de las opciones debes usar según el lugar donde están los siguientes objetos. Compara tus respuestas con las de tu compañero/a y explica la razón de tu preferencia.

Cerca de ustedes

1. _____ mesa es de Honduras.
   a. Esta **b.** Esa **c.** Aquella

2. _____ cuadros también son de Honduras.
   a. Estos **b.** Esos **c.** Aquellos

Relativamente cerca de ustedes

3. _____ sofá es muy grande.
   a. Este **b.** Ese **c.** Aquel

4. _____ alfombra tiene unos colores muy alegres.
   a. Esta **b.** Esa **c.** Aquella

Lejos de ustedes

5. _____ espejo es nuevo.
   a. Este **b.** Ese **c.** Aquel

6. _____ lámparas son antiguas.
   a. Estas **b.** Esas **c.** Aquellas

5-29

En una mueblería en Managua.
Tu compañero/a y tú deciden vivir juntos/as en Nicaragua y van a una mueblería para comprar muebles y accesorios. Usen las siguientes expresiones para hablar sobre lo que ven. Sigan el modelo.

bonito/a
feo/a
(no) me gusta(n)
cómodo/a
caro/a
me encanta(n)

 **MODELO**
E1: *¿Te gusta el sofá?*
E2: *¿Cuál? ¿Aquel sofá verde?*
E1: *No, ese sofá azul.*
E2: *Sí, me encanta.*

5-30

Descripciones. Piensa en tres objetos o muebles y el lugar de la casa donde están. Tu compañero/a va a hacerte preguntas para adivinar qué mueble u objeto es.

 MODELO
E1: *Este mueble está generalmente en el comedor.*
E2: *¿Es grande?*
E1: *Puede ser grande o pequeño.*
E2: *¿Lo usamos para comer?*
E1: *Sí.*
E2: *Es la mesa.*

Situación

PREPARACIÓN. Lean esta situación. Luego, compartan ejemplos de vocabulario, gramática y otra información que necesitan para desarrollar la conversación.

Role A. You want to sublet an apartment for one semester. You answer an ad from a student who is helping two friends sublet their apartments while they are studying abroad. The student has already shown you pictures of one apartment (**ese apartamento**) and is now showing you pictures of the second one (**este apartamento**). Discuss with the person:

a. the rent (**el alquiler**);
b. the number of bedrooms; and
c. the facilities of both apartments, such as the laundry room (**lavandería**), garage, and pool. Say which of the two apartments you want to see and explain why.

Role B. You have agreed to help two friends sublet their apartments for one semester while they are studying abroad. You have already shown a potential subletter pictures of one apartment (**ese apartamento**) and now are showing pictures of a second one (**este apartamento**). Answer his/her questions by saying that:

a. the rent of the first apartment is $900 per month and the second one is $1,100;
b. both apartments have two bedrooms, and
c. the first apartment comes with a one-car garage, while the other one has a two-car garage. Also tell him/her the advantages of each of the two apartments.

	ROLE A	ROLE B
Vocabulario	Rooms of a house/apartment Facilities of a house/apartment Numbers (prices)	Rooms of a house/apartment Facilities of a house/apartment Numbers (prices)
Funciones y formas	Describing a house or apartment Verbs that describe: *ser, tener,* etc. Talking about price of an apartment Expressing a wish to do something Asking and answering questions Observing phone etiquette	Describing a property for rental Verbs that describe: *ser, tener,* etc. Talking about price of an apartment Asking and answering questions Observing phone etiquette

INTERCAMBIOS. Practica la conversación con tu compañero/a incorporando el vocabulario y las funciones de *Preparación*. Luego, represéntenla ante la clase.

EN ACCIÓN
En casa

5-31 Antes de ver

¿Qué es? Asocia las palabras de la primera columna con las definiciones a la derecha.

1. _____ el microondas
2. _____ el barrio
3. _____ la aspiradora
4. _____ el baño
5. _____ la cocina

a. Es el cuarto donde te lavas la cara o te duchas.

b. Lo usas para calentar la comida.

c. Es una parte de la ciudad donde vive la gente.

d. Es el cuarto donde preparas la comida.

e. Sirve para limpiar las alfombras.

5-32 Mientras ves

La casa de Federico. Indica si las siguientes afirmaciones sobre la casa de Federico y su barrio son ciertas (**C**) o falsas (**F**). Corrige las afirmaciones falsas.

1. _____ La casa de Federico está cerca del puerto en un barrio de Buenos Aires.

2. _____ El barrio de Federico es principalmente una zona residencial.

3. _____ El Puente de la Mujer es una obra del arquitecto argentino César Pelli.

4. _____ Federico y su familia comen siempre en el comedor.

5. _____ Federico usa el microondas con frecuencia porque siempre tiene hambre.

5-33 Después de ver

¿Qué están haciendo? PREPARACIÓN. Federico describe el barrio y la casa donde vive. Asocia los lugares con las actividades que Federico y su familia probablemente están haciendo allí.

1. _____ En los restaurantes al aire libre…

2. _____ Frente al Puente de la Mujer…

3. _____ En el salón…

4. _____ En la cocina…

5. _____ En los dormitorios…

a. están caminando.

b. están mirando la tele.

c. están durmiendo la siesta.

d. están disfrutando de la vista y comiendo.

e. están lavando los platos.

INTERCAMBIOS. Hagan una lista de por lo menos (*at least*) dos cuartos de una casa o apartamento y dos lugares de la ciudad donde viven ustedes. Describan las actividades que hacen los niños, los adultos y las personas mayores en estos lugares.

Mosaicos

ESCUCHA

ESTRATEGIA

Create mental images

You have already learned that visual cues can increase your listening comprehension. For example, seeing the pictures or objects that a speaker refers to can help you understand what is being said. You can also create mental pictures by using your imagination or by making associations with familiar things or experiences. As you listen, practice creating mental images to help you develop your listening skills in Spanish.

5-34

Preparación. Vas a escuchar la descripción de una casa. Antes de escuchar, piensa en las casas que conoces y prepara una lista de cuatro cuartos y de tres objetos (muebles, aparatos eléctricos/electrónicos o accesorios) que esperas encontrar en cada uno de los cuartos. Compártela con la clase.

5-35

 ESCUCHA. Listen to the different statements about the location of pieces of furniture and objects. Indicate whether each statement is true (**Cierto**) or false (**Falso**) according to the drawing.

1. _____   5. _____
2. _____   6. _____
3. _____   7. _____
4. _____   8. _____

Comprueba

I was able to ...

_____ create mental images based on my experience with houses.

_____ associate items in the drawing with what I heard.

_____ understand key words.

5-36

Un paso más. Descríbele tu vivienda (número de cuartos, colores, muebles, etc.) a tu compañero/a. Él/Ella va a tomar notas para describirle tu vivienda a otra persona de la clase. Comprueba si la información es correcta. Luego, intercambien roles.

HABLA

ESTRATEGIA

5-37

Preparación. Necesitas alquilar un apartamento. Escribe algunas características esenciales y algunas secundarias del apartamento que necesitas. Compártelas con la clase.

5-38

Habla. Tu mejor amigo/a y tú estudian en San Salvador este año y quieren alquilar un apartamento. Lean los anuncios y decidan qué apartamento prefieren y por qué. Hablen sobre las ventajas y desventajas de uno u otro.

ALQUILERES

1. Se alquila condominio residencial privado, 3er nivel, 2 dormitorios, 1 baño, cuarto y baño, empleada, cocina con despensa, sala y comedor separados, garaje 2 carros, área recreación niños. SVC 4.500 vigilancia incluida. 22 24 46 30.

2. Alquilo apartamento cerca de centro comercial. Transporte público a la puerta. Ideal para profesionales. 1 dormitorio, 1 baño con jacuzzi, con muebles y electro-domésticos, terraza, sistema de seguridad, garaje doble. SVC 7.500. Tfno. 22 65 16 92.

3. Alquilo apartamento, cerca zona universitaria. 3 dormitorios. 1ra planta. Ideal para estudiantes. (SVC 1.800) Llamar al 22 35 37 83.

4. Alquilo preciosa habitación en casa particular. Semi amueblada. Amplia, enorme clóset, cable gratis. Alimentación opcional. Información al teléfono 22 63 28 07.

Comprueba

In my conversation …

_____ I was able to convey my preferences.

_____ I asked appropriate questions.

_____ I gave relevant responses.

_____ I was able to come to an agreement with my partner.

5-39

Un paso más. Ya que (*Since*) saben qué apartamento les gusta más, tienen que dar el próximo paso (*next step*). Conversen para decidir lo siguiente:

1. ¿Por qué es este apartamento el favorito de ustedes?

2. ¿Qué preguntas quieren hacerle al dueño del apartamento para obtener más información?

En directo ▪ ▪ ▪ ▪ ▪

To find out who is answering your call:

¿Con quién hablo? *Who is this?*

To request to talk with someone specific:

¿Está… [nombre de la persona], por favor?

Is … [person's name] there, please?

Deseo hablar con… [nombre de la persona].

I would like to speak with … [person's name].

 Listen to a conversation with these expressions.

LEE

5-40

Preparación. ¿Qué sabes sobre el tema? Indica si las afirmaciones son ciertas (**C**) o falsas (**F**). Luego, escribe tu opinión sobre este tema en un párrafo y preséntalo a la clase.

1. _____ Hoy en día muchos jóvenes viven con sus padres después de graduarse de la universidad.

2. _____ Los jóvenes de hoy desean independizarse (*become independent*) de sus padres más que hace 10 o 15 años.

3. _____ Vivir en la casa de los padres es un fenómeno estadounidense solamente.

4. _____ El desempleo (*unemployment*) entre los jóvenes es una razón importante para vivir con los padres después de graduarse.

5. _____ Más hombres que mujeres viven con sus padres después de graduarse.

ESTRATEGIA

Inform yourself about a topic before you start to read

To get acquainted with a topic, you should think about what you already know, read something about it on the web (in English or in Spanish), talk with people who know about the topic; a combination of these three approaches is the best preparation. The goal is to build your knowledge about the topic before you start to read. Then, when you read the text, try to apply that knowledge to support your comprehension.

5-41

Lee. El siguiente artículo describe un nuevo fenómeno social. Léelo y sigue las instrucciones.

1. En el primer párrafo, el autor del artículo presenta el nuevo fenómeno social. Explícalo con tus propias palabras.

2. El segundo párrafo presenta tres causas del fenómeno. ¿Cuáles son?

3. El tercer párrafo menciona los sobrenombres (*nicknames*) que se les dan a los adultos que viven con sus padres en varios países. ¿Cuáles son?

4. En el último párrafo se presenta la perspectiva de los padres. ¿Cuál es?

Comprueba

I was able to ...

_____ anticipate content related to the topic.

_____ use the statistics to confirm my comprehension of the main ideas.

_____ identify the two main reasons that adults live with their parents.

_____ find other countries where the phenomenon is common.

Un nuevo fenómeno social

No abandonar el nido (nest) familiar

Cada vez hay más adultos entre los 20 y los 34 años que viven en la casa de sus padres. En el pasado, esto era (*used to be*) bastante normal en los países hispanos pero no en Estados Unidos donde, tradicionalmente, los jóvenes se independizaban más pronto. Según un estudio de la Oficina del Censo de Estados Unidos, en 2011 un 59% de los chicos de entre 18 y 24 años y un 50% de las chicas vivían (*lived*) todavía en el domicilio familiar en comparación con el 53% y el 46%, respectivamente, en 2005.

Las causas principales de este fenómeno son variadas. Para algunos jóvenes es mucho más barato no tener que pagar un alquiler o comprar comida, sobre todo si no tienen un trabajo estable. Pero la razón para otros jóvenes es que disfrutan (*enjoy*) de la comodidad (*comfort*) de la casa familiar. Además, los padres hoy son más tolerantes que en el pasado, por eso los hijos no sienten la necesidad de irse.

Esta tendencia social no solo se limita a Estados Unidos, donde estos jóvenes se llaman *basement dwellers* porque muchos tienen su habitación en el sótano de la casa, sino que se encuentra en todo el mundo. En América Latina los jóvenes generalmente vivían con los padres antes de casarse (*get married*), pero ahora hay muchos que después de casarse y de tener hijos continúan viviendo en la misma casa. En Japón a los hijos adultos que prefieren vivir en casa con sus padres les llaman solteros (*unmarried*) parásitos, y en Italia, *bamboccioni* (bebés grandes).

Curiosamente, en Estados Unidos esta tendencia afecta más a los hombres que a las mujeres. El porcentaje de hombres de entre 25 y 34 años que viven con sus padres creció (*grew*) de un 14% en 2005 a un 19% en 2011 y de un 8% a un 10% para las mujeres en el mismo periodo.

¿Qué opinan los padres de esta situación? Muchos padres están contentos de tener la compañía de los hijos. Pero a veces la situación cambia y son los padres quienes tienen que irse de la casa para independizarse de sus hijos.

5-42

Un paso más. Hablen sobre los temas siguientes y escriban sus respuestas en la tabla.

1. ¿Qué significa para ustedes independizarse de sus padres?

2. ¿Cuáles son las ventajas y desventajas de vivir con los padres después de graduarse? ¿Bajo qué circunstancias es necesario vivir con ellos?

Ser independientes de los padres significa…	_____ no vivir con ellos _____ pagar todos nuestros gastos (teléfono, carro, apartamento, etc.) _____ hablar con ellos solamente 1 o 2 veces por semana _____ hablar con los amigos cuando necesitamos consejos (*advice*), no con ellos _____ (otro) _____
Ventajas de vivir con los padres	1. 2. 3.
Desventajas de vivir con los padres	1. 2. 3.

Cultura

■ ■ ■ ■ ■

Desempleo juvenil

In Hispanic countries, unemployment among young people (ages 18–35) is high. Spain has been one of the countries hardest hit in recent years, even among university graduates. In addition to the social and economic strains caused by unemployment, there are other social consequences, like young people having to live with their parents and being forced to postpone marriage and starting a family.

Comparaciones. ¿Es el desempleo juvenil un gran problema en tu país o región? ¿Hay muchos universitarios desempleados que tienen que vivir con sus padres después de graduarse de la universidad?

ESCRIBE

5-43

Preparación. Lee los requisitos sobre el concurso (*contest*) "La casa ideal para las familias multigeneracionales" que aparece en el periódico *La Prensa* de Tegucigalpa, Honduras.

El diario *La Prensa* invita al público a participar en el concurso "La casa ideal para las familias multigeneracionales".

Bases del concurso:

Los participantes deben enviar la siguiente información por correo electrónico al Comité de Selección de "La casa ideal para las familias multigeneracionales":

1. información personal: nombre completo, dirección, teléfono y correo electrónico

2. un panfleto descriptivo de la casa para varias personas adultas y niños con la siguiente información: tamaño de la casa, número y nombre de las habitaciones, distribución del espacio, aparatos electrónicos y un dibujo o foto digital de la casa

Fecha límite: el 30 de marzo

Premio: una computadora portátil de último modelo y alta resolución, con programas de alta capacidad y funcionalidad

ESTRATEGIA

Select the appropriate content and tone for a formal description

To write a description using a formal tone, you will need to anticipate what your audience may know about the topic, including relevant details; adapt the language of your text to the level of your readership. If you wish to address your reader(s) directly, use **usted/ustedes**.

5-44

Escribe. Decides participar en el concurso con un proyecto excepcional. Prepara un panfleto incluyendo toda la información que pide el concurso. Considera la cantidad de información necesaria y el tono apropiado para tus lectores, los miembros del Comité de Selección. ¡Buena suerte!

Comprueba

I was able to …

_____ include relevant details about the topic.

_____ provide the appropriate amount of information.

_____ use the appropriate form to address the audience.

5-45

Un paso más. Habla con tu compañero/a sobre tu panfleto. Descríbanse sus proyectos y averigüen lo siguiente:

1. tamaño de la casa

2. estilo de la decoración

3. características originales

En este capítulo...
Comprueba lo que sabes

Go to **MySpanishLab** to review what you have learned in this chapter. Practice with the following:

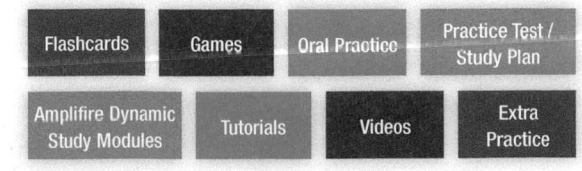

 ## Vocabulario

LA ARQUITECTURA
Architecture

el alquiler *rent*
el apartamento *apartment*
el edificio *building*
el estilo *style*
la vivienda *housing*

EN UNA CASA
In a home

el aire acondicionado *air conditioning*
el armario *closet, armoire*
el baño *bathroom*
la basura *garbage, trash*
la calefacción *heating*
la chimenea *fireplace*
la cocina *kitchen*
el comedor *dining room*
el cuarto *room; bedroom*
la escalera *stairs*

el garaje *garage*
la habitación *bedroom*
la lavandería *laundry room*
el pasillo *corridor, hall*
la piscina *swimming pool*
el piso *floor; apartment*
la planta baja *first floor, ground floor*
la sala *living room*
la terraza *deck, balcony*

EN EL BAÑO
In the bathroom

la bañera *bathtub*
la ducha *shower*
las cortinas *curtains*
el inodoro *toilet*
el jabón *soap*
el lavabo *bathroom sink*
la toalla *towel*

EN LA COCINA
In the kitchen

la estufa *stove*
el fregadero *kitchen sink*
el plato *dish, plate*

EN EL JARDÍN
In the garden

la barbacoa *barbecue pit; barbecue (event)*
el césped *lawn*
la hoja *leaf*

LOS LUGARES
Places

las afueras *outskirts*
el barrio *neighborhood*
la calle *street*
el centro *downtown, center*
cerca (de) *near, close (to)*
lejos (de) *far (from)*
la zona *area*

PALABRAS ÚTILES
Useful words

la desventaja *disadvantage*
el trabajo *work*
la ventaja *advantage*
la vista *view*

LOS NÚMEROS ORDINALES
Ordinal numbers

primero / primer *first*
segundo *second*
tercero / tercer *third*
cuarto *fourth*
quinto *fifth*
sexto *sixth*
séptimo *seventh*
octavo *eighth*
noveno *ninth*
décimo *tenth*

LOS MUEBLES Y ACCESORIOS
Furniture and accessories

la alfombra *carpet, rug*
la butaca *armchair*
la cama *bed*
la cómoda *dresser*
la cortina *curtain*
el cuadro *picture, painting*
el espejo *mirror*
la lámpara *lamp*
la mesa *table*
la silla *chair*
el sofá *sofa*

LOS ELECTRODOMÉSTICOS
Appliances

la aspiradora *vacuum cleaner*
el lavaplatos *dishwasher*
el (horno de) microondas *microwave (oven)*
el/la radio *radio*
el refrigerador *refrigerator*

LAS DESCRIPCIONES
Descriptions

limpio/a *clean*
ordenado/a *tidy*
seco/a *dry*
sucio/a *dirty*

PARA LA CAMA
For the bed

la almohada *pillow*
la manta *blanket*
la sábana *sheet*

VERBOS
Verbs

barrer *to sweep*
cocinar *to cook*
creer *to believe*
doblar *to fold*
lavar *to wash*
limpiar *to clean*
ordenar *to tidy up*
pasar la aspiradora *to vacuum*
planchar *to iron*
recoger (j) *to pick up*
sacar *to take out*
secar *to dry*
tender (ie) *to hang (clothes)*

EXPRESIONES CON TENER
Expressions with **tener**

tener... calor *to be hot*
cuidado *careful*
frío *cold*
hambre *hungry*
miedo *afraid*
prisa *in a hurry*
razón *right*
sed *thirsty*
sueño *sleepy*
suerte *lucky*

See *Lengua* box on page 178 for more electronic items.
See page 189 for direct object pronouns.
See pages 193–194 for demonstrative adjectives and pronouns.

6

¿Qué te gusta comprar?

LEARNING OUTCOMES

You will be able to:

- talk about shopping and clothes
- talk about events in the past
- indicate to whom or for whom an action takes place
- express likes and dislikes
- describe people, objects, and events
- share information about shopping practices in Hispanic countries and compare cultural similarities

ENFOQUE cultural VENEZUELA

Mar Caribe

islas Los Roques

OCÉANO ATLÁNTICO

Isla de Margarita

La industria del petróleo

Maracaibo
Barquisimeto
Valencia
Caracas
Barcelona
Maturín

Lago Maracaibo

Mérida

CORDILLERA DE MÉRIDA

La moderna ciudad de Caracas

Río Orinoco

Ciudad Bolívar

Ciudad Guayana

VENEZUELA

Salto Ángel

GUYANA

Puerto Ayacucho

Las hayacas, un plato típico venezolano

El pájaro turpial, símbolo de Venezuela

COLOMBIA

Salto Ángel

BRASIL

Enfoque cultural

To learn more about Venezuela, go to MySpanishLab to view the *Vistas culturales* videos.

Simón Bolívar (1783–1830), nacido en Caracas, Venezuela, es un héroe de la independencia latinoamericana.

▼

¿QUÉ TE PARECE?

- En el área de los Andes venezolanos hay una gran concentración de personas de herencia italiana. Un plato típico es espaguetis con caraotas negras (frijoles).

- *Venezuela* significa pequeña Venecia. El italiano Américo Vespucio le dio el nombre al país. Los palafitos (*houses on stilts*) en el lago Maracaibo le recordaron a Venecia, Italia.

- El Salto Ángel es la catarata más alta del mundo. Tiene este nombre porque el aviador estadounidense Jimmie Angel fue la primera persona en volar (*fly*) sobre ella.

◀ El turpial es el ave nacional de Venezuela. Es un pajarito pequeño que mide entre 15 y 20 centímetros. Tiene un canto muy melodioso y, por eso, de una persona que canta muy bien que se dice que "canta como un turpial".

Los tepuis (*mesas*) venezolanos son formaciones geológicas impresionantes. En Venezuela se encuentran los más altos de toda América y son las formaciones más antiguas del planeta Tierra. Se cree que tienen billones de años. Sir Arthur Conan Doyle se inspiró en estos tepuis para escribir su novela, *El mundo perdido*. ▶

Las arepas son la base de la cocina y la dieta diaria de los venezolanos. Se preparan con una masa de maíz similar a las pupusas centroamericanas. Tienen nombres muy variados según sus ingredientes. La Reina pepiada se rellena con pollo, cebolla, aguacate (*avocado*) y mayonesa. La arepa Tumbarranchos es para el desayuno. Se prepara con queso, repollo (*cabbage*), mostaza y mortadela. ▶

▲ El producto más valioso de Venezuela no es el petróleo, sino el cacao. Se considera uno de los más exquisitos y raros del mundo. Los conocedores del chocolate y las chocolaterías más exclusivas de Europa importan el cacao de Venezuela para sus productos.

¿CUÁNTO SABES?

Completa estas oraciones con la información correcta.

1. El turpial es un ___pajarito___ que se distingue por sus colores brillantes.

2. Los ___tepuis___ son un tipo de montaña plana, pero muy alta.

3. La ___arepa___ Tumbarranchos no lleva aguacate .

4. La persona que le dio a Venezuela su nombre fue ___Vespucio___.

5. La influencia ___italiana___ es muy evidente en la comida de la región andina.

6. El Salto Ángel es la ___catarata___ más alta del mundo.

7. La exportación más exclusiva de Venezuela es el ___petróleo___.

Vocabulario en contexto

Las compras

> **MySpanishLab**
> Learn more using Amplifire Dynamic Study Modules, Pronunciation, and Vocabulary Tutorials.

Muchas personas **van de compras** a los **mercados** al aire libre. En esta calle en Sabana Grande, Venezuela, hay tiendas y mercados. En los mercados tradicionales venden **telas,** objetos de **artesanía, joyas, bolsos,** etc., pero a veces también hay discos, aparatos electrónicos y otras **cosas** para la casa.

En los mercados tradicionales los turistas a veces compran **regalos** para su familia y sus amigos. A esta señora le gustan las joyas artesanales. Compra un **collar** de **plata** para su mejor amiga, una **pulsera** para su hermana, unos **aretes** para su hija y un **anillo** de **oro** para sí misma (*herself*).

En este **centro comercial venden** de todo. Hay tiendas de **ropa** y de **zapatos.** También hay **tiendas** de muebles y accesorios para la casa, hay librerías, tiendas de **juguetes** para los niños e incluso hay un **supermercado.**

De compras

José Manuel va a un **almacén** a comprar un regalo para su novia. Necesita la ayuda de la dependienta.

DEPENDIENTA:	**¿En qué puedo servirle?**
JOSÉ MANUEL:	**Quisiera** comprar un regalo para mi novia. Un bolso o una **billetera,** por ejemplo.
DEPENDIENTA:	Hay unos bolsos de **cuero** preciosos y no son muy **caros. Enseguida** le **muestro** los que tenemos.

[*La dependienta trae unos bolsos*].

JOSÉ MANUEL:	No sé. **Me gustaría** comprar este bolso, pero no puedo **gastar** mucho. ¿Cuánto cuesta?
DEPENDIENTA:	Solo **vale** 500 bolívares. Es bastante **barato.**
JOSÉ MANUEL:	Sí, no es mucho **dinero.** Es un buen **precio.**
DEPENDIENTA:	Y **están** muy **de moda.** Las chicas jóvenes los **llevan** mucho.
JOSÉ MANUEL:	Bueno, lo voy a comprar.
DEPENDIENTA:	Muy bien, señor. ¿Va a **pagar** con **tarjeta de crédito** o **en efectivo?**
JOSÉ MANUEL:	En efectivo.

> ■ ■ ■ ■ ■
> **LENGUA**
>
> To soften requests, Spanish uses the forms **me gustaría** (instead of **me gusta**) and **quisiera** (instead of **quiero**). English does this with the phrase *would like.* *Me gustaría/Quisiera* ir a ese almacén. *I would like to go to that department store.*

PRÁCTICA

6-1

Escucha y confirma. Indicate whether the statement you hear is true (**Cierto**) or false (**Falso**) according to the conversation between José Manuel and the salesperson.

	Cierto	Falso
1.	_____	_____
2.	_____	_____
3.	_____	_____
4.	_____	_____
5.	_____	_____
6.	_____	_____

6-2

¿Adónde van? Las siguientes personas necesitan comprar algunas cosas. Indica a qué tienda deben ir.

1. __f__ María necesita unos libros para su clase de literatura.

2. __d__ Juan quisiera cocinar comida venezolana para sus amigos.

3. __b__ Rosa piensa comprar unos regalos para sus sobrinos.

4. __a__ Felipe necesita una cómoda para su cuarto.

5. __c__ Olga necesita unos zapatos nuevos para una entrevista de trabajo.

6. __e__ Catalina va a comprar un collar elegante para ir a una fiesta.

a. mueblería	**d.** supermercado
b. juguetería	**e.** joyería
c. zapatería	**f.** librería

Cultura

■ ■ ■ ■ ■

Comprar por Internet

The use of the Internet varies widely between countries and generations. Online shopping is less frequent, in some Hispanic countries, even among younger people. This is certainly the case for electronics or clothing purchases. Shopping at stores for clothes, appliances, or electronics is preferred, since most people like the personal interaction and the expertise of sales associates at those stores.

Conexiones. ¿Qué ventajas y desventajas hay en comprar a través de Internet? ¿Qué productos o servicios es mejor comprar en una tienda personalmente? ¿Por qué?

6-3

¿Qué tienen que hacer? Ustedes tienen que hacer muchas cosas esta semana antes de su viaje a Venezuela. Hablen de qué necesitan hacer o comprar y por qué. Luego indiquen a qué tiendas van a ir.

 comprar zapatos para nuestro viaje

E1: *Necesitamos comprar unos zapatos cómodos porque vamos a caminar mucho.*

E2: *Podemos comprarlos en una zapatería.*

1. necesitar maletas (*suitcases*) grandes

2. comprar una guía turística

3. planear y pagar el viaje

4. comprar un regalo para nuestra amiga venezolana

5. leer blogs sobre Venezuela

6. necesitar ropa de verano

Cultura

■ ■ ■ ■ ■

Mercados tradicionales

People in many cultures engage in some form of haggling (**regatear**), a business-like transaction between a customer and a vendor that has rules (usually unspoken) about when, where, and how it is done. In Spanish-speaking countries, haggling is not expected or acceptable in a pharmacy, a supermarket, a restaurant, or a governmental office, for example. However, people often haggle at outdoor markets.

Comparaciones.

¿Se regatea en tu país? ¿En qué situaciones? ¿Alguna vez regateaste? ¿Dónde? ¿Cuánto te pidieron por el producto? ¿Cuánto pagaste finalmente?

6-4

En el mercado tradicional. PREPARACIÓN. Mira los productos que hay en este mercado tradicional. Escoge por lo menos tres recuerdos (*souvenirs*) que quieres comprar y llena la siguiente tabla.

PRODUCTO QUE QUIERES COMPRAR	PRECIO QUE QUISIERAS PAGAR POR EL PRODUCTO
collar de plata	*550 bolívares*

  INTERCAMBIOS. Ahora, túrnense para comprar unos recuerdos. Pregunten el precio de los productos. Regateen (*Haggle*) para obtener un precio más barato.

MODELO
E1: *Quisiera comprar este collar. ¿Cuánto cuesta?*

E2: *Cuesta 650 bolívares.*

E1: *¡Uy, es muy caro! Lo compro por 550.*

E2: *Pero, es muy bonito.*

E1: *Sí, es muy bonito, pero no tengo suficiente dinero.*

E2: *Bueno, está bien. Se lo vendo por 575.*

En directo ■ ■ ■ ■ ■ ■

To express displeasure about a high price:

¡Qué caro/a! *How expensive!*

To show pleasure at a bargain:

¡Qué barato/a! *How cheap!*

¡Qué ganga! *What a bargain!*

 Listen to a conversation with these expressions.

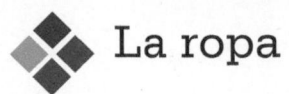

La ropa

La ropa formal **La ropa informal** **La ropa interior y de estar en casa**

- el traje
- la camisa
- la corbata
- el saco
- el pañuelo
- el cinturón
- los pantalones
- el impermeable
- los zapatos

Roberto

- la blusa
- la falda
- los zapatos de tacón
- el paraguas

Marisa

- la sudadera

Miguel

- las zapatillas de deporte

- la camiseta

Sonia

- los vaqueros/los jeans
- las sandalias

- la bata
- las pantimedias
- el camisón
- el/la piyama
- el sostén
- los calzoncillos
- las medias/los calcetines
- las zapatillas

Telas y diseños

- Vestidos en todas las telas
- algodón
- lana
- de color entero
- de cuadros
- seda
- poliéster
- de rayas
- de lunares

■ ■ ■ ■ ■
EN OTRAS PALABRAS

Some words referring to clothing differ from one region to another. For example, in Spain **el/la piyama** is **el pijama,** and **medias** means *stockings,* but in parts of Latin America it also means *socks.* Depending on the country, the words **aros, aretes, pendientes, pantallas,** or **zarcillos** are used for *earrings.* In Argentina and Uruguay **pollera** is used instead of **falda**, and in Colombia **vestido** may mean *suit* or *dress.*

🔊 Las rebajas

MARTA: Las **rebajas** son **magníficas.** Mira esa falda de rayas. Está **rebajada** de 840 bolívares a 775. ¿Por qué no vamos si tienen tu **talla?**

ANA: Sí, y **me pruebo** la falda para ver si **me queda** bien. Uso la talla 38 y a veces es difícil **encontrarla.** Esta falda es de algodón y es **preciosa.**

MARTA: O te pruebas la falda en casa y si te queda mal, la **cambias.**

[**Entran en** la tienda].

ANA: Buenos días, señorita, **quisiera** probarme la falda que está en el **escaparate** en la talla 38.

DEPENDIENTA: Lo siento, pero las únicas tallas que **nos quedan** son más grandes, la 42 y la 44.

ANA: ¡Qué lástima! Gracias.

▲ Le queda **estrecha.**

▲ Le queda **ancha.**

■ ■ ■ ■ ■

LENGUA

The word **talla** is normally used when talking about clothing size; **número** refers to shoe size. **Tamaño** means size in all other contexts: **¿Cuál es tu número de zapatos?**

The word **calzado** means footwear in general: **Chik's es el calzado oficial de Miss Venezuela.**

The verb **calzar** is also used to ask about someone's shoe size. **¿Qué número calzas? ¿Cuánto calzas?**

PRÁCTICA

6-5 🅴

Para confirmar. Asocia las afirmaciones para describir la experiencia de Ana en las rebajas.

1. __c__ Ana necesita una falda en la talla 38.
2. __e__ La falda no es de color entero.
3. __e__ Ana prefiere las telas naturales.
4. __f__ Ana entra en la tienda, pero no se prueba la falda.
5. __b__ La falda no es muy cara.
6. __d/a__ Marta dice que Ana puede probarse la falda antes de comprarla.

a. La dependienta dice que no tienen su talla.
b. Está rebajada.
c. Sabe que la talla 42 le va a quedar ancha.
d. Ana puede cambiar la falda si no le queda bien.
e. Es de rayas.
f. Le gusta la falda porque es de algodón.

6-6

¿Qué llevas? PREPARACIÓN. Indica qué prendas de vestir (*articles of clothing*) usas en cada situación.

1. Para ir a correr o al gimnasio me pongo _____.
2. Para dormir llevo _____.
3. Para ir a una fiesta me pongo _____.
4. Después de ducharme y antes de vestirme llevo _____.

  INTERCAMBIOS. Ahora, túrnense para preguntarse qué prendas de vestir usan en cada situación.

🎙 MODELO para venir a clase
E1: *¿Qué usas para venir a clase?*
E2: *Uso unos vaqueros.*

1. para salir los sábados con tus amigos
2. para ir a una fiesta de cumpleaños
3. para una entrevista de trabajo
4. para ir a la playa en verano

Cultura

Industria textil

Spanish-speaking countries used to have robust local or regional clothing industries. With globalization, however, clothing has become an international product, usually manufactured in distant countries and distributed via multinational business networks. As in the United States, people in Latin America and Spain usually buy clothes made in other countries or continents, although in open markets or specialized clothing stores people can still buy locally manufactured clothing. It is important to note that Zara, a Spanish textile group, is currently the biggest clothing company in the world.

Conexiones. ¿En qué tiendas compras ropa generalmente? ¿Dónde está manufacturada la ropa que llevas hoy? ¿Dónde se puede encontrar ropa artesanal en tu ciudad? ¿Crees que es necesario pagar más por ropa de marca (*brand name*)?

6-7

¿Qué ropa llevan? PREPARACIÓN. Cuenten (*Count*) cuántas personas de la clase llevan los siguientes accesorios y prendas de vestir. Después, comparen sus resultados.

1. aretes en las orejas _____

2. camisetas con el logotipo de la universidad _____

3. zapatillas de deporte _____

4. vaqueros rotos (*with holes*) _____

5. corbatas _____

6. collares de oro _____

> ### LENGUA
>
> Here is some useful vocabulary for the body (**el cuerpo**): **la cabeza** (head), **las orejas** (ears), **la nariz** (nose), **los brazos** (arms), **las manos** (hands), **las piernas** (legs), **los pies** (feet), **el cuello** (neck). You will learn more words related to parts of the body in *Capítulo 11*.

INTERCAMBIOS. Túrnense para describir la ropa que llevan algunas personas de la clase para adivinar (*guess*) quiénes son.

6-8

El cumpleaños de Nuria. Ustedes van a una tienda para comprarle un regalo a una buena amiga, pero cada artículo que ven presenta un problema. Piensen en la solución.

ARTÍCULO	PROBLEMA	SOLUCIÓN
collar	Es muy caro.	*Debemos buscar uno más barato.*
impermeable	Le queda ancho.	
vaqueros	Son de poliéster.	
sudadera	Es pequeña.	
blusa	Las rayas son muy anchas.	
bolso	No es de cuero.	

◆ ¿Qué debo llevar?

🔊 En el **invierno** hace frío. ¿Qué ropa llevamos?

el suéter

los guantes

la chaqueta

las botas

el abrigo

la bufanda

🔊 Cuando hace calor en el **verano,** ¿qué nos ponemos para ir a la playa?

las gafas de sol

la gorra

el sombrero

el traje de baño

los pantalones cortos

las sandalias

la camisa de manga corta

el vestido de verano

Y cuando llueve en la **primavera** y en el **otoño,** usamos impermeable y paraguas.

PRÁCTICA

6-9

Para confirmar. PREPARACIÓN. Asocia las prendas de vestir con las afirmaciones más lógicas.

1. __b.__ los guantes
2. __d.__ el traje de baño
3. __f.__ las botas
4. __e.__ el suéter
5. __c.__ los pantalones cortos
6. __a.__ el sombrero

a. Sirve para protegernos del sol.

b. Los llevamos en las manos cuando hace frío.

c. Son más cómodos cuando hace buen tiempo.

d. Nos lo ponemos para ir a la playa.

e. Es de lana, para llevar cuando hace frío.

f. Las llevamos en los pies en invierno.

INTERCAMBIOS. Túrnense y pregunten qué ropa o accesorios usan ustedes en las siguientes situaciones. Añadan (*Add*) otras opciones en sus respuestas.

 MODELO cuando llueve

> E1: *¿Qué usas/llevas cuando llueve?*
>
> E2: *Uso un paraguas. ¿Y tú?*
>
> E1: *Uso un impermeable.*

1. cuando montas en bicicleta
2. para caminar por el parque en invierno
3. para ir a la playa con tus amigos
4. en los pies cuando hace calor
5. cuando hace mucho sol en verano
6. en otoño cuando hace viento (*wind*)

6-10

Vacaciones en Venezuela.
Tu amigo/a y tú van a pasar unas vacaciones en Venezuela. Escojan el plan que más les interesa y preparen una lista de la ropa y accesorios que van a necesitar. Presenten su plan a la clase.

Plan A. Quince días en isla de Margarita. Por el día: ir a la playa; por la noche: ir a las discotecas.

Plan B. Tomar un curso de verano en la Universidad Central de Venezuela en Caracas. Por la mañana: clases de español; por la tarde: lugares de interés turístico.

Plan C. Explorar la fauna y flora de la región de Canaima. Por el día: caminar mucho; por la noche: estar en un campamento.

 MODELO *Vamos a ir a isla de Margarita. Yo necesito un traje de baño y mi compañera necesita unos pantalones cortos.*

 6-11

Ropa para todos.
Cada uno/a debe comprar ropa para hacer unos regalos a tres personas diferentes de la lista siguiente. Explícale a tu compañero/a qué vas a comprar, dónde y para quién son estos regalos.

1. tu sobrina de seis años
2. tu mamá para el Día de la Madre
3. un/a amigo/a que necesita ropa informal
4. tu padre para su cumpleaños
5. tu novio/a para el Día de los Enamorados

BARCELÓ
Las mejores camisas y guayaberas a los mejores precios
Segunda Avenida / n. 40
271.88.20

 6-12

Ropa para cada ocasión. PREPARACIÓN.
Tell your classmate what you wear on the following occasions: **una fiesta elegante** and **una fiesta informal**.

  ESCUCHA. Listen to the conversation and indicate (✓) the clothes and the event mentioned.

ROPA	EVENTO
_____ ropa elegante	_____ entrevista de trabajo
_____ falda y chaqueta	_____ reunión de jóvenes
_____ traje pantalón y blusa	_____ excursión de fin de semana
_____ pantalones cortos y camiseta	_____ fiesta formal

Las tiendas de barrio

Los centros comerciales son lugares importantes en las ciudades hispanas. Como en Estados Unidos, los centros comerciales son también centros de ocio y entretenimiento donde se va a comprar, a comer o a ver películas. Los centros comerciales están en zonas urbanas donde vive mucha gente y, por eso, también hay grandes supermercados. En algunas ciudades, los supermercados son cadenas (*chains*) nacionales, como Éxito en Colombia y Coto en Argentina. Pero también hay otros de origen europeo, como Carrefour, o estadounidense, como Walmart.

Lo importante es que los hispanos compran comida, ropa, instrumentos para el trabajo y productos para sus casas y mascotas en estos supermercados y centros comerciales.

Sin embargo (*However*), los grandes supermercados compiten con los lugares más tradicionales. En América Latina, existen centros de

▲ **Hipermercado Éxito en Bogotá, Colombia**

comercio llamados tiendas de barrio (o quioscos en México, Argentina y Uruguay). Las tiendas de barrio tienen una variedad de productos, pero son mucho más pequeñas que los supermercados. Ocasionalmente, las personas prefieren estas tiendas porque son mucho más personales y es posible regatear.

Las tiendas de barrio tienen una gran importancia cultural en los países hispanos. En estos lugares se establecen relaciones de amistad (*friendship*) y solidaridad entre las personas y la comunidad. Las tiendas de barrio también ofrecen otros servicios: recepción y transmisión de mensajes y publicación de información importante.

Una tienda de barrio en Venezuela
▼

Compara

1. ¿Qué ofrecen los centros comerciales en tu comunidad?
2. ¿Hay tiendas de barrio o alguna tienda similar donde vives?
3. ¿Cómo se llaman y qué compras allí?
4. ¿Qué importancia tienen las tiendas de barrio en la comunidad?

☑Funciones y formas

1 Talking about the past

🔊 **Querido diario:**

Hoy Álvaro y yo **gastamos** mucho dinero en ropa para vernos bien en la fiesta de boda de mi cuñada Gabriela esta tarde. Yo **compré** un hermoso vestido de fiesta y un chal de encaje (*lace shawl*). Álvaro **compró** un traje, una camisa y una corbata.

A las 7:00 de la tarde, **empezó** la ceremonia religiosa. La fiesta con la familia y los amigos **comenzó** a las 9:00 y **terminó** a las 4:00 de la mañana. Todos **comimos, bailamos** y **cantamos** mucho. Vamos a recordar este día especial por mucho tiempo. Gabriela y Gonzalo son una pareja perfecta.

Ahora voy a dormir. Estoy muy cansada.
Camila

Piénsalo. ¿Qué pasó el día de la boda? Ordena cronológicamente la siguiente información (1 = primer evento, etc.), según el diario de Camila.

1. __2__ La fiesta con la familia y los amigos **comenzó** a las 9:00.

2. __1__ Camila **compró** un hermoso vestido de fiesta.

3. __4__ La fiesta **terminó** a las 4:00 de la mañana.

4. __3__ Todos **comieron, bailaron** y **cantaron** mucho.

Preterit tense of regular verbs

■ Spanish has two simple tenses to express the past: the preterit (**el pretérito**) and the imperfect (**el imperfecto**). Use the preterit to talk about past events, actions, and conditions that are viewed as completed or ended.

	HABLAR	COMER	VIVIR
yo	habl**é**	com**í**	viv**í**
tú	habl**aste**	com**iste**	viv**iste**
Ud., él, ella	habl**ó**	com**ió**	viv**ió**
nosotros/as	habl**amos**	com**imos**	viv**imos**
vosotros/as	habl**asteis**	com**isteis**	viv**isteis**
Uds., ellos/as	habl**aron**	com**ieron**	viv**ieron**

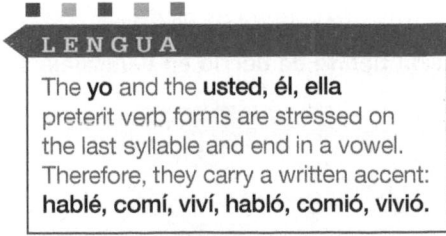

LENGUA

The **yo** and the **usted, él, ella** preterit verb forms are stressed on the last syllable and end in a vowel. Therefore, they carry a written accent: **hablé, comí, viví, habló, comió, vivió.**

■ Note that the **nosotros/as** forms of the preterit of **-ar** and **-ir** verbs are the same in the present and the preterit tenses. Context will help you determine if **nosotros/as** verb forms are present or past.

Llegamos a la tienda a las tres.

We arrive at the store at three.
We arrived at the store at three.

Salí de la universidad a las dos, y **llegamos** a casa a las tres.

I left the university at two, and we arrived home at three.

- Stem changing verbs ending in **-ar** and **-er** do not have a stem change in the preterit.

  pensar: pensé, pensaste, pensó, pensamos, pensasteis, pensaron

  volver: volví, volviste, volvió, volvimos, volvisteis, volvieron

- Verbs ending in **-car** and **-gar** have a spelling change in the **yo** form of the preterit that reflects how the word is pronounced. Verbs ending in **-zar** have a spelling change in the **yo** form because Spanish rarely uses a **z** before **e** or **i**.

  sacar:
  sa**qué,** sacaste, sacó…

  llegar:
  lle**gué,** llegaste, llegó…

  empezar:
  e**mpecé,** empezaste, empezó…

- There are some expressions you can use with the preterit to denote when an event took place.

anoche	*last night*
anteayer	*day before yesterday*
ante(a)noche	*the night before last*
ayer	*yesterday*
el año/mes pasado	*last year/month*
la semana pasada	*last week*
una semana atrás	*a week ago*
hace un día/mes/año (que)	*it has been a day/month/year since*

PRÁCTICA

6-13

Ayer yo… PREPARACIÓN. En el cuadro, marca (✓) tus actividades de ayer y añade una actividad en cada columna.

POR LA MAÑANA	POR LA TARDE	POR LA NOCHE
✓ Desayuné.	____ Almorcé en la cafetería.	✓ Preparé la cena.
____ Llegué a tiempo a mis clases.	____ Saqué libros de la biblioteca.	✓ Miré televisión.
✓ Estudié varias horas.	✓ Lavé la ropa.	____ Planché mi ropa.
____ Llamé por teléfono a un/a amigo/a.	✓ Compré comida para toda la semana.	✓ Salí con mis amigos.
… *hagé trabajo al gimnasio*	… *estudié la musíca*	… *trabajé a Taco Diablo*

 INTERCAMBIOS. Ahora escríbele un correo electrónico a tu compañero/a explicándole lo que hiciste (*you did*) ayer. Intercambien sus mensajes en la clase para comparar lo que hicieron.

e ¿COMPRENDES?

Completa las oraciones con la forma correcta del verbo.

1. El año pasado Pablo y Elisa __Comieron__ (comer) muchas veces en el restaurante venezolano de la ciudad.
2. La semana pasada Elena y yo __estudiamos__ (estudiar) juntas para el examen de geografía.
3. Ayer yo __compré__ (comprar) unos calcetines y una falda en los Almacenes Arias.
4. Anoche Luis __escribió__ (escribir) muchos correos electrónicos.
5. Hace un año Carlota ~~comenzó~~ comenzó (comenzar) a estudiar español.
6. La semana pasada tú ~~llegaste~~ llegaste (llegar) tarde a clase todos los días.

MySpanishLab

Learn more using Amplifire Dynamic Study Modules, Grammar Tutorials, and Extra Practice activities.

6-14

El sábado pasado. PREPARACIÓN. Miren las siguientes escenas. Túrnense para explicar cómo pasaron el sábado Carmen y Rafael.

▲ El sábado por la mañana

▲ El sábado por la tarde

INTERCAMBIOS. Escriban un párrafo para describir las actividades de Carmen y Rafael. Después, compártanlo oralmente con la clase.

▲ El sábado por la noche

6-15

¿Cómo pasaron el fin de semana? PREPARACIÓN. Conversen sobre el fin de semana de ustedes para conocer detalles sobre:

- las actividades que hizo (*did*) cada uno/a
- dónde las hizo
- con quién
- qué día, a qué hora
- un detalle más

INTERCAMBIOS. Determinen quién de ustedes pasó el mejor fin de semana. Describan las actividades de esta persona a la clase.

Situación

PREPARACIÓN. Lean la situación. Luego, compartan ejemplos de vocabulario, gramática y otra información que necesitan para desarrollar la conversación.

Role A. Your classmate and a friend went on a shopping spree last weekend. Ask:

a. what store(s) they shopped in;
b. what each of them bought;
c. what time they returned home; and
d. what your classmate's plans are for wearing or using the items.

Role B. Answer your classmate's questions about your shopping spree with a friend over the weekend. Then find out if your classmate went shopping over the weekend, played a sport, or watched a lot of TV.

	ROLE A	ROLE B
Vocabulario	Shopping: clothes, shoes, or other	Shopping: clothes, shoes, or other
Funciones y formas	Past tense Recounting events in the past Asking questions	Past tense Recounting events in the past Asking questions Talking about future plans

INTERCAMBIOS. Practica la conversación con tu compañero/a incorporando el vocabulario y las funciones de *Preparación*. Luego, represéntenla ante la clase.

2 Talking about the past: *ir* and *ser*

CLIENTA: Compré este vestido aquí el sábado pasado. Pero ahora me queda estrecho.

SUPERVISORA: ¿Quién **fue** el vendedor que le vendió el vestido, señorita?

CLIENTA: No sé su nombre, pero **fue** su compañero, un señor alto y delgado.

SUPERVISORA: ¿Qué pasó? ¿Lavó el vestido en casa?

CLIENTA: Claro que no. Hay que limpiar este vestido en seco (*dry clean*). **Fui** a una lavandería (*dry cleaner*).

SUPERVISORA: Los irresponsables **fueron** los empleados de la lavandería. No limpiaron en seco su vestido. Lo lavaron.

e Piénsalo. Indica si las siguientes afirmaciones son ciertas (**C**) o falsas (**F**), según la conversación entre la clienta y la supervisora.

1. __C__ El vendedor **fue** el compañero de la supervisora.
2. __C__ La clienta **fue** a una tienda especializada para limpiar el vestido.
3. __C__ Lavar el vestido **fue** un error de los empleados de la lavandería.
4. __F__ La supervisora **fue** amable con la clienta porque trató de comprender el problema.
5. __F__ Los vendedores de la tienda de ropa **fueron** las personas responsables del problema con el vestido.

Preterit of *ir* and *ser*

■ The verbs **ir** and **ser** have identical forms in the preterit. They are used often in speaking and writing, and the context will help you to determine the meaning.

IR *and* SER			
yo	**fui**	nosotros/as	**fuimos**
tú	**fuiste**	vosotros/as	**fuisteis**
Ud., él, ella	**fue**	Uds., ellos/as	**fueron**

■ You will also be able to differentiate between **ir** and **ser** in the preterit because **ir** is often followed by the preposition **a.**

Ernesto **fue** a la tienda.	*Ernesto went to the store.*
Fue vendedor en esa tienda por dos años.	*He was a salesclerk at that store for two years.*

e ¿COMPRENDES?

Completa la conversación con la forma correcta del verbo **ser** o **ir** en el pretérito.

ANA: Hola, mamá. ¿Adónde (1) _fuiste_ esta mañana?

MAMÁ: (2) _fui_ a ver a la tía Luisa, que se rompió una pierna.

ANA: Ay, no, ¿cómo (3) _fue_ ?

MAMÁ: Se resbaló (*slipped*) en el hielo al salir de su casa.

ANA: ¡Qué mal! Y, ¿cuándo (4) _fue_ ?

MAMÁ: Ayer por la tarde.

ANA: ¿(5) _Fue_ a verla con papá?

MAMÁ: No. (6) _Fue_ sola.

MySpanishLab

Learn more using Amplifire Dynamic Study Modules, Grammar Tutorials, and Extra Practice activities.

PRÁCTICA

¿Quién fue a este lugar? Las siguientes personas fueron a Venezuela para conocer algunos lugares famosos. Primero, lean cada situación y luego, relacionen las fotos con cada una de ellas.

A. Salto Ángel

B. Isla de Margarita

C. Maracaibo

D. El puente Angostura sobre el río Orinoco

1. **D** _____ Andrés visitó un lugar con agua para navegar. Le fascinan los deportes acuáticos, pero no le gusta el mar. ¿Adónde fue Andrés?

2. **A** _____ Alguien te habló sobre este lugar espectacular y único en el mundo. Es semejante a las cataratas de Niágara y tú decidiste ir para verlo. ¿Adónde fuiste?

3. **B** _____ Los estudiantes del primer año de español de tu universidad fueron de viaje a una playa exótica. Allí conocieron a otros turistas de muchas partes del mundo. ¿Adónde fueron los estudiantes?

4. **C** _____ Los ingenieros Roberto y Angélica decidieron ir a este lugar para investigar las últimas tecnologías en el procesamiento del petróleo. ¿Adónde fueron Roberto y Angélica?

6-17

¿Quiénes fueron? Escojan a uno de estos personajes famosos y hagan una breve presentación en clase. Respondan a las siguientes preguntas.

Atahualpa	Roberto Clemente	Pablo Casals
Frida Kahlo	Simón Bolívar	Nicolás Guillén
Ernesto Guevara	Mario Molina	

1. ¿Quién fue esta persona?
2. ¿Dónde nació, vivió y murió (*died*)?
3. ¿Por qué fue famoso/a? Indiquen como mínimo dos o tres hechos (*facts*) sobre su vida.

Situación

PREPARACIÓN. Lean esta situación. Luego, compartan ejemplos de vocabulario, gramática y otra información que necesitan para desarrollar la conversación.

Role A. A classmate tells you that he/she went to a concert last weekend. Ask:

a. where the concert was;
b. what time it started;
c. with whom he/she went;
d. what time the concert ended; and
e. where he/she went afterwards.

React to the information you hear and answer your classmate's questions about your weekend activities.

Role B. Your classmate wants to know about the concert you went to last weekend. Answer your classmate's questions. Then ask your classmate about his/her weekend activities: if he/she went to a party or concert over the weekend, if he/she went out with friends, and so on. Ask for details about where, when, and with whom he/she went.

	ROLE A	ROLE B
Vocabulario	Time, days of the week, leisure activities	Time, days of the week, leisure activities
Funciones y formas	Recounting past events Past tense of *ir* and *ser* Asking questions Reacting to what you hear	Recounting past events Past tense of *ir* and *ser* Reacting to what you hear

INTERCAMBIOS. Practica la conversación con tu compañero/a incorporando el vocabulario y las funciones de *Preparación*. Luego, represéntenla ante la clase.

3 Indicating to whom or for whom an action takes place

LUCY: Oye, Panchito, ¿qué **te** compran tus padres para tu cumpleaños: ropa, chocolates o qué?

PANCHITO: No **me** dan ni ropa ni chocolates. Siempre **me** compran libros superinteresantes. Y tus padres, ¿qué **te** compran a ti, Lucy?

LUCY: Mi mamá siempre **nos** compra ropa a mi hermano y a mí. A mí **me** gusta mucho la ropa nueva.

PANCHITO: ¿Y qué **les** das tú a tus padres para su cumpleaños?

LUCY: ¡A mi mamá **le** doy muchos besitos y a mi papá **le** doy muchos problemas porque no hago mi tarea!

Piénsalo. Primero, identifica quién hace la acción: **Lucy, Lucy y su hermano, la mamá de Lucy, el papá de Lucy, Panchito o los padres de Panchito.** Luego, en la segunda línea, indica **quién recibe** la acción.

1. _Los padres_ **le** compran libros a _Panchito_.
2. _Mama de Lucy_ **les** compra ropa a _Lucy_.
3. _~~Mama de Lucy~~_ **le** da muchos besos a _Mama de Lucy_.
4. _Lucy_ **le** causa problemas a _el papa_ porque no hace la tarea.

Indirect object nouns and pronouns

■ Indirect object nouns and pronouns tell *to whom* or *for whom* an action is done; in other words, who is affected by an action.

Indirect Object Pronouns			
me	*to/for me*	**nos**	*to/for us*
te	*to/for you* (familiar)	**os**	*to/for you* (familiar)
le	*to/for you* (formal), *him, her, it*	**les**	*to/for you* (formal), *them*

■ Indirect object pronouns have the same form as direct object pronouns except in the third person: **le** and **les.**

Mi madre **me** compró ropa la semana pasada.	*My mother bought me clothes last week.* [*My mother bought clothes for me last week.*]
Yo **te** presto mis zapatos para la fiesta.	*I will lend you my shoes for the party.* [*I will lend my shoes to you for the party.*]
¿El dependiente? Ella **lo** ve todas las mañanas. (*direct object*)	*The salesperson? She sees him every morning.*
¿El dependiente? Ella **le** da los recibos por la mañana. (*indirect object*)	*The salesperson? She gives him the receipts in the morning.*

- Place the indirect object pronoun before a conjugated verb form. It may be attached to a present participle, in which case an accent mark is added, or to an infinitive.

Les voy a vender mi carro.
Voy a vender**les** mi carro.
I am going to sell them my car.

Juan **nos** está preparando la cena.
Juan está preparándo**nos** la cena.
Juan is preparing dinner for us.

- Use indirect object pronouns even when the indirect object noun is stated explicitly.

Yo **le** presté mi libro a **Victoria.**
I lent my book to Victoria.

- To eliminate ambiguity, **le** and **les** are often used with the preposition **a** + *pronoun*.

Le hablo **a usted.**
I am talking to you. (not to *him/her*)

Siempre **les** cuento mis secretos **a ellos.**
I always tell my secrets to them. (not to *you*/**ustedes**)

- For emphasis, use **a mí, a ti, a nosotros/as,** and **a vosotros/as** with indirect object pronouns.

Pedro **te** habla a **ti.**
Pedro is talking to you. (not to someone else)

- **Dar** is almost always used with indirect object pronouns.

DAR (*to give*)			
yo	**doy**	nosotros/as	**damos**
tú	**das**	vosotros/as	**dais**
Ud., él, ella	**da**	Uds., ellos/as	**dan**

LENGUA

Dar uses the same endings as **-er** and **-ir** verbs in the preterit: **di, diste, dio, dimos, disteis, dieron**

Jorge le **dio** a Elena una copia de sus apuntes.
Jorge gave Elena a copy of his notes.

Mis padres me **dieron** dinero para la matrícula.
My parents gave me money for tuition.

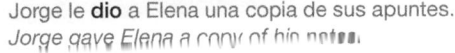

- Notice the difference in meaning between **dar** (*to give*) and **regalar** (*to give as a gift*).

Ella le **da** el cinturón a Pedro.
She gives Pedro the belt (hands it to him).

Ella le **regala** el cinturón a Pedro.
She gives Pedro the belt (a gift).

- Other verbs of transmission (of things, ideas, words) that are generally used with indirect object pronouns include:

decir	*to say, to tell*
describir	*to describe*
escribir	*to write*
explicar	*to explain*
mostrar (ue)	*to show*
prestar	*to lend*
regalar	*to give* (a present)
vender	*to sell*

e **¿COMPRENDES?**

Completa las oraciones con el pronombre correcto según la información entre paréntesis.

1. Yo _le_ doy un regalo. (a mi madre)
2. Yo _les_ doy un juguete. (a los niños)
3. Los niños _me_ dan un beso. (a mí)
4. El profesor _les_ da una buena nota. (a ustedes)
5. Mi tía Carla _nos_ da unos libros. (a mi hermano y a mí)
6. Felisa _te_ da las gracias. (a ti)

MySpanishLab

Learn more using Amplifire Dynamic Study Modules, Grammar Tutorials, and Extra Practice activities.

PRÁCTICA

6-18 |e

Las compras. Asocia la acción con la persona que la recibe.

1. _d._ Para su cumpleaños, le regalé una corbata
2. _a._ Julia fue a Venezuela y les compró unos aretes muy bonitos
3. _e._ Después de probarnos los pantalones de rayas le preguntamos el precio
4. _f._ Los zapatos nuevos me quedan muy bien
5. _b._ Cuando fuimos a Italia te envié una postal — *direct object*
6. _c._ Nos compraron unas bufandas muy lindas en Berlín

a. a todas sus amigas.
b. a ti.
c. a nosotros.
d. a mi padre.
e. al dependiente.
f. a mí.

6-19

Para estar a la última moda. Cada uno/a de ustedes desea o necesita lo que se indica en la lista siguiente. Explíquense (*Explain to each other*) la situación y después pidan y den una recomendación.

 MODELO E1: *Quiero llevar zapatos muy cómodos. ¿Qué me recomiendas?*

E2: *Te recomiendo unas sandalias de la marca Teva.*

1. Quiero llevar pantalones de moda (*in style*).
2. Deseo protegerme del sol.
3. Quiero ropa buena y barata.
4. Quiero verme (*look*) más delgado/a.
5. Me gustaría llevar ropa elegante y fina a la entrevista de trabajo.

Cultura

■ ■ ■ ■ ■

Tiendas locales en pueblos o ciudades pequeñas

Throughout most of Latin America and Spain, big department stores are more commonly found in large, metropolitan areas. People who live in small towns may make a trip to the city if they want to visit big chain stores, but more often they shop at local, smaller stores or markets

to buy gifts. Many people who live in less-populated areas enjoy the benefit of shopping at a store where they have a longstanding, personal relationship with the owner and employees.

Comparaciones. ¿Te gusta hacer tus compras en tiendas pequeñas? ¿Qué productos prefieres comprar en estas tiendas? ¿Qué productos prefieres comprar en los grandes almacenes?

6-20

Afortunados. Ustedes ganaron la lotería ayer y quieren compartir su fortuna con su familia y sus compañeros de clase.

1. Hagan una lista de dos o tres personas a quienes desean regalarles algo.
2. Indiquen el regalo que piensan hacerle a cada uno/a y expliquen por qué.

 MODELO E1: *A nuestros padres les vamos a regalar un crucero por el Caribe.*

E2: *A Sara vamos a comprarle una mochila.*

Entrevista. PREPARACIÓN. Basándose en la siguiente lista, pregúntense sobre sus hábitos de compras y los regalos que ustedes hacen y reciben de otras personas. Tomen notas.

1. ir de compras: ¿Qué? ¿Con qué frecuencia? ¿Tienda(s) favorita(s)?

2. comprar regalos caros: ¿A quién(es)? ¿Cuándo?

3. comprarte regalos: ¿Quién(es)?

INTERCAMBIOS. Escribe una comparación entre tus hábitos de compras y los de tu compañero/a. Usa las siguientes preguntas como guía (*as a guide*).

1. ¿Tienen ustedes hábitos de compras semejantes o diferentes?

2. ¿Compran en las mismas tiendas? ¿Compran regalos semejantes o diferentes?

3. ¿A quién(es) le(s) dan regalos? ¿Quiénes les dan regalos a ustedes? ¿Qué tipos de regalos reciben?

Situación

PREPARACIÓN. Lean esta situación. Luego, compartan ejemplos de vocabulario, gramática y otra información que necesitan para desarrollar la conversación.

Role A. You are a customer at a department store. Tell the salesperson:

a. you are looking for a present for a friend (specify male or female);
b. you are not sure what you should buy for him/her; and
c. the amount that you can spend.

Role B. You are a salesperson. A customer asks you for advice about a gift for a friend. Inquire about the friend's age, taste, size, favorite color, and other pertinent information. Make suggestions and offer information about the quality of the products, prices, sales, and so forth.

	ROLE A	ROLE B
Vocabulario	Clothes, shopping, prices	Age, likes and dislikes, sizes, colors, shopping, prices
Funciones y formas	Expressing what you need Indirect object pronouns Addressing a salesperson	Indirect object pronouns Addressing a customer

INTERCAMBIOS. Practica la conversación con tu compañero/a incorporando el vocabulario y las funciones de *Preparación*. Luego, represéntenla ante la clase.

4 Expressing likes and dislikes

DEPENDIENTE: ¿**Le gustan** estas camisas?

JORGE: No, no **me gustan,** pero **me gusta** esta chaqueta.

DEPENDIENTE: Es una buena chaqueta para el otoño. ¿**Le interesan** los deportes, señor? Tenemos unas zapatillas de deporte muy baratas.

JORGE: **Me encanta** practicar deportes, pero no **me gusta** mirar los partidos en televisión. **Me fascinan** el tenis, el béisbol y el fútbol.

Piénsalo. Indica si cada afirmación es cierta (**C**) o falsa (**F**), según la conversación. Si no hay información suficiente, contesta no sé (**NS**).

1. ___F___ A Jorge **le gusta** una de las camisas que le muestra el dependiente.
2. ___C___ A Jorge **le interesa** comprar una chaqueta.
3. ___~~C~~___ (NS) A Jorge **le queda** poco dinero, porque compró la chaqueta cara.
4. ___C___ A Jorge **le encantan** varios deportes.
5. ___F___ A Jorge **le gusta** mirar los partidos de fútbol en la televisión.
6. ~~C~~ NS A los amigos de Jorge **les interesa** jugar al fútbol con él.

Gustar and similar verbs

- In previous chapters you have used the verb **gustar** to express likes and dislikes. As you have seen, **gustar** is not used the same way as the English verb *to like.* **Gustar** is similar to the expression *to be pleasing (to someone).*

  Me gusta esta chaqueta. *I like this jacket.*

  (lit, *This jacket is pleasing to me.*)

- The subject of **gustar** is the person or thing that is liked. The indirect object pronoun shows to whom the person or thing is pleasing.

me		*I*
te		*you* (familiar)
le	gusta el traje.	*you* (formal), *he/she*
nos		*we*
os		*you* (familiar)
les		*they, you*
		(formal and familiar)

like(s) the suit.

- The most frequently used forms of **gustar** in the present tense are **gusta** and **gustan** and for the preterit **gustó** and **gustaron.** If one thing is liked, use **gusta/gustó.** If two or more things are liked, use **gustan/ gustaron.**

  Me **gusta** ese **collar.** *I like that necklace.*

  No me **gustaron** los anillos. *I did not like the rings.*

- To express what people like or do not like to do, use **gusta** followed by one or more infinitives.

Nos **gusta caminar** por la mañana.	*We like to walk in the morning.*
¿No te **gusta correr** y **nadar?**	*Don't you like to run and swim?*

- Some other Spanish verbs that follow the pattern of **gustar** are:

encantar	*to like a lot, to love*
fascinar	*to like a lot, to love*
interesar	*to interest; to matter*
parecer (zc)	*to seem*
quedar	*to fit; to have something left*
Leí la novela y me **encantó.**	*I read the novel and I loved it.*
Nos **fascina** la moda europea.	*We love European fashion.*
No te **interesan** las humanidades.	*You are not interested in the humanities.*
El curso me **parece** muy difícil.	*The course seems very difficult to me.*
No me **queda** mucho dinero.	*I don't have much money left.*
No le **quedan** bien los pantalones.	*His/Her pants don't fit well.*

- To express that you like or dislike a person, use **caer bien** or **caer mal,** which follow the pattern of **gustar.**

Les cae bien Miriam.	*They like Miriam.*
Esa dependienta **me cae mal.**	*I do not like that salesclerk.*

- To emphasize or clarify to whom something is pleasing, use **a + mí, a + ti, a + él/ella, a usted(es),** etc., or **a** + noun.

A mí me gustaron los zapatos, pero **a Pedro** no le gustaron.	*I liked the shoes, but Pedro did not like them.*

e ¿COMPRENDES?

Completa las oraciones con la forma correcta del verbo.
1. A Carmen le _interesan_ (interesar) mucho las ciencias.
2. Esta película nos _parece_ (parecer) muy interesante.
3. Diego es muy simpático. A mí me _cae_ (caer) muy bien.
4. El regalo que les di a mis padres les _encantan_ (encantar).
5. A Inés no le _gustan_ (gustar) los pimientos.

MySpanishLab

Learn more using Amplifire Dynamic Study Modules, Grammar Tutorials, and Extra Practice activities.

PRÁCTICA

6-22

Preferencias en la ropa. PREPARACIÓN. Indiquen si les encanta, les gusta o no les gusta la siguiente ropa. Luego, comparen sus preferencias.

INTERCAMBIOS. Expliquen si coinciden en sus gustos.

 E1: *A nosotros nos gusta la ropa deportiva.*

E2: *Y a mí me encantan los vaqueros.*

la ropa deportiva
los suéteres de lana
los vaqueros
las chaquetas de cuero
las gorras
los pantalones cortos
las sudaderas
los anillos
las camisetas de rayas

6-23

¿Cuánto dinero les queda? Lean estas situaciones. Túrnense para preguntar y calcular cuánto dinero les queda a estas personas.

 Adriana tiene 500 bolívares. Paga 250 bolívares por un vestido y 200 por unos aretes.

> E1: *¿Cuánto dinero le queda?*
>
> E2: *Le quedan 50 bolívares.*

1. Ernesto tiene 750 bolívares. Le da 150 a su hermano.

2. Érica tiene 550 bolívares. Va al cine con una amiga y luego cenan en un restaurante. El cine cuesta 55 y la cena 120.

3. Gilberto tiene 700 bolívares. Compra un suéter por 300.

4. Marco y Luisa tienen 300 bolívares. Van a la playa y almuerzan en un restaurante por 140 bolívares por persona.

Cultura

■ ■ ■ ■ ■

¿Ropa formal o ropa informal?

People in Spanish-speaking countries usually dress more formally than in the United States for school or work, or even when they go out shopping. This is the case for many middle and high school students because they wear uniforms. At the workplace, men are expected to dress formally in jackets and ties. Most people would never wear flip-flops, sneakers, shorts, or jeans to work or school.

Comparaciones. ¿En qué contextos te vistes formalmente? ¿Informalmente? Explica las costumbres de los estudiantes de tu universidad.

6-24

¿Qué les parece? Las siguientes personas trabajan en una oficina de relaciones públicas. Den su opinión sobre su ropa y sus accesorios.

 E1: *No me gusta la falda de Violeta porque no es apropiado llevar una falda corta a la oficina.*

E2: *Pues a mí me encanta.*

Ricky

Estefanía

Violeta

Jorge

En directo ■ ■ ■ ■ ■

To state that doing something is appropriate or not:

(No) Es apropiado + *infinitivo*…

Es inapropiado + *infinitivo*…

To explain why some clothes are inappropriate:

… no es apropiado/a porque la ocasión es formal/informal.

En un/a… (*evento*) no es elegante/apropiado llevar…

(*Ropa*)… no va bien con… (*accesorio*).

 Listen to a conversation with these expressions.

Situación

PREPARACIÓN. Lean esta situación. Luego, compartan ejemplos de vocabulario, gramática y otra información que necesitan para desarrollar la conversación.

Role A. You are shopping at a community crafts fair where haggling is the norm. You select an item that you plan to give as a gift. In your interaction with the vendor:

a. say how much you like what the vendor is selling;
b. ask the price of the item you are interested in;
c. react to what you hear and offer a lower price;
d. comment on the item, saying whom you plan to give it to; and
e. come to an agreement on the price.

Role B. You are selling your handicrafts and jewelry at a community crafts fair. A customer is interested in one of your items. In your interaction with the customer:

a. respond to his/her compliments;
b. give the price of the item;
c. explain why you cannot accept the customer's offer of a lower price;
d. respond to his/her comments on the item; and
e. come to an agreement on the price.

	ROLE A	ROLE B
Vocabulario	Numbers (prices)	Numbers (prices)
Funciones y formas	Haggling over the price of an item Direct and indirect object pronouns Complimenting an artisan on his/her work	Haggling over the price of an item Direct and indirect object pronouns Refusing an offer

INTERCAMBIOS. Practica la conversación con tu compañero/a incorporando el vocabulario y las funciones de *Preparación.* Luego, represéntenla ante la clase.

5 Describing people, objects, and events

ABUELA: Cuidado, Susana, el café **está** muy caliente. [*A la madre*] ¡La niña **está** muy grande!

MADRE: Claro, tiene cinco años. **Es** muy alta para su edad.

SUSANA: Abuelita, ¿qué **es** ese cuadro?

ABUELA: **Son** montañas de la Cordillera de los Andes en Chile.

[e] Piénsalo. Indica la función de **ser** o **estar** en las siguientes afirmaciones.

	Condición	Característica
1. El café **está** caliente.	_____	_____
2. ¡La niña **está** muy grande!	_____	_____
3. Es muy alta para su edad.	_____	_____
4. Son montañas de los Andes.	_____	_____
5. El aire en las montañas **es** muy frío por las noches.	_____	_____

More about *ser* and *estar*

■ In *Capítulo 2*, you learned to use **ser** to identify and describe, and to express nationality, ownership, and origin. You also learned to use **ser** to talk about dates and time and to tell where an event takes place.

Víctor **es** de Venezuela.	*Victor is from Venezuela.* (nationality)
Es un diseñador de ropa para hombres.	*He is a designer of men's clothing.* (profession)
Es alto y delgado y **es** muy fuerte.	*He is tall and thin, and he is very strong.* (distinguishing characteristics)
Estas figuras pintadas **son** de Víctor, tiene una colección grande.	*These painted figures belong to Victor; he has a big collection.* (possession)
El próximo desfile de moda con su ropa **es** mañana a las ocho.	*The next fashion show of his clothing is tomorrow at eight o'clock.*
Va a ser en el Teatro El Rey.	*It is going to take place in the El Rey Theater.* (time/location of event)

■ **Ser** is also used to talk about what something is made of.

El reloj **es** de oro.	*The watch is (made of) gold.*

- You also learned in *Capítulo 2* that **estar** is used to indicate location, to talk about health and similar conditions, and to describe changes in feelings or perceptions. It is also used to express ongoing actions, presented in *Capítulo 4*.

El Teatro El Rey **está** en el centro.	*The El Rey Theater is downtown.* (location)
Víctor fue al doctor la semana pasada, pero ahora **está** bien.	*Victor went to the doctor last week, but now he is fine.* (health)
Víctor **está** nervioso antes de los desfiles, pero siempre **está** contento después.	*Victor is nervous before fashion shows, but he is always happy (feels good) afterward.* (feelings, condition)
Los modelos se **están** vistiendo ahora.	*The models are getting dressed now.* (ongoing action)

- When describing people or objects, use **ser** to convey an intrinsic characteristic. Use **estar** to convey a feeling or perception. The difference in meaning is sometimes so pronounced that the adjectives have different English translations.

Adjective	With *Ser*	With *Estar*
aburrido/a	*boring*	*bored*
bueno/a	*good* (character)	*well* (health); *physically attractive*
grave	*serious* (situation)	*seriously ill*
listo/a	*clever*	*ready*
malo/a	*bad* (character)	*ill*
muerto/a	*dead* (atmosphere)	*deceased*
rico/a	*rich, wealthy*	*delicious* (food)
verde	*green*	*unripe*
vivo/a	*lively* (personality)	*alive*

Javier **es** malo, les roba dinero a sus compañeros y dice mentiras.	*Javier is bad, he steals money from his classmates and tells lies.*
Roberto Tovares **es** rico. Tiene una casa en California y un apartamento en París.	*Roberto Tovares is wealthy. He has a house in California and an apartment in Paris.*
¡Esta sopa **está** riquísima! ¿Usaste una receta diferente?	*This soup is delicious! Did you use a different recipe?*

℮ ¿COMPRENDES?

Completa las oraciones con la forma correcta de **ser** o **estar**.

1. Pedro no vino a clase hoy, _____ malo.
2. Me encanta este postre, _____ muy rico.
3. No comas esa naranja porque _____ verde.
4. Manuel _____ listo y saca buenas notas.
5. La situación _____ grave porque llueve mucho.
6. Desafortunadamente, Carolina tuvo un accidente y _____ grave en el hospital.

MySpanishLab

Learn more using Amplifire Dynamic Study Modules, Grammar Tutorials, and Extra Practice activities.

PRÁCTICA

6-25

La mañana horrible de Javier. Lee el cuento sobre la mañana de Javier y complétalo con la forma apropiada de **ser** o **estar**.

Javier se despierta temprano. (1) _____ las seis de la mañana. La casa (2) _____ muy fría, y el agua en la ducha (3) _____ fría también. ¡Javier no (4) _____ nada contento! Su reunión con la profesora de historia (5) _____ a las 10:00 y él no (6) _____ listo. Necesita leer un artículo antes de la reunión, pero no sabe dónde (7) _____. Tiene hambre, pero no hay pan, los plátanos (8) _____ verdes y (9) _____ demasiado tarde para hacer café. La situación (10) _____ grave, piensa Javier. Finalmente (11) _____ las diez en punto y Javier entra en la oficina de la profesora Guzmán. Por su expresión, Javier sabe que ella (12) _____ tensa. Le dice a Javier que su borrador (*draft*) no (13) _____ bueno y que tiene que trabajar mucho más. Cuando sale de la reunión, Javier (14) _____ muy preocupado.

6-26

De compras. Las personas en las fotos siguientes fueron de compras. Escojan una de las fotos y escriban una breve descripción usando la siguiente información. Después, la clase va a adivinar qué foto describen.

1. nombre de las personas y la relación entre ellas (usen su imaginación)

2. probable lugar de origen de las personas

3. lugar donde las personas están en esta foto y por qué están allí

4. su estado de ánimo (*mood*)

5. artículos que compraron y dos o tres actividades que hicieron en este lugar

 **6-27**

¿Quiénes son y cómo están? Describan qué hacen estas personas, cómo son probablemente y cómo están en estas situaciones.

1.

2.

3.

Situación

PREPARACIÓN. Lean esta situación. Luego, compartan ejemplos de vocabulario, gramática y otra información que necesitan para desarrollar la conversación.

Role A. Your classmate asks about the photo of your family (or friends) on your cell phone. Explain:

a. who the people are;
b. where they are;
c. what they are like; and
d. how they are feeling in the photo.

Role B. Ask your classmate to see the cell phone photo he/she is looking at. Ask as many questions as you can about the people in the photo, their activities, and the setting.

	ROLE A	ROLE B
Vocabulario	Descriptions of people, places, and events	Descriptions of people, places, and events
Funciones y formas	Describing people, places, and events *Ser* and *estar* Asking questions	Describing people, places, and events *Ser* and *estar* Asking questions

INTERCAMBIOS. Practica la conversación con tu compañero/a incorporando el vocabulario y las funciones de *Preparación*. Luego, represéntenla ante la clase.

EN ACCIÓN
De moda

6-28 Antes de ver

¿Es apropiado? En este episodio, Esteban va a un restaurante con una chica de su clase. Indica la ropa y accesorios que son apropiados (**A**) y no apropiados (**NA**) para esta ocasión. Explica por qué no son apropiados.

1. _____ una camisa
2. _____ una bata
3. _____ unas zapatillas
4. _____ un traje de baño
5. _____ un saco/una chaqueta
6. _____ unos guantes
7. _____ unos zapatos
8. _____ una corbata
9. _____ un cinturón
10. _____ unos calcetines

6-29 Mientras ves

¿Y qué pasó después? Los chicos están muy ocupados hoy. Indica el orden en que ocurrieron las siguientes actividades en este segmento (**A–F**).

1. _____ Esteban se probó la ropa que compró en el centro comercial.
2. _____ Blanca y Yolanda hablaron sobre la ropa de Esteban.
3. _____ La modelo habló sobre el festival de moda en Los Ángeles.
4. _____ Llegó Amber.
5. _____ Yolanda y Esteban fueron al centro comercial.
6. _____ Vanesa y Yolanda le mostraron a Esteban un video sobre un festival de moda.

6-30 Después de ver

PREPARACIÓN. Indica si las siguientes afirmaciones son ciertas (**C**) o falsas (**F**), según el contenido del segmento de video.

1. _____ A Yolanda le interesa salir con Esteban.
2. _____ Esteban viste siempre a la moda.
3. _____ La casa Pineda Covalín es de la Ciudad de México.
4. _____ Muchos vestidos de la casa Pineda Covalín están inspirados en diseños árabes.
5. _____ Según la modelo, Suzy Diab, el *Latino Fashion Week* es una buena manera de conectarse con su cultura.
6. _____ Blanca piensa que Yolanda tiene un buen plan.

INTERCAMBIOS. Hablen de una mala experiencia que tuvieron (real o imaginaria) cuando fueron de compras a una tienda o centro comercial. ¿Qué compraron? ¿Para qué ocasión? ¿Dónde? ¿Cuál fue el problema? ¿Qué hicieron para solucionarlo?

Mosaicos

ESCUCHA

ESTRATEGIA

Take notes to recall information

When you want to remember something that you are listening to, like a class lecture, you benefit from taking notes. Taking notes can also be helpful when you want to remember a homework assignment or other instructions.

6-31

Preparación. En esta conversación, Andrea habla con sus padres sobre la ropa que necesita durante el año académico. Antes de escuchar, prepara una lista de la ropa y accesorios que tuviste que comprar antes de empezar las clases este año. Comparte esta lista con la clase.

6-32

Escucha. Listen to the conversation between Andrea and her parents. As you listen, take notes on what she needs. Write at least three items for each category that Andrea mentions.

1. Para ir a clases Andrea necesita…

2. Para practicar deportes Andrea tiene que comprar…

3. Para salir con sus amigos Andrea quiere…

Comprueba

I was able to …

____ recognize clothing vocabulary.

____ identify the correct categories.

____ take notes to remember the information.

6-33

Un paso más. Túrnense para responder oralmente a las siguientes preguntas y tomen notas de sus respuestas. Después, compartan la información con otra pareja.

1. ¿Qué accesorios, muebles para tu cuarto y/o aparatos electrónicos compraste antes de comenzar tus clases en la universidad este semestre?

2. ¿Qué libros o artículos compraste para estudiar? ¿Dónde los compraste?

3. ¿Fuiste a las rebajas? ¿Qué compraste? ¿Cuánto gastaste?

HABLA

6-34

Preparación. Quieres comprar unos regalos o algunas cosas para tu cuarto/apartamento en un mercado al aire libre. Completa la tabla siguiente.

¿QUÉ QUIERES COMPRAR?	¿PARA QUIÉN(ES)?	DESCRIPCIÓN Y PRECIO DEL PRODUCTO

6-35

Habla. Estás en un mercado al aire libre. Pregúntale al vendedor/a la vendedora (tu compañero/a) el precio de los productos que deseas comprar. Regatea (*Haggle*) para obtener el mejor precio posible. Luego, cambien de papel.

Comprueba

In my conversation ...

_____ I discussed the price.

_____ I showed my desire to buy the item if we could agree on a price.

_____ I gave clear information in response to questions.

_____ I negotiated the price successfully.

6-36

Un paso más. Comparte con la clase tu experiencia de regateo en el mercado al aire libre. Incluye la siguiente información:

1. qué productos compraste y para quién los compraste
2. qué precio te dio el/la vendedor/a por cada producto
3. cuánto dinero ofreciste por cada producto
4. cuánto pagaste finalmente

LEE

6-37

Preparación. Habla con tu compañero/a sobre lo siguiente.

1. ¿Te gusta comprar en Internet o prefieres ir a las tiendas? ¿Por qué?

2. ¿Qué ropa compras por Internet? ¿Qué ropa no compras por Internet? ¿Por qué?

3. ¿Cuáles son las ventajas principales de comprar por Internet? ¿Las desventajas?

4. Si compras por Internet, ¿cuáles son tus sitios o tiendas favoritas? ¿Por qué te gustan?

ESTRATEGIA

Use context to figure out the meaning of unfamiliar words

When you come across unfamiliar words and phrases while reading, use the context and your understanding of the text so far to figure out the meaning. Reread the last line or two, focusing on overall meaning. In many cases, this strategy will help you understand the unknown word without using a dictionary.

Hombres, ropa e Internet

MIÉRCOLES, 10 DE MARZO DE 2013 / 2 comentarios

El año pasado descubrí un nuevo hobby: la compra de ropa por Internet. Si ir al centro comercial les molesta a ustedes tanto como a mí, van a comprender que veo muchas ventajas en la compra online. Como a todos, me encanta la ropa bonita y estilosa, pero ir de tienda en tienda buscando rebajas me parece ridículo. No me gusta estresarme buscando tallas y modelos. Ni buscar en cada prenda la etiqueta con el precio. Yo solo uso ropa de algodón y es muy difícil encontrarla si no miras con cuidado la información sobre la tela, que aparece en etiquetas pequeñas y difíciles de leer.

No. Nunca más. Mi vida cambió cuando decidí explorar la compra online. Comencé tímidamente comprando varios pares de calcetines. Las compras online deben funcionar, me dije. Sé el número que calzo, y quiero calcetines negros y de algodón. Bueno, pues hice una búsqueda rápida y encontré varias páginas que me garantizan la mejor calidad de algodón — hilo de Escocia, para los entendidos— en mi talla y con envío inmediato a domicilio. ¿Qué más puedo pedir?, me dije.

Entonces decidí comprar los calzoncillos, que me gustan variados: de rayas, de cuadros, ¡o incluso de flores! No hay problema: 5 pares de calzoncillos de bellos colores y diseños fue mi siguiente compra. Tengo que confesar que luego compré 20 camisas, varios pantalones, un traje de chaqueta y un impermeable. Una vez tuve que devolver una prenda porque pedí una talla demasiado pequeña, pero créanme, las ventajas son muchas más que las desventajas. Si quieren evitar las colas y la frustración de no encontrar el material o los colores que les gustan, les recomiendo comprar por Internet. Es el consejo que les da un amigo…

6-38

6-39

Comprueba

I was able to …

_____ use context to decipher meaning of unknown expressions.

_____ identify specific information correctly.

Lee. Lee el texto y luego, indica si las siguientes afirmaciones son correctas (**C**) o incorrectas (**I**). Si son incorrectas, corrige la información.

1. _____ Al autor del texto le gusta comprar ropa en las tiendas.

2. _____ El autor se pone tenso cuando tiene que buscar una prenda de su talla.

3. _____ Al autor le gusta la ropa de lana.

4. _____ La primera compra que hizo el autor por Internet fueron unas camisas de rayas.

5. _____ El autor decidió no comprar zapatos por Internet.

6. _____ Al autor le gusta comprar por Internet porque es rápido.

Un paso más. Busca un sitio web en el mundo hispano que venda productos que te interesan. Toma nota de la siguiente información de la lista. Después, presenta la página web a la clase. Tus compañeros/as van a hacerte preguntas sobre los productos, los precios y cómo se compra.

1. el nombre y la dirección del sitio y el país donde se encuentra

2. los productos principales, sus precios y cómo se comparan estos precios con los de Estados Unidos

3. instrucciones para realizar las compras

ESCRIBE

6-40

Preparación. Lee el siguiente correo electrónico de Laura a su amiga Cristina, contándole su última experiencia comprando ropa. Después, pon en orden cronológico la secuencia de eventos.

> **Querida Cristina:**
>
> ¿Recuerdas el vestido que compré el jueves pasado cuando fuimos con mi hermana al centro comercial? Cuando me lo probé, ella pensó "le queda ancho", pero no me dijo (*said*) nada. Luego me escribió un correo electrónico y me explicó que tampoco le gustó el color ni el estilo. Esto me enojó mucho, pero después volví a probarme el vestido y pensé que mi hermana tenía razón (*was right*). Y devolví el vestido.

_____ Laura devolvió el vestido.

_____ Laura se probó el vestido.

_____ Laura fue de compras con Cristina y su hermana.

_____ Su hermana le explicó a Laura por qué no le gustó el vestido.

_____ A su hermana no le gustó el estilo del vestido.

En directo

To indicate the succession of events or temporal transitions, you may use the following connectors: **primero, luego, más tarde, antes de eso, después (de eso), finalmente.**

Listen to a conversation with these expressions.

6-41

Escribe. Cuéntale a tu mejor amigo/a en un correo electrónico tu última experiencia comprando un producto.

INCLUYE:

1. el nombre de la tienda donde compraste el producto

2. el producto que compraste y una descripción del producto

3. un recuento de lo que ocurrió en orden cronológico; ¿Cuándo hiciste (*did you make*) la compra?: ¿Qué ocurrió después?: ¿Cuánto costó y cómo pagaste?

4. la razón de tu satisfacción o insatisfacción con el producto

Comprueba

I was able to …

_____ **describe the parts of the event in order.**

_____ **use connectors to indicate the order.**

_____ **open and close the message properly.**

6-42

Un paso más. Comparte con tu compañero/a la experiencia de una mala compra. Utilicen las siguientes preguntas como guía y añadan otras. Túrnense para hacerse preguntas y responder.

1. ¿Qué compraste? ¿Cuándo? ¿Dónde?

2. ¿Qué pasó primero? ¿Qué pasó después?

3. ¿Cómo resolviste la situación finalmente?

En este capítulo...

Comprueba lo que sabes

Go to *MySpanishLab* to review what you have learned in this chapter. Practice with the following:

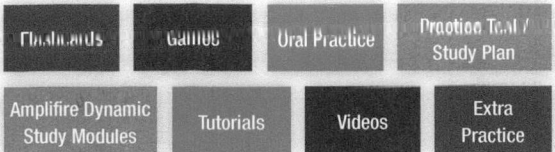

 Vocabulario

LOS ACCESORIOS
Accessories

el anillo *ring*
el arete *earring*
la billetera *wallet*
la bolsa/el bolso *purse*
la bufanda *scarf*
el cinturón *belt*
el collar *necklace*
las gafas de
   sol *sunglasses*
la gorra *cap*
el guante *glove*
la joya *piece of jewelry*
el pañuelo *handkerchief*
el paraguas *umbrella*
la pulsera *bracelet*
el sombrero *hat*

DISEÑOS
Designs

de color entero *solid*
de cuadros *plaid*
de lunares *dots*
de rayas *stripes*

LAS COMPRAS
Shopping

el almacén *department store; warehouse*
el centro comercial *shopping center*
el escaparate *store window*
el mercado *market*
el precio *price*
la rebaja *sale*
el regalo *present*
el supermercado *supermarket*
la tarjeta de crédito *credit card*
la tienda *store*

LA ROPA
Clothes

el abrigo *coat*
la bata *robe*
la blusa *blouse*
las botas *boots*
los calcetines *socks*
el calzado *footwear*
los calzoncillos *boxer shorts*
la camisa *shirt*
la camisa de manga
   corta *short sleeve shirt*
la camiseta *T-shirt*

el camisón *nightgown*
la chaqueta *jacket*
la corbata *tie*
la falda *skirt*
el impermeable *raincoat*
las medias *stockings, socks*
los pantalones *pants*
los pantalones cortos *shorts*
las pantimedias *pantyhose*
el/la piyama *pajamas*
la ropa interior *underwear*
el saco *blazer, jacket*
las sandalias *sandals*
el sostén *bra*

la sudadera *sweatshirt; jogging suit*
el suéter *sweater*
el traje *suit*
el traje de baño *bathing suit*
el traje *suit*
los vaqueros/los jeans *jeans*
el vestido *dress*
las zapatillas *slippers*
las zapatillas de
   deporte *tennis shoes*
los zapatos *shoes*
los zapatos de tacón
   high-heeled shoes

PALABRAS Y EXPRESIONES ÚTILES
Useful words and expressions

la artesanía *handicrafts*
la cosa *thing*
el cuero *leather*
el dinero *money*
en efectivo *in cash*
¿En qué puedo servirle(s)?
   How may I help you?
enseguida *immediately*
estar de moda *to be fashionable*
ir de compras *to go shopping*
el juguete *toy*
Me gustaría... *I would like...*
el número *size (shoes)*
el oro *gold*
la plata *silver*
Quisiera... *I would like...*
la talla *size (clothes)*
el tamaño *size*

TELAS
Fabrics

el algodón *cotton*
la lana *wool*
el poliéster *polyester*
la seda *silk*

VERBOS
Verbs

caer bien/mal *to be liked*
calzar *to wear (shoes)*
cambiar *to change, to exchange*
dar *to give, to hand*
encantar *to delight, to love*
encontrar (ue) *to find*
entrar (en) *to go in, to enter*
fascinar *to fascinate, to be pleasing to*
gastar *to spend*

gustar *to be pleasing to, to like*
interesar *to interest*
llevar *to wear, to take*
mostrar (ue) *to show*
pagar *to pay (for)*
parecer (zc) *to seem*
prestar *to lend*
probarse (ue) *to try on*
quedar *to fit; to be left over*
regalar *to give (a present)*
regatear *to haggle*
valer *to be worth*
vender *to sell*

EXPRESIONES DE TIEMPO
Time expressions

anoche *last night*
anteayer *the day before yesterday*
ante(a)noche *the night before last*
el año/mes pasado *last year/month*
ayer *yesterday*
hace un día/mes/año
   (que) *it has been a day/month/year since*
una semana atrás *a week ago*
la semana pasada *last week*

LAS ESTACIONES DEL AÑO
Seasons of the year

el invierno *winter*
el otoño *fall*
la primavera *spring*
el verano *summer*

LAS DESCRIPCIONES
Descriptions

ancho/a *wide*
barato/a *inexpensive, cheap*
caro/a *expensive*
estrecho/a *narrow, tight*
magnífico/a *great*
precioso/a *beautiful*
rebajado/a *marked down*

7

¿Cuál es tu deporte favorito?

LEARNING OUTCOMES

You will be able to:

- talk about sports
- emphasize and clarify information
- talk about past events
- talk about practices and perspectives on sports in Argentina and Uruguay
- share information about sporting events in Hispanic countries and compare cultural similarities

ARGENTINA Y URUGUAY

Una parrillada de carne

PARAGUAY

BRASIL

OCÉANO PACÍFICO

CHILE

CORDILLERA DE LOS ANDES

Tucumán

ARGENTINA

Córdoba

Mendoza

Distrito de La Boca

Buenos Aires

LA PAMPA

Bahía Blanca

URUGUAY

Paysandú

Colonia

Punta del Este

Montevideo

Mar del Plata

Las playas de Punta del Este

OCÉANO ATLÁNTICO

LA PATAGONIA

Bariloche

Un gaucho dirigiendo el ganado

Río Gallegos

Glaciar Perito Moreno

Ushuaia

Enfoque cultural

To learn more about Argentina and Uruguay, go to MySpanishLab to view the *Vistas culturales* videos.

Hamlet & Ophelia de Juan Carlos Liberti, pintor argentino (1930)

▼

■ ■ ■ ■ ■ ■ ■ ■ ■

¿QUÉ TE PARECE?

- La influencia italiana en Argentina se nota en palabras como *chau*, el acento y la entonación, la comida, los nombres y apellidos.

- Los porteños son los habitantes de Buenos Aires.

- La Celeste, el equipo nacional de fútbol de Uruguay, ganó la Copa América en 2011. Ha ganado la Copa América 15 veces.

- Muchos argentinos van en buquebús (*ferry*) de Buenos Aires a Montevideo solo para ver un partido de fútbol. El viaje dura menos de tres horas.

- Punta del Este, Uruguay, es un centro turístico muy popular entre los cantantes, actores y diseñadores, como Shakira y Ralph Lauren. Es el Miami de Uruguay.

- Muchos argentinos y uruguayos usan *vos* en vez de *tú*. Por ejemplo, dicen: *Vos decís* y no *Tú dices*.

Los Palacios Salvo y Barolo fueron diseñados por el arquitecto italiano Mario Palantí, que emigró a Buenos Aires. Se dice que son edificios hermanos.

▲ La Garganta del Diablo es una de las cascadas de las Cataratas de Iguazú en Argentina. Las cataratas están en la frontera entre Argentina y Brasil y forman parte del Parque Nacional Iguazú. En el parque se encuentra una variedad de animales exóticos, como tapires, jaguares, caimanes, osos hormigueros, ocelotes y monos aulladores.

La Plaza de Mayo en Buenos Aires es un lugar con mucha historia por sus manifestaciones tanto políticas como populares. El pañuelo blanco es el símbolo de las Madres y Abuelas de la Plaza de Mayo. Enfrente queda la Casa Rosada, el palacio presidencial de Argentina. ▶

◀ Palacio Barolo, Buenos Aires, Argentina

Palacio Salvo, ▶ Montevideo, Uruguay

▲ En Punta Ballena, Uruguay, cerca de Punta del Este, se encuentra Casapueblo, la casa y museo del pintor, escultor, arquitecto y muralista Carlos Páez Vilaró. Esta escultura habitable dispone de hotel, café literario y tienda para los turistas que la visitan.

¿CUÁNTO SABES?

Completa las oraciones con la información correcta.

1. Las playas de *Punta du Este* en Uruguay son famosas.

2. *Futbol* es uno de los deportes más populares en ambos países.

3. Los porteños viven en *Buenos Aires*.

4. *Los Cataratas de Igua* es un distinguido arquitecto uruguayo.

5. El parque nacional que se encuentra en la frontera de Argentina y Brasil es *Carlos Vilaró*.

6. Una de las cascadas más impresionantes de Iguazú se llama *la Garganta del Diablo*

Vocabulario en contexto

Talking about sports, the weather, and the past

◆ Los deportes

MySpanishLab

Learn more using Amplifire Dynamic Study Modules, Pronunciation, and Vocabulary Tutorials.

El **fútbol** es el **deporte** número uno en muchos países hispanos.

En España, Argentina, Uruguay, Colombia, México y otros países hispanos hay excelentes **equipos** de fútbol. Los mejores **jugadores** de los equipos locales forman la selección nacional. Esta selección representa al país en los **partidos** de los **campeonatos** internacionales y participa, **cada** cuatro años en la Copa Mundial.

En la zona del Caribe, el **béisbol** es el deporte más popular, y jugadores como Félix Hernández y Miguel Cabrera son conocidos mundialmente.

En Argentina, Chile y España, el **esquí** es un deporte muy popular. Aquí vemos a unos jóvenes que van a **esquiar** en las **pistas** de Bariloche, Argentina, uno de los centros de esquí más importantes de América del Sur.

El **ciclismo,** el **tenis** y el **golf** son otros deportes que cuentan con figuras renombradas en Hispanoamérica y España. Los españoles Miguel Indurain, Roberto Heras y Alberto Contador fueron **campeones** del Tour de France. En esta **carrera,** que **dura** más de 20 días, los **ciclistas recorren** a veces unos 200 kilómetros, el equivalente de 120 millas, en un solo día. Por otro lado, España ha dado también jugadores de golf muy buenos, como Severiano Ballesteros, José María Olazábal y Sergio García.

En cuanto al tenis, Juan Martín del Potro, argentino, y Nicolás Massú, chileno, son actualmente dos de los **tenistas** más conocidos del Cono Sur. La argentina Gabriela Sabatini, quien se retiró en 1995, es considerada la mejor tenista sudamericana de todos los tiempos. La figura más importante del tenis hispano en la actualidad es el español Rafael Nadal.

◼ ◼ ◼ ◼ ◼

EN OTRAS PALABRAS

While the majority of Spanish speakers use **jugar al + deporte** some omit **al** (jugar tenis, jugar golf, etc.).

Some speakers say **básquetbol,** with the stress on the first syllable, rather than **baloncesto. Vóleibol** has several variants, including **volibol,** with the stress on the last syllable.

Deportes y equipos deportivos

el béisbol
el bate
los jugadores
el guante

el golf
los palos
de golf

el tenis
la raqueta
la cancha

el básquetbol/
el baloncesto
el cesto/
la cesta

el vóleibol
la pelota
la red

PRÁCTICA

Cultura

▪ ▪ ▪ ▪ ▪

Héroes del deporte

Soccer (**fútbol**) stars in Spanish-speaking countries have an astonishing popularity and importance in everyday life. Soccer stars have unrivalled popularity as celebrities in their countries and beyond and, unlike many prominent sports figures in the United States, serve as social role models as well. Some soccer stars, such as Lionel Messi and Iker Casillas, have capitalized on their social status to start nonprofit organizations to address social poblems.

Conexiones. Piensa en un deportista que es un ídolo para tu generación. Explica por qué es importante.

7-1

 Escucha y confirma. Identify the sport most closely associated with the information you hear. Write the number of the sentence next to the sport.

_____ el fútbol   _____ el béisbol

_____ el esquí   _____ el tenis

_____ el vóleibol   _____ el básquetbol

_____ el ciclismo   _____ el golf

▲ Lionel Messi con sus *fans* en Colombia

7-2

 Deportes: ¿Quién es? PREPARACIÓN. Asocia los deportes con los jugadores hispanos. Compara tus respuestas con las de tu compañero/a.

1. _____ ciclismo   **a.** Sergio García

2. _____ tenis   **b.** Félix Hernández

3. _____ béisbol   **c.** Rafael Nadal

4. _____ golf   **d.** Miguel Indurain

INTERCAMBIOS. Ahora hablen de dos de sus deportistas favoritos/as. Expliquen quiénes son y a qué deporte juegan, dónde juegan, qué campeonatos ganaron y por qué son sus deportistas favoritos/as.

7-3

¿Qué necesitamos para jugar? PREPARACIÓN.
Escribe el equipo que se necesita para practicar
cada deporte.

DEPORTE	EQUIPO
el béisbol	el bate, el guante
el golf	los palos de golf
el vóleibol	la pelota, la red
el baloncesto	el cesto
el tenis	la cancha, la raqueta

 INTERCAMBIOS. Entrevista a tu compañero/a
para conversar sobre deportes.

1. ¿Qué deporte(s) practicas? ¿Por qué?
2. ¿Qué equipo necesitas para practicarlo(s)?
3. ¿Dónde compras el equipo y la ropa que necesitas?

7-5

Tu deporte favorito. Háganse preguntas para
averiguar lo siguiente.

MODELO E1: *¿Qué deporte te gusta practicar?*
E2: *Me gusta practicar el tenis, ¿y a ti?*

1. el deporte que te gusta practicar
2. el lugar donde lo practicas, con quién y cuándo
3. el deporte que te gusta ver

7-4

¿Qué deporte es? Túrnense para identificar
los siguientes deportes. Después, pregúntale a tu
compañero/a cuál es su deporte favorito y por qué.

1. Hay nueve jugadores en cada equipo y usan un
bate y una pelota.
2. Es un juego para dos o cuatro jugadores; necesitan
raquetas y una pelota.
3. En este deporte los jugadores no deben usar las
manos.
4. Para practicar este deporte necesitamos una
bicicleta.
5. En cada equipo hay cinco jugadores que lanzan
(*throw*) el balón a un cesto.
6. Para este deporte necesitamos una red y una
pelota. Mucha gente lo juega en la playa.

4. el lugar y las personas con quienes lo ves
5. los nombres de tus equipos favoritos
6. la marca (*brand*) de ropa deportiva que más te gusta

7-6

Concurso. Van a participar en un
concurso sobre deportes. En grupos de
tres o cuatro, escojan a uno/a de los/las
deportistas de las fotos.

1. Identifiquen al/a la atleta y su
deporte.
2. Digan algún campeonato/torneo
(*tournament*) que este/a atleta ganó.
3. Digan el equipo que necesita para practicar su deporte.
4. Cuenten algún dato personal o profesional de esta persona.

INTERCAMBIOS. Compartan con la clase la
información sobre este/a atleta. El grupo
con la información más completa gana el
concurso.

◆ El tiempo y las estaciones

Verano

 En verano generalmente hace buen tiempo y hace calor. Es la **estación** perfecta para practicar vóleibol en la playa, o **natación** al aire libre. Algunos prefieren **hacer surf** en el mar o **parapente** en las montañas.

Invierno

 En invierno hace frío y a veces **nieva.** Pero la **nieve** es necesaria para esquiar. Cuando se **congelan** los **lagos,** se puede **patinar** sobre **el hielo.**

Otoño

🔊 En el otoño **hace fresco** y es muy bonito cuando los **árboles** cambian de color antes de **perder** las hojas. El tiempo es perfecto para jugar al **fútbol americano** o al **hockey sobre hierba,** pero no es fácil jugar al golf cuando **hace viento.**

Primavera

🔊 En la primavera **llueve** bastante y es difícil practicar **atletismo** u otros deportes. Pero la **lluvia** es muy buena para las plantas y las flores. Como **hace mal tiempo,** muchas personas **juegan a los bolos** o **levantan pesas** en el gimnasio.

LENGUA

Replace **o** with **u** when the word that follows starts with **o.**

Pedro u Osvaldo *Pedro or Osvaldo*

Likewise **y** is replaced with **e** when the word that follows begins with **i.**

Juan e Isabel *Juan and Isabel*

EN OTRAS PALABRAS

In some Spanish-speaking countries, the expressions **jugar (al) boliche** or **ir de bowling** are preferred to **jugar a los bolos.**

PRÁCTICA

7-7 |e

Para confirmar. PREPARACIÓN. Asocia cada descripción con la condición meteorológica más lógica.

1. _e_ Las calles están blancas.

2. _c_ Las personas llevan impermeable y paraguas.

3. _d_ La casa es un horno y vamos a ir a la playa.

4. _b_ Los árboles se mueven (*move*) mucho.

5. _a_ Vamos a celebrar mi cumpleaños en el parque porque el clima está perfecto.

6. _f_ El cielo (*sky*) está cubierto (*overcast*) y parece que va a llover.

a. Hace muy buen tiempo.

b. Hace mucho viento.

c. Está lloviendo.

d. Hace mucho calor.

e. Está nevando.

f. Está nublado.

INTERCAMBIOS. Habla con tu compañero/a de lo que haces en estas situaciones.

1. Quieres hacer un plan con tus amigos. Hace sol y mucho calor.

2. Tienes que jugar un partido de fútbol pero anoche llovió mucho y la cancha está mojada (*wet*).

3. Está nevando y hace frío pero quieres hacer deporte.

7-8

¿Qué tiempo hace? Tu amigo/a te llama por teléfono desde otra ciudad. Pregúntale qué tiempo hace allí y averigua cuáles son sus planes. Tu amigo/a debe hacerte preguntas también.

MODELO E1: *¡Qué sorpresa! ¿Dónde estás?*
E2: *Estoy en…*

E1: *¿Qué tiempo hace allí?*
E2: *Hace…*

7-9

El tiempo y las actividades. **PREPARACIÓN.** Túrnense para explicar qué hacen o qué les gusta hacer a estas personas en las siguientes condiciones.

1. Cuando llueve yo… miro las películas

2. Cuando hace mucho calor me gusta… ir a la playa

3. A veces cuando nieva… no vamos a class

4. Mis amigos y yo… cuando hace mal tiempo. no salimos

5. En invierno… hace frío y a veces nieva

6. Los estudiantes… cuando hace buen tiempo. no hacen sus tareas

7. Cuando está nublado… soy estoy triste.

8. Hoy hace viento pero… hay mucho sol

INTERCAMBIOS. Preparen una breve conversación que incluya al menos (*at least*) una pregunta, tres expresiones de tiempo y un deporte.

MODELO E1: *Hola, Carmen. ¿Vamos a la playa esta tarde? Hace mucho calor.*
E2: *Sí, pero en la televisión dicen que esta tarde va a llover.*

E1: *Está nublado pero pienso que no va a llover.*
E2: *Bueno, pues vamos. Es mejor jugar al vóleibol cuando está nublado.*

Cultura

■ ■ ■ ■ ■

The Celsius system is used in Hispanic countries. To convert degrees Fahrenheit to degrees Celsius, subtract 32, multiply by 5, and divide by 9.

$86\ °F - 32 = 54$
$54 \times 5 = 270$
$270 \div 9 = 30\ °C$

Comparaciones.

¿Qué temperatura hace ahora en tu ciudad? ¿Cambia mucho el clima con las estaciones? ¿Cuál es tu estación del año favorita? ¿Por qué? ¿Practicas distintos deportes según la época del año? ¿Cuáles?

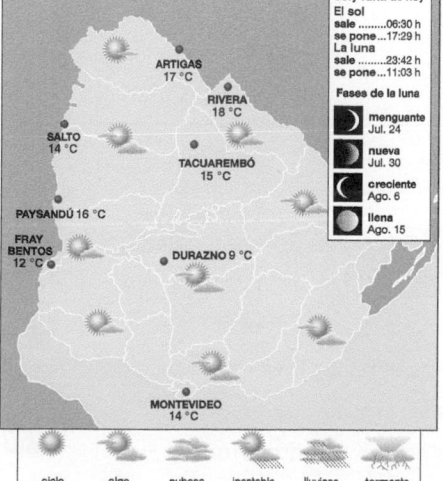

7-10

Las temperaturas.

PREPARACIÓN. Escojan una ciudad del mapa de Uruguay y túrnense para completar la conversación.

MODELO E1: *¿Qué temperatura hace en…?*
E2: *… grados. Su equivalente en Fahrenheit es…*
E1: *¿Y qué tiempo hace donde estás tú?*
E2: *… ¿Y qué temperatura hace en…?*

INTERCAMBIOS. Preparen un pronóstico del tiempo (*weather forecast*) de la región donde viven. Indiquen la temperatura de tres ciudades, el tiempo que hace hoy y el tiempo que va a hacer mañana. Después, compártanlo con la clase.

¿Qué paso ayer?

Un partido importante

Ayer fue el partido decisivo del campeonato de fútbol.

▲ Iván **se despertó** temprano.

▲ **Se levantó.**

▲ **Se vistió.**

▲ **Se sentó** a comer un buen desayuno. Después, **se fue** para el **campo** de fútbol.

▲ Durante el partido, el árbitro **pitó** un **penalti.**

▲ Un jugador del equipo **contrario se enfadó** y **discutió** con el **árbitro,** pero el equipo de Iván **metió un gol** y **ganó.**

▲ Después del partido, Iván **se quitó** el uniforme, **se bañó** y **se puso la ropa.**

▲ Luego fue a una fiesta para celebrar el triunfo.

▲ **Volvió** a casa muy tarde, **se acostó** y **se durmió** enseguida.

PRÁCTICA

7-11

Para confirmar. PREPARACIÓN. Busca la definición de estas palabras relacionadas con los deportes.

1. _C._ ganar
2. _f._ equipo
3. _e._ gol
4. _d._ partido
5. _b_ árbitro
6. _a._ campeón

a. el jugador número uno en un deporte
b. la persona que hace el rol de juez en un partido
c. tener más puntos al terminar un juego
d. el juego entre dos equipos o individuos
e. el punto en un partido de fútbol
f. un grupo de jugadores

INTERCAMBIOS. Hazle preguntas a tu compañero/a para ver si sabe las respuestas. Pregúntale sobre las palabras en *Preparación*.

MODELO E1: *¿Cómo se llama un equipo que gana?*

E2: …

Cultura

Hispanic sports fans generally do not boo opposing teams or particular players. Instead they whistle to show their displeasure. This behavior may occur at a soccer game, boxing match, or other popular sports events.

Comparaciones. En tu comunidad, ¿cómo demuestran descontento los hinchas (*fans*) con los jugadores o con un partido? ¿Alguna vez viste una escena un poco violenta durante o después de un partido? ¿Qué ocurrió? ¿Qué hiciste tú?

7-12

El partido de Iván. Trabajen juntos para contestar las preguntas sobre las actividades de Iván (en la página 248) el día del partido.

1. ¿Qué hizo (*did*) Iván primero?
2. ¿Qué hizo después de levantarse?
3. ¿Qué desayunó Iván?
4. ¿Por qué se enfadó un jugador del equipo contrario?
5. ¿Quién ganó el partido?
6. ¿Adónde fue Iván después del partido?

7-13

¿Las actividades de ayer? PREPARACIÓN. Háganse preguntas para obtener la siguiente información sobre sus actividades de ayer.

 MODELO E1: *¿A qué hora te despertaste ayer?*
E2: *Me desperté a las once.*

1. hora de despertarse y de levantarse
2. desayuno que tomó
3. número de horas de estudio
4. deporte(s) que practicó y por cuánto tiempo
5. hora de acostarse

INTERCAMBIOS. Comparen sus actividades.

1. ¿Quién de ustedes se levantó más temprano?
2. ¿Quién tomó un desayuno más nutritivo?
3. ¿Quién estudió más?
4. ¿Quién practicó deportes por más tiempo?
5. ¿Quién se acostó más tarde?

7-14

El tiempo y los deportes. PREPARACIÓN. Write down the information you might hear in a weather forecast in your area in each season. Remember to include temperatures. Then ask your partner what weather conditions he/she listed and if you agree.

primavera _____   otoño _____

verano _____   invierno _____

 MODELO E1: *¿Qué tiempo tienes para…?*
¿Qué temperatura hace?
E2: *Tengo…*

  ESCUCHA. Focus on the general idea of what you hear. As you listen, indicate (✓) whether the forecast predicts good or bad weather for these cities or if it doesn't say.

	BUEN TIEMPO	MAL TIEMPO	NO SE DICE
Montevideo			
Buenos Aires			
México			
Caracas			

Los hinchas y el superclásico

El fútbol es más que un simple deporte para los hispanos, es una pasión. El sueño común entre muchos niños es jugar fútbol profesionalmente.

Los fines de semana los clubes de fútbol juegan en grandes estadios y miles de *fans* los apoyan (*support*). Existen intensas rivalidades entre los seguidores de los clubes más populares y ganadores. Estos encuentros se llaman los superclásicos. En México, por ejemplo, los equipos

▲ Los hinchas de River Plate (de rojo y blanco) se burlan de sus rivales con el chancho (de azul y amarillo).

▲ Los *fans* de River Plate proclaman su devoción con pancartas y los colores de su equipo.

rivales son el Club América y el Deportivo Guadalajara, más conocido como el Chivas. En España son el Real Madrid y el FC Barcelona. En Colombia, los equipos del superclásico son el Santa Fe y el Millonarios de Bogotá. Sin embargo la experiencia deportiva más intensa ocurre entre Boca Juniors y River Plate de Argentina. La rivalidad entre estos equipos es enorme. Los hinchas de River se burlan de (*make fun of*) los jugadores de Boca y los llaman "chanchos" (*pigs*). En respuesta, los hinchas de Boca llaman "gallinas" (*chickens*) a los jugadores de River.

Cuando Boca y River juegan, la ciudad de Buenos Aires se viste con los colores de los equipos y canta con entusiasmo. Ser hincha de River o de Boca es una tradición

familiar. Es normal ver a los niños con camisetas azules cantando: "Boca es entusiasmo y valor, Boca Juniors... a triunfar...". También es común ver a niños y niñas con camisetas rojas y blancas cantando: "Boca: River es tu papá... Olé, olé, River, River..." Por estas razones, el "superclásico" es más que futbolístico: es también una tradición social. Porque el fútbol es más que un deporte. El fútbol es una parte importante de la identidad de los hispanos.

Este *fan* de ▶ Boca Junior expresa el sentimiento de muchos otros como él.

Compara

1. ¿En tu país hay algún evento deportivo comparable al superclásico? ¿Cuál? ¿Cuándo ocurre? ¿Qué equipos se enfrentan normalmente?

2. ¿Qué rivalidades son famosas en los deportes profesionales o universitarios de tu país?

3. ¿Eres hincha de algún equipo deportivo? ¿Cómo expresas tu apoyo (*support*)? ¿Cómo es tu relación con los hinchas de los equipos rivales?

Funciones y formas

1 Talking about the past

REPORTERO: ¡Felicitaciones por el triunfo! ¡Jugaron como campeones!

RODOLFO: Gracias. El triunfo es de todo el equipo. Fue un partido difícil, pero **nos preparamos** bien.

REPORTERO: ¿Y cómo empezó este día de victoria para ti, Rodolfo?

RODOLFO: Bueno, anoche **me acosté** temprano. Hoy, **me levanté** a las 5:30, **me duché** muy rápido para el entrenamiento, **me vestí** y **me fui** a la cancha.

REPORTERO: ¿Y cómo **se prepararon** ustedes para enfrentar al equipo rival?

RODOLFO: Eh… Primero, es fundamental **sentirse** ganador y también es importante tener un buen entrenador como el nuestro.

e Piénsalo. Indica si las siguientes afirmaciones son probables (**P**) o improbables (**I**) según la conversación entre Rodolfo y el reportero.

1. __I__ Todos los jugadores del equipo **se acostaron** tarde la noche antes del partido.
2. __P__ Rodolfo **se levantó** temprano el día del partido.
3. __P__ Rodolfo **se duchó** rápidamente para llegar a tiempo a la cancha.
4. __I__ El equipo no **se preparó** bien para el partido y ganó.
5. __I__ Según Rodolfo, lo más importante para ganar es **sentirse** nervioso.

Preterit of reflexive verbs

■ In *Capítulo 4* you learned about reflexive verbs. Now you will use these verbs in the preterit. The rules that apply to reflexive verbs are the same in the past tense as in the present.

As you have seen, reflexive verbs express what people do *to* or *for themselves*.

LEVANTARSE	
yo	**me levanté**
tú	**te levantaste**
Ud., él, ella	**se levantó**
nosotros/as	**nos levantamos**
vosotros/as	**os levantasteis**
Uds., ellos/as	**se levantaron**

Los jugadores **se levantaron** a las cinco.	*The players got up at five o'clock.*
Yo **me preparé** rápidamente.	*I got ready quickly.*

- With a conjugated verb followed by an infinitive, place the reflexive pronoun before the conjugated verb or attach it to the infinitive.

Yo **me** empecé a preparar a las cinco.
Yo empecé a preparar**me** a las cinco. } *I started to get ready at five.*

- Remember that when referring to parts of the body and clothing, the definite articles are used with reflexive verbs.

Me lavé **el** pelo. *I washed my hair.*

Alicia se quitó **la** sudadera. *Alicia took off her sweatshirt.*

- Some verbs that use reflexive pronouns do not necessarily convey the idea of doing something to or for oneself. These verbs normally convey mental or physical states.

María **se enfermó** gravemente la semana pasada. *María got seriously sick last week.*

Nos preocupamos mucho cuando fue al hospital. *We got very worried when she went to the hospital.*

- Reflexive verbs that convey mental or physical states do not take an object. The following verbs are in that category.

arrepentirse	*to regret*
atreverse	*to dare*
divertirse	*to have fun*
disculparse	*to apologize*
enfadarse	*to get upset, angry*
quejarse	*to complain*
sentirse	*to feel*

La entrenadora **se disculpó** por no asistir a la práctica del viernes pasado. *The coach apologized for not attending last Friday's practice.*

El público **se quejó** del pobre desempeño de los jugadores. *The public complained about the poor performance of the players.*

---

[e] **¿COMPRENDES?**

Completa las oraciones con el pretérito de los verbos.
1. Ayer Marta se enfermó (enfermarse).
2. Pero hoy se levantó (levantarse) para ir a clase.
3. Los estudiantes no se prepararon (prepararse) para el examen.
4. Yo me disculpé (disculparse) con el profesor porque no fui a clase.
5. Nosotros nos quejamos (quejarse) porque el examen fue muy difícil.
6. ¿Por qué te sentaste (sentarse) tú en la última fila (row)?

MySpanishLab

Learn more using Amplifire Dynamic Study Modules, Grammar Tutorials, and Extra Practice activities.

PRÁCTICA

7-15

¿Cómo te fue (*did it go*) ayer? Pon estas actividades en el orden más lógico y compara tus respuestas con las de tu compañero/a. ¿Tienen el mismo orden? Presenten sus diferencias a otro grupo.

_____ Me preparé para un examen.

_____ Me dormí.

_____ Me levanté.

_____ Me fui a la universidad.

_____ Me acosté.

_____ Me desperté temprano.

_____ Me senté a desayunar.

_____ Me bañé.

_____ Al final del día, me sentí cansado/a.

7-16

¿Cómo reaccionaron los jugadores? **PREPARACIÓN.** Jorge, Enrique y Raúl tuvieron un partido de fútbol el sábado. Completen las afirmaciones de Jorge sobre sus actividades.

 Jorge: Yo me acosté muy temprano la noche anterior, pero Enrique… *se acostó a la hora de siempre.*

1. Yo me desperté tarde para estar bien descansado, pero Enrique…

2. Yo me preparé por dos horas en el gimnasio, pero Enrique y Raúl…

3. Yo me quejé cuando el árbitro pitó un penalti, pero Raúl…

4. Cuando el árbitro cometió un error en la cancha, yo me enojé mucho, pero Enrique…

5. Después del partido yo me reuní con los aficionados, pero Enrique y Raúl…

6. Cuando los tres llegamos a casa…

 INTERCAMBIOS. La última vez *(the last time)* que ustedes tuvieron un partido importante, ¿hicieron actividades semejantes o diferentes a las de Jorge y sus amigos? Comparen sus actividades y reacciones.

 E1: *Yo me desperté muy temprano el día del partido. ¿Y ustedes?*

E2: *Yo me desperté temprano también.*

E3: *Yo me desperté tarde y me levanté tarde.*

Cultura

Una actividad física

In Spanish-speaking countries, the most common physical activity is walking—as light exercise after work or after a meal, as a family activity, or simply to be outside in one's neighborhood. It is often a social activity where friends and neighbors meet and greet each other. As in the United States, professional people with busy work schedules join gyms or sports clubs, especially in metropolitan areas.

Comparaciones. ¿Consideras que andar es una actividad física? ¿Dónde pasea la gente de tu comunidad?

7-17

Mis actividades. Para cuidar tu salud decidiste cambiar tu rutina y empezar cada día con un poco de ejercicio antes de ir a clase. Habla con tu compañero/a y cuéntale qué hiciste esta mañana. Usa por lo menos cuatro de los siguientes verbos.

despertarse	caminar
ducharse	correr
levantarse	jugar
prepararse	nadar

7-18

¿Qué les ocurrió? Lean las siguientes situaciones y digan lo que probablemente hicieron (*did*) estas personas después. Usen los verbos de la lista. Luego, comparen sus opiniones con las de sus compañeros.

afeitarse	lavarse	perfumarse
bañarse	maquillarse	probarse
despertarse	mirarse	quitarse
enfadarse	peinarse	secarse

 MODELO Bernardo se despertó cuando sonó el despertador.

E1: *Luego se levantó lentamente. En tu opinión, ¿qué pasó después?*

E2: *Probablemente se afeitó.*

1. Teresa se miró en el espejo.
2. Juan y Tomás entraron en el vestuario (*locker room*) del gimnasio después del partido.
3. Marisa y Erica salieron de una tienda deportiva.
4. Ramón salió de la ducha.
5. Marta no está contenta. Habló con la capitana del equipo de unos temas personales y luego la capitana les contó todo a otras jugadoras.
6. Pablo llegó tarde al estadio.

7-19

El campeonato. El mes pasado ustedes representaron a su universidad en un campeonato de tenis en Montevideo. Digan lo que hicieron (*what you did*)…

1. para prepararse físicamente.
2. para prepararse mentalmente.
3. para cumplir (*to fulfill*) con las responsabilidades académicas.

7-20

Loreta se levantó con el pie izquierdo (*got up on the wrong side of the bed*). Observen las siguientes escenas. Túrnense y cuenten lo que ocurrió. Usen su imaginación y los verbos de la lista u otros, si es necesario.

acostarse	ducharse	explicar	practicar
despertarse	enfadarse	golpear (*to knock*)	sentarse
disculparse	enojarse	levantarse	sonar

¡Lo siento! ¿Anoche me acosté tarde?

Situación

PREPARACIÓN. Lean la situación. Luego, compartan ejemplos de vocabulario, gramática y otra información que necesitan para desarrollar la conversación.

Role A. You are the star player for your university's soccer team. You spend a lot of your free time promoting sports and physical activity for children in your community. A reporter for a local TV station interviews you for a special feature on student athletes. Answer the reporter's questions as fully as possible. Remember that you are considered a role model for young athletes.

Role B. You are a television reporter. Today you are interviewing the star soccer player for the university team who is also a role model for young athletes in the community. After introducing yourself and greeting the athlete, find out:

a. what school he/she went to;
b. when he/she started to play;
c. what his/her daily routine is to keep in shape (**estar en forma**); and
d. what sports he/she practiced yesterday.

	ROLE A	ROLE B
Vocabulario	Activities to keep oneself fit Sports routines	Question words Sports-related vocabulary Sports routines

Funciones y formas	Answering questions
	   Present tense
	   Reflexive verbs
	Addressing someone formally
		Introducing oneself
		Asking questions
		   Present tense
		   Past time (Preterit)
		Addressing someone formally

INTERCAMBIOS. Practica la conversación con tu compañero/a incorporando el vocabulario y las funciones de *Preparación*. Luego, represéntenla ante la clase.

2 # Talking about the past

VÍCTOR: Federico, ¿miraste el partido entre la selección de Argentina y la de Colombia?

FEDERICO: No, Víctor. Pero **oí** las noticias por la radio, y mi hermano **leyó** la crónica del partido en el periódico. La selección colombiana ganó dos a uno. Los argentinos no jugaron bien. Y tú, ¿viste el partido?

VÍCTOR: Desafortunadamente no, pero **leí** en Internet que los jugadores argentinos no **oyeron** las instrucciones de su entrenador y cometieron muchos errores. Por eso, el árbitro les marcó un penalti.

FEDERICO: Tienes razón, yo **oí** que la estrategia de defensa que **construyeron** no fue buena. Ellos **creyeron** que ganarles a los colombianos es fácil, pero son muy buenos.

 Piénsalo. ¿QUIÉN LO HIZO? (*Who did it?*): Federico (**F**), Víctor (**V**), el hermano de Federico (**HF**) o los jugadores argentinos (**JA**).

1. __F__ **Oyó** las noticias del partido por la radio.

2. __HF__ **Leyó** la crónica en el periódico.

3. __V__ **Leyó** en Internet comentarios sobre el partido.

4. __JA__ No **oyeron** las instrucciones.

5. __JA__ **Creyeron** que ganar es fácil.

6. __JA__ **Construyeron** (*They built*) una mala estrategia de defensa.

LENGUA

Note that **-er** and **-ir** verbs whose stems end in a vowel (**creer, leer, oír**) have an accent mark on the **i** in the infinitive and in the preterit endings that begin with **i**.

No la **oímos** llegar anoche.
We didn't hear her arrive last night.

Preterit of *-er* and *-ir* verbs whose stem ends in a vowel

■ You have already learned the preterit forms of regular **-er** and **-ir** verbs. For verbs whose stem ends in a vowel, the preterit ending for the **usted/él/ella** form is **-yó** and for the **ustedes/ellos/ellas** form, the ending is **-yeron.**

LEER			
yo	leí	nosotros/as	leímos
tú	leíste	vosotros/as	leísteis
Ud., él, ella	le**y**ó	Uds., ellos/as	le**y**eron

OÍR			
yo	oí	nosotros/as	oímos
tú	oíste	vosotros/as	oísteis
Ud., él, ella	oyó	Uds., ellos/as	oyeron

Los jugadores **oyeron** los comentarios negativos de los reporteros deportivos.	*The players heard the negative comments of the sports commentators.*
Cuando el entrenador **oyó** el pitazo final, abrazó a los jugadores.	*When the coach heard the final whistle, he hugged the players.*
Los miembros del equipo **construyeron** una casa con la organización Hábitat para la Humanidad.	*The members of the team built a house with Habitat for Humanity.*

e ¿COMPRENDES?

Completa las oraciones con el pretérito de los verbos.
1. Pablo y Miguel _oyeron_ (oír) la noticia en la radio.
2. Ellos no la _creyon_ (creer).
3. Carmen _leó_ (leer) la información en Internet.
4. Nosotros no _creímos_ (creer) lo que Carmen nos contó.
5. Los arquitectos _construyeron_ (construir) un edificio muy feo.
6. ¿Asististe al partido ayer o _leíste_ (leer) el libro de historia?

MySpanishLab
Learn more using Amplifire Dynamic Study Modules, Grammar Tutorials, and Extra Practice activities.

PRÁCTICA

7-21

¿Cómo se enteraron (*found out*) de los resultados? El fin de semana pasado se jugó la Copa Davis. Indica cómo se enteraron estas personas de los resultados. Usa los verbos **creer, leer** y **oír.**

1. Paula y su novio pasaron el fin de semana en las montañas y _oyeron_ los resultados en la radio durante su viaje de regreso a la ciudad.

2. Mercedes trabajó en la biblioteca todo el fin de semana. Cuando su hermano le contó los resultados, ella no le ~~leó~~ _creó_.

3. Ricardo participó en un partido de fútbol entre su universidad y una universidad rival. Él _leó_ los resultados de la Copa Davis en el periódico.

4. Los Belmar salieron a hacer ejercicio a la hora del partido. Prefieren el aire libre a mirar televisión y _leyeron_ los resultados en el periódico al día siguiente.

7-22

Las noticias. Dile a tu compañero/a cuándo y cómo te enteraste de las siguientes noticias. ¿Lo leíste, lo oíste o lo miraste?

 MODELO el equipo ganador del Super Bowl

> E1: *Lo miré en la televisión. ¿Y tú?*
>
> E2: *Yo lo leí en Internet.*

1. el equipo ganador de la última serie mundial de béisbol
2. los resultados de las últimas elecciones presidenciales
3. la muerte de Amy Winehouse
4. tu admisión a esta universidad

7-23

La semana pasada. **PREPARACIÓN.** Mira la lista de actividades e indica (✓) en cuáles participaste la semana pasada. Añade detalles sobre cada actividad.

_____ concluir un proyecto importante para la clase de...

_____ ir a la biblioteca para...

_____ leer el blog de...

_____ mirar una película con...

_____ oír música de...

_____ contribuir a la organización sin fines de lucro (*non-profit*)...

INTERCAMBIOS. En grupos de tres o cuatro, comparen sus respuestas para ver quién hizo más actividades la semana pasada.

Situación

PREPARACIÓN. Lean la situación. Luego, compartan ejemplos de vocabulario, gramática y otra información que necesitan para desarrollar la conversación.

Role A. Call a friend to invite him/her to go to a sports event with you. Mention:

a. what the event is;
b. that you read about it in the newspaper; and
c. that you want to see the city's new stadium (**estadio**).

Role B. Your friend calls to invite you to a sports event. Respond to the invitation with questions and comments. Then decide if you want to go and either accept or decline the invitation.

	ROLE A	ROLE B
Vocabulario	Sports events	Question words
Funciones y formas	Inviting someone to do something	Accepting or declining an invitation Reacting to what you hear Asking questions

INTERCAMBIOS. Practica la conversación con tu compañero/a incorporando el vocabulario y las funciones de *Preparación*. Luego, represéntenla ante la clase.

3 Talking about the past

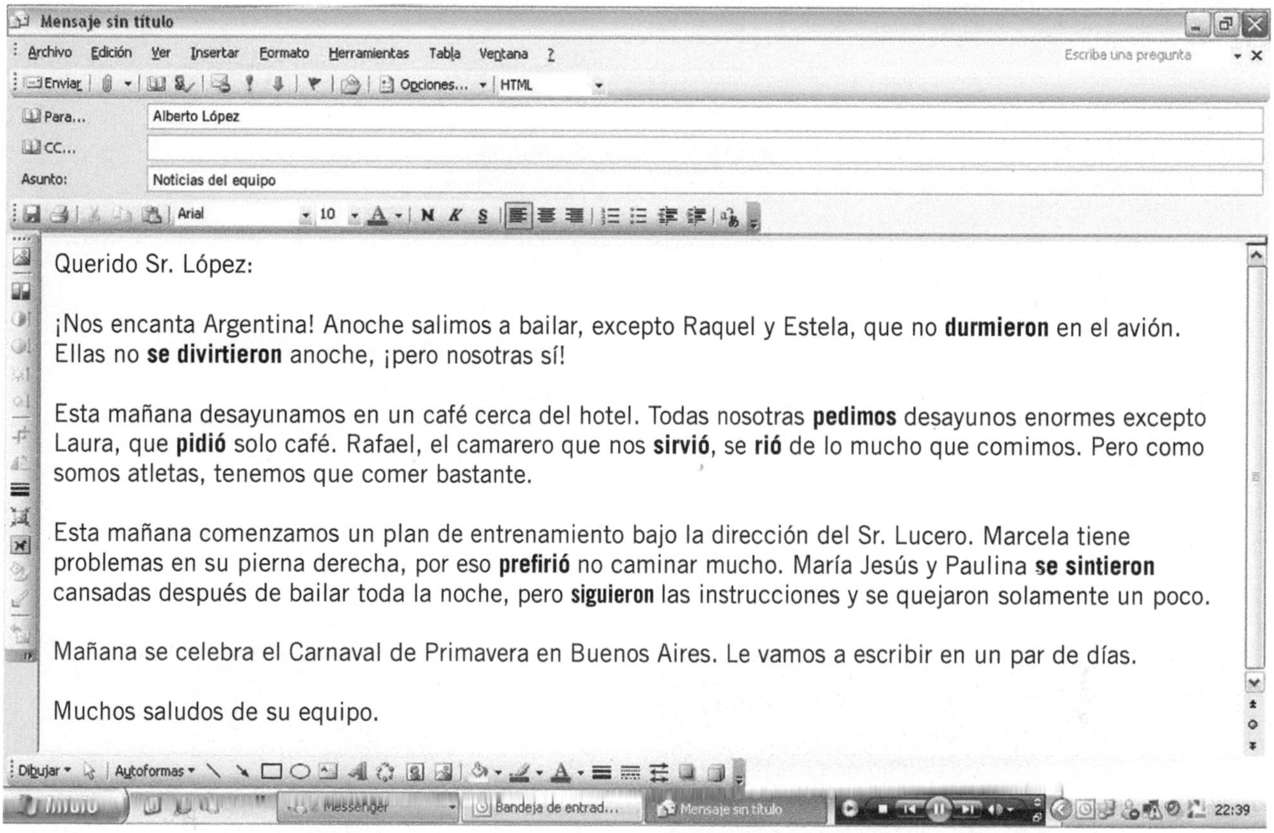

Mensaje sin título

Archivo   Edición   Ver   Insertar   Formato   Herramientas   Tabla   Ventana   ?   Escriba una pregunta

Enviar   Opciones... HTML

Para...   Alberto López
CC...
Asunto: Noticias del equipo

Arial   10   A   N   K   S

Querido Sr. López:

¡Nos encanta Argentina! Anoche salimos a bailar, excepto Raquel y Estela, que no **durmieron** en el avión. Ellas no **se divirtieron** anoche, ¡pero nosotras sí!

Esta mañana desayunamos en un café cerca del hotel. Todas nosotras **pedimos** desayunos enormes excepto Laura, que **pidió** solo café. Rafael, el camarero que nos **sirvió**, se **rió** de lo mucho que comimos. Pero como somos atletas, tenemos que comer bastante.

Esta mañana comenzamos un plan de entrenamiento bajo la dirección del Sr. Lucero. Marcela tiene problemas en su pierna derecha, por eso **prefirió** no caminar mucho. María Jesús y Paulina **se sintieron** cansadas después de bailar toda la noche, pero **siguieron** las instrucciones y se quejaron solamente un poco.

Mañana se celebra el Carnaval de Primavera en Buenos Aires. Le vamos a escribir en un par de días.

Muchos saludos de su equipo.

Dibujar   Autoformas

Inicio   Messenger   Bandeja de entrad...   Mensaje sin título   22:39

e Piénsalo. Escribe a qué persona(s) se refiere cada oración según el correo electrónico: Marcela, María Jesús, Paulina, Rafael, Raquel.

1. No **durmieron** en el avión. _Raquel_ y _Estela_
2. No desayunó esta mañana; **pidió** un café solamente. _Laura_
3. Se **rió** de que las jugadoras comieron mucho. _Rafael_
4. **Prefirió** no caminar mucho. _Marcela_
5. No **se divirtieron** anoche porque no salieron con sus amigas. _Raquel_ y _Estela_
6. **Se sintieron** cansadas, pero **siguieron** el plan de entrenamiento. _María_ y _Paulina_

Preterit of stem-changing *-ir* verbs

- In the preterit, stem-changing **-ir** verbs change **e → i** and **o → u** in the **usted, él, ella,** and **ustedes, ellos/as** forms. The endings are the same as those of regular **-ir** verbs.

PREFERIR (e → i)			
yo	preferí	nosotros/as	preferimos
tú	preferiste	vosotros/as	preferisteis
Ud., él, ella	prefirió	Uds., ellos/as	prefirieron

DORMIR (o → u)			
yo	dormí	nosotros/as	dormimos
tú	dormiste	vosotros/as	dormisteis
Ud., él, ella	durmió	Uds., ellos/as	durmieron

Marta **prefirió** salir temprano. *Marta preferred to leave early.*

Las jugadoras **durmieron** tranquilamente. *The players slept peacefully.*

- The following are other stem-changing **-ir** verbs:

despedirse Los hinchas se despidieron de su equipo.
to say good-bye *The fans said good-bye to their team.*

divertirse Todos se divirtieron con la presentación de las
to have fun/ barras paralelas.
enjoy *Everyone enjoyed the performance on the parallel bars.*

morir Un hincha murió de un ataque al corazón cuando
to die su equipo perdió.
  A fan died of a heart attack when his team lost.

pedir El entrenador pidió agua para los jugadores.
to ask for/order *The coach asked for water for the players.*

reír El árbitro se rió cuando un perro cruzó la cancha.
to laugh *The referee laughed when a dog crossed the field.*

repetir El reportero repitió el nombre del jugador que
to repeat marcó el gol.
  The reporter repeated the name of the player who scored the goal.

seguir Los jugadores siguieron las instrucciones de su
to follow entrenador.
  The players followed the instructions of their coach.

sentirse Todos se sintieron felices con el triunfo.
to feel *Everyone felt happy about the victory.*

servir Los hinchas le sirvieron perros calientes gratis
to serve al público.
  The fans served free hot dogs to the public.

vestirse Los jugadores se vistieron para ir a celebrar.
to get dressed *The players got dressed to go out and celebrate.*

---

e ¿COMPRENDES?

Completa las oraciones con el pretérito de los verbos.

1. Durante la recepción, los jugadores _prefirieron_ (preferir) beber cerveza.
2. El entrenador _siguió_ (seguir) la tradición de servirles champaña.
3. Un jugador _pidió_ (pedir) agua.
4. Los otros jugadores _se rieron_ (reírse) de él.
5. Cuando recibieron sus medallas, los jugadores _se sintieron_ (sentirse) orgullosos.
6. Todos _nos se divertimos_ (divertirse) mucho.

MySpanishLab

Learn more using Amplifire Dynamic Study Modules, Grammar Tutorials, and Extra Practice activities.

PRÁCTICA

7-24

Carrera de un campeón. PREPARACIÓN. Un famoso deportista recibió muchas medallas durante su carrera. ¿Cómo lo logró (*accomplished*)? Marca (✓) la alternativa más apropiada.

1. a. _____ Durmió poco antes de cada partido.

   b. _____ Siempre durmió por lo menos ocho horas.

2. a. _____ Prefirió evitar el alcohol.

   b. _____ Prefirió beber alcohol moderadamente.

3. a. _____ Se preparó solo.

   b. _____ Prefirió prepararse con un entrenador.

4. a. _____ Siguió las recomendaciones de su entrenador.

   b. _____ Les pidió consejos a sus amigos.

5. a. _____ Cuando no ganó un partido, se sintió deprimido.

   b. _____ Se sintió triste cuando no ganó un partido, pero pidió ayuda para mejorar.

 INTERCAMBIOS. Usen la imaginación para hablar de la carrera del deportista.

 se divirtió…

> E1: *Yo creo que no se divirtió mucho durante su carrera. Y tú, ¿que crees?*
>
> E2: *Yo creo que se divirtió porque le gusta mucho competir.*

1. durmió…

2. siguió una dieta especial de…

3. pidió…

4. se sintió…

7-25

Momentos cruciales. PREPARACIÓN. Indica lo que hicieron las siguientes jugadoras del equipo femenino de básquetbol unos minutos antes del partido.

1. Marta se vistió (vestirse) con la camiseta número 3.

2. Ana y Luisa Fernanda se siguieron (seguir) con atención los pasos del calentamiento (*warm-up*).

3. Carmen se prefirió (preferir) no comer antes del partido.

4. Las jugadoras del equipo contrario se rieron (reírse) cuando su entrenadora les contó un chiste (*joke*).

5. La entrenadora les repitió (repetir) las instrucciones a todas las jugadoras.

6. El equipo se sintió (sentirse) animado (*encouraged*) con los aplausos del público.

 INTERCAMBIOS. Piensa en un momento crucial en tu vida relacionado con los deportes y compártelo con tu compañero/a. Cuéntale cinco acciones o emociones relacionadas con el evento. Usa las siguientes preguntas como guía:

¿Qué pasó? ¿Cómo te sentiste? ¿Con qué número te vestiste? ¿Cuántos puntos marcaste? ¿Qué tipo de entrenamiento seguiste?…

 Mi momento crucial fue cuando ganamos la final de básquetbol. Me sentí…

7-26

Celebrando la victoria. Uno de los equipos de su universidad ganó un campeonato importante y ustedes hicieron una fiesta en su honor. Explíquenle a otra pareja los siguientes detalles de la fiesta. Usen los verbos de la lista.

despedirse	pedir	repetir	servir
divertirse	reír	sentirse	vestirse

1. hora y lugar de la fiesta

2. número de personas que asistieron y cómo se vistieron para la fiesta

3. tipo de cooperación que ustedes pidieron para los gastos de la fiesta

4. cómo se divirtieron en la fiesta

5. comida y bebida que sirvieron en la fiesta y tipo de música que escucharon

6. reconocimiento (*recognition*) que les dieron a los jugadores

7. sentimientos de los jugadores durante la fiesta

8. a qué hora se despidieron y se fueron de la fiesta los invitados

Situación

PREPARACIÓN. Lean la situación. Luego, compartan ejemplos de vocabulario, gramática y otra información que necesitan para desarrollar la conversación.

Role A. You had to work late last night and missed an important basketball game at your school. Call a friend who went to the game. After greeting your friend:

a. explain why you did not go;
b. ask questions about the game;
c. answer your friend's questions; and
d. accept your friend's invitation to go to another game next Saturday.

Role B. A friend calls to find out about last night's basketball game. Answer your friend's questions and then:

a. say that there is another game on Saturday;
b. find out if your friend is free that evening; and
c. if free, invite him/her to go with you.

	ROLE A	ROLE B
Vocabulario	Question words	Formulaic expressions related to making an invitation

Funciones y formas	Explaining the reason for something
	   Past tense (preterit)
	Asking and answering questions
	Accepting an invitation
	Observing phone etiquette in Spanish
		Asking and answering questions
		   Past tense (preterit)
		Inviting someone to do something together:
		   Present tense
		Reacting to what you hear

INTERCAMBIOS. Practica la conversación con tu compañero/a incorporando el vocabulario y las funciones de *Preparación*. Luego, represéntenla ante la clase.

4 Emphasizing or clarifying information

ROBERTO: Estas flores son **para ti**, Cristina.

CRISTINA: **¿Para mí?** Gracias, Roberto.

***

ROBERTO: Oye, Cristina. El partido es mañana. ¿Quieres ir **conmigo?**

CRISTINA: No puedo ir **contigo**, Roberto. Mis primos están aquí, y voy al partido **con ellos.**

Piénsalo. Indica quién dice cada oración, Roberto (**R**) o Cristina (**C**).

1. **R** ¿Quieres ir **conmigo?**
2. **R** Estas flores son **para ti.**
3. **C** No puedo ir **contigo.**
4. **C** ¿Para mí?
5. **C** Voy al partido **con ellos.**

Pronouns after prepositions

- In *Capítulo 6* you used **a** + **mí, a** + **ti,** and so on, to clarify or emphasize the indirect object pronoun: **Le di el suéter a él.** These same pronouns are used after other prepositions, such as **de, para,** and **sin.**

a		mí
de		ti
para		usted, él, ella
por	+	nosotros/as
sin		vosotros/as
sobre		ustedes, ellos/as

Siempre habla **de ti.**	*He is always talking about you.*
Las raquetas son **para mí.**	*The racquets are for me.*
No quieren ir **sin nosotros.**	*They do not want to go without us.*

- In a few cases, Spanish does not use **mí** and **ti** after prepositions. After **con,** use **conmigo** and **contigo.** After **entre,** use **tú** y **yo.**

¿Vas al partido **conmigo?**	*Are you going to the game with me?*
Sí, voy **contigo.**	*Yes, I am going with you.*
Entre tú y **yo,** ella tiene unos problemas serios.	*Between you and me, she has some serious problems.*

¿COMPRENDES?

Completa las oraciones con los pronombres apropiados.

1. A _mí_ me gusta el café.
2. Susana no bebe café. A _ella_ le gustan solamente los refrescos.
3. Tenemos vecinos muy divertidos. Conversamos mucho con ~~nosotros~~ ellos.
4. Jorge, no puedo ir al partido _contigo_. Lo siento mucho.
5. Entre _tú_ y _yo_ esas chicas son terriblemente chismosas (*gossipy*).
6. Si no estás con ellas, hablan mal de _ti_.

MySpanishLab

Learn more using Amplifire Dynamic Study Modules, Grammar Tutorials, and Extra Practice activities.

PRÁCTICA

7-27

Un amigo preguntón. Un amigo de Rosario le hace muchas preguntas. Asocia sus preguntas con un comentario lógico de Rosario.

1. __c.__ ¿Con quién vas a ir al partido de tenis, Rosario?

2. __f.__ ¿Por qué no vemos las finales del campeonato con Sofía?

3. __a.__ Rosario, ¿para quién es esta raqueta de tenis?

4. __b.__ ¿Pueden ir mis amigos a la cancha con nosotros?

5. __d.__ Después del partido de ayer encontramos una sudadera. ¿Es de Carlos?

6. __e.__ ¿De quién van a recibir el trofeo los ganadores?

a. La compré para ti.

b. Imposible. No podemos ir con ellos. Tengo solo dos billetes.

c. Contigo, ¡por supuesto!

d. Sí, es de él.

e. De nosotros. De ti y de mí. ¡Qué emocionante!

f. Prefiero verlas sin ella. Habla mucho y no puedo concentrarme.

Cultura

■ ■ ■ ■

La plaza

Plazas play a prominent role in everyday life throughout Latin America and Spain. Most cities and towns have a main square downtown, but it is also common to find smaller plazas in every neighborhood where families go to walk and socialize. In addition to cafés and shops, plazas also host open-air markets, concerts, and fairs. Many plazas are also used as the starting or ending points for bike races or other athletic competitions.

Comparaciones. ¿En qué lugares de tu ciudad prefiere reunirse la gente? ¿Existe algún lugar histórico en tu ciudad? ¿Qué actividades se pueden hacer allí?

▲ La Plaza Mayor en Salamanca, España

7-28

¿Con quién va? PREPARACIÓN. Completa la siguiente conversación usando pronombres.

JULIA: Salgo ahora para la plaza a tomar algo y mirar escaparates. ¿Vienes conmigo?

CELIA: No, no puedo ir (1) __contigo__. Tengo que trabajar hasta muy tarde.

JULIA: ¡Cuánto lo siento! Entonces, ¿vas a salir después con Roberto?

CELIA: Sí, voy a ir con (2) __él__ más tarde.

JULIA: ¡Ah, claro! No puede salir sin (3) __ti__. Tú eres su mejor amiga.

CELIA: Sí, somos muy buenos amigos. Entonces, ¿con quién vas a salir?

JULIA: Pues, mi hermana está aquí, y voy a ir con (4) __ella__.

 INTERCAMBIOS. Cambien la conversación entre Julia y Celia para hablar de sus propios planes.

7-29

Haciendo planes. Escoge una de las dos actividades e invita a tu compañero/a a hacerla.

 MODELO: ir al cine/teatro

E1: *¿Cuándo puedes ir al cine conmigo?*

E2: *Puedo ir contigo el sábado.*

1. estudiar español/historia/biología
2. ir al parque/al partido de béisbol/al concierto
3. jugar al golf/al tenis/al vóleibol
4. preparar una fiesta de cumpleaños/una cena para un amigo

Situación

PREPARACIÓN. Lean la situación. Luego, compartan ejemplos de vocabulario, gramática y otra información que necesitan para desarrollar la conversación.

Role A. One of your friends is a basketball player. He gave you two tickets for today's game, but you have no transportation. Call a friend who has a car. After greeting him/her:

a. explain how you got the tickets for the game;

b. invite your friend to go with you; and

c. explain that you have no transportation.

Role B. A friend calls you to invite you to today's basketball game. After exchanging greetings:

a. thank your friend for the invitation;

b. respond that you would be delighted to go with him/her;

c. say that you can pick him/her up in your car; and

d. agree on a time and place.

	ROLE A	ROLE B
Vocabulario	Sports-related expressions	Sports-related expressions

Funciones y formas	Explaining the reason for something
	  Preterit
	  Present tense
	Inviting someone to do something with you
	Making arrangements to meet with someone
		Thanking someone
		Accepting an invitation
		Making arrangements to meet with someone

INTERCAMBIOS. Practica la conversación con tu compañero/a incorporando el vocabulario y las funciones de *Preparación*. Luego, represéntenla ante la clase.

5 Talking about the past

ABUELA: ¡Bienvenidos! Pasen, por favor. ¿No **vino** Carmencita? ¿Está enferma?

MADRE: Está trabajando. **Estuvo** en la biblioteca hasta muy tarde anoche, pero no **pudo** terminar su proyecto. Nos **dijo** que es largo y difícil.

***

CARMENCITA: ¿Mis padres? **Tuvieron** que ir a la casa de mi abuela, pero yo no **quise** ir a otra cena aburrida. Les **dije** una pequeña mentira sobre un proyecto…

Piénsalo. Marca (✓) si las afirmaciones probablemente expresan la **verdad**, una **mentira** (*lie*) o **no se sabe,** según la conversación.

	VERDAD	MENTIRA	NO SE SABE
1. Carmencita **tuvo** que terminar un proyecto.			X
2. Los padres de Carmencita **tuvieron** que ir a la casa de la abuela.	X		
3. Carmencita no **quiso** ir a la casa de su abuela.		X	
4. Carmencita **estuvo** en la biblioteca por muchas horas.		X	
5. Carmencita **hizo** un proyecto para una clase.			X
6. Carmencita les **dijo** la verdad a sus padres.	X		

Some irregular preterits

■ Some verbs have irregular forms in the preterit because they use different stems than in the present tense. The preterit endings are added to those stems. Note that the **yo, usted, él,** and **ella** preterit endings of these verbs are unstressed and therefore do not have written accents.

■ The verbs **hacer, querer,** and **venir** have an **i** in the preterit stem.

INFINITIVE	NEW STEM	PRETERIT FORMS
hacer	**hic-**	hice, hiciste, hizo, hicimos, hicisteis, hicieron
querer	**quis-**	quise, quisiste, quiso, quisimos, quisisteis, quisieron
venir	**vin-**	vine, viniste, vino, vinimos, vinisteis, vinieron

The verbs **estar, tener, poder, poner,** and **saber** have a **u** in the preterit stem.

INFINITIVE	NEW STEM	PRETERIT FORMS
estar	**estuv-**	estuve, estuviste, estuvo, estuvimos, estuvisteis, estuvieron
tener	**tuv-**	tuve, tuviste, tuvo, tuvimos, tuvisteis, tuvieron
poder	**pud-**	pude, pudiste, pudo, pudimos, pudisteis, pudieron
poner	**pus-**	puse, pusiste, puso, pusimos, pusisteis, pusieron
saber	**sup-**	supe, supiste, supo, supimos, supisteis, supieron

■ ■ ■ ■ ■
LENGUA

- The verb **querer** in the preterit followed by an infinitive normally means *to try* (*but fail*) *to do something.*

    Quise hacerlo ayer. *I tried to do it yesterday.*

- **Poder** used in the preterit usually means *to manage to do something.*

    Pude hacerlo esta mañana. *I managed to do it this morning.*

- **Saber** in the preterit normally means *to learn* in the sense of *to find out.*

    Supe que llegó anoche. *I learned (found out) that he arrived last night.*

■ The verbs **decir, traer,** and all verbs ending in **-ducir** (e.g., **traducir** *to translate*) have a **j** in the stem and use the ending **-eron** instead of **-ieron. Decir** also has an **i** in the stem.

INFINITIVE	NEW STEM	PRETERIT FORMS
decir	dij-	dije, dijiste, dijo, dijimos, dijisteis, dijeron
traer	traj-	traje, trajiste, trajo, trajimos, trajisteis, trajeron
traducir	traduj-	traduje, tradujiste, tradujo, tradujimos, tradujisteis, tradujeron

 ¿COMPRENDES?

Completa las oraciones con el pretérito de los verbos.
1. Ayer Luis _tuvo_ (tener) un accidente de automóvil.
2. Por eso, sus amigas Laura y Elena no _pudieron_ (poder) usar su auto.
3. Ellas _tuvieron_ (tener) que tomar el autobús.
4. Las amigas _pidieron_ (pedir) una ambulancia para Luis.
5. Laura _hizo_ (hacer) los trámites para su admisión en el hospital.
6. Las amigas _se despidieron_ (despedirse) después de dejarlo en el hospital.

MySpanishLab

Learn more using Amplifire Dynamic Study Modules, Grammar Tutorials, and Extra Practice activities.

PRÁCTICA

7-30

¿Qué hicieron? PREPARACIÓN. Marca (✓) las tareas que probablemente hicieron los miembros de un equipo de hockey antes del partido, y las que probablemente no hicieron.

	SÍ	NO
1. poder lavar las sudaderas	_____	_____
2. ver videos de partidos anteriores	_____	_____
3. ponerse los uniformes nuevos	_____	_____
4. hacer ejercicios de calentamiento (*warm-up*)	_____	_____
5. traer los nuevos cascos (*helmets*) a la cancha	_____	_____
6. tener tiempo para estudiar las nuevas estrategias del partido	_____	_____

INTERCAMBIOS. Después, háganse las preguntas para compartir sus respuestas.

 MODELO E1: *¿Compraron zapatos nuevos para jugar?*
E2: *Sí, probablemente los compraron.*

7-31

Unos días de descanso. Tu compañero/a estuvo unos días en Argentina (o Uruguay). Hazle preguntas para saber más de su viaje.

1. lugares adonde fue
2. tiempo que estuvo allí
3. cosas interesantes que hizo
4. los lugares que le gustaron más
5. si pudo hablar español y con quién(es)

7-32

¿Qué ocurrió? Miren los dibujos. Túrnense y expliquen con detalles todo lo que le ocurrió a Javier el día de su cumpleaños. Después, cuéntale a tu compañero/a lo que hiciste tú el día de tu cumpleaños.

1.   2.   3.

4.   5.   6.

LENGUA

Hace, meaning *ago*

- To indicate the time that has passed since an action was completed, use **hace** + *length of time* + **que** + *preterit verb.*

   Hace dos meses **que** fui a la Copa Mundial. *I went to the World Cup two months* ago.

   Hace una hora **que** empezó el partido. *The game started an hour* ago.

- When **hace** + *length of time* ends the sentence, omit **que.**

   Fui a la Copa Mundial **hace** dos meses.

   El partido empezó **hace** una hora.

En directo

To express interest and to ask for details:

¡No me digas! ¿Qué pasó? *You don't say! What happened?*

¿Y qué más pasó? *And what else happened?*

¡Cuenta, cuenta! *Tell me more!*

 Listen to a conversation with these expressions.

Situación

PREPARACIÓN. Lean la situación. Luego, compartan ejemplos de vocabulario, gramática y otra información que necesitan para desarrollar la conversación.

Role A. Congratulations! You entered a contest (**concurso**) and won an all-expenses-paid trip to attend the World Cup. Tell your classmate that you won the contest and that you went to the World Cup. Answer all of his/her questions in detail.

Role B. Your classmate won a contest and tells you about it. Ask

a. how he/she found out about the contest;
b. how long he/she was away;
c. how many games he/she attended;
d. with whom he/she went; and
e. details about the last game.

	ROLE A	ROLE B
Vocabulario	Expressions related to a contest and traveling Sports	Expressions related to a contest and traveling Sports
Funciones y formas	Telling someone some good news Answering questions	Reacting to what you hear Asking follow-up questions

INTERCAMBIOS. Practica la conversación con tu compañero/a incorporando el vocabulario y las funciones de *Preparación.* Luego, represéntenla ante la clase.

EN ACCIÓN

Vamos a hacer surf

7-33 Antes de ver

El surf. En este segmento, Esteban va a enseñarles a hacer surf a sus amigos. Marca (✓) las palabras que asocias con este deporte.

1. _____ el traje de baño
2. _____ el buen tiempo
3. _____ las olas (*waves*)
4. _____ la pelota

5. _____ la pista
6. _____ el equilibrio
7. _____ la playa
8. _____ los palos

7-34 Mientras ves

¿Qué pasó? Indica (✓) si las siguientes oraciones son ciertas o falsas. Corrige las falsas.

	CIERTO	FALSO
1. Federico llega tarde porque está trabajando en su proyecto.	_____	_____
2. Hace buen día para hacer surf.	_____	_____
3. Héctor practica el tenis y el béisbol.	_____	_____
4. A Esteban le gusta hacer surf.	_____	_____
5. En Lima hay una playa que se llama Waikiki Beach.	_____	_____
6. En Perú hace buen tiempo durante los meses de junio, julio y agosto.	_____	_____
7. El deporte de *sandboard* empezó en Brasil.	_____	_____

7-35 Después de ver

¡Al agua! **PREPARACIÓN.** En este segmento de video, los chicos fueron a la playa a hacer surf. Numera las actividades según el orden en que ocurrieron en el video.

a. _____ Héctor mostró un video sobre las playas de Lima.

b. _____ Los chicos se rieron mucho de Esteban.

c. _____ Los chicos hablaron de sus deportes preferidos.

d. _____ Esteban corrió hacia el agua con la tabla de surf.

e. _____ Héctor y Esteban esperaron a los otros por mucho tiempo.

INTERCAMBIOS. Hablen sobre la primera vez que practicaron un deporte nuevo. ¿Qué deporte fue? ¿Cuándo fue y con quién(es) lo hicieron? ¿Necesitaron comprar un equipo o ropa especial? ¿Qué dificultades tuvieron? ¿Continúan practicándolo hoy?

Mosaicos

ESCUCHA

7-36

Preparación. Vas a escuchar una conversación entre un reportero y Nicolás, un esquiador argentino que habla sobre su viaje a Bariloche, Argentina. Antes de escuchar la conversación, escribe sobre el tiempo que probablemente hizo durante su estadía en Bariloche. Después, escribe una opinión sobre la gente del lugar que Nicolás probablemente va a conocer. Finalmente, escribe dos afirmaciones que reflejan la opinión de Nicolás sobre el lugar que va a visitar.

1. el tiempo que probablemente hizo
2. una opinión sobre la gente que conoció
3. una opinión sobre el lugar que visitó

ESTRATEGIA

Differentiate fact from opinion

When you listen to or watch the news or a talk show, you need to distinguish facts from opinions. Facts are provable pieces of information based on statistics, data, and other verifiable evidence. Opinions are personal points of view that combine attitudes and beliefs with factual information.

7-37

Escucha. Listen to the interview and write in Spanish three pieces of factual information and three opinions Nicolás offered about the place and/or the people.

Comprueba

I was able to ...

_____ listen for specific information.

_____ take good notes while listening.

_____ distinguish facts from opinions.

7-38

Un paso más. Hazle preguntas a tu compañero/a para averiguar la siguiente información.

1. un deporte que practica y su opinión sobre ese deporte
2. el nombre de su deportista favorito/a y su opinión sobré él/ella
3. algún dato interesante sobre este deporte
4. una experiencia personal positiva que tuvo relacionada con este deporte

HABLA

7-39

Preparación. Investiguen en Internet la siguiente información sobre un deporte que se practica en Argentina o Uruguay.

1. el nombre del deporte

2. dos o tres datos históricos sobre el deporte: cuándo empezó a practicarse; dónde empezó; algo interesante sobre los comienzos (*origin*) del deporte

3. una persona argentina o uruguaya famosa en la historia de este deporte: nombre, fecha y lugar de nacimiento; datos sobre su carrera deportiva

ESTRATEGIA

Focus on key information

In *Capítulo 6* you practiced taking notes to understand and remember something you heard. Here you will take the next step: turning your notes into a brief report to present to the class. Follow these steps: 1) Decide what aspects of the topic you want to report on; 2) then listen for and take notes on those aspects; and 3) organize your notes for your presentation.

7-40

Habla. Hagan una breve presentación sobre el deporte y el/la deportista que investigaron.

Comprueba

In our preparation and presentation …

_____ **I spoke in Spanish as much as my partners.**

_____ **I took good notes and contributed useful information.**

_____ **My part of the presentation was clear and easy to understand.**

En directo

To discuss ideas while working in a group:

¿Qué te/le/les parece esto?
What do you think about this?

¿Qué te/le/les parece si decimos/organizamos…?
How about if we say/organize … ?

¿Por qué no lees/hablas/miras…?
Why don't you read/say/look at … ?

To propose a new idea:

¡Oigan, tengo una idea!
Listen, I have an idea.

Listen to a conversation with these expressions.

7-41

Un paso más. De las presentaciones en clase, elijan un deporte y un/a deportista y preparen preguntas para hacer a otros compañeros. Incluyan la información indicada en las fichas (*note cards*) siguientes.

Deporte	Deportista
Nombre:	Nombre y nacionalidad:
Dónde y cuándo empezó a practicarse:	Fecha de nacimiento:
Dónde se practica ahora:	Campeonatos que ganó:
Su popularidad:	Su reputación nacional e internacional:

En directo

To maintain the interest of listeners:

Hay hechos/datos interesantes sobre…

La información que tenemos sobre… es increíble.

¡Imagínense! Ganó el primer puesto en…

Este/a deportista juega al… como nadie.

Listen to a conversation with these expressions.

LEE

7-42

Preparación. Mira el texto "Los deportes: Una pasión uruguaya". Lee el título y examina las fotos. Busca nombres de lugares y deportes conocidos. Luego, responde a las preguntas.

1. Después de examinar el texto, selecciona el posible tema.

   a. los lugares en Uruguay donde se practican los deportes
   b. los atletas más famosos de Uruguay
   c. el amor de los uruguayos por los deportes

2. Marca (✓) las ideas que probablemente vas a encontrar en el texto.

   a. _____ los deportes más populares de Uruguay

   b. _____ el origen de los deportes de Uruguay

   c. _____ los lugares donde se practican algunos deportes en Uruguay

   d. _____ los campeonatos que ganaron los equipos de fútbol uruguayo

   e. _____ los deportes favoritos de los uruguayos en comparación con los de otros países latinoamericanos

 Intercambios. Háganse preguntas y compartan la información que recogieron.

1. ¿Te gustan los deportes individuales o prefieres los de equipo? ¿Por qué?

2. ¿Sabes esquiar? ¿Esquías en la nieve o en el agua? ¿Esquías bien o regular?

3. ¿Qué tipos de surf conoces? ¿Alguna vez oíste hablar (*Have you heard about*) del surf en la arena? ¿Qué sabes de ese deporte?

7-43

Lee. Lee el artículo y haz lo siguiente:

1. Indica dos razones que explican la popularidad del fútbol en Uruguay.

2. Nombra tres deportes de equipo, dos individuales y uno que no requiere una pelota.

3. Explica por qué Punta del Este es un lugar ideal para practicar el surf acuático.

Comprueba

I was able to ...

_____ use my knowledge of sports to anticipate the content of the reading.

_____ distinguish between facts and opinions.

_____ understand most of the information in the text.

ESTRATEGIA

Predict and guess content

You may enhance your comprehension of a text by predicting and guessing its content before you start to read. Begin by brainstorming the information you are likely to find in the text and identifying the text format.

LOS DEPORTES, UNA PASIÓN URUGUAYA

Uruguay es un país pequeño donde los deportes son fundamentales en la vida de las personas.

Entre las grandes pasiones nacionales está el fútbol. Desde su infancia, muchos uruguayos acompañan fielmente[1] a sus equipos. En varias ocasiones, la selección nacional uruguaya ganó títulos y campeonatos importantes.

Pero los uruguayos también tienen otras pasiones. El básquetbol, el ciclismo, el fútbol de salón, el rugby, el boxeo y la pelota de mano son otros deportes muy populares.

Las hermosas playas del Uruguay también favorecen los deportes acuáticos, como el surf, que es muy popular. En 1993 Uruguay participó en el Primer Campeonato Panamericano del Surf en Isla de Margarita, Venezuela. Hoy en día los surfistas uruguayos participan en competencias nacionales e internacionales, hasta[2] en los Juegos Olímpicos.

Uno de los lugares favoritos para practicar el surf es Punta del Este. Ubicada al sureste del Uruguay, a 140 kilómetros de Montevideo, Punta del Este es una hermosa península de enormes playas, con arenas finas y gruesas, rocas y un entorno de bosques y médanos[3].

Precisamente en estos médanos nació una variante del surf: el surf en la arena o *sandsurf*. Los brasileños inventaron este deporte en los años ochenta para divertirse en las playas cuando no había olas grandes. El deporte creció rápidamente en Uruguay,

La costa de Valizas

ya que tiene muchas playas bonitas con médanos enormes. Por ejemplo, los médanos de Valizas son los más grandes de Sudamérica, algunos con 30 metros de altura y una longitud de bajada[4] de aproximadamente 125 metros. Sin embargo, el tema del surf en la arena es polémico[5]. Las autoridades uruguayas están controlando e incluso prohibiendo la práctica de este deporte por el posible deterioro ecológico que causa. La prohibición del surf en la arena no va a detener el espíritu activo de los uruguayos, quienes van a buscar o inventar otras opciones para entretenerse.

[1] *faithfully* [2] *even* [3] *sand dunes* [4] *slope* [5] *controversial*

7-44

Un paso más. Seleccionen algún deporte. Preparen una ficha sobre ese deporte sin mencionar el nombre, y luego intercambien su ficha con la de otro grupo. Traten de adivinar el deporte de sus compañeros.

1. lugar donde se practica
2. deporte individual o en grupo (número de personas en el equipo)
3. en qué clima o estación se practica
4. un jugador famoso/una jugadora famosa del deporte
5. otra información relevante

ESCRIBE

7-45

Preparación. Entrevista a tres compañeros sobre los siguientes temas:

1. las ventajas o desventajas de hacer ejercicio físico durante la infancia (*childhood*)
2. las ventajas o desventajas de unos deportes sobre otros
3. los deportes y actividades físicas que practicaron de niños
4. los deportes que practican ahora

En directo

To express facts:

Los expertos afirman/dicen/ aseguran que…

La investigación indica que…

Los estudios muestran que…

To express an opinión:

A mí me parece que…

Listen to a conversation with these expressions.

ESTRATEGIA

Use supporting details

Supporting details are facts and examples that follow the topic sentence and make up the body of a paragraph. They should support the main idea of the paragraph and be placed in a logical order. You should then write a closing sentence that summarizes your main point.

7-46

Escribe. Escribe un informe sobre el papel del ejercicio en la salud de los niños. Usa la información de 7-45 para escribir tu informe. Incluye lo siguiente:

1. los beneficios del ejercicio físico para los niños
2. los tipos de actividad física que son divertidos y beneficiosos para los niños
3. las estrategias para aumentar la actividad física

Comprueba

I was able to …

_____ present my main idea clearly, using relevant vocabulary.

_____ use facts and examples to develop my main ideas.

_____ provide the supporting details in a logical order.

7-47

Un paso más. Presenta tu informe a la clase. Tus compañeros van a hacerte preguntas.

En este capítulo...

Comprueba lo que sabes

Go to *MySpanishLab* to review what you have learned in this chapter. Practice with the following:

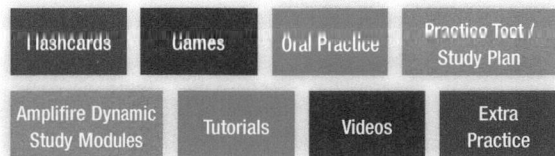

Flashcards | Games | Oral Practice | Practice Test / Study Plan
Amplifire Dynamic Study Modules | Tutorials | Videos | Extra Practice

 Vocabulario

LOS DEPORTES
Sports

el atletismo *track and field*
el baloncesto/el básquetbol *basketball*
el béisbol *baseball*
el ciclismo *cycling*
el esquí *skiing, ski*
el fútbol (americano) *soccer (football)*
el golf *golf*
el hockey sobre hierba *field hockey*
la natación *swimming*
el tenis *tennis*
el vóleibol *volleyball*

LAS PERSONAS
People

el árbitro *umpire, referee*
el campeón/la campeona *champion*
el/la ciclista *cyclist*
el/la entrenador/a *coach*
el equipo *team; equipment*
el/la hincha *fan*
el/la jugador/a *player*
el/la tenista *tennis player*

LA NATURALEZA
Nature

el árbol *tree*
el lago *lake*

PALABRAS Y EXPRESIONES ÚTILES
Useful Words and Expressions

cada *each*
conmigo *with me*
contigo *with you (familiar)*
contrario/a *opposing*
el penalti *penalty (in sports)*

EL TIEMPO
Weather

está despejado *it's clear*
está nublado *it's cloudy*
hace fresco *it's cool*
hace viento *it's windy*
el hielo *ice*
la lluvia *rain*
la nieve *snow*

LOS LUGARES
Places

el campo *field*
la cancha *court, golf course*
la piscina/la pileta *pool*
la pista *slope; court; track*

EL EQUIPO DEPORTIVO
Sports equipment

el bate *bat*
el balón/la pelota *ball*
el cesto/la cesta *basket, hoop*
los palos *golf clubs*
la raqueta *racquet*
la red *net*

VERBOS
Verbs

congelar(se) *to freeze*
construir *to build, to develop*
discutir *to argue*
durar *to last*
enfadarse *to get angry*
esquiar *to ski*
ganar *to win*
hacer parapente *to go paragliding*
hacer surf *to surf*
ir(se) *to go away, to leave*
jugar (ue) a los bolos *to bowl*
levantar pesas *to lift weights*
llover (ue) *to rain*
meter un gol *to score a goal*
nevar (ie) *to snow*
oír *to hear*
patinar *to skate*
perder (ie) *to lose*
pitar *to whistle*
preparar(se) *to train*
recorrer *to travel, to cover (distance)*
traducir (zc) *to translate*

LOS EVENTOS
Events

el campeonato *championship*
la carrera *race*
el juego/el partido *game*

LAS ESTACIONES
Seasons

el invierno *winter*
el otoño *fall*
la primavera *spring*
el verano *summer*

See page 252 for other reflexive verbs.

See page 260 for other stem-changing **-ir** verbs.

8

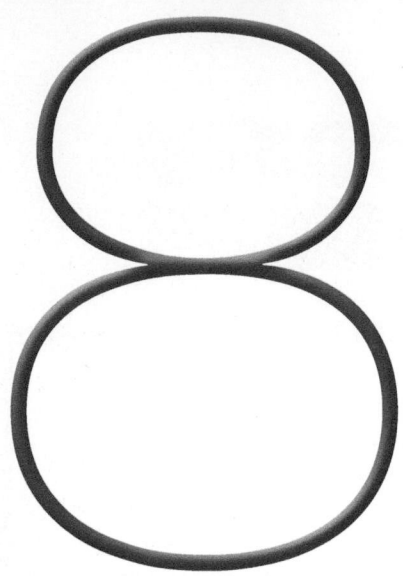

¿Cuáles son tus tradiciones?

LEARNING OUTCOMES

You will be able to:

- discuss situations and celebrations
- describe conditions and express ongoing actions in the past
- tell stories about past events
- compare people and things
- talk about Mexico in terms of practices and perspectives
- share information about celebrations in Hispanic countries and compare cultural similarities

ENFOQUE cultural

MÉXICO

Tijuana

Una banda de mariachis

La Paz

Chihuahua

Monterrey

Golfo de California

Enfoque cultural

To learn more about Mexico, go to MySpanishLab to view the *Vistas culturales* videos.

MÉXICO

Zacatecas

OCÉANO

PACÍFICO

El Zócalo en Ciudad de México

Guadalajara

Morelia

ESTADOS
UNIDOS

Río Grande

Golfo de México

Las ruinas prehispánicas de Teotihuacán

Cancún

Mérida

Las ruinas de Tulum

Bahía de Campeche

Ciudad de México

Puebla

Oaxaca

BELICE

GUATEMALA

El mole poblano, una de las especialidades de la comida mexicana

La pintora mexicana Frida Kahlo pintó este cuadro en 1932. Su título es *Autorretrato entre México y Estados Unidos.*

¿QUÉ TE PARECE?

- El Día de la Independencia de México es el 16 de septiembre, no el 5 de mayo como muchos piensan.

- El nombre completo del país es Estados Unidos Mexicanos. Hay 31 estados más la capital, México D.F. (Distrito Federal).

- Millones de mariposas monarcas migran cada año a México desde Estados Unidos y Canadá.

- Antes del año 1953, las mujeres mexicanas no podían votar en las elecciones nacionales.

- México D.F. se hunde (*sinks*) entre 0,2 y 1,3 pies al año debido a que el 70% del agua para la ciudad viene de fuentes (*sources*) subterráneas.

◀ Tulum es la única ciudad maya construida en la costa de la península del Yucatán. Al igual que en otras ciudades mayas y aztecas, en Tulum también hay pirámides.

Cabo San Lucas es una de las muchas playas que atraen a los turistas a México. Es especialmente popular entre actores y actrices de Estados Unidos y otros países. ▶

▲ La ciudad de San Miguel de Allende es reconocida por la UNESCO como Patrimonio de la Humanidad por sus contribuciones tanto culturales como arquitectónicas.

El Museo Nacional de Antropología, situado dentro del Bosque de Chapultepec en México D.F., exhibe la mayor colección de piezas arqueológicas de la cultura precolombina. Aquí hay una réplica del templo maya de Hochob dentro de los jardines del museo. ▶

¿CUÁNTO SABES?

Completa las oraciones con la información correcta.

1. Las ruinas de la ciudad de Tulum se encuentran en _____.

2. El 16 de septiembre se celebra _____.

3. La capital mexicana está en _____.

4. Una playa que atrae a muchos turistas es _____.

5. Tulum se diferencia de otras ciudades mayas porque _____.

6. Cada año llegan a México millones de _____.

Vocabulario en contexto

◆ Las fiestas y las tradiciones

▲ **La romería de El Rocío, España**

En Almonte, un pequeño pueblo de la provincia de Huelva, España, se celebra todos los años la romería de El Rocío. Los **peregrinos** se visten con trajes tradicionales de muchos colores y van hasta la ermita (*sanctuary*) de la Virgen del Rocío a **caballo,** andando y en carretas **adornadas.** En estas fiestas religiosas populares la **gente** expresa su devoción pero también es una ocasión para **pasarlo bien.**

▲ **El Día de los Muertos, México**

El Día de los **Muertos,** también conocido como el Día de los **Difuntos,** se conmemora el 2 de noviembre. Mucha gente va al **cementerio** ese día o el día anterior para **recordar** y llevarles flores a sus familiares o amigos difuntos. En México, los **preparativos** para el Día de los Muertos **comienzan** con mucha anterioridad. Algunas familias acompañan a sus muertos en el cementerio la noche del 1 al 2 de noviembre.

▲ **La Diablada, Bolivia**

Las fiestas y los bailes que se celebran en diversas partes del mundo ayudan a **mantener** las **costumbres** de los **antepasados.** La Diablada es uno de los **festivales** folclóricos con más colorido en Hispanoamérica. Se celebra durante el **carnaval** de Oruro en Bolivia y también en el norte de Chile y en otros países, entre ellos, Perú.

▲ **Carnaval**

La música, el baile y la **alegría** reinan en los carnavales. Hay **desfiles** de **carrozas** y **comparsas** que bailan en las calles, muchas personas **se disfrazan** y todo el mundo se divierte. El **último** día de Carnaval es el martes antes del **comienzo** de la Cuaresma (*Lent*).

▲ **Semana Santa, Guatemala**

Esta es una de las **procesiones** de Semana Santa en Antigua, Guatemala. Esta ciudad fue la antigua capital de Guatemala y es famosa por su arquitectura colonial y las **maravillosas** alfombras que se hacen con flores, **semillas** y aserrín (*sawdust*) para el paso de las procesiones.

▲ **El Día de San Fermín, España**

El Día de San Fermín, el 7 de julio, se inicia la **celebración** de los sanfermines en Pamplona, España. Esta celebración, que dura del 7 al 14 de julio, es famosa mundialmente por los encierros. Los jóvenes corren por las calles seguidos de los **toros.**

PRÁCTICA

8-1

Escucha y confirma. Indicate (✓) whether the descriptions you hear relate to **el Día de los Muertos, Carnaval,** or neither of the two.

	CARNAVAL	EL DÍA DE LOS MUERTOS	NINGUNO DE LOS DOS
1. _____	_____	_____	
2. _____	_____	_____	
3. _____	_____	_____	
4. _____	_____	_____	
5. _____	_____	_____	
6. _____	_____	_____	

Cultura

■ ■ ■ ■ ■

Fiestas

El Día de Acción de Gracias (*Thanksgiving*) no se celebra en los países hispanos y tampoco es tradicional el Día de las Brujas (*Halloween*), aunque empieza a celebrarse en algunas ciudades de Hispanoamérica y de España. Por otro lado, debido a la importancia e influencia de la religión católica en los países hispanos, algunas fiestas católicas se consideran también fiestas oficiales y son días feriados. Pero lo más importante es la gran diversidad de fiestas locales. Muchas personas trabajan todo el año para garantizar el éxito de estas celebraciones.

Comparaciones. ¿Hay fiestas religiosas en tu comunidad? ¿Son fiestas oficiales? ¿Cómo se celebran? ¿Hay feriados religiosos y seculares? ¿Cuáles son?

8-2  **Definiciones.** Asocia el nombre de la festividad con su descripción. Después, compara tus respuestas con las de tu compañero/a y dile a cuáles de ellas te gustaría (*would like*) asistir y por qué.

1. _____ San Fermín
2. _____ La Diablada
3. _____ El Rocío
4. _____ Carnaval
5. _____ El Día de los Muertos
6. _____ Semana Santa

▲ Procesión de Semana Santa en Tegucigalpa, Honduras

a. Se celebra durante el carnaval de Oruro en Bolivia. Muchas personas bailan en las calles disfrazadas de demonios.

b. Muchas personas se disfrazan y bailan en comparsas por las calles.

c. Todos van al cementerio a hacer ofrendas a los seres queridos que están muertos.

d. Hay procesiones por las calles y en Antigua, Guatemala, se hacen unas alfombras de aserrín, flores y semillas.

e. Los jóvenes corren por las calles delante de los toros.

f. Es una fiesta en el sur de España. La gente va en carretas hasta una ermita.

8-3

Imágenes. Escojan una de las fotos de las fiestas y descríbanla detalladamente contestando las siguientes preguntas.

1. ¿Qué están haciendo las personas?
2. ¿Qué ropa llevan estas personas? ¿Qué colores hay?
3. ¿Qué objetos hay? ¿Para qué sirven?
4. ¿Piensan que esta festividad es religiosa? ¿Por qué?
5. Según ustedes, ¿es la festividad divertida? ¿Por qué?

8-4

Contextos. PREPARACIÓN. Hablen sobre las ideas, sentimientos o costumbres que se relacionan con las siguientes palabras.

 el carnaval

música, baile, alegría, mucha gente por la calle, carrozas…

1. los cementerios
2. los toros
3. los disfraces
4. el baile

INTERCAMBIOS. Escriban por lo menos 6 oraciones usando las palabras que anotaron en *Preparación*.

 El carnaval es una fiesta muy alegre. La gente se disfraza y baila por las calles.

◆ Otras celebraciones

 la Nochebuena

 la Navidad

 la Nochevieja

 el Año Nuevo

 el Día de la Independencia de México

 la Pascua

 el Día de la Madre

 el Día del Padre

 el Día de Acción de Gracias

 el Día de las Brujas

 el Día de los Enamorados/del Amor y la Amistad

Cultura

La Navidad

En muchos países hispanos, los niños reciben regalos de Papá Noel o del Niño Dios el día de Navidad. Sin embargo, la Nochebuena se considera el día más importante. Muchos católicos van a la iglesia a la medianoche para asistir a la Misa del Gallo (*midnight mass*). El 6 de enero, día de la Epifanía, se celebra la llegada de los Reyes Magos con sus regalos para el Niño Jesús. La noche del 5 de enero, muchos niños se acuestan esperando la visita de los tres reyes que llegan montados en sus camellos con regalos para ellos.

▲ Los Reyes Magos en México

Comparaciones. En tu cultura, ¿existen celebraciones en las que se hacen regalos? ¿Hay alguna tradición especial para los niños? ¿Hay celebraciones infantiles que no son religiosas? ¿En qué se inspira esta celebración?

PRÁCTICA

8-5   **Para confirmar. PREPARACIÓN.** Asocia las fechas con los días festivos. Compara tus respuestas con las de tu compañero/a.

1. _____ el 25 de diciembre
2. _____ el 2 de noviembre
3. _____ el 6 de enero
4. _____ el 4 de julio
5. _____ el 24 de diciembre
6. _____ el 31 de diciembre
7. _____ el 14 de febrero
8. _____ el 31 de octubre

a. el Día de la Independencia de Estados Unidos
b. el Día de las Brujas
c. la Nochebuena
d. la Nochevieja/el Fin de Año
e. el Día de los Enamorados/del Amor y la Amistad
f. el Día de los Reyes Magos
g. el Día de los Muertos
h. la Navidad

 INTERCAMBIOS. Comenten entre ustedes las respuestas a las siguientes preguntas.

1. ¿Cuál(es) de las fiestas de *Preparación* celebra cada uno/a de ustedes?
2. ¿Cuál es la fiesta favorita de la mayoría de las personas del grupo, y por qué?
3. ¿En cuál de estas fiestas reciben regalos? ¿Qué tipo de regalos?
4. ¿En cuál de estas fiestas hay una comida especial?

8-6

Festivales o desfiles. Piensa en algunos festivales o desfiles importantes y completa el cuadro siguiente. Tu compañero/a va a hacerte preguntas sobre ellos.

FESTIVAL O DESFILE	FECHA	LUGAR	DESCRIPCIÓN	OPINIÓN

 MODELO E1: ¿En qué fiesta o desfile importante estás pensando?

E2: En el Cinco de Mayo.

E1: ¿Dónde lo celebran?

E2: En México y en algunas ciudades de Estados Unidos, como Austin, Texas.

E1: ¿Cómo es…?

E2: …

E1: ¿Qué opinas de…?

E2: …

8-7

Unos días festivos. Hablen sobre cómo celebran ustedes estas fechas.

 MODELO tu cumpleaños

E1: ¿Cómo celebras tu cumpleaños?

E2: Lo celebro con mis amigos. Salimos a cenar o los invito a mi apartamento para ver una película. A veces voy a casa para celebrarlo con mi familia.

1. la Nochevieja/el Fin de Año
2. el Día de las Brujas
3. el Día de Acción de Gracias
4. el Día de la Independencia
5. el Año Nuevo
6. el Día de la Madre

Cultura

Tradiciones curiosas

Existen diferentes tradiciones relacionadas con el último día del año. En España a las doce en punto de la noche del 31 de diciembre suenan doce campanadas (*bell chimes*) y se comen doce uvas. En México hay personas que salen a la calle con maletas vacías para hacer muchos viajes durante el nuevo año. En Argentina se encienden tres velas: verde para la esperanza, roja para espantar malas energías y amarilla para la abundancia.

Comparaciones. ¿Qué tradiciones existen en tu país en la última noche del año? ¿Existe alguna tradición especial en tu familia?

8-8

Una celebración importante.

PREPARACIÓN. Escojan una celebración importante del mundo hispano (Carnaval, Semana Santa, Año Nuevo, las Posadas, la Diablada, Día de la Independencia, etc.) y, si necesitan, busquen información en Internet sobre los siguientes aspectos:

1. el lugar donde se celebra
2. la época del año
3. las actividades
4. los vestidos o disfraces
5. la comida u otro aspecto relevante de la festividad

INTERCAMBIOS. Preparen una presentación de 1 o 2 minutos sobre la celebración que escogieron y preséntenla a la clase.

Las invitaciones

 ¿Quieres salir conmigo?

LUISA: Hola, Arturo, ¿qué tal?

ARTURO: Bien, Luisa, ¿y tú?

LUISA: **Estupendamente.** ¿Qué planes tienes para Nochevieja? Debemos hacer algo juntos.

ARTURO: Me gustaría mucho, pero no puedo porque esa noche tenemos la cena familiar.

LUISA: ¡Qué lástima! ¿Y qué tal si hacemos algo después de cenar?

ARTURO: Sí, **¿cómo no?** Si quieres, podemos ir de discoteca por la noche. Las discotecas tienen música **en vivo**, con buenos grupos musicales, y la gente está muy **animada.**

LUISA: ¡Qué buena idea! Creo que hay **fuegos artificiales** en la plaza a las doce. Podemos **dar una vuelta** por allí.

ARTURO: Bueno, **entonces** nos vemos en mi casa el 31 a eso de las once y media.

LUISA: Fenomenal, Arturo. Me hace mucha ilusión comenzar el Año Nuevo contigo.

PRÁCTICA

8-9

Para confirmar. Con tu compañero/a, lee la conversación entre Luisa y Arturo. Después, invita a tu compañero/a a hacer algo juntos. Luego, tu compañero/a va a invitarte a ti.

LUISA: Hola, Arturo, ¿cómo estás?

ARTURO: Bien, Luisa, ¿y tú?

LUISA: Estupendamente. Mira, me gustaría invitarte a cenar el sábado para hablar de tu viaje a México.

ARTURO: Mañana no puedo porque tengo un partido de fútbol.

LUISA: ¡Qué lástima! ¿Y el domingo?

ARTURO: El domingo está bien. Si quieres, podemos vernos antes para dar un paseo.

LUISA: ¡Qué buena idea! Nos vemos en el centro a las seis.

ARTURO: Hasta el domingo.

En directo

To accept an invitation:

Gracias. Me encanta la idea.

Con mucho gusto.

Encantado/a.

Será un placer. *It will be a pleasure.*

To decline an invitation:

Me gustaría ir, pero…

¡Qué lástima/pena! Ese día tengo que…

No puedo, tengo un compromiso. *I can't. I have a prior engagement.*

 Listen to a conversation with these expressions.

8-10

Fiestas en Querétaro. Lean el programa de fiestas de fin de año y contesten las preguntas. Luego, preparen una lista con las diferencias que encuentran entre estas festividades y las de su país en esta época del año.

1. ¿En qué país se celebran estos eventos?

2. ¿Cuáles de estos eventos son gratis?

3. ¿Qué festividad se celebra con fuegos artificiales?

4. ¿Cuál de las festividades se celebra más de un día?

5. ¿Para qué evento se necesita tener un boleto?

**Fiestas de Navidad
Querétaro, México**

Plaza de la Constitución

Encendido del Árbol de Navidad
FECHA: 5 de diciembre
LUGAR: Jardín Zenea
DIRECCIÓN: Parque Central
HORA: 14:00 h

Desfile del Carro de la Posada
FECHA: 20-23 de diciembre
LUGAR: Calles del Centro Histórico
DIRECCIÓN: Centro Histórico
HORA: 18:00 h

Concierto Navideño
FECHA: 18 de diciembre
LUGAR: Teatro Municipal
DIRECCIÓN: Avenida República 2051
HORA: 20:00 h
VENTA DE
BOLETOS: Caja N.º 10

Fiesta de Fin de Año y Pirotecnia
FECHA: 31 de diciembre
LUGAR: Jardín Zenea
DIRECCIÓN: Parque Central
HORA: 21:00 h

8-11

Una fiesta especial. PREPARACIÓN. Piensa en una celebración o fiesta en la que participaste recientemente y descríbele la fiesta a tu compañero/a. Usa las siguientes preguntas como guía.

1. ¿A qué fiesta asististe?

2. ¿Dónde se celebró? ¿Cuántos invitados asistieron?

3. ¿Cuándo fue la fiesta? ¿A qué hora empezó? ¿Cuánto tiempo duró?

4. Describe la comida que sirvieron.

5. ¿Cómo se divirtió la gente? ¿Qué música tocaron?

INTERCAMBIOS. Ahora compara tu fiesta con la de tu compañero/a y busquen algunas diferencias entre las dos fiestas.

8-12

La fiesta. PREPARACIÓN. Before you listen to four short conversations about different holidays, tell your partner one or two things you know about each holiday listed below.

🔊 *e* **ESCUCHA.** Identify each holiday below according to the corresponding conversation you hear and write the appropriate number next to it. Check answers with a classmate.

_____ el Día del Amor y la Amistad/Día de los Enamorados

_____ el Día de los Muertos

_____ el Día de los Reyes Magos

_____ el Día de las Brujas

¿Sabías que el carnaval más grande del mundo hispano es el de Barranquilla en Colombia? ¿Sabías que dura una semana entera? Es cierto. Aproximadamente dos millones de personas de todo el mundo se reúnen para presenciar los desfiles, comparsas, disfraces, bailes y alegría que llenan las calles cada día. "¡Güepajé!" grita la gente en lo que es hoy una celebración con sus orígenes en diferentes tradiciones.

Los carnavales latinoamericanos comenzaron como un medio para unir las celebraciones tradicionales (usualmente paganas) con las celebraciones religiosas que llegaron de Europa. En el Carnaval de Barranquilla se celebra la diversidad cultural del Caribe con sus tradiciones indígenas, africanas y europeas. Cada país tiene sus propios carnavales y celebra la diversidad de maneras diferentes.

Otra tradición que se mantiene y se pasa de generación en generación es la de los papalotes o cometas (*kites*). En los meses de agosto y septiembre, cuando hace más viento, es común ver a familias en los parques y en las playas jugando con cometas. También hay grandes festivales, como el Festival Internacional de Cometas Ciudad de Valencia, en España. Allí se reúnen equipos y aficionados de todo el mundo para exhibir sus cometas en la playa y competir en modalidad acrobática. ¡Quién se pierde (*misses out on*) cualquiera de estas festividades y tradiciones!

Compara

1. ¿Qué tipo de carnavales o fiestas tradicionales existen en tu país o región? ¿Qué tienen en común con las del mundo hispano? Explica.

2. Cuando eras niño/a, ¿participabas en tradiciones familiares como elevar cometas? ¿Qué tradiciones son importantes en tu cultura?

3. ¿Qué celebración se transmite de generación en generación en tu familia? ¿Cómo es esta celebración?

✔️ Funciones y formas

1 Expressing ongoing actions and describing in the past

ABUELA: **Antes** la música **era** suave y romántica. **Tenía** más melodía y las orquestas **eran** magníficas. **Hoy en día** no **hay** música, solo ruido, y a la gente **no le interesa** bailar.

NANCY: **Antes** las familias **cenaban** juntas. **Conversaban** mientras **comían,** y los hijos **se aburrían** (*got bored*) mucho. ¡**Era** una tortura! **Ahora es** mucho mejor. Cuando **tengo** hambre, **preparo** algo para comer. Además, los padres no **controlan** tanto la vida de sus hijos.

Piénsalo. Indica a qué función se refiere cada afirmación.

CONDICIÓN O ACTIVIDAD	DESCRIPCIÓN DE UN ESTADO EN EL PASADO	ACCIÓN HABITUAL EN EL PASADO	ACCIÓN EN EL PRESENTE
1. La música del pasado **tenía** más melodía.	_____	_____	_____
2. Antes las familias **cenaban** juntas.	_____	_____	_____
3. Los hijos **se aburrían** mucho.	_____	_____	_____
4. Cuando tengo hambre, **preparo** algo para comer.	_____	_____	_____
5. Los padres no **controlan** tanto la vida de sus hijos.	_____	_____	_____

The imperfect

- You have already learned to use the preterit to talk about actions in the past. In these scenes, the grandmother and granddaughter use a different past tense, the **imperfect,** because they are focusing on how things used to be and what usually took place 50 or 60 years ago. If they were talking about a specific completed action, like something they did yesterday, they would use the preterit.

  Generally, the imperfect is used to:

- express habitual or repeated actions in the past (without focus on the completion of a specific action).

  Nosotros **íbamos** a casa para cenar todos los días a las seis.

  We used to go home to eat dinner every day at six o'clock.

- express an action or state that was in progress in the past (not whether the action or state was completed).

  Todos los invitados **hablaban** y **bailaban.**

  All the guests were talking and dancing.

  Estaban muy contentos.

  They were very happy.

- describe characteristics and conditions in the past.

  El desfile **era** muy largo y **había** muchos espectadores.

  The parade was very long and there were many spectators.

- tell time in the past

  Era la una de la tarde; no **eran** las dos.

  It was one in the afternoon; it was not two.

- express a person's age in the past.

  Ella **tenía** quince años entonces.

  She was fifteen years old then.

- Note that the endings for **-er** and **-ir** verbs are the same and have a written accent over the **í** of the ending.

IMPERFECT			
	Hablar	**Comer**	**Vivir**
yo	habl**aba**	com**ía**	viv**ía**
tú	habl**aba**s	com**ía**s	viv**ía**s
Ud., él, ella	habl**aba**	com**ía**	viv**ía**
nosotros/as	habl**ába**mos	com**ía**mos	viv**ía**mos
vosotros/as	habl**aba**is	com**ía**is	viv**ía**is
Uds., ellos/as	habl**aba**n	com**ía**n	viv**ía**n

- Some expressions of time and frequency that often accompany the imperfect to express ongoing or repeated actions or states in the past are:

mientras	*while*
a veces	*sometimes, at times*
siempre	*always*
generalmente	*generally*
frecuentemente	*frequently*

- The Spanish imperfect has several English equivalents.

  Mis amigos **bailaban** mucho.

  { *My friends danced a lot.*
  My friends were dancing a lot.
  My friends used to dance a lot.
  My friends would dance a lot.
  (implying a repeated action) }

- There are no stem changes in the imperfect.

  Ella no d**ue**rme bien ahora, pero antes d**o**rmía muy bien.

  She does not sleep well now, but she used to sleep very well before.

- Only three verbs are irregular in the imperfect.

ir	iba, ibas, iba, íbamos, ibais, iban
ser	era, eras, era, éramos, erais, eran
ver	veía, veías, veía, veíamos, veíais, veían

- The imperfect form of **hay** is **había** (*there was, there were, there used to be*). It is invariable.

  Había una invitación en el correo.

  There was an invitation in the mail.

  Había muchas personas en la fiesta.

  There were many people at the party.

[e] **¿COMPRENDES?**

Completa las oraciones con el imperfecto.

1. Marcos siempre _____ (bailar) en las fiestas.
2. Nosotros siempre _____ (comer) mucho cuando _____ (ir) a la casa de nuestros abuelos.
3. A los hermanos les _____ (gustar) cantar cuando _____ (estar) en la primaria.
4. Cuando tú _____ (ser) niño, ¿_____ (hacer) tus disfraces del Día de las Brujas, o los _____ (comprar)?

MySpanishLab

Learn more using Amplifire Dynamic Study Modules, Grammar Tutorials, and Extra Practice activities.

PRÁCTICA

8-13

Cuando yo tenía cinco años. Marca (✓) las actividades que hacías cuando tenías cinco años y añade una más. Compara tus respuestas con las de tu compañero/a. ¿Cuántas actividades tienen en común?

1. _____ Jugaba en el parque con mi perro.

2. _____ Invitaba a mis amigos a dormir en mi casa.

3. _____ Salía con mis padres los fines de semana.

4. _____ Iba a la playa en el verano.

5. _____ Veía televisión hasta muy tarde.

6. _____ Celebraba el Año Nuevo con mis amigos.

7. _____ Participaba en las fiestas de mi escuela.

8. …

8-14

En mi escuela secundaria. PREPARACIÓN. Marca (✓) la frecuencia con que tus amigos/as y tú hacían estas actividades. Añade otra actividad y compara tus respuestas con las de tu compañero/a.

ACTIVIDADES	SIEMPRE	FRECUENTEMENTE	A VECES	NUNCA
jugar juegos en línea				
organizar reuniones para animar al equipo de la escuela (*pep rallies*)				
ir a los partidos de fútbol y otros deportes				
asistir a conciertos y obras de teatro				
participar en un equipo, en la banda, etc.				
otra actividad				

 MODELO decorar los salones de clase

E1: *Frecuentemente decorábamos los salones de clase.*

E2: *Pues, nosotros los decorábamos solo a veces.*

INTERCAMBIOS. Hablen de los siguientes temas.

1. Tradicionalmente, ¿cómo celebraban y animaban al equipo de su escuela?

2. ¿Cuáles eran las actividades favoritas de cada uno/a ustedes?

8-15

Se fue la luz. (*There was a blackout.*) El sábado pasado los señores Herrera organizaron una fiesta en su casa. Durante la fiesta hubo un apagón en su barrio. Según el dibujo, describan lo que hacían las personas cuando se fue la luz. ¿Te pasó algo similar alguna vez? Cuéntaselo a tu compañero/a.

8-16

Mi casa. Descríbele a tu compañero/a la casa o apartamento donde vivías cuando eras niño/a. Después, tu compañero/a debe hacer lo mismo.

8-17

Las fiestas infantiles.
Comenten cómo eran las fiestas de cumpleaños cuando ustedes eran pequeños/as. Hablen de los siguientes aspectos y añadan uno más.

1. lugar de la celebración
2. horas (comienzo y final)
3. dos o tres actividades que hacían
4. personas que participaban
5. comida y bebida que servían
6. ropa que llevaban
7. …

 8-18

Antes y ahora. Explícale a tu compañero/a cómo era tu vida antes de la universidad y cómo es ahora con respecto a los siguientes temas. Háganse preguntas para obtener más detalles.

1. tus relaciones con tus padres
2. tus relaciones sociales
3. tus estudios
4. tu tiempo libre
5. tus amigos
6. tus vacaciones

 MODELO E1: *Antes yo vivía con mis padres, pero ahora no los veo mucho porque estudio en una universidad en otro estado. ¿Y tú?*

E2: …

En directo

To talk about how things used to be:

Entonces... *Then. . .*

Por aquel entonces... *Back then. . .*

En aquellos tiempos… *In those days. . .*

En esos años… *During those years. . .*

 Listen to a conversation with these expressions.

Situación

PREPARACIÓN. Lean la situación. Luego, compartan ejemplos de vocabulario, gramática y otra información que necesitan para desarrollar la conversación.

Role A. You are an exchange student from Mexico and want to find out about your American host brother's/sister's weekend and summer activities when he/she was in high school. Ask:

a. what activities there were for high school students in the community,
b. what he/she generally did with friends on the weekends; and
c. what he/she usually did in the summer.

Role B. You are the American host brother/sister of an exchange student from Mexico (your classmate). Answer his/her questions about your weekend and summer activities when you were in high school. Provide lots of detail to give your guest a good idea of your activities and of life in your community.

	ROLE A	ROLE B
Vocabulario	Free-time and summer activities Question words Expressions to react to what one hears	Free-time and summer activities Expressions to react to what one hears
Funciones y formas	Asking questions Imperfect	Answering questions in detail

INTERCAMBIOS. Practica la conversación con tu compañero/a incorporando el vocabulario, las funciones y demás información. Luego, represéntenla ante la clase.

2 Narrating in the past

 Había una vez una chica que **vivía** con su padre, porque su madre **estaba** muerta. La chica **se llamaba** Cenicienta. **Era** muy bella y muy buena, y todos los vecinos la **querían** mucho. Pero un día, su vida **cambió.** Su padre **se casó** con una mujer muy mala que **tenía** dos hijas. La mujer y sus hijas **vinieron** a vivir a la casa de Cenicienta. Las hijas **eran** muy crueles y **odiaban** (*hated*) a Cenicienta, su hermanastra…

e

Piénsalo. Lee las afirmaciones e indica su función en la historia de Cenicienta: **contar los eventos** o **dar información de fondo** (*background information*).

	CONTAR LOS EVENTOS	DAR INFORMACIÓN DE FONDO
1. La chica **se llamaba** Cenicienta.	_____	_____
2. Era muy bella y muy buena.	_____	_____
3. Todos los vecinos la **querían** mucho.	_____	_____
4. Pero un día, su vida **cambió.**	_____	_____
5. Su padre **se casó** con una mujer muy mala.	_____	_____
6. La mujer y sus hijas **vinieron** a vivir a la casa de Cenicienta.	_____	_____

The preterit and the imperfect

- The preterit and the imperfect are not interchangeable. They fulfill different functions when telling a story or talking about an event in the past.

- Use the preterit:

  1. to express a sequence of actions completed in the past (note that there is a forward movement of narrative time).

Oyeron un ruido, **se levantaron** y **bajaron** las escaleras.	*They heard a noise, got up, and went downstairs.*

  2. to talk about the beginning or end of an event, action, or condition.

Pepito **leyó** a los cinco años.	*Pepito read* (began to read) *at age five.*
El niño **se enfermó** el sábado.	*The child got sick* (became sick) *on Saturday.*
Pepito **leyó** el cuento.	*Pepito read* (finished) *the story.*
El niño **estuvo** enfermo ayer.	*The child was sick yesterday* (and is no longer sick).

  3. to talk about an event, action, or condition that occurred over a specified period of time.

Vivieron en México por diez años.	*They lived in Mexico for ten years.*

- Use the imperfect:

  1. to talk about customary or habitual actions, events, or conditions in the past.

Todos los días **llovía** y por eso **leíamos** mucho.	*It used to rain every day, and that's why we read a lot.*

  2. to express an ongoing part of an event, action, or condition.

En ese momento **llovía** mucho y los niños **estaban** muy tristes.	*At that moment it was raining a lot, and the children were very sad.*

■ In a story, the imperfect provides the background information, whereas the preterit tells what happened. Frequently an action or situation (expressed with the imperfect) is going on when something else (expressed with the preterit) suddenly happens.

Era Navidad. Todos **dormíamos** cuando los niños **oyeron** un ruido en el techo.

It was Christmas. We were all sleeping when the children heard a noise on the roof.

PRÁCTICA

8-19 **¡Qué día más malo!** Ayer iba a ser un día especial para Pedro, pero sus planes terminaron mal. Marca (✓) las tres cosas más graves que le ocurrieron a Pedro, según tu opinión. Compara tus respuestas con las de tu compañero/a.

1. _____ Mientras se bañaba por la mañana, se cayó.

2. _____ Mientras desayunaba tranquilamente, el teléfono sonó y no pudo terminar de comer.

3. _____ Iba a la tienda para comprarle un anillo a su novia cuando alguien le robó el dinero.

4. _____ Mientras llamaba por teléfono a un restaurante para reservar una mesa, el restaurante se incendió.

5. _____ Iba a proponerle matrimonio a su novia cuando su exnovia lo llamó por teléfono.

6. _____ Mientras preparaba una cena deliciosa para celebrar el cumpleaños de su novia, el perro se comió el pastel.

e ¿COMPRENDES?

Completa las oraciones con la forma correcta del verbo en el pretérito o el imperfecto según el contexto.

1. Cuando yo _____ (tener) diez años, mis padres nos _____ (llevar) a México.

2. Todos los días nosotros _____ (nadar) y _____ (jugar) al voleibol en la playa.

3. Un día mi hermano _____ (aprender) a volar en parapente.

4. Mis padres no me _____ (permitir) tomar lecciones porque yo _____ (ser) desmasiado joven.

MySpanishLab

Learn more using Amplifire Dynamic Study Modules, Grammar Tutorials, and Extra Practice activities.

8-20

La última vez. Túrnense para preguntarse cuándo fue la última vez que cada uno/a de ustedes hizo estas actividades y cómo se sentía mientras las hacía.

MODELO ver un partido de béisbol

E1: *¿Cuándo fue la última vez que viste un partido de béisbol?*

E2: *Vi un partido de béisbol la semana pasada.*

E1: *¿Y cómo te sentías mientras veías el partido?*

E2: *Estaba aburrido/a, porque no me gusta mucho el béisbol.*

1. participar en un campeonato

2. ganar un premio

3. estar en un desfile

4. disfrazarse

5. bailar en un carnaval o en una fiesta

6. …

8-21

¿Qué les pasó? Miren las fotos y expliquen qué hacían estas personas y qué les pasó. Describan con detalle la situación.

MODELO Meriel: caminar por el mercado, ver pulseras, discutir precio, empezar a llover

E1: *Meriel caminaba por el mercado cuando vio unas pulseras.*

E2: *Y discutía el precio cuando empezó a llover.*

1. María: caminar, ladrón (*thief*) robar el bolso, hablar por teléfono, parar

2. Luisito: jugar con su hermana, caerse, hacerse daño (*hurt himself*), llorar (*to cry*), ayudar

3. Ángela: ir de viaje, caminar por el aeropuerto, abrirse la maleta, salirse la ropa

8-22

Una leyenda. Completa esta narración usando el pretérito o el imperfecto. Compara tus respuestas con las de tu compañero/a e intercambien las razones por las que es preferible usar el pretérito o el imperfecto.

Según una leyenda mexicana, (1) _____ (haber) antiguamente una mujer indígena que (2) _____ (caminar) por las calles. Siempre (3) _____ (vestirse) de blanco. (4) _____ (tener) el pelo negro y largo. (5) _____ (estar) muy triste y (6) _____ (llorar) mucho, por eso muchas personas la (7) _____ (llamar) la Llorona. La leyenda cuenta que ella (8) _____ (enamorarse) de un caballero español. De su romance (9) _____ (nacer[1]) tres hijos. Luego el caballero (10) _____ (abandonar) a su familia y (11) _____ (casarse) con otra mujer. Entonces ella (12) _____ (estar) tan desesperada que (13) _____ (matar[2]) a sus hijos. Luego (14) _____ (arrepentirse) y (15) _____ (vivir) el resto de su vida con mucho sufrimiento. Todavía hoy en día se oye al fantasma[3] de la mujer llorando por sus hijos.

[1]*to be born*   [2]*to kill*   [3]*ghost*

8-23

Un evento inolvidable.
Cuéntale a tu compañero/a algo inesperado que te ocurrió el año pasado. Indica qué pasó, dónde y cuándo. Describe la escena con detalles.

Situación

PREPARACIÓN. Lean la situación. Luego, compartan ejemplos de vocabulario, gramática y otra información que necesitan para desarrollar la conversación.

Role A. You have just come back from a vacation. Tell your classmate about a particular place you visited. Explain what it was like and what you did there.

Role B. Your classmate has just returned from a vacation. Ask about a particular place he/she visited while there. Find out

a. what the place looked like;
b. what he/she did there; and
c. what special event he/she can tell you about.

	ROLE A	ROLE B
Vocabulario	Words associated with vacations Words to describe a place	Question words

Funciones y formas	Describing a vacation spot
	    Adjectives
	Narrating and describing in the past
	    Preterit and imperfect
		Asking questions about a past event
		    Preterit and imperfect
		Reacting to what one hears

INTERCAMBIOS. Practica la conversación con tu compañero/a incorporando el vocabulario, las funciones y demás información. Luego, represéntenla ante la clase.

3 Comparing people and things

	2012	2013
Número de días del Carnaval de la Primavera	3	2
Asistencia del público	35.000	31.000
Mujeres	6.000	2.000
Hombres	4.000	5.000
Niños	25.000	27.000
presupuesto (*Budget*)	150.000.000	120.000.000

Para planificar el Carnaval de la Primavera debemos mirar las estadísticas de los años recientes. ¿Vamos a celebrar el carnaval **más de** dos días? En el año 2012, la asistencia fue **mayor que** la del 2013. En el 2012, había **más** mujeres **que** hombres, pero en el 2013 participaron **menos** mujeres **que** en el año anterior. En el 2013, el presupuesto era **más** pequeño **que** en el 2012. Para tener un **mejor** carnaval **que** en años anteriores, vamos a necesitar **más** dinero **que** en los años pasados.

Piénsalo. Indica si las siguientes afirmaciones son ciertas (**C**), falsas (**F**) o posibles (**P**), según las estadísticas. Si la respuesta es falsa, corrige la información.

1. _____ En el año 2012 participaron **menos** hombres **que** en el 2013.

2. _____ En el año 2012 participaron **menos** niños **que** adultos en el carnaval.

3. _____ Los organizadores gastaron **más** dinero en el año 2012 **que** en el 2013.

4. _____ En el futuro el carnaval va a durar **más de** dos días.

5. _____ Los carnavales del futuro van a ser **mejores que** los del pasado.

Comparisons of inequality

■ Use **más... que** or **menos... que** to express comparisons of inequality with nouns, adjectives, and adverbs.

COMPARISONS OF INEQUALITY							
Cuando Alina era joven tenía	**más** **menos**	amigos que Pepe.		When Alina was young she had	*more* *fewer*	*friends than Pepe.*	
Ella era	**más** **menos**	activa que él.		She was	*more* *less*	*active than he.*	
Salía	**más** **menos**	frecuentemente que él.		She went out	*more* *less*	*frequently than he.*	

■ Use **de** instead of **que** before numbers.

En el año 2013, había **más de** diez carrozas en el desfile.

In 2013, there were more than ten floats in the parade.

En el siguiente año había **menos de** diez carrozas.

The following year there were fewer than ten floats.

■ The following adjectives have both regular and irregular comparative forms. Use **mayor** to refer to a person's age. **Más viejo/a** is used to refer to the age of nouns other than people; e.g., a city, a building, a tree.

- Some adjectives have both regular and irregular comparative forms but with different uses:

más bueno/a *better*	refer to a person's moral qualities	Jorge es más bueno que su hermano Esteban. *Jorge is a better person than his brother Esteban.*
más malo/a *worse*		
mejor *better* peor *worse*	refer to skills and abilities	Esta orquesta es mejor que aquella. *This orchestra is better than that one.*
más viejo *older*	generally used with nouns other than people	La ermita es más vieja que la iglesia. *The sanctuary is older than the church.*
mayor *older*	refers to a person's age	Soy mayor que tú. *I am older than you.*
Exception: más joven o menor *younger*	can be used interchangeably	Mi madre es más joven que mi tía. Mi madre es menor que mi tía. *My mother is younger than my aunt.*

- **Bien** and **mal** are adverbs. They have the same irregular comparative forms as the adjectives **bueno** and **malo.**

bien → mejor	Yo canto **mejor** que Héctor.	*I sing better than Héctor.*
mal → peor	Héctor canta **peor** que yo.	*Héctor sings worse than I.*

|e ¿COMPRENDES?

Completa las oraciones con la forma correcta del comparativo.

1. Mi hermano canta bien, pero Justin Bieber canta _____.
2. Lucía tiene 15 años y su hermana tiene 20. Lucía es _____ que su hermana.
3. Yo estudio mucho. Paso _____ horas en la biblioteca _____ mis amigos.
4. El auto es muy caro. Cuesta _____ _____ cuarenta mil dólares.
5. El primer edificio se construyó en 1800. Es _____ _____ que los otros edificios de la universidad.

MySpanishLab

Learn more using Amplifire Dynamic Study Modules, Grammar Tutorials, and Extra Practice activities.

Cultura

∎ ∎ ∎ ∎ ∎

Veracruz y Mérida

Veracruz y Mérida son dos ciudades mexicanas importantes. Veracruz, que está a 400 kilómetros (250 millas) al sureste de la Ciudad de México, fue fundada por el conquistador Hernán Cortés en 1519. Por su puerto, que es el más importante del país, Veracruz es conocida como *la puerta al mundo.*

▲ Desfile en Mérida

Mérida es la ciudad principal del estado de Yucatán, en el sureste del país. Está a más de 1.550 kilómetros (965 millas) de la capital. En el 2000 Mérida fue nombrada *la Capital Americana de la Cultura* a causa de su alta calidad de vida y su extraordinario desarrollo en las artes.

Comparaciones. ¿Cuáles son las ciudades más turísticas de tu país? ¿Por qué? ¿Dónde están los puertos más importantes? ¿Hay ciudades que han recibido (*have received*) nombres o títulos especiales en tu país? ¿Cuáles?

▲ Desfile en Veracruz

PRÁCTICA

8-24

Comparación de dos desfiles.

PREPARACIÓN. Lee la siguiente información sobre dos desfiles mexicanos. Completa las afirmaciones con **más que, menos que, más de** o **menos de,** según la información en la tabla. Compara tus respuestas con las de tu compañero/a.

	VERACRUZ	MÉRIDA
habitantes	568.313	970.377
promedio (*average*) de público que participa	15.000 personas	13.000 personas
número de bandas	9	7
número de policías	220	185

1. Mérida tiene _____ habitantes _____ Veracruz.

2. _____ personas asisten al desfile de Veracruz _____ al desfile de Mérida.

3. Los dos desfiles tienen _____ _____ cinco bandas.

4. Mérida gasta _____ dinero en seguridad (*security*) _____ Veracruz.

5. _____ _____ medio millón de personas viven en Veracruz.

6. Probablemente el público de Mérida es _____ entusiasta _____ el de Veracruz.

INTERCAMBIOS. La banda de tu universidad piensa participar en uno de estos desfiles, pero no puede gastar mucho dinero. Con tu compañero/a, decidan a qué desfile debe asistir y expliquen por qué.

COSTO POR PERSONA	DESFILE DE VERACRUZ	DESFILE DE MÉRIDA
transporte	5.824,50 pesos	6.552,60 pesos
hotel por día	880,50 pesos	915,25 pesos
comidas por día	450,00 pesos	348,00 pesos

Cultura

◼ ◼ ◼ ◼ ◼

La Calavera Catrina

La Calavera Catrina es un relieve en zinc realizado en 1910 por José Guadalupe Posada. Las calaveras representaban de manera humorística figuras contemporáneas en forma de esqueletos y a menudo iban acompañadas de un poema. Hoy en día la imagen se incorpora a las representaciones artísticas del Día de los Muertos en México.

Comparaciones. ¿Se usan las calaveras y los esqueletos humorísticamente en tu cultura? Explica tu respuesta.

8-25

La Calavera (*skull*) Catrina. Los mexicanos celebran el Día de los Muertos con la imagen de la Calavera Catrina y en Estados Unidos se celebra el Día de las Brujas con la figura de una bruja. Comparen las dos imágenes usando el vocabulario de la lista y los criterios indicados.

adornado/a	bonito/a	fuerte
alegre	colorido/a	horroroso/a
alto/a	elegante	joven
bajo/a	feo/a	mayor

 MODELO — *La bruja es más horrorosa que la Calavera Catrina.*

1. la apariencia física

2. los colores

3. el estilo

4. lo que más te gusta de una de ellas

▲ La Calavera Catrina   ▲ La bruja

8-26

Personas famosas.

PREPARACIÓN. Comparen a Eva Longoria con Christina Aguilera según los siguientes criterios.

1. su aspecto físico
2. su edad
3. el tipo de trabajo que hacen
4. el dinero o popularidad que tienen

INTERCAMBIOS. Escoge a una de estas famosas y compárate con ella. Tu compañero/a te va a decir si está de acuerdo o no.

Situación

PREPARACIÓN. Lean la situación. Luego, compartan ejemplos de vocabulario, gramática y otra información que necesitan para desarrollar la conversación.

Role A. You are a student government representative presenting a proposal to the dean to change the graduation ceremony. Compare the ceremony at your school with one at a rival institution. Say that the other ceremony is better because it is smaller, better organized, less expensive, and usually has better music and speeches (**discursos**).

Role B. You are the dean. A student government representative is proposing changes in the graduation ceremony. Listen to the presentation and ask questions to compare the advantages of both types of ceremonies.

Then either accept or reject the proposal, and justify your decision.

	ROLE A	ROLE B
Vocabulario	Expressions associated with size, organization, cost, and other amenities of a graduation ceremony	Expressions associated with size, organization, cost, and other amenities of a graduation ceremony
Funciones y formas	Presenting a group proposal to someone in authority Comparing to pinpoint better qualities Convincing/persuading Addressing someone in authority properly	Asking questions Drawing conclusions to make a decision

INTERCAMBIOS. Practica la conversación con tu compañero/a incorporando el vocabulario, las funciones y demás información. Luego, represéntenla ante la clase.

4 Comparing people and things

 PRESIDENTA DEL COMITÉ ORGANIZADOR;

Este año tuvimos un Carnaval de Primavera **tan** espectacular **como** el del 2013, que hasta este año era nuestro carnaval más grande. En los tres días del carnaval asistió **tanto** público **como** en el año 2013, un total de 25.400 personas. Además, los grupos musicales tocaron música **tan** buena **como** la música del carnaval del 2013. También el número de bailarines se mantuvo igual. Hubo **tantos** bailarines **como** en el 2013. Estoy muy agradecida, porque ustedes colaboraron **tanto como** en otros años. Vamos a planificar el carnaval del próximo año **tan bien como** el de este año.

Piénsalo. Indica si las siguientes afirmaciones representan correctamente la información que dio la presidenta del comité. Usa (**C**) para las afirmaciones correctas o (**I**) para las incorrectas.

1. _____ En 2013 asistieron 25.400 personas al carnaval y este año asistió el mismo número de personas.

2. _____ Este año los grupos musicales tocaron música que al público le gustó **menos que** en otros años.

3. _____ Este año el comité organizador hizo un trabajo **tan bueno como** el trabajo de otros años.

4. _____ La planificación del carnaval fue buena este año y la del próximo año va a ser buena también.

Comparisons of equality

- In the previous section you learned to express comparisons of inequality. In this section you will learn how to indicate that two people, things, or activities are equal in some way.

COMPARISONS OF EQUALITY	
tan... como	*as ... as*
tanto/a... como	*as much ... as*
tantos/as... como	*as many ... as*
tanto como	*as much as*

- Use **tan... como** to express comparisons of equality with adjectives and adverbs.

La boda fue **tan** elegante **como** la fiesta.	*The wedding was as elegant as the party.*
El padre bailó **tan** bien **como** su hija.	*The father danced as well as his daughter.*

- Use **tanto/a... como** and **tantos/as... como** to express comparisons of equality with nouns.

Había **tanta** alegría **como** en el Carnaval.	*There was as much joy as at Mardi Gras.*
Había **tantos** invitados **como** en mi fiesta de graduación.	*There were as many guests as at my graduation party.*

- Use **tanto como** to express comparisons of equality with verbs.

Los invitados bailaron **tanto como** nosotros.	*The guests danced as much as we did.*

e ¿COMPRENDES?

Completa las oraciones con las expresiones que indican igualdad.

1. El año pasado, el Día de la Independencia fue _____ emocionante _____ el año anterior.

2. En mi casa tuvimos _____ comida _____ en la última celebración.

3. La ciudad organizó _____ desfiles _____ en años anteriores.

4. La gente comió y bebió _____ _____ el año pasado.

MySpanishLab

Learn more using Amplifire Dynamic Study Modules, Grammar Tutorials, and Extra Practice activities.

PRÁCTICA

Cultura

El peso mexicano

La moneda mexicana es el peso. Tanto en los billetes como en las monedas de metal está el escudo nacional, que tiene un águila parada sobre un nopal (un tipo de cacto), devorando a una serpiente.

Comparaciones. ¿Sabes cuál es la tasa de cambio (*exchange rate*) entre el peso mexicano y el dólar estadounidense? ¿Qué imágenes hay en los billetes de tu país? ¿Y en las monedas? ¿Qué importancia histórica y simbólica tienen esas imágenes?

8-27

Unos estudiantes afortunados. PREPARACIÓN. Lean algunos datos personales sobre cuatro estudiantes e indiquen si las afirmaciones a continuación son ciertas (**C**) o falsas (**F**). Si son falsas, corrijan la información.

	PEDRO	VILMA	MARTA	RICARDO
hermanos	2	3	3	2
clases	5	5	4	6
dinero para gastos personales cada mes	5.000 pesos	8.500 pesos	5.000 pesos	8.500 pesos
películas en DVD	20	18	18	21
viajes a otros países	3	8	3	8

1. _____ Pedro tiene **tantos** hermanos **como** Vilma.
2. _____ Vilma tomó **tantas** clases este semestre **como** Ricardo.
3. _____ La familia de Marta es **tan** grande **como** la familia de Vilma.
4. _____ Cada mes, Ricardo recibe **tanto** dinero de sus padres **como** Vilma.
5. _____ Pedro viaja **tanto como** Ricardo.
6. _____ Vilma ve al mes **tantas** películas **como** Ricardo.

INTERCAMBIOS. Escoge a uno de los estudiantes de *Preparación* y dile a tu compañero/a las cosas que tienes en común con él/ella.

8-28

Opiniones. PREPARACIÓN. Selecciona a dos personas famosas, dos festividades en tu cultura y dos programas cómicos de la televisión.

 INTERCAMBIOS. Ahora, expresen su opinión sobre ellos y compárenlos.

MODELO E1: *Tom Cruise es tan buen actor como Johnny Depp.*

E2: *No, desde mi punto de vista Johnny Depp es mejor actor que Tom Cruise.*

Situación

PREPARACIÓN. Lean esta situación. Luego, compartan ejemplos de vocabulario, gramática y otra información que necesitan para desarrollar la conversación.

Role A. You are reminiscing about Independence Day celebrations when you were a child. Tell your classmate that you think that:

a. in the past people were more patriotic (**patrióticos**);
b. the celebrations were less expensive; and
c. the celebrations were more family oriented (**se celebraban en familia**) than today.

Role B. Your classmate argues that today's Independence Day celebrations are less family oriented than in the past. You disagree. State that:

a. today people are just as patriotic as they were in the past;
b. people used to spend less money because they made less money; and
c. today families celebrate Independence Day together as much as in the past.

	ROLE A	ROLE B
Vocabulario	Independence Day activities	Independence Day activities
	Phrases to express agreement and disagreement	Phrases to express agreement and disagreement
Funciones y formas	Making comparisons of equality and inequality	Making comparisons of equality and inequality
	Expressing agreement and disagreement	Expressing agreement and disagreement

INTERCAMBIOS. Practica la conversación con tu compañero/a incorporando el vocabulario, las funciones y demás información. Luego, represéntenla ante la clase.

5 Comparing people and things

PERLA: Lupita, ¿tienes algún plan especial para el Día de los Muertos?

LUPITA: Claro que sí. En mi comunidad, vamos al cementerio para visitar a familiares y amigos muertos. Les llevamos **la mejor** música mexicana y su comida preferida. Es **el** día **más importante del** año para recordarlos. Creemos que ellos vuelven a su tumba el 1 y 2 de noviembre para disfrutar de **la mejor** compañía, la de su familia y amigos.

PERLA: ¡Qué interesante! Para mi familia **el** acto **más** importante es recordarlos con **las** flores **más** hermosas **de** la estación.

Piénsalo. Completa las siguientes oraciones con el nombre de la persona que expresa la información.

1. _____ lleva al cementerio **la mejor** música mexicana.

2. Según _____, el Día de los Muertos es **el** día **más importante del** año para recordar a los familiares y amigos muertos.

3. _____ dice que **la** compañía **más** agradable para los muertos es la de sus familiares y amigos.

4. _____ dice que su familia lleva la comida que les gustaba **más** a sus familiares muertos.

5. _____ dice que para su familia, **la** manera **más** apropiada **de** recordar a los muertos es llevarles flores.

The superlative

■ Use superlatives to express *most* and *least* as degrees of comparison among three or more entities. To form the superlative, use *definite article* + *noun* + **más/menos** + *adjective*. To express *in* or *at* with the superlative, use **de.**

Es **el** disfraz **menos** creativo (**de** la fiesta).

It is the least creative costume (at the party).

México es **el** país con **más** fiestas **de** América del Norte.

Mexico is the country with the most holidays in North America.

■ Do not use **más** or **menos** with **mejor, peor, mayor,** or **menor.**

¿Esos desfiles? Son **los mejores** desfiles **del** país.

Those parades? They are the best parades in the country.

Ivonne es **la mejor** bailarina **del** grupo.

Ivonne is the best dancer of the group.

■ You may delete the noun when it is clear to whom or to what you refer.

Son **los mejores del** país.

They are the best (ones) in the country.

- To express the idea of *extremely,* add the ending **-ísimo (-a, -os, -as)** to the adjective. If the adjective ends in a consonant, add **-ísimo** directly to the singular form of the adjective. If it ends in a vowel, drop the vowel before adding **-ísimo.**

fácil	Este baile es **facilísimo.**	*This dance is extremely easy.*
grande	La carroza es **grandísima.**	*The float is extremely big.*
bueno	Las orquestas son **buenísimas.**	*The orchestras are extremely good.*

LENGUA

A Spanish word can have only one written accent. Therefore, an adjective with a written accent loses the accent when **-ísimo/a** is added.

fácil > facilísimo/a   rápido > rapidísimo/a

e ¿COMPRENDES?

Completa las oraciones para expresar el superlativo.

1. En mi opinión, los deportes acuáticos son ___ _____ divertidos. Me encanta nadar, bucear y pescar.
2. Miguel es fenomenal. Es _____ _____ jugador del equipo.
3. Laura tiene 30 años, Marisol tiene 28 y Susana tiene solo 18. Laura es ____ _____ de las tres.
4. Mi abuela hace ___ enchiladas _____ deliciosas del mundo.

MySpanishLab

Learn more using Amplifire Dynamic Study Modules, Grammar Tutorials, and Extra Practice activities.

PRÁCTICA

8-29

Estadísticas demográficas. PREPARACIÓN. Lee la información de la tabla siguiente e indica a qué país de la columna B se refiere cada oración de la columna A. Compara tus respuestas con las de tu compañero/a.

	MÉXICO	GUATEMALA	ESTADOS UNIDOS
Población (aprox.) del país	115.000.000 habitantes	14.400.000 habitantes	313.900.000 habitantes
Población de la capital	México D. F.: 8.836.045	Ciudad de Guatemala: 1.110.100	Washington D. C.: 601.723
Número de lenguas indígenas	62	23	aprox. 150
Religión predominante	76.5% son católicos (aprox. 88.000.000)	49% son católicos (aprox. 7.058.000)	51.3% son protestantes (aprox. 161.004.000)
Número de estados o departamentos	32 estados	22 departamentos	50 estados

COLUMNA A

1. _____ Este país tiene **el mayor número** de habitantes.
2. _____ La población de la capital de este país es **la más** numerosa.
3. _____ Es el país donde existe **el mayor** número de lenguas indígenas.
4. _____ Este es el país con **menos** lenguas indígenas.
5. _____ Este país tiene **el menor** porcentaje de personas que profesan el catolicismo.
6. _____ Este país tiene **el mayor** número de gobiernos estatales o departamentales.

COLUMNA B

a. México
b. Guatemala
c. Estados Unidos

INTERCAMBIOS. Escoge otro país hispano y menciona tres cosas en las que se distingue de los demás países. Tu compañero/a tiene que adivinar qué país es.

 MODELO E1: *Es el país de América del Sur que tiene **el mayor** número de habitantes.*

E2: *Es Colombia. Tiene más de 47 millones de habitantes.*

8-30

¿En qué pueblo o ciudad? Respondan a las siguientes preguntas y luego comparen sus respuestas con las de otra pareja. ¿Están de acuerdo o tienen opiniones diferentes?

¿En qué pueblo o ciudad de tu país...

1. sirven la mejor comida étnica?

2. se come la comida más picante (*spicy*)?

3. se vende el café cubano más fuerte?

4. celebran las mejores fiestas de Año Nuevo?

5. hay el mayor número de desfiles hermosos?

6. tocan la mejor música folclórica?

Situación

PREPARACIÓN. Lean esta situación. Luego, compartan ejemplos de vocabulario, gramática y otra información cultural que necesitan para desarrollar la conversación.

Role A. You took your traditional trip for spring break and had a great time. Tell your classmate the five most interesting places you saw or activities you did. Provide details about at least one place or activity.

Role B. Ask several questions about your classmate's spring break trip to learn about his/her interesting and enjoyable activities. Then say where you went during spring break, and share the favorite parts of your trip.

	ROLE A	ROLE B
Vocabulario	Words related to places Expressions associated with trips Descriptive words	Question words

Funciones y formas	Narrating an event
	Describing in detail:
	   Preterit and imperfect
	   Adjectives
	Expressing the utmost feature of a place or an experience
		Reacting to what you hear
		Asking follow-up questions
		Narrating an event
		Describing an experience
		Expressing the utmost feature of a place or an experience

INTERCAMBIOS. Practica la conversación con tu compañero/a incorporando el vocabulario, las funciones y demás información. Luego, represéntenla ante la clase.

EN ACCIÓN

Hay que celebrar

8-31 Antes de ver

Las tradiciones. Marca (✓) las tradiciones que asocias con la cultura hispana. Luego, compara tus respuestas con las de tu compañero/a.

1. _____ el Día de los Muertos
2. _____ el Cinco de Mayo
3. _____ la corrida de toros
4. _____ el Día de las Brujas
5. _____ el Día de Acción de Gracias
6. _____ el fútbol
7. _____ el festival de la Calle Ocho
8. _____ el Cuatro de Julio

8-32 Mientras ves

Unas celebraciones importantes. Indica si las siguientes afirmaciones se refieren a la fiesta de La Mercé (**LM**) o al Día de los Muertos (**DM**), según el contenido de este segmento.

1. _____ Es una fiesta en honor a la Virgen.
2. _____ Se celebra el primero y el dos de noviembre.
3. _____ Las familias hacen procesiones hasta el cementerio.
4. _____ Hay espectáculos con música, bailes y desfiles con dragones.
5. _____ Algunas personas forman castillos o torres humanas.
6. _____ Las calaveras de azúcar son típicas de esta celebración.

8-33 Después de ver

Días festivos. **PREPARACIÓN.** Marca (✓) las afirmaciones que contienen ideas que aparecen en el video. Después, compara tus respuestas con las de tu compañero/a.

1. _____ Muchas celebraciones de América Latina muestran el sincretismo de la cultura española y de las culturas precolombinas.
2. _____ Algunas fiestas hispanas se celebran también en Estados Unidos.
3. _____ El Día de los Muertos es una celebración en homenaje (*homage*) a las personas que murieron.
4. _____ Las fiestas del mundo hispano son diferentes según la clase social.

 INTERCAMBIOS. Háganse las siguientes preguntas relacionadas con las celebraciones.

1. Piensen en una celebración del mundo hispano. ¿Cómo se celebra? ¿Qué características tiene?
2. ¿Qué diferencias hay entre las celebraciones personales o familiares (cumpleaños, Día del Santo, bautismo, Bar Mitzvah, boda, etc.) y las celebraciones cívicas (carnaval, fiestas de independencia, Día de las Brujas, etc.)?

Mosaicos

ESCUCHA

ESTRATEGIA

8-34

Preparación. Es el 22 de diciembre y dos amigos conversan sobre las celebraciones del fin de año. Antes de escuchar su conversación, describe en un párrafo cómo celebras tú el fin de año.

> **Draw conclusions based on what you know**
>
> Understanding what someone says involves using the context and the information the speaker provides to draw conclusions that go beyond literal comprehension. This process is called inferencing, or making inferences. For example, if you are driving with a friend and get lost, you may say, "There is a gas station up there on the right." Your friend will probably infer that you want to stop to ask for directions.

8-35

Escucha. First, read the statements below, and then listen as two friends talk about a Mexican holiday. After listening, mark (✔) the statements that provide information you can infer from what you heard.

1. _____ Daniel es mexicano.

2. _____ Sandra es una persona muy tímida.

3. _____ Sandra no es estadounidense.

4. _____ Daniel está triste porque no va a celebrar la Navidad con su familia.

5. _____ Pedir posada es una costumbre en la que participa solamente la familia.

6. _____ Daniel no conoce algunas costumbres mexicanas.

Comprueba

I was able to …

___ **make inferences based upon what I heard.**

___ **use contextual and factual information to draw conclusions.**

8-36

Un paso más. Comparte tus respuestas a estas preguntas con tu compañero/a.

1. ¿Qué fiesta o tradición religiosa te gustaría celebrar en un país hispano? ¿Por qué?

2. ¿Celebras esa fiesta en tu ciudad o país? ¿Cómo se celebra?

3. ¿Qué fiesta o tradición celebras con tus amigos?

HABLA

Preparación. Escriban una pregunta de seguimiento (*follow-up*) para cada una de las afirmaciones. Luego, compártanlas con la clase.

1. Cuando yo tenía doce años practicaba muchos deportes.

2. En mi familia celebrábamos fiestas.

3. Algunas costumbres familiares me gustaban y otras no.

Conduct an interview

To conduct an interview, you need to ask two types of questions: a) questions to open up a topic; and b) follow-up questions to get additional information. Questions that can be answered with **Sí** or **No** are not likely to elicit much information, unless you follow up with **¿Por qué?** Listen carefully to what your interviewee says so that you can ask relevant follow-up questions.

8-38

Habla. Entrevista a tu compañero/a sobre su infancia y adolescencia. Hazle preguntas para iniciar temas y obtener más información. Toma notas de sus respuestas.

Comprueba

In my conversation …

_____ I asked both topic opening questions and follow-up questions.

_____ I took effective notes.

En directo

To ask someone to talk about a topic:

¿Me podrías hablar sobre…?
Can you talk to me more about …?

¿Qué me puede decir usted sobre/ de…?
What can you tell me about …?

Me gustaría saber…
I would like to know …

To ask someone to expand on a topic:

¿Podrías hablar más sobre…?

¿Qué más me puedes decir sobre…?

To show empathy when responding:

¡Oh! ¡Qué lástima! ¡Cuánto lo siento!
How sad! I'm so sorry.

To share someone's happiness:

¡Qué fabuloso/bueno!
How fabulous/great!

¡Cuánto me alegro!
I'm so happy to hear that!

To express interest in what someone said:

¡Qué interesante!
How interesting!

 Listen to a conversation with these expressions.

8-39

Un paso más. Escriban un breve informe comparativo sobre los siguientes aspectos de la infancia y adolescencia de cada uno/a de ustedes. Otros compañeros van a leer su informe y tratar de averiguar quiénes son ustedes. Mantengan su identidad en secreto.

1. Durante la infancia/adolescencia…

2. Con respecto a los deportes/las fiestas…

3. La persona A y la persona B tuvieron una niñez/adolescencia semejante/diferente porque…

ALMAS GEMELAS

Somos dos almas gemelas. Tanto mi compañero/a como yo nacimos en…

MUNDOS APARTES

Somos dos mundos apartes. Mi compañero/a nació en… Yo nací en…

LEE

8-40

Preparación. Las creencias sobre la muerte varían de una cultura a otra. Indica si las siguientes creencias y prácticas se asocian con la cultura egipcia (**E**), con alguna cultura indígena americana (**I**) o con ambas (**A**). Intercambien la información y compárenla con su propia cultura.

1. _____ Creían que había vida después de la muerte.

2. _____ Construían pirámides para honrar a los muertos.

3. _____ Vestían a los muertos con ropa funeraria especial.

4. _____ Ponían una máscara sobre la cara del muerto.

5. _____ Enterraban (*They buried*) al muerto en las pirámides, en tumbas o sepulcros, de acuerdo al estatus social de la persona muerta.

6. _____ La familia de la persona muerta depositaba joyas y objetos de valor en la tumba o pirámide.

7. _____ Rociaban (*They sprayed*) el cadáver con un polvo de color rojo para simbolizar el renacimiento (*rebirth*).

ESTRATEGIA

Make inferences

Understanding a text, like listening to a speaker, involves both comprehending the words literally and using information provided to make inferences. To make inferences when you read, use your knowledge, understanding of context, and active thinking skills, as well as your ability to understand the printed words on the page.

8-41

Lee. Determina si las siguientes afirmaciones representan información explícita (**E**) o si son inferencias (**I**) basadas en el contenido del texto. Si es una inferencia, indica la oración o las oraciones en el texto en que se basa(n).

1. _____ Los expertos no saben de dónde vinieron los mayas.

2. _____ Los mayas crearon una gran civilización.

3. _____ Las comunidades mayas tenían autoridades que los gobernaban.

4. _____ Como los egipcios, los mayas construyeron edificios magníficos para honrar la memoria de personas de alto estatus en su comunidad.

5. _____ Los mayas, como otros grupos indígenas, pensaban que la vida continuaba después de la muerte.

6. _____ Para los mayas, el tipo de muerte determinaba el destino de una persona.

7. _____ No todos los mayas iban al mismo destino después de la muerte.

8. _____ La comida, el agua y los amuletos ayudaban al espíritu del muerto a llegar a su destino final.

Comprueba

I was able to …

____ use literal as well as implied information to make inferences.

____ differentiate between explicit facts and information provided indirectly.

CREENCIAS Y COSTUMBRES MAYAS SOBRE LA MUERTE

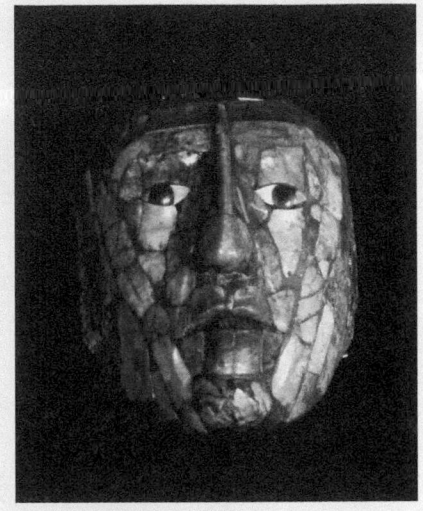

El origen de los mayas es incierto. Sin embargo, se sabe que esta civilización ocupó y se desarrolló[1] en los actuales territorios de Guatemala, México, Belice, Honduras y El Salvador. Durante su período de mayor esplendor, los mayas construyeron ciudades y pirámides, donde enterraban[2] a sus gobernantes[3] y los veneraban[4] después de muertos.

Los mayas compartían con otras culturas mesoamericanas algunas creencias y costumbres. Entre otras cosas, creían en la vida después de la muerte y en la interacción entre el mundo humano y el mundo espiritual. Creían que el destino de una persona después de la muerte dependía de la forma en que moría y no de su conducta mientras vivía. Las tumbas y la ropa de los muertos confirman que los mayas creían que el espíritu se prolongaba más allá de la muerte. La mayoría de los muertos iba a Xibalbá, un lugar en el mundo de abajo.

Para llegar a Xibalbá había que superar numerosos peligros[5]. El espíritu debía comer bien y cuidarse. Por eso,

los mayas dejaban en la tumba ropa funeraria. También ponían comida, agua y amuletos protectores, de acuerdo con el estatus social del muerto.

Los mayas rociaban[6] el cadáver con un polvo rojo que simbolizaba el renacimiento. También lo adornaban con joyas, collares, pulseras y anillos de jade, hueso[7] o concha[8] y un cinturón ceremonial. En muchas tumbas ponían una máscara sobre la cara del muerto para ocultar su identidad. En la boca le ponían una cuenta[9] de jade, símbolo de lo precioso y lo perenne, para preservar su espíritu inmortal.

Algunas de estas creencias y costumbres todavía se conservan, con ciertas variaciones, en algunas comunidades de Guatemala, México y El Salvador.

[1]developed [2]buried [3]rulers [4]worshipped [5]dangers [6]sprinkled [7]bone [8]shell [9]bead

8-42

Un paso más. Escribe un párrafo e indica qué objetos probablemente ponían los mayas en la tumba o pirámide de un gobernante con las siguientes características:

- Era físicamente activo.
- Le gustaba mucho el arte.
- Estudiaba astronomía.

- Le fascinaba la guerra.
- Tenía ocho hijas, todas muy bellas.

ESCRIBE

8-43

Preparación. Vas a narrar una historia personal, real o imaginaria. Habla con tu compañero/a para determinar lo siguiente:

1. ¿Cuál es el objetivo de tu narración?
2. ¿Cuántos protagonistas hay? ¿Qué características físicas y de personalidad tienen?
3. ¿Cómo vas a organizar los hechos? ¿En orden cronológico?
4. ¿Qué información vas a presentar en la introducción? ¿Cuál va a ser el conflicto?
5. Escribe una lista de verbos que te ayuden a describir el ambiente (*setting*) y otros que narren la acción. Intercambien sus listas y háganse sugerencias.

ESTRATEGIA

Select and sequence details

A successful narrative is characterized by a logical, clear, and believable sequence of events, and a good description of setting and characters. Structure your narration as follows:

- Introduce the characters, describe the setting, and begin the action.
- Present the unfolding of the action. Describe the characters and the tensions caused by their actions or by the events around them.
- Either resolve the actions/tensions, or leave the ending unresolved so your reader can imagine what happens.

8-44

Escribe. Usa la información de la actividad 8-43 y escribe tu narración.

Comprueba

I was able to …

____ **successfully develop a story, including the characters and the events.**

____ **recount the order of events chronologically.**

 **En directo**

To indicate chronological order:

Primero…

Después…/Después de (un tiempo)…

Luego…

Más tarde…

Finalmente…/Por fin…

 Listen to a conversation with these expressions.

8-45

Un paso más. Intercambia tu narración con un/a compañero/a. Mientras leen, escriban tres preguntas de seguimiento para hacerle a su compañero/a sobre los personajes, el conflicto o la resolución.

En este capítulo...
Comprueba lo que sabes

Go to **MySpanishLab** to review what you have learned in this chapter. Practice with the following:

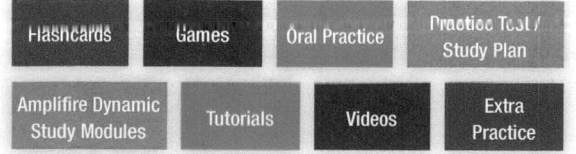

Flashcards · Games · Oral Practice · Practice Test / Study Plan · Amplifire Dynamic Study Modules · Tutorials · Videos · Extra Practice

Vocabulario

LAS FIESTAS Y LAS CELEBRACIONES
Holidays and celebrations

la alegría   *joy*
el aserrín   *sawdust*
el carnaval   *carnival*
la carreta   *cart, wagon*
la carroza   *float (in a parade)*
la celebración   *celebration*
la comparsa   *group dressed in similar costumes*
la corrida (de toros)   *bullfight*
la costumbre   *custom*
el desfile   *parade*
el día feriado   *legal holiday*

el día festivo   *holiday*
el festival   *festival*
la festividad, la fiesta   *festivity; holiday; celebration*
los fuegos artificiales   *fireworks*
la invitación   *invitation*
el preparativo   *preparation*
la procesión   *procession*
la semilla   *seed*
el toro   *bull*
la tradición   *tradition*

VERBOS
Verbs

acompañar   *to accompany*
comenzar (ie)   *to begin*
dar una vuelta   *to take a walk*
disfrazarse (c)   *to wear a costume*
encerrar (ie)   *to lock up, shut in*
enterrar   *to bury*
invitar   *to invite*
mantener (g, ie)   *to maintain*
matar   *to kill*
pasarlo bien   *to have a good time*
quedar   *to arrange to meet*
recordar (ue)   *to remember*
reunirse   *to get together*

LAS PERSONAS
People

el antepasado   *ancestor*
la gente   *people*
el/la peregrino/a   *pilgrim*

LOS LUGARES
Places

el cementerio   *cemetery*
la iglesia   *church*
el teatro   *theater*

OTRAS CELEBRACIONES
Other celebrations

el Año Nuevo   *New Year's Day*
el Día de Acción de Gracias   *Thanksgiving Day*
el Día de las Brujas   *Halloween*
el Día de los Enamorados/ del Amor y la Amistad   *Valentine's Day*
el Día de la Independencia de México   *Mexican Independence Day*
el Día de la Madre   *Mother's Day*
el Día del Padre   *Father's Day*
la Navidad   *Christmas*
la Nochebuena   *Christmas Eve*
la Nochevieja   *New Year's Eve*
la Pascua   *Easter*

EL TIEMPO
Time

antes   *before*
el comienzo   *beginning*
entonces   *then*
hoy en día   *nowadays*
mientras   *while*

LAS DESCRIPCIONES
Descriptions

adornado/a   *decorated*
animado/a   *lively*
difunto/a, muerto/a   *dead*
horroroso/a   *horrific*
malévolo/a   *malevolent*
maravilloso/a   *marvelous*
suave   *soft*
último/a   *last*

PALABRAS Y EXPRESIONES ÚTILES
Useful words and expressions

cómo no   *of course*
estupendamente   *marvellously*
en vivo   *live*

See pages 293, 297, and 300 for expressions used to make comparisons.

EXPRESIONES DE TIEMPO
Time expressions

a veces   *sometimes, at times*
frecuentemente   *frequently*
generalmente   *generally*
mientras   *while*
nunca   *never*
siempre   *always*

9 ¿Dónde trabajas?

LEARNING OUTCOMES

You will be able to:

- talk about careers and employment
- avoid repetition
- describe past events in more detail
- give instructions and suggestions
- compare demographic and economic changes in Guatemala and in the United States

ENFOQUE cultural GUATEMALA

Las ruinas mayas de Tikal
Tikal •

Lago Petén Itzá
Flores

BELICE

MÉXICO

Mar Caribe

Plátanos fritos

GUATEMALA

Lago de Izabal • **Río Dulce**

Un mercado al aire libre en Chichicastenango

SIERRA DE LOS CUCHUMATANES

Chichicastenango

Quetzaltenango •

Lago Atitlán

Palacio presidencial

⊛ **Guatemala**

Antigua

HONDURAS

Escuintla

Lago Atitlán

OCÉANO PACÍFICO

EL SALVADOR

Enfoque cultural

To learn more about Guatemala, go to MySpanishLab to view the *Vistas culturales* videos.

Café (1991), de Pedro Rafael González Chavajay. El cultivo del café tiene una larga tradición en Guatemala; por eso, la producción y exportación del café es importante para la economía guatemalteca.

▼

¿QUÉ TE PARECE?

- El nombre Guatemala viene del náhuatl y significa lugar de muchos árboles.

- En la bandera de Guatemala la franja (*stripe*) blanca con el escudo (*coat of arms*) entre las dos azules representa al país entre el océano Pacífico y el mar Caribe.

- Guatemala cuenta con 33 volcanes. Algunos de ellos, como el volcán Pacaya, siguen en actividad eruptiva.

- La guerra civil de Guatemala duró 36 años; terminó en 1996.

- La mitad de la población de Guatemala tiene menos de veinte años.

- El fiambre es una ensalada típica que puede tener hasta 50 ingredientes. Se come el 1 de noviembre para celebrar el Día de Todos los Santos.

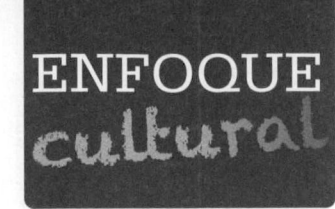

◀ En la ciudad de Cobán, en el centro de Guatemala, se celebra anualmente la Fiesta Nacional Indígena de Guatemala (un festival folclórico). Incluye un certamen (*contest*) de belleza para mujeres indígenas de Guatemala. Participan aproximadamente 100 señoritas que expresan sus ideales en su idioma materno y en español. La ganadora es coronada con el título de *Rabín Ajau,* que significa Hija del Rey en Q'eqchi', un idioma maya.

◀ El quetzal, el ave nacional de Guatemala, tiene un papel mitológico en su historia. El nombre del dios supremo, Quetzalcóatl, está formado por dos palabras de origen náhuatl: *quetzal,* que se refiere a la pluma larga y verde del ave, y *coatl,* que quiere decir serpiente. Para los mayas, las plumas del quetzal eran sagradas. El quetzal aparece en el escudo nacional y es también el nombre de la moneda oficial.

Miguel Ángel Asturias Rosales, quien ganó el Premio Nobel de Literatura en 1967, vivió en el exilio durante gran parte de su vida por criticar en sus obras la represión y las dictaduras (como en *El señor presidente*). En *Hombres de maíz* defendió las tradiciones y cultura mayas. En el centro de la Ciudad de Guatemala esta estatua conmemora la vida del gran escritor guatemalteco.

▼

▲ Tikal es la ciudad maya más conocida en Guatemala. Fue construida en 200 d.C. Hay miles de estructuras pero la mayoría de ellas no han sido excavadas. Otras, como el Mirador, están en medio de la selva y no es fácil llegar a verlas.

¿CUÁNTO SABES?

Contesta las siguientes preguntas según la información que tienes sobre Guatemala.

1. ¿Cuál es la capital de Guatemala?

2. ¿Cómo se llama el océano que está al oeste del país?

3. ¿Qué comida es típica para el Día de Todos los Santos?

4. ¿Quién es un escritor famoso?

5. ¿De qué lengua vienen las palabras "quetzal" y "Guatemala"?

6. ¿Qué civilización construyó la ciudad de Tikal?

Vocabulario en contexto

Talking about careers and employment

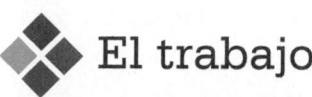 El trabajo

Learn more using Amplifire Dynamic Study Modules, Pronunciation, and Vocabulary Tutorials.

▲ El sector más grande en la economía guatemalteca es la **agricultura.** Esta representa dos tercios (*thirds*) de las **exportaciones** y la mitad de la **fuerza laboral** del país. Los productos **agrícolas** principales son el café, la caña de azúcar y los plátanos. Antes, los **agricultores** plantaban y **cosechaban** sus cultivos (*crops*) en **terrenos** pequeños. Ahora el café y otros productos agrícolas se **cultivan** en **fincas** grandes.

▲ Antes, los productos del **campo** y los productos artesanales, como las telas, se vendían solo en los mercados locales como en el de Chichicastenango. Sin embargo, ahora se exportan a otros países. En concreto, la **industria textil** es una importante **fuente de ingresos** para muchas familias.

▲ El terreno fértil es el **recurso natural** más importante de Guatemala. En sus tierras también se encuentran minerales como el **hierro,** el **petróleo** y el **níquel,** que muchas veces **se explotan** a través de compañías extranjeras. Antes, los **carpinteros** hacían muebles solamente para el consumo local. Gracias a los abundantes **bosques** de Guatemala, hoy en día se exportan la **madera** y sus productos derivados.

▲ Fincas de café

▲ Un mercado en Chichicastenango

▲ Una mina de níquel en El Estor, Guatemala

\text{¿Dónde trabajas?} **313**

PRÁCTICA

9-1

Escucha y confirma.
Listen to the following statements and decide if they refer to the past (**antes**), or to the present (**ahora**).

1. antes   ahora
2. antes   ahora
3. antes   ahora
4. antes   ahora
5. antes   ahora
6. antes   ahora

9-2

Los trabajos y los trabajadores. Indica si las siguientes afirmaciones son ciertas (**C**) o falsas (**F**). Corrige las falsas y compara tus respuestas con las de tu compañero/a.

1. _____ Los agricultores hacen los trabajos del campo.
2. _____ Los artesanos elaboran telas.
3. _____ Los carpinteros trabajan con los metales.
4. _____ Guatemala exporta muebles y otros productos hechos de madera.
5. _____ El oro y la plata son los minerales más abundantes de Guatemala.
6. _____ Los agricultores plantan y cosechan productos para el consumo local solamente.

■ ■ ■ ■ ■

LENGUA

The suffix **-ero/-era** is often used in Spanish to designate trades and professions, e.g., **camarero/a** (*server*), **plomero/a** (*plumber*), **peluquero/a** (*hairdresser*). Another common suffix is **-ista**, e.g., **electricista** (*electrician*); **contratista** (*contractor*).

9-3

Productos y lugares. Asocia las descripciones con las definiciones. Luego, compara tus respuestas con las de tu compañero/a.

1. _____ los productos que se venden a otros países
2. _____ las telas y otros productos artesanales que se exportan a los mercados internacionales
3. _____ el conjunto de personas que trabajan
4. _____ el lugar en el campo donde se encuentran los cultivos
5. _____ los depósitos minerales y el terreno fértil
6. _____ el material básico que usan los carpinteros

a. la industria textil
b. la finca
c. los recursos naturales
d. las exportaciones
e. la madera
f. la fuerza laboral

9-4

Descripciones. Escoge uno de los cuadros en la página 313 para describírselo a tu compañero/a. Describe las escenas con el mayor detalle posible e incluye las siguientes ideas:

1. lugar donde están las personas
2. rasgos físicos
3. edad aproximada
4. ropa que llevan
5. qué están haciendo
6. qué están pensando
7. cómo se sienten

Los oficios y las profesiones

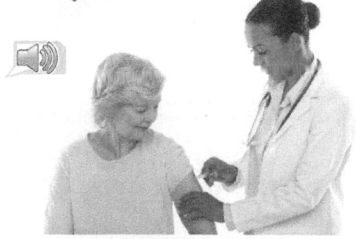

Dra. Alicia Gonira de Pérez
C A R D I Ó L O G A

Consultorio
La Concepción 81
Calle 18, 402, Ciudad de Guatemala
Teléfono: (502) 23622001
Fax: (502) 23670721

▲Una **médica** le inyecta antibióticos a una paciente en su **consultorio.**

▲Una **ejecutiva** llama por teléfono a un **cliente.**

▲Una **locutora espera** la **señal** para comenzar un programa de noticias en una estación de radio.

▲Un **técnico** revisa los controles de una **compañía** petrolera.

▲Unos **bomberos apagan** un **incendio** en la Ciudad de Guatemala.

◀Un **peluquero** le corta el pelo a una clienta.

Otras ocupaciones

la juez (el juez)

el abogado
(la abogada)

la bibliotecaria
(el bibliotecario)

el policía
(la policía)

el ama de casa
(el amo de casa)

el actor (la actriz)

el chofer (la chofer)

la cajera (el cajero)

la científica (el científico)

el psicólogo
(la psicóloga)

el plomero (la plomera)

la arquitecta (el arquitecto)

la enfermera
(el enfermero)

la mujer de
negocios
(el hombre de
negocios)

el ingeniero
(la ingeniera)

la periodista
(el periodista)

la electricista
(el electricista)

el intérprete
(la intérprete)

el contador (la contadora)

el obrero (la obrera)

PRÁCTICA

9-5

Para confirmar. Lean las siguientes descripciones y digan qué profesión u oficio deben tener las personas con estas características.

abogado/a	artista	mecánico/a	plomero/a
actor/actriz	ingeniero/a	médico/a	psicólogo/a

1. _____ A Pablo le gusta observar y analizar el comportamiento (*behavior*) de las personas.

2. _____ Los hermanos Pedraza siempre resuelven los problemas del auto de su padre. Lo examinan y lo reparan a la perfección.

3. _____ Eva y Ana tienen facilidad para resolver los problemas de otras personas y la habilidad de exponer oralmente ante una corte.

4. _____ A Jaime le fascina desarmar (*disassemble*) aparatos electrónicos para estudiar cómo funcionan.

5. _____ Daniela es una chica muy sensible y una gran observadora. Le fascina expresar sus sentimientos y experiencias de manera artística.

6. _____ Adela siempre lee libros sobre anatomía. Ella sabe el nombre de cada parte del cuerpo humano.

Cultura

■ ■ ■ ■ ■

La mujer y el trabajo

Un cambio social importante en los países hispanos en las últimas décadas es la entrada masiva de las mujeres al mercado laboral. Sin embargo, aún existen desigualdades. Por ejemplo, los salarios de las mujeres son en muchos casos más bajos que los de los hombres. Algunos países, como Perú y Chile, tienen un Ministerio de la Mujer para proteger los derechos de las mujeres.

Conexiones. En tu opinión, ¿por qué existen diferentes oportunidades en el mercado laboral para hombres y mujeres? ¿Qué medidas se toman para acabar con esta desigualdad?

9-6

Las profesiones y la personalidad. PREPARACIÓN. Digan cómo deben ser estos/as profesionales. Seleccionen las palabras de la lista para describirlos/las.

 MODELO un bombero / una bombera

E1: *Debe ser valiente, serio y responsable.*

E2: *Sí, y no debe ser perezoso.*

autoritario/a	detallista	perezoso/a
calculador/a	estudioso/a	responsable
cuidadoso/a	guapo/a	romántico/a
dedicado/a	inteligente	serio/a
delgado/a	irónico/a	simpático/a
descuidado/a	paciente	valiente

1. un médico/una médica

2. un actor/una actriz

3. un hombre/una mujer de negocios

4. un peluquero/una peluquera

5. un locutor/una locutora

6. un amo/ama de casa

7. un ejecutivo/una ejecutiva

8. un mecánico/una mecánica

9. un cocinero/una cocinera

10. un abogado/una abogada

INTERCAMBIOS. Intercambien ideas sobre lo siguiente.

1. ¿Conoces a algún/alguna… (*nombre de la profesión*)? ¿Cómo se llama? ¿Dónde trabaja?

2. ¿Qué características personales o especiales, en tu opinión, lo/la ayudan en su profesión?

9-7

Asociaciones. Asocien una o más profesiones con los siguientes lugares de trabajo. Túrnense y digan lo que hacen estas personas.

LUGAR	PROFESIÓN	¿QUÉ HACE?
1. el hospital	enfermero/a, médico/a	Atiende a los pacientes.
2. el restaurante		
3. la clase		
4. la estación de radio		
5. la tienda de ropa		
6. el consultorio médico		
7. la peluquería		

9-8

¿Cuál es la profesión? Escribe la ocupación o profesión y una ventaja y una desventaja para cada una. Después, túrnense para compartir sus ideas.

 MODELO Trabaja en una biblioteca.

E1: *Es un bibliotecario.*

E2: *Una ventaja de ser bibliotecario es tener acceso a muchos libros y una desventaja es trabajar muchas horas frente a la computadora.*

E1: *Para mí una ventaja es trabajar en un lugar tranquilo y una desventaja es la falta de ejercicio físico.*

	PROFESIÓN	VENTAJAS	DESVENTAJAS
1. Escribe artículos para el periódico.			
2. Presenta programas de televisión.			
3. Traduce simultáneamente.			
4. Mantiene el orden público.			
5. Apaga incendios.			
6. Defiende o acusa a personas delante de un/a juez/a.			

Buscando trabajo

La entrevista de trabajo

SRA. ARCE: Buenos días, Sr. Solano. Soy Marcela Arce, presidenta de la compañía.

SR. SOLANO: Mucho gusto, señora.

SRA. ARCE: Siéntese, por favor. Usted **solicitó** el **puesto** de **gerente de ventas** en línea, ¿verdad?

SR. SOLANO: Sí, señora. Hice una búsqueda en Internet y vi que había una **vacante.** Así que **llené** una **solicitud.**

SRA. ARCE: Sí, aquí la tengo, y también su **currículum. Por cierto,** es excelente.

SR. SOLANO: Muchas gracias.

SRA. ARCE: **Actualmente** usted trabaja en la empresa Badosa. ¿Por qué quiere **dejar** su puesto?

SR. SOLANO: Bueno, **en realidad** estoy muy contento allí, pero a mí me gustaría trabajar en una compañía internacional para poder hablar otras lenguas. Como usted ve en mi currículum, hablo español, inglés y francés.

SRA. ARCE: En su solicitud, usted indica que desea un **sueldo** de 35.000 quetzales al mes. **Sin embargo,** para el puesto que tenemos, el sueldo que **se ofrece** es de 30.000 quetzales.

SR. SOLANO: Sí, lo sé, pero la diferencia no es tan importante. **Lo importante** es que aquí puedo tener la oportunidad de comunicarme con los clientes en su **propia** lengua. Creo que esto puede mejorar las ventas de Computel notablemente.

SRA. ARCE: Pues, si le parece bien el sueldo, ¿por qué no pasamos a la oficina del director general para seguir hablando?

SR. SOLANO: ¡Cómo no!

PRÁCTICA

Cultura

■ ■ ■ ■ ■ ■

El quetzal

El quetzal es la moneda nacional de Guatemala y su símbolo es GQT. La tasa de cambio es aproximadamente, 8 quetzales por dólar. Queztal es una palabra de origen náhuatl y se refiere al pájaro de vivos colores que es símbolo de Guatemala.

Comparaciones. ¿Sabes cuál es el origen de la palabra dólar?

 9-9

Para confirmar. Busquen los siguientes datos en la conversación anterior.

1. nombre de la presidenta de la compañía

2. puesto que solicita el Sr. Solano

3. nombre de la compañía donde desea trabajar

4. lenguas que habla

5. sueldo que desea el Sr. Solano

6. sueldo que se ofrece en el nuevo puesto

7. motivo para cambiar de puesto

9-10

¿En qué orden? Cuando alguien busca un trabajo, normalmente, ¿en qué orden ocurren las siguientes actividades? Ordénalas de 1 a 8. Después, compara tus respuestas con las de tu compañero/a y dile si haces las mismas cosas y en el mismo orden.

_____ Leo los anuncios del periódico *El Diario de Centro América*.

_____ Me llaman de la Compañía Rosell para una entrevista.

_____ Les contesto que no, que se cerró el almacén.

_____ Con un clic del ratón, envío mis materiales a la Compañía Rosell.

_____ Voy a la compañía para la entrevista.

_____ Me preguntan si me despidieron (*fired*) del trabajo anterior.

_____ Lleno la solicitud en línea para la Compañía Rosell y subo (*upload*) mi currículum.

_____ Me ofrecen el puesto de vendedor/a.

9-11

El arte de entrevistarse. PREPARACIÓN. Escoge el anuncio que te parece más interesante y solicita ese puesto. Tu compañero/a, en el papel de jefe/a de personal, debe entrevistarte y tomar notas para obtener la siguiente información. Luego, cambien de papel.

1. nombre de la persona que solicita el puesto

2. estudios

3. lenguas que habla

4. lugar donde trabaja y responsabilidades

5. experiencia anterior

6. razones para querer trabajar en esta compañía

INTERCAMBIOS. Ahora informa al presidente/a la presidenta de la empresa (otro/a compañero/a) sobre las calificaciones del candidato/de la candidata que acabas de entrevistar.

INSTITUTO DE CIRUGÍA PLÁSTICA: CLÍNICA CÁRDENAS
Necesita enfermera

Prótesis:
implantes faciales (Botox, silicona)
liposucción papada
abdomen
muslos

Informes:
Clínica Centro, Zona 10
Tel: (502) 2534147

Llamar a secretaria: Marta

EMPRESA MINERA
Requiere
3 Ingenieros de sistemas

REQUISITOS:
1. Mayor de 25 años
2. Experiencia en minas de cobre
3. Flexibilidad horaria
(incluidos fines de semana)

OFRECEMOS:
1. Ingreso superior
a 40.000 quetzales
2. Capacitación profesional
3. Bonos de participación

Interesados enviar currículum a:
Minas de Guatemala S.A.

Oficina de Personal
Diagonal 19, 29-78, Zona 11
Ciudad de Guatemala, Guatemala
Teléfono: (502) 2762147
Fax: (502) 2763482

Hotel VILLA ANTIGUA
Necesita

RECEPCIONISTA
• Experiencia
• Bilingüe español-inglés

CAMARERA
• Mín. 2 años de experiencia
• Disponible trabajar por las mañanas y tardes

Dirigirse al Hotel VILLA ANTIGUA
Jefe de Personal
9a. Calle Poniente, Carretera a Ciudad Vieja
Antigua, Guatemala
Teléfono: +(502) 78323956 o +(502) 78323955

EMPRESA EXPORTADORA DE ARTESANÍAS
Requiere
CONTADOR

Requisitos:
• Experiencia mínima de 5 años
• Graduado del Colegio de Contadores Públicos
• Para cita llamar al Sr. López al (502) 2764532

9-12

¿Comportamiento apropiado? Preparen una lista de cinco acciones que se deben hacer antes de una entrevista y cinco que no se deben hacer durante una entrevista. Después, comparen su lista con la de otros/as compañeros/as.

LO QUE SE DEBE HACER ANTES DE UNA ENTREVISTA	LO QUE NO SE DEBE HACER DURANTE UNA ENTREVISTA

Cultura

∎ ∎ ∎ ∎ ∎

Documentos a presentar

En muchos países hispanos, en una solicitud de trabajo además de un CV es común incluir una foto reciente de la persona que solicita el trabajo. Hasta hace poco tiempo, también era necesario agregar en el CV datos como la nacionalidad o el estado civil.

Comparaciones. ¿Cuáles son las ventajas y desventajas de incluir una foto en el CV? ¿Por qué en tu país no se exige foto?

9-13

Mi profesión. PREPARACIÓN. You will listen to Julieta Odriozola talk about her profession. Before listening, each of you will write down the names of four professions that have traditionally been associated with women and four professions traditionally associated with men. Share your answers.

 ESCUCHA. Pay attention to the general idea of what is said. As you listen mark (✓) the appropriate ending to each statement. Check answers with a classmate.

1. Julieta Odriozola es…

_____ artista.

_____ política.

_____ periodista.

2. Julieta tiene un horario…

_____ de 9 a 5.

_____ variable.

_____ de lunes a sábado.

3. Julieta hace casi todo su trabajo en…

_____ su auto.

_____ su casa.

_____ diferentes lugares.

4. Julieta trabaja con…

_____ artistas jóvenes.

_____ personas importantes.

_____ empleados de la comunidad.

C arlos, un estudiante de publicidad, empezó a hacer malabarismos (*juggling*) en los parques y en las calles de la Ciudad de Guatemala a los 18 años. Algunos de sus amigos cantaban en las estaciones de tren y así pagaron sus estudios. El caso de Carlos y sus amigos es bastante común para los hispanos jóvenes. En general es complicado encontrar un trabajo mientras se estudia, especialmente cuando los jóvenes no tienen experiencia. En los centros metropolitanos el nivel de competencia para tener acceso a un puesto vacante es alto.

En Perú y Ecuador, por ejemplo, es posible ver a estudiantes universitarios vendiendo artesanía, collares y pulseras para ganar dinero. Un caso similar es el de Matías, un joven de Buenos Aires, que tuvo este tipo de empleo informal por cinco años, antes de graduarse de dentista. Matías bailaba tango con su novia en las estaciones del metro de Buenos Aires. Dice Matías: "fue

▲ Los estudiantes hacen malabarismos y cantan para ganar dinero.

una experiencia bonita, hacíamos el espectáculo y la gente nos daba algo de dinero; todos se divertían mucho". Este tipo de trabajo se llama en el Cono Sur "trabajo a la gorra" porque al final del espectáculo, los jóvenes pasan una gorra (o un sombrero) para recolectar el dinero de los espectadores.

Es cierto que muchos estudiantes trabajan en restaurantes o supermercados, pero cada vez más estos otros tipos de trabajos informales son comunes entre los adolescentes. Los trabajos de medio tiempo los ayudan a pagar sus estudios y a tener dinero para pasar tiempo con amigos y familia.

▲ Este joven toca la guitarra en una estación de tren.

◀ Tango en la calle

Compara

1. ¿Qué tipo de trabajos son frecuentes entre los estudiantes universitarios en tu país?

2. ¿Existe el trabajo informal entre los jóvenes en tu país? ¿Qué actividades son comunes?

3. ¿Conoces algún tipo de "trabajo a la gorra" en tu comunidad? Explica.

4. ¿Qué piensas de estos jóvenes y del trabajo informal? Explica.

☑ Funciones y formas

1 Avoiding repetition

Bárbara

BÁRBARA: Carlota, ¿por qué llevas chanclas (*flip-flops*)?

CARLOTA: **Le** di mis zapatos al zapatero porque se rompieron.

BÁRBARA: ¿Y no tienes frío?

CARLOTA: Sí, pero no tengo otra opción. El zapatero va a arreglar**los** en una hora. Y tú, Bárbara, ¿por qué no trajiste chaqueta? Hace frío.

BÁRBARA: **La** dejé en casa.

CARLOTA: Bueno, yo **te** presto mi suéter.

Carlota

Piénsalo. Para cada oración, escribe las palabras en negrita (*boldface*) en la columna apropiada. En algunas oraciones hay más de un objeto directo u objeto indirecto.

	OBJETO DIRECTO	OBJETO INDIRECTO
1. **Le** di mis **zapatos** al **zapatero.**	_____	_____
2. El zapatero va a arreglar los **zapatos** de Carlota.	_____	_____
3. El zapatero va a arreglar**los.**	_____	_____
4. ¿Por qué no trajiste **chaqueta?**	_____	_____
5. **La** dejé en casa.	_____	_____
6. **Te** presto mi **suéter.**	_____	_____

Review of direct and indirect object pronouns

■ In *Capítulo 5* you learned that direct objects answer the question *what?* or *whom?* in relation to the verb. They can refer to people, animals, or objects. When a direct object noun refers to a specific person, a group of people, or a pet, the personal **a** precedes the direct object. To avoid repetition in speaking or writing, direct object pronouns can replace direct object nouns if the noun has already been mentioned.

¿Ves **al chef?**	*Do you see the **chef?***
Sí, **lo** veo. Está al lado de la cocina.	*Yes, I see **him.** He is next to the kitchen.*
La Dra. Martín recibe **a sus pacientes** en la clínica.	*Dr. Martín sees **her patients** in the clinic.*
Los recibe todos los días.	*She sees **them** every day.*

- In *Capítulo 6* you learned that indirect object nouns and pronouns tell *to whom* or *for whom* an action is done. They most often occur in the context of transferring information or objects, such as giving someone a gift, telling someone a story, or asking someone for something.

La maestra siempre **les** dice la
   verdad a los niños.

*The teacher always tells
   the children the truth.*

El camarero no **nos** trajo la sopa.

The waiter did not bring us the soup.

- Direct and indirect object pronouns are placed before conjugated verbs. When a conjugated verb is followed by an infinitive or present participle, the pronouns can either precede the conjugated verb or be attached to the infinitive or present participle.

¿Las fotos de la casa?
   La arquitecta está organizándo**las.**
   La arquitecta **las** está organizando.

*The photos of the house?
The architect is compiling them.*

Su asistente va a mandar**nos**
   todos los documentos.

Su asistente **nos** va a mandar
   todos los documentos.

*Her assistant is going to send
   us all the documents.*

- Direct and indirect object pronouns have the same form, except in the third person. Note that **le/les** refer to either males or females.

DIRECT OBJECT PRONOUNS		INDIRECT OBJECT PRONOUNS	
me	nos	me	nos
te	os	te	os
lo	los	le	les
la	las		

---

e **¿COMPRENDES?**

Completa las oraciones con el pronombre correcto.

1. No tengo mi cartera. _____ dejé en casa.
2. Juan _____ dio a Marisol una bolsa guatemalteca.
3. Pero Juan no _____ trajo regalos a nosotros.
4. Me encantan tus fotos en Facebook. Estoy mirándo_____ ahora.
5. ¿Los intérpretes? _____ voy a llamar ahora.

MySpanishLab

Learn more using Amplifire Dynamic Study Modules, Grammar Tutorials, and Extra Practice activities.

PRÁCTICA

9-14

Los preparativos para la evaluación. PREPARACIÓN. Trabajas en la oficina de una arquitecta y mañana empieza la evaluación anual. Indica si la arquitecta (**A**) o el asistente administrativo (**AA**) está haciendo estos trabajos.

1. _____ Está terminando el último informe.

2. _____ Está firmando el contrato.

3. _____ Está sacando las fotocopias.

4. _____ Está organizando el horario.

 INTERCAMBIOS. Túrnense y comparen sus respuestas siguiendo el modelo.

 E1: ¿Quién está examinando el contrato?

E2: La arquitecta está examinándolo.

9-15

Comunicaciones y transacciones. Miren los dibujos y expliquen dónde ocurren las escenas y qué pasa en cada una.

 enviar/flores

E1: Pancho está en la floristería.

E2: Sí. Le va a enviar flores a su esposa porque es el Día de los Enamorados.

1. mandar/mensaje de texto

2. dar/documentos

3. vender/telas tradicionales

9-16

El jefe ideal. PREPARACIÓN Hablen sobre lo que hace (o no hace) un/a jefe/a ideal por sus empleados.

MODELO darles las gracias por la calidad de su trabajo

Les da las gracias por la calidad de su trabajo.

1. sugerir estrategias de trabajo eficientes

2. mandar correos electrónicos durante el fin de semana

3. ofrecer ayuda para resolver conflictos

4. subir el salario

5. dar un mes de vacaciones

6. hacer trabajar horas extras sin recompensa

INTERCAMBIOS. Ahora túrnense para hacerse preguntas sobre lo que ustedes van a hacer por sus empleados cuando sean jefes de una empresa.

MODELO E1: *¿Vas a darles las gracias a tus empleados?*

E2: *Sí, les voy a escribir una carta de reconocimiento todos los años.*

Situación

PREPARACIÓN. Lean la situación. Luego, compartan ejemplos de vocabulario, gramática y otra información que necesitan para desarrollar la conversación.

Role A. You have come back from a trip to Guatemala and have brought with you the following items that you bought at an outdoor market: blouses, tapestries, and jewelry. With your classmate, decide who in your class will be the recipients of your gifts.

Role B. One of your classmates has come back from a trip to Guatemala, and he/she has a few gifts to distribute among your classmates. Help him/her decide for whom each gift is most appropriate.

	ROLE A	ROLE B
Vocabulario	Handicrafts	Handicrafts Question words
Funciones y formas	Asking and answering questions Direct and indirect object pronouns	Asking and answering questions Direct and indirect object pronouns Giving suggestions

INTERCAMBIOS. Practica la conversación con tu compañero/a incorporando el vocabulario, las funciones y demás información. Luego, represéntenla ante la clase.

2 | Avoiding repetition

CONSEJERA:	¿Ya **le** mandó su currículum al director?
CLIENTE:	Sí, **se lo** mandé la semana pasada.
CONSEJERA:	¿Recibió alguna confirmación?
CLIENTE:	Sí, ellos **me la** mandaron rápidamente. **La** recibí hoy.

 Piénsalo. Lee las oraciones e indica los objetos directos y los indirectos, tanto los pronombres como los sustantivos (*nouns*).

	OBJETO INDIRECTO	OBJETO DIRECTO
MODELO La secretaria **me** dio una cita para el lunes.	*me*	*cita*
1. ¿Ya **le** mandó su currículum al director?	_____	_____
2. **Se lo** mandé la semana pasada.	_____	_____
3. Ellos **me la** mandaron rápidamente.	_____	_____
4. **La** recibí hoy.	_____	_____

Use of direct and indirect object pronouns together

■ You have already learned how to use indirect object pronouns or direct object pronouns in sentences. In this section you will learn how to use both types of pronouns in the same sentence.

INDIRECT OBJECT PRONOUNS		DIRECT OBJECT PRONOUNS	
me	nos	me	nos
te	os	te	os
le (se)	les (se)	lo	los
		la	las

■ When direct and indirect object pronouns are used in the same sentence, the indirect object pronoun goes before the direct object pronoun. Place double object pronouns before conjugated verbs.

Ella **me** dio **la solicitud.**   *She gave me the application.*
   i.o.   d.o.

Ella **me la** dio.   *She gave it to me.*
   i.o. d.o.

- In compound verb constructions, you may place double object pronouns before the conjugated verb or attach them to the accompanying infinitive or present participle.

Él quiere dar**me el contrato.**
       i.o.   d.o.

He wants to give me the contract.

Él quiere dár**melo.**
      i.o. d.o.

Él **me lo** quiere dar.
  i.o. d.o.

He wants to give it to me

Ella **te** está haciendo **la oferta de trabajo.**
    i.o.   d.o.

She is making you the job offer.

Ella **te la** está haciendo.
  i.o. d.o.

Ella está haciéndo**tela.**
         i.o. d.o.

She is making it to you.

- The indirect object pronouns **le** and **les** change to **se** before **lo, los, la,** or **las.**

Le dio **el puesto** a Verónica.
i.o.   d.o.

He gave the job to Veronica.

Se lo dio.
i.o. d.o.

He gave it to her.

Les va a mostrar **el anuncio.**
i.o.   d.o.

She is going to show them/you (ustedes) the ad.

Se lo va a mostrar.
i.o. d.o.

She is going to show it to them/you (ustedes).

- When a direct object pronoun and a reflexive pronoun are used together, the reflexive pronoun precedes the direct object pronoun.

Siempre **me** envío **correos electrónicos**
       i.o.   d.o.

I always send myself e-mails

para recordar lo que debo hacer.

to remember what I have to do.

Siempre **me los** envío.
      i.o. d.o.

I always send them to myself.

|e| **¿COMPRENDES?**

Completa las oraciones con los pronombres de objeto directo e indirecto.

1. (los informes) La secretaria _____ _____ dio a Javier.
2. (las bebidas) El camarero _____ _____ trajo a nosotros.
3. (el collar de plata) Yo _____ _____ regalé a mi hermana.
4. (sus problemas) Laura _____ _____ contó al psicólogo.
5. (el puesto) El jefe _____ _____ dio a mí, no a él.
6. (la información) ¿Cuándo _____ _____ vas a dar a ellos?

MySpanishLab

Learn more using Amplifire Dynamic Study Modules, Grammar Tutorials, and Extra Practice activities.

PRÁCTICA

9-17

¿Qué haces? PREPARACIÓN. La imparcialidad, la amabilidad y la confidencialidad son fundamentales en el trabajo. Lee las siguientes situaciones y selecciona lo que harías (*would do*) en cada una.

1. Un cliente te pide el teléfono de la oficina del presidente de la compañía.

   a. _____ Se lo doy.   **b.** _____ No se lo doy.

2. Alguien quiere leer un documento confidencial.

   a. _____ Se lo muestro.   **b.** _____ No se lo muestro.

3. La nueva jefa de personal viene a una reunión de su departamento. Alguien tiene que presentarla a los empleados.

   a. _____ Se la presento.   **b.** _____ No se la presento.

4. Una empleada nueva te dice que quiere dos semanas de vacaciones después de trabajar solo tres meses.

   a. _____ Se las doy.   **b.** _____ Decido no dárselas.

 INTERCAMBIOS. ¿Estás de acuerdo con tu compañero/a? Intercambien sus respuestas y expliquen por qué.

 Un cliente te pide información personal sobre las finanzas de otro cliente. Los dos clientes son hermanos.

   E1: *No se la doy porque no le gustaría al segundo cliente.*

   E2: *Yo se la doy porque los dos clientes son hermanos.*

9-18

¿Qué hizo el supervisor? Eres el/la dueño/a de una compañía. Habla con tu nuevo/a empleado/a (tu compañero/a) para saber si el supervisor le explicó cómo funciona su departamento.

 darle el manual de la compañía

   E1: *¿Le dio el manual de la compañía?*

   E2: *Sí, me lo dio.*

1. explicarle la campaña de publicidad

2. mostrarle los anuncios

3. traerle las revistas

4. pedirle un documento que faltaba

5. dejarle las fotos

6. describirle los modelos que se necesitan

¡El cliente siempre tiene razón! PREPARACIÓN. Cada uno de ustedes comió recientemente en un restaurante. Comparen su experiencia.

1. ¿Cuándo te sirvieron el agua?
2. ¿Te trajeron pan?
3. ¿Te dijo el camarero cuáles eran los platos especiales del día?
4. ¿Te describió los platos?
5. ¿Te ofreció postres y café?
6. ¿Aceptaron tu tarjeta de crédito?

INTERCAMBIOS. Presenten a la clase un breve resumen del servicio en sus respectivos restaurantes.

Situación

PREPARACIÓN. Lean la situación. Luego, compartan ejemplos de vocabulario, gramática y otra información que necesitan para desarrollar la conversación.

Role A. It is the end of the day, and you just finished a report for your new supervisor, who has been in meetings all day. You have to leave, so you ask your co-worker to turn it in (**entregar**) for you. You call your friend from the car to ask:

a. if he/she gave the report (**el informe**) directly to the supervisor;
b. what time he/she turned it in; and
c. what the supervisor said to him/her.

Role B. A co-worker asks you to turn in his/her report to your supervisor because he/she has to leave. Your friend is nervous about turning in the report by the end of the day. When your friend calls you, answer all of his/her questions.

	ROLE A	ROLE B
Vocabulario	Greetings Question words Expressions of thanks	Expressions of reassurance
Funciones y formas	Asking questions Direct and indirect object pronouns Opening and closing a phone conversation Expressing gratitude for a favor	Answering questions Direct and indirect object pronouns Opening and closing a phone conversation Acknowledging gratitude

INTERCAMBIOS. Practica la conversación con tu compañero/a incorporando el vocabulario y las funciones de *Preparación*. Luego, represéntenla ante la clase.

3 Talking about the past

PERIODISTA: Sr. Mario Parada, usted estaba en el Bancafé cuando entraron los ladrones (*robbers*), ¿verdad? ¿Qué **estaba haciendo?**

SR. PARADA: Yo **estaba hablando** con la cajera. **Iba a** hacer un depósito, pero claro, no **pude** realizar la transacción.

PERIODISTA: ¿Qué hicieron los empleados cuando **supieron** que había ladrones en el banco?

SR. PARADA: Todo pasó muy rápido. En el momento del robo, los cajeros **estaban atendiendo** a los clientes. Los oficiales de seguridad vieron a los ladrones y **quisieron** detenerlos (*stop them*) pero no **pudieron.**

Piénsalo. Indica (✓) si cada afirmación representa una **actividad en progreso** o un **evento terminado** en el pasado.

	ACTIVIDAD EN PROGRESO	EVENTO TERMINADO
1. Yo **estaba hablando** con la cajera.	_____	_____
2. No **pude** hacer la transacción.	_____	_____
3. Los empleados lo **supieron.**	_____	_____
4. Los cajeros **estaban respondiendo** a las preguntas de los clientes.	_____	_____
5. Los oficiales **quisieron** detenerlos.	_____	_____
6. No **pudieron** hacerlo.	_____	_____

More on the imperfect and the preterit

■ You have used the imperfect to express an action or event that was in progress in the past. You may also use the imperfect progressive to emphasize the ongoing nature of the activity in the past. Form the imperfect progressive with the imperfect of **estar** and the present participle (**-ndo**).

Mario **estaba hablando** con la cajera cuando entraron los ladrones.

Mario was talking to the teller when the robbers came in.

Los gerentes del banco **estaban trabajando** en el segundo piso cuando oyeron los gritos.

The managers of the bank were working on the second floor when they heard the shouts.

■ To express intentions in the past, use the imperfect of **ir** + **a** + *infinitive.*

Iba a salir, pero era muy tarde.

I was going to go out, but it was very late.

■ In *Capítulo 7* you practiced the preterit of **saber** with the meaning of finding out about something. You also practiced the preterit of **querer** with the meaning of wanting or trying to do something, but failing to accomplish it. In the negative, the preterit of **querer** conveys the meaning of refusing to do something.

Supe que Jorge consiguió trabajo.

I found out that Jorge got a job.

Quise entrevistarme con el gerente, pero fue imposible.

I wanted (and tried) to get an interview with the manager, but it was impossible.

No quise ir.

I refused to go.

■ Other verbs that convey a different meaning in English when the preterit is used are **conocer** and **poder.**

IMPERFECT		PRETERIT	
Yo **conocía** a Ana.	*I knew Ana.*	**Conocí** a Ana.	*I met Ana*
Podía hacerlo.	*I could (was able to) do it.*	**Pude** hacerlo.	*I accomplished (managed to do) it.*
No podía hacerlo.	*I couldn't (wasn't able to) do it.*	**No pude** hacerlo.	*I couldn't do it. (I tried and failed.)*
Quería ir con ellos.	*I wanted to go with them.*	**Quise** ir con ellos.	*I tried to go with them (but didn't go).*
		No **quise** ir con ellos.	*I refused to go with them.*

 **¿COMPRENDES?**

Completa las oraciones con la forma correcta del verbo en el pretérito o el imperfecto.

1. El proyecto fue difícil, pero nosotros _____ (poder) hacerlo.
2. Pablo no _____ (querer) compartir los comentarios del jefe y no dijo nada.
3. Ellas _____ (conversar) cuando entró el gerente.
4. Alfredo y Sandra _____ (conocerse) en una recepción.
5. Después Alfredo _____ (saber) que Sandra ya conocía a su hermano.

MySpanishLab

Learn more using Amplifire Dynamic Study Modules, Grammar Tutorials, and Extra Practice activities.

PRÁCTICA

9-20

Las memorias de Arturo. Completa el párrafo de Arturo, un profesor de antropología, con la forma apropiada de los verbos. Luego, compara tus respuestas con las de tu compañero/a.

En el año 2007, yo (1) _____ (conocí/conocía) a mi novia Elizabeth en mi primer viaje a Guatemala. En ese momento, yo solo (2) _____ (conocí/conocía) Antigua y un par de lugares de interés para los turistas. Después de nuestro encuentro, yo inmediatamente (3) _____ (supe/sabía) que mis visitas a Guatemala (4) _____ (fueron/iban) a ser más frecuentes. Ese año nosotros no (5) _____ (pudimos/podíamos) viajar juntos por el país, pero el año siguiente lo hicimos. Su familia, ella y yo (6) _____ (pudimos/podíamos) explorar juntos la reserva ecológica Calahuar. Caminamos todo el día por el bosque. Después de caminar tantas horas, yo no (7) _____ (pude/podía) dar un paso más, pero al día siguiente (8) _____ (pudimos/podíamos) continuar el viaje a San Pedro La Laguna en Atlitán.

9-21

Una oficina muy ocupada. Ustedes visitaron la oficina que aparece en la siguiente escena. Túrnense para preguntar qué estaban haciendo las personas cuando cada uno/a de ustedes llegó.

 E1: *¿Qué estaba haciendo Alicia cuando llegaste a la oficina?*

E2: *Estaba conversando con un cliente.*

¡A usar la imaginación! Estas descripciones indican lo que estaban haciendo varias personas ayer. Identifiquen cuál era el oficio o profesión de ellos y qué iban a hacer después.

 MODELO Esta persona llevaba un traje espacial, guantes, botas muy grandes y un plástico transparente frente a los ojos para poder ver.

E1: *Era un astronauta.*

E2: *Iba a caminar en la Luna.*

1. Un hombre joven tenía un secador en la mano y hablaba con una clienta mientras le arreglaba el pelo.

2. Unos señores iban en un camión rojo con una sirena. El camión iba muy rápido y los autos le daban paso (*yielded*).

3. Una joven que llevaba un vestido similar a los que se llevaban en la época de Cleopatra hablaba frente a una cámara. Tenía pelo negro y estaba muy maquillada.

4. Un señor estudiaba los planos de un edificio y decía que ciertas cosas no estaban bien.

9-23

Un día extraño. Trabajen juntos para completar las oraciones, explicando por qué ayer fue un día diferente a los otros días.

MODELO Siempre desayuno, pero ayer…

E1: *Siempre desayuno bien, pero ayer no pude desayunar.*

E2: *¿Por qué?*

E1: *Me desperté a las 8:45 y tuve que pasar por el cajero automático antes de clase.*

1. Mis padres siempre me mandan mensajes de texto, pero ayer…

2. Siempre termino mi tarea antes de las diez de la noche, pero ayer…

3. Generalmente duermo muy bien, pero anoche…

4. Con frecuencia practico deportes por la tarde, pero ayer…

5. Generalmente acepto las invitaciones de mis amigos, pero ayer…

6. Casi siempre hago la tarea de matemáticas sin ningún problema, pero ayer…

¡Malas sorpresas! Lean las siguientes situaciones e inventen historias breves: los planes probables de las personas, qué intentaron (quisieron) hacer y qué pudieron (o no pudieron) hacer.

 MODELO Martín está enfadado porque su bicicleta se descompuso (*broke*).

> E1: *Martín no pudo ir al parque con sus amigos.*
>
> E2: *Él quiso arreglar su bicicleta, pero…*

1. Lorena está molesta porque la fotocopiadora de la oficina no funciona.
2. Fuiste a tu restaurante favorito, pero el restaurante estaba cerrado.
3. El jefe de producción llamó a una reunión urgente ayer. Anoche comenzó a nevar y muchos empleados no llegaron a su trabajo.
4. Al carro de Marta y Francisco se le acabó (*ran out of*) la gasolina cerca de la playa. Tuvieron que dejarlo en la carretera.
5. Esteban tenía una entrevista con el jefe de personal a las nueve pero no llegó a tiempo.

Situación

PREPARACIÓN. Lean la situación. Luego, compartan ejemplos de vocabulario, gramática y otra información que necesitan para desarrollar la conversación.

Role A. You work as a server at a restaurant near your campus. While you were working last night, there was a power outage (**un apagón**). In the darkness of the crowded restaurant, servers dropped trays (**bandejas**), some customers stole purses, cell phones, and other items from nearby tables, and other people started to fight (**pelearse**). A reporter for the school newspaper interviews you about the incident.

Role B. You are a reporter for your school newspaper, and you are investigating an incident that took place at a restaurant near campus. Ask the server (your classmate) for details:

a. what people were doing when the power went out (**cortarse la luz**);
b. what happened next; and
c. what people tried to do and were able (or not able) to do.

	ROLE A	ROLE B
Vocabulario	Words and expressions related to restaurants	Question words Words and expressions related to restaurants
Funciones y formas	Telling a story in the past Preterit and imperfect Answering questions	Asking questions Preterit and imperfect

INTERCAMBIOS. Practica la conversación con tu compañero/a incorporando el vocabulario y las funciones de *Preparación*. Luego, represéntenla ante la clase.

4 Giving instructions or suggestions

RICARDO: Buenos días, señorita. Me llamo Ricardo Roldán Díaz. ¿Podría darme una solicitud para el puesto de asistente de contador?

SECRETARIA: Claro que sí, Sr. Roldán. Por favor, **llene** la solicitud y **mándenosla** pronto.

RICARDO: ¿Puedo mandársela por correo electrónico?

SECRETARIA: Sí, **envíela** por correo electrónico, o **súbala** a nuestra página web.

e **Piénsalo.** Indica (✓) las instrucciones que recibió Ricardo de la secretaria.

1. _____ Llene la solicitud.

2. _____ Envíe una foto.

3. _____ Mándeme flores.

4. _____ Suba la solicitud a nuestra página web.

5. _____ Mande pronto la solicitud.

6. _____ No deje ningún espacio en blanco.

Formal commands

■ Commands (**los mandatos**) are the verb forms used to tell others to do something. Use formal commands with people you address as **usted** or **ustedes.** To form these commands, drop the final **-o** of the **yo** form of the present tense and add **-e(n)** for **-ar** verbs and **-a(n)** for **-er** and **-ir** verbs.

		USTED	USTEDES	
firmar	→ firmø	firme	firmen	*sign*
leer	→ leø	lea	lean	*read*
abrir	→ abrø	abra	abran	*open*

Firme aquí, por favor. *Sign here, please.*

Lean los informes antes de la reunión. *Read the reports before the meeting.*

Abra la sesión a las 14:00 horas en punto. *Open the session at 2:00 P.M. sharp.*

■ The stem of the command form is the same as the stem of the **yo** form of the present tense, even for stem-changing and most irregular verbs.

		USTED	USTEDES	
pensar	→ pienso	piense	piensen	*think*
dormir	→ duermo	duerma	duerman	*sleep*
repetir	→ repito	repita	repitan	*repeat*
poner	→ pongo	ponga	pongan	*put*

- The use of **usted** and **ustedes** with command forms is optional. When used, they normally follow the command.

  Pase/Pase **usted.** *Come in.*

- To make a formal command negative, place **no** before the affirmative command.

  No salga ahora. *Do not leave now.*

- Object pronouns and reflexive pronouns are attached to the end of affirmative commands. (Note the written accent over the stressed vowel.) Object pronouns and reflexive pronouns precede negative commands and are not attached.

  Cómpre**la.** *Buy it.*

  No **la** compre. *Do not buy it.*

  Háblen**le.** *Talk to him/her.*

  No **le** hablen. *Do not talk to him/her.*

  Siénte**se.** *Sit down.*

  No **se** siente. *Do not sit down.*

- The verbs **dar, ir, ser,** and **saber** have irregular command forms.

dar:	**dé, den**
ir:	**vaya, vayan**
ser:	**sea, sean**
saber:	**sepa, sepan**

- Verbs ending in **-car, -gar, -zar, -ger,** and **-guir** have spelling changes in command forms.

sacar	saco	→	sa**qu**e, sa**qu**en
jugar	juego	→	jue**gu**e, jue**gu**en
almorzar	almuerzo	→	almuer**c**e, almuer**c**en
recoger	recojo	→	reco**j**a, reco**j**an
seguir	sigo	→	si**g**a, si**g**an

| *e* | **¿COMPRENDES?** |

Completa las oraciones con la forma correcta del mandato formal.

1. _____ (Leer) el informe, por favor, Sr. Flores.
2. Luego, _____ me (dar) un resumen de los puntos principales.
3. No _____ (incluir) información innecesaria.
4. Manuel y Clara, no _____ (salir) antes de las cinco.
5. _____ (Seguir) Uds. mis instrucciones, por favor.
6. Clara, al terminar el proyecto, _____ melo (mandar) por *e-mail*.

MySpanishLab

Learn more using Amplifire Dynamic Study Modules, Grammar Tutorials, and Extra Practice activities.

PRÁCTICA

9-25

Instrucciones a un/a estudiante. No fuiste a clase durante la semana dedicada a Guatemala y quieres ponerte al día. Túrnense para hacer cada uno un rol: el estudiante que pregunta y el profesor que responde. Añadan una pregunta más.

 E1: *¿Estudio el capítulo 9?*

E2: *Sí, estúdielo.*

1. ¿Contesto las preguntas sobre los lugares turísticos en Guatemala?

2. ¿Miro los DVD de bailes folclóricos de Guatemala?

3. ¿Busco más información en línea sobre la cultura de Guatemala?

4. ¿Hago la tarea sobre las culturas indígenas de Guatemala?

5. ¿Leo el artículo sobre Rigoberta Menchú?

6. ¿…?

Cultura

■ ■ ■ ■ ■

En Guatemala, los jóvenes se dirigen normalmente a sus padres, a sus profesores y a otras personas mayores con la forma **usted.** El uso de **tú** y de **usted** varía mucho en el mundo hispano. En general la forma **tú** es más común para comunicarse con los padres, pero **usted** se usa frecuentemente para la comunicación con los profesores.

Comparaciones. No todas las lenguas tienen el equivalente de las formas **tú** y **usted.** ¿Cómo se dirige la gente a otras personas en tu cultura para demostrar respeto?

9-26

En el hospital. Un/a enfermero/a entra en la habitación y le hace las siguientes preguntas al/a la paciente. Túrnense para hacer los papeles de enfermero/a y paciente, y añadan una pregunta más.

 E1: *¿Le abro las cortinas?*

E2: *Sí, ábramelas, por favor. Quisiera leer.*

1. ¿Le pongo la televisión?

2. ¿Le preparo un café?

3. ¿Le doy otra almohada?

4. ¿Me llevo estas flores?

5. ¿Le traigo el teléfono?

6. ¿…?

9-27

Mandatos del entrenador de un equipo. Preparen una lista de sugerencias que el/la entrenador/a puede darles a los miembros de su equipo para lograr los objetivos siguientes. Comparen su lista con la de otra pareja.

 para mantenerse en buen estado físico

E1: *Practiquen todos los días.*

E2: *No se acuesten tarde.*

1. para tener mejor rendimiento (*performance*)

2. para prepararse mentalmente para un partido difícil

3. para evitar problemas con el árbitro

4. para dormir bien cuando tienen mucho estrés

5. para ser buenos alumnos y también buenos deportistas

9-28

¿Qué deben hacer estas personas? Busquen una solución a los siguientes problemas y díganle a cada persona qué debe hacer.

 MODELO El Sr. Álvarez dice: "No estoy contento en mi trabajo".

E1: *Sr. Álvarez, busque otro trabajo inmediatamente.*

E2: *Hable con su jefe y explíquele la situación.*

1. La Sra. Jiménez dice: "Necesito más vendedores en mi compañía".

2. El Sr. Jiménez se queja: "Tengo que terminar un informe económico pero mi computadora no funciona".

3. Unos hombres de negocios van a ir a la Ciudad de Guatemala, pero no saben hablar español.

4. La Sra. Peña tuvo un accidente serio con su auto; el chofer que provocó el accidente no quiere darle la información que ella necesita para informar a su seguro.

5. La Sra. Hurtado entra en su apartamento y ve que hay agua en el piso de la cocina.

6. La Sra. Fernández quiere ir al Festival Folclórico Nacional de Cobán, pero el Sr. Fernández no se siente bien.

Situación

PREPARACIÓN. Lean esta situación. Luego, compartan ejemplos de vocabulario, gramática y otra información que necesitan para desarrollar la conversación.

Role A. Tell your neighbor that you are leaving for three days for job interviews. Ask if your neighbor can do a few things for you. After he/she agrees, tell him/her to:

a. feed (**dar de comer a**) the cat and play with her every day;

b. water the plants;

c. pick up the mail (**correspondencia**); and

d. anything else you may need.

Thank him/her for helping you out.

Role B. Your neighbor tells you that he/she is going to be away. Agree to help him/her out. After you find out what you will have to do:

a. ask whom you should call if there is an emergency (**emergencia**); and

b. get the telephone number of the vet (**veterinario/a**).

	ROLE A	ROLE B
Vocabulario	Household chores	Household chores Question words
Funciones y formas	Formal commands Answering questions Expressing gratitude Using formal commands politely	Asking questions Answering questions

INTERCAMBIOS. Practica la conversación con tu compañero/a incorporando el vocabulario y las funciones de *Preparación*. Luego, represéntenla ante la clase.

EN ACCIÓN ▶

Buscando trabajo

9-29 Antes de ver

Las profesiones. Asocia las definiciones de la columna de la izquierda con las profesiones, oficios u ocupaciones de la columna de la derecha.

1. _____ Trabaja con madera y con frecuencia hace muebles.

2. _____ Sirve comida en un restaurante.

3. _____ Se dedica a cortar el pelo y a peinar a sus clientes.

4. _____ Defiende a un acusado en la corte.

5. _____ Ayuda a otras personas u organizaciones sin cobrar sueldo.

6. _____ Dirige películas.

7. _____ Estudia las sociedades y culturas del mundo.

8. _____ Asiste a las personas que tienen problemas de salud.

9. _____ Cobra y devuelve dinero a los clientes.

10. _____ Construye casas y edificios.

a. peluquero/a
b. abogado/a
c. enfermero/a
d. director/a de cine
e. carpintero/a
f. voluntario/a
g. camarero/a
h. antropólogo/a
i. cajero/a
j. arquitecto/a

9-31 Después de ver

¿Qué dijeron? PREPARACIÓN. Marca (✓) lo que dijeron los personajes en este segmento de video.

1. _____ Vanesa dijo que estaba buscando un trabajo relacionado con la moda.

2. _____ Héctor dijo que él ayudaba a su madre con las cuentas en su peluquería.

3. _____ Héctor le contó a Vanesa que cuando era más joven se cortó el pelo.

4. _____ Pilar dijo que estaba haciendo trabajo de voluntaria en Honduras.

5. _____ Héctor y Vanesa dijeron que iban a pensar seriamente en trabajar de voluntarios también.

  INTERCAMBIOS. Cuéntense alguna anécdota relacionada con un trabajo que tuvieron en el pasado. Usen las siguientes preguntas como guía.

1. ¿Qué trabajo era?

2. ¿Era un trabajo de voluntario(a) o remunerado (*paid*)?

3. ¿Ocurrió algo interesante en ese trabajo? ¿Qué pasó?

4. ¿Qué hiciste?

9-30 Mientras ves

En Guatemala. En este segmento, Vanesa y Héctor miran la página de Facebook de Pilar, la prima de Vanesa. Indica si las siguientes oraciones son ciertas (**C**) o falsas (**F**) según la información que da Pilar. Corrige las oraciones falsas.

1. _____ Pilar recibe un salario muy alto por el trabajo que hace en Guatemala.

2. _____ Las estufas ecológicas son menos peligrosas que las estufas de leña.

3. _____ El lago Atitlán es el lago más profundo de Centroamérica.

4. _____ El café y el maíz son importantes recursos de Guatemala.

5. _____ Las ruinas de Tikal son ejemplo de la arquitectura española en Guatemala.

6. _____ Chichicastenango es un famoso mercado de productos naturales y artesanía.

Mosaicos

ESCUCHA

9-32

Preparación. En la siguiente conversación, dos amigas hablan sobre las ventajas y desventajas de su trabajo. Antes de escuchar, escribe el nombre de una profesión relacionada con los negocios y otra con la salud. Luego, escribe una ventaja y una desventaja para cada una de las profesiones. Comparte tus notas con la clase.

PROFESIÓN	VENTAJA	DESVENTAJA

ESTRATEGIA

Use contextual guessing

When you have a conversation in a second language, it is common not to understand everything the other person says. You can figure out the overall message by using contextual cues; that is, by paying attention to the topic or to the words that precede or follow what you did not understand.

9-33

Escucha. Read the words in the left column and then listen to the conversation between Estela and Susana. State the probable meaning of each word in English based on the contextual cues you heard in the conversation. Finally, write down the cue words that helped you understand.

ESCUCHÉ...	POSIBLE SIGNIFICADO	ADIVINÉ EL SIGNIFICADO PORQUE...
1. neuróloga		
2. primordial		
3. guardias		

Comprueba

I was able to …

_____ comprehend the overall meaning by focusing on what I understood.

_____ use context to figure out the meaning of unknown words.

9-34

Un paso más. Comparte con tu compañero/a las respuestas a las siguientes preguntas.

1. ¿Cuáles son las ventajas y desventajas de la profesión que más te gusta?

2. En general, ¿qué profesión u ocupación te parece menos estresante?

3. ¿Qué profesión u ocupación da más satisfacciones personales? ¿Por qué?

HABLA

9-35

Preparación. Lee los siguientes anuncios con ofertas de trabajo. Escoge un anuncio y prepara una lista con los requisitos que cumples (*that you meet*).

JEFE DE SERVICIO
necesita importante empresa
MANUFACTURERA DE PLÁSTICOS

Nos urge un buen diseñador gráfico
Requisitos: Conoce al 100% PhotoShop y Freehand. Maneja ambiente Mac y PC. De preferencia estudiante de diseño en la U, con ideas frescas. Dispuesto a trabajar bajo presión.
Ofrecemos: Salario a convenir. Capacitación constante. Desarrollo dentro de la organización. Horario flexible. Seguro de vida y médico.
Interesados, enviar currículum y fotografía reciente, especificando pretensiones de sueldo, a Casilla 2568, Correo Guatemala, zona 1, Guatemala

INSTITUTO PRIVADO
necesita

DIRECTOR/A
Lugar de residencia, Región de los Lagos

Empresa de Hotelería necesita
Director/a

Requisitos: Estudios universitarios avanzados. Experiencia mínima de 1 a 2 años en ventas directas, preferiblemente en el área de servicios. Edad 26 a 32 años. Excelente presentación. Poseer vehículo propio. Buenas relaciones interpersonales.

Ofrecemos: Salario a convenir según experiencia, gasolina, comisiones sobre ventas. Excelente ambiente de trabajo. Oportunidades de crecimiento.

Sueldo compatible con calificaciones

Interesados, enviar currículum a
gruporecursoshumanos@hotmail.com

BANCO AZTECA
necesita
10 CONTADORES AUDITORES
Lugar de trabajo ideal: Viña del Mar

- Título universitario
- Mínimo dos años de experiencia
- Flexibilidad horaria
- Deseo de viajar a otras regiones del país
- Capacidad de organización y trabajo

Sueldo atractivo

Interesados, enviar currículum, con fotografía a: Bco. Azteca, 7 Av. 19-28, zona 5

9-36

Habla. Escojan un papel. Uno/a es el/la jefe/a de personal de una compañía representada en los anuncios y los otros dos son personas que solicitan el mismo trabajo en esa compañía.

Jefe/a de personal: Entrevista separadamente a dos personas que están interesadas en el mismo puesto. Pregúntales sobre su experiencia, sus estudios, sus preferencias de sueldo, etc., y decide cuál es la persona indicada para el puesto.

Personas que buscan trabajo: Cada uno de ustedes debe escoger un trabajo. Respondan a las preguntas del/de la jefe/a de personal y háganle preguntas para saber más acerca del puesto.

Comprueba
In my conversation …

_____ I asked questions relevant to the position.

_____ I provided answers relevant to the questions asked.

_____ I supported my questions and answers with appropriate information.

ESTRATEGIA

Gather information strategically to express a decision

When you speak to convey a decision, you need to present your decision and the reasons behind it in an organized and convincing way. Lay out your facts and arguments logically (in your mind or in written notes) before you start to speak.

En directo

To welcome someone to your office:

Pase/Adelante, por favor./Tenga la amabilidad de pasar. *Please come in.*

Por favor, tome asiento. *Please have a seat.*

Siéntese aquí, por favor. *Sit here, please.*

To put someone at ease:

Por favor, póngase cómodo/a. *Please make yourself comfortable.*

To say good-bye at the end of an interview:

Fue un placer conocerlo/la. *It was a pleasure to meet you.*

 Listen to a conversation with these expressions.

9-37

Un paso más. Los jefes de personal y las personas que buscaban trabajo deben informar a la clase sobre lo siguiente.

Informe de las personas que buscaban trabajo:

1. ¿Qué puesto buscabas? ¿Qué requisitos cumples?

2. ¿Qué aspecto de la oferta de trabajo te pareció más atractivo?

3. ¿Crees que vas a recibir la oferta de trabajo? ¿Por qué?

Informe de los jefes de personal:

1. ¿Qué puesto ofrecía tu compañía en el anuncio?

2. ¿Qué cualidades debía tener el/la candidato/a que buscaba trabajo en tu compañía?

3. ¿A qué candidato/a(s) vas a contratar? ¿Por qué?

Cultura

La manera de expresar la dirección de un negocio o un domicilio en la Ciudad de Guatemala puede confundir a los extranjeros. Por ejemplo, "7 Av. 11-38, zona 9" significa que la casa está en la avenida 7, entre las calles 11 y 12 en la zona 9, y el número de la casa es 38. Las zonas tienen la misma función que los códigos postales (*zip codes*) en Estados Unidos.

Decir la zona es importante, porque los números de las avenidas (que van del norte al sur) y de las calles (que van del este al oeste) se repiten en cada zona.

Comparaciones. ¿Cómo está dividida tu ciudad? ¿Conoces el nombre de algunas zonas? ¿Se incluye el nombre de la zona en la dirección postal?

LEE

9-38

Preparación. Lee el título y los subtítulos del texto en la página siguiente. Basándote en esta información y en lo que sabes sobre la inmigración, anota algunas ideas para compartir con tu compañero/a.

1. ¿Son frecuentes los matrimonios interculturales? ¿Conoces alguno? ¿Qué ventajas o desventajas piensas que tienen estas parejas?

2. ¿Cuáles son las nuevas tendencias demográficas en Estados Unidos? ¿Qué grupos de inmigrantes son los más numerosos?

3. ¿Qué efectos puede tener la emigración en la economía de un país?

ESTRATEGIA

Organize textual information into categories

To understand what you are reading, you need to focus on what is being conveyed by the text. By *focus* we mean organizing the information into meaningful categories, which helps you connect the information to what you already know. As you read, focus on the main point of each section. Use the subtitles to help you anticipate the content.

9-39

Lee. Indica a qué categoría pertenecen las siguientes afirmaciones, según el contenido del artículo: información personal sobre una familia (**P**), información general sobre los inmigrantes guatemaltecos en Estados Unidos (**EU**) o información sobre Guatemala (**G**).

1. _____ Viven en comunidades donde el grupo predominante son los mexicanos.

2. _____ Se conocieron en un club de baile.

3. _____ Reciben dinero de sus familiares que viven en el extranjero.

4. _____ El dinero que viene del exterior estimula la economía.

5. _____ Hay más hombres que mujeres.

6. _____ Trabaja de obrero y mantiene a su familia en Los Ángeles.

Comprueba

I was able to …

_____ use the subtitles to anticipate and reflect on the content.

_____ organize the content into general categories.

_____ identify the main ideas in the text.

LOS GUATEMALTECOS EN ESTADOS UNIDOS

MATRIMONIOS ENTRE GUATEMALTECOS Y MEXICANOS

Gustavo Rivera conoció a Marta Rodríguez en un club hispano de Los Ángeles y la invitó a bailar. Marta, que era de la Ciudad de México, se dio cuenta de que Gustavo hablaba español con un acento diferente y que usaba unas palabras diferentes también. Después de un rato, ella le preguntó: "¿De dónde eres, Gustavo?". "Soy de Guatemala", dijo él. Después de esa noche, los dos empezaron a conversar por teléfono y a salir juntos. Pasaron dos años y Gustavo y Marta se casaron; ahora tienen tres hijos.

Esta familia representa una tendencia demográfica en Los Ángeles y en otras ciudades del suroeste: más inmigrantes guatemaltecos y mexicanos, que emigran por trabajo u otras razones, se casan entre sí y tienen hijos, creando familias hispanas mixtas que tienen conexiones con tres países al mismo tiempo. Esa mezcla es ahora tan común que dio lugar al nombre de "guatemexicoestadounidenses" para describir a esas familias.

NUEVAS TENDENCIAS DEMOGRÁFICAS

Hay varias razones que explican esta tendencia demográfica. Primero, el número de personas de ascendencia guatemalteca en Estados Unidos está creciendo. Según la Organización Internacional para las Migraciones (OIM), en el 2010 había más de 1,5 millones de guatemaltecos en Estados Unidos. La mayoría son jóvenes, entre 15 y 44 años, y hay muchos más hombres (72%) que mujeres (28%). Por esta razón, muchos guatemaltecos en Estados Unidos se casan con mujeres no guatemaltecas.

Segundo, cuando los inmigrantes guatemaltecos nuevos buscan vivienda en comunidades hispanas establecidas, conocen a muchos mexicanos, porque son el grupo hispano más grande del país. La constante interacción entre hombres guatemaltecos y mujeres mexicanas da como resultado más matrimonios entre los dos grupos.

IMPACTO ECONÓMICO EN GUATEMALA

Gustavo Rivera es un inmigrante guatemalteco típico. Como el 88% de los guatemaltecos que viven en Estados Unidos, Gustavo se mantiene activo económicamente, trabaja en una fábrica. Como el 33% de los guatemaltecos en Estados Unidos, vive en Los Ángeles. Y como el 93% de los emigrantes guatemaltecos, mantiene contacto con su familia en Guatemala. Llama a sus padres todas las semanas y les envía remesas todos los meses. Según la OIM, más de 600.000 familias en Guatemala reciben remesas de familiares que viven en el extranjero.

9-40

Un paso más. En un párrafo, resume las ideas principales del artículo y compártelo con la clase.

ESCRIBE

9-41

Preparación. Lee el siguiente anuncio de trabajo en Internet y prepara una lista de datos sobre tu experiencia y tus talentos para solicitar el puesto.

Descripción:

Se necesita estudiante para cuidar niños guatemaltecos durante el verano. Imprescindible inglés nativo y saber preparar comidas ligeras.

El trabajo es en Estados Unidos

Detalles generales:
Oferta por: **Empresa Ofertas**
Correo electrónico: empresaoferta@gmail.com

Detalles del anuncio
Número: 13800
Número de visitas: 354
La oferta vence: dentro de 196 días
Fecha: 20/7/2013

Focus on purpose, content, and audience

To get the job that is right for you, consider the following when responding to an ad in any language:

- Your purpose: What kind of job do you want?
- Your response: What academic degree do you need for the job? What general abilities and job-specific skills should you possess?
- Your audience: What experience does the employer require? What personality characteristics will you need to be considered a serious candidate?

9-42

Escribe. Escribe un correo electrónico solicitando el trabajo. En un mensaje breve, organizado y convincente, preséntate y explica por qué tu experiencia, tu conocimiento y tus talentos son perfectos para el puesto.

Comprueba
I was able to …

_____ **appropriately address the potential employer.**

_____ **convincingly describe my qualifications for the position.**

9-43

Un paso más. Comparte tu correo electrónico con tu compañero/a para que te dé su opinión.

En este capítulo...
Comprueba lo que sabes

Go to **MySpanishLab** to review what you have learned in this chapter. Practice with the following:

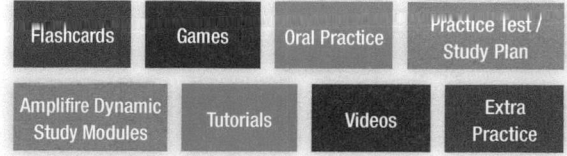

 **Vocabulario**

LAS PROFESIONES, OFICIOS Y OCUPACIONES
Professions, trades, and occupations

el/la abogado/a   *lawyer*
el actor/la actriz   *actor/ actress*
el/la agricultor/a   *farmer*
el ama/o de casa   *housewife, homemaker*
el/la arquitecto/a   *architect*
el/la bibliotecario/a   *librarian*
el/la bombero/a   *firefighter*
el/la cajero/a   *cashier*
el/la carpintero/a   *carpenter*
el/la chef   *chef*
el/la chofer   *driver*
el/la científico/a   *scientist*
el/la contador/a   *accountant*
el/la contratista   *contractor*
el/la ejecutivo/a   *executive*
el/la electricista   *electrician*
el/la empleado/a   *employee*
el/la enfermero/a   *nurse*
el/la gerente (de ventas)   *(sales) manager*
el hombre/la mujer de negocios   *businessman/ woman*
el/la ingeniero/a   *engineer*
el/la intérprete   *interpreter*
el/la jefe/a   *boss*
el/la juez   *judge*
el/la locutor/a   *radio announcer*
el/la médico/a   *medical doctor*
el/la obrero/a   *worker*
el/la peluquero/a   *hairdresser*
el/la periodista   *journalist*
el/la plomero/a   *plumber*
el/la policía   *policeman/ woman*
el/la (p)sicólogo/a   *psychologist*
el/la técnico/a   *technician*
el/la vendedor/a   *salesman, saleswoman*

VERBOS
Verbs

apagar   *to extinguish, turn off*
cosechar   *to harvest*
cultivar   *to grow, cultivate*
dejar   *to leave*
enviar   *to send*
esperar   *to wait for*
explotar   *to exploit*
llenar   *to fill (out)*
mandar   *to send*
ofrecer (zc)   *to offer*
solicitar   *to apply (for)*

LOS LUGARES
Places

el campo   *countryside*
la compañía/ empresa   *company*
el consultorio   *office (of doctor, dentist, etc.)*
la finca   *ranch, farm*
el terreno   *land*

EL TRABAJO
Work

la agricultura   *farming*
el anuncio   *ad, advertisement*
el/la cliente/a   *client*
el currículum   *résumé*
la entrevista   *interview*
la experiencia   *experience*
la exportación   *export*
la fuente de ingresos   *source of income*
la fuerza laboral   *workforce*
el incendio   *fire*
el puesto   *position*
la solicitud   *application*
el sueldo   *salary, wage*
la vacante   *opening*
las ventas   *sales*

RECURSOS NATURALES
Natural resources

el bosque   *forest*
el hierro   *iron*
la madera   *wood*
el petróleo   *petroleum*

PALABRAS Y EXPRESIONES ÚTILES
Useful words and expressions

actualmente   *at the present time*
agrícola   *agricultural*
en realidad/realmente   *in fact, really*
lo importante   *the important thing*
la industria textil   *textile industry*
por cierto   *by the way*
propio/a   *own*
la señal   *signal*
sin embargo   *nevertheless*

10

¿Cuál es tu comida preferida?

LEARNING OUTCOMES

You will be able to:

- talk about ingredients, recipes, and meals
- state impersonal information
- talk about the recent past
- give instructions in informal settings
- talk about the future
- present information, concepts, and ideas about food and public health in Ecuador and other Latin American countries

ENFOQUE cultural ECUADOR

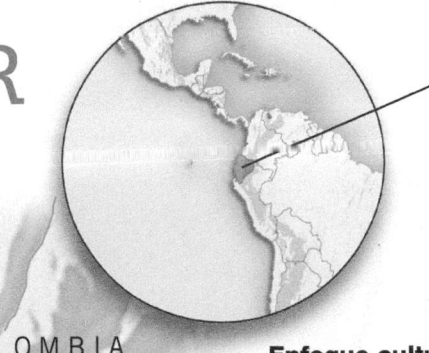

Enfoque cultural

To learn more about Ecuador, go to MySpanishLab to view the *Vistas culturales* videos.

Islas Galápagos

Tortuga de las Galápagos

COLOMBIA

Tulcán

Ibarra
Otavalo

Quito
El distrito histórico de Quito

Textiles de Ecuador

Manta

Ambato

Riobamba

Región amazónica

Guayaquil · Milagro

ECUADOR

CORDILLERA DE LOS ANDES

Isla Puna

Cuenca

Golfo de Guayaquil

Machala

Loja

OCÉANO PACÍFICO

La reserva amazónica de Kapawi

PERÚ

Cartaratas de los Andes

¿QUÉ TE PARECE?

- Charles Darwin visitó las islas Galápagos en 1835. Este viaje influyó en su idea de la evolución mediante la selección natural.

- Ecuador declaró en la Nueva Constitución Ecuatoriana de 2008 que la naturaleza tiene derechos constitucionales. Fue el primer país en reconocer a la naturaleza como sujeto de derecho.

- En Quito, la capital de Ecuador, el punto de ebullición del agua es 90 grados centígrados (194 °F) debido a la altura de la ciudad.

- Ecuador es el mayor exportador de bananas; produce el 32% de las bananas en el mercado mundial.

- Rafael Correa fue elegido presidente de Ecuador por tercera vez en 2013. Aprendió a hablar quechua durante su año de servicio militar en las montañas.

▲ Este cuadro del siglo XVIII presenta a un indígena yumbo cerca de Quito, Ecuador. Junto a él hay árboles y frutas típicas de su país.

Las tortugas de las islas Galápagos son unos animales vertebrados muy antiguos, y pueden vivir hasta 150 años. ▼

▲ Cuy con papas

Unos típicos platos ecuatorianos son ceviche de camarones, cuy (*guinea pig*), llapingachos (papas con queso), pan de yuca y choclo (maíz) con queso. Se sirve mucha comida con ají criollo (una salsa picante).

Quito fue construida en las ruinas de una ciudad inca. Tiene una rica historia precolombina. Fue designada Patrimonio de la Humanidad por la UNESCO. ▼

▲ Las islas Galápagos tienen plantas y animales que no se encuentran en ningún otro lugar del mundo. El ecoturismo está muy desarrollado en las islas.

¿CUÁNTO SABES?

Asocia la información de las dos columnas.

1. _____ la capital de Ecuador
2. _____ territorio ecuatoriano en el Pacífico
3. _____ llapingachos, cuy y choclo con queso
4. _____ animal protegido
5. _____ cadena de montañas
6. _____ protección de la naturaleza

a. islas Galápagos
b. los Andes
c. Nueva Constitución Ecuatoriana
d. tortuga
e. Quito
f. platos tradicionales

Vocabulario en contexto

Los productos y las recetas

Talking about ingredients, recipes, and meals

En Ecuador se cultiva mucha fruta, sobre todo **piña, limón, melón, papaya, maracuyá** y **plátano.** Mucha de esta fruta se exporta a Estados Unidos y a otros países. Aquí vemos a unas personas trabajando en una compañía de exportación de plátanos cerca de Guayaquil.

En los mercados ecuatorianos, como en los de otros países hispanoamericanos, hay buenos puestos de **pasteles** donde se venden los **dulces** típicos de la región.

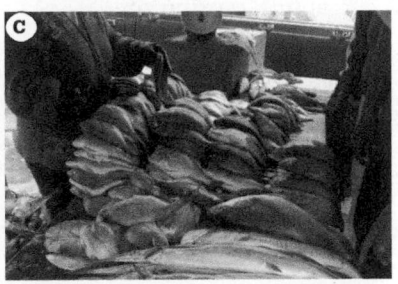

El pescado y los **mariscos** son muy importantes en la dieta de algunos países hispanoamericanos como Chile, Perú y Ecuador. En la provincia de Esmeraldas, en Ecuador, uno de los platos típicos es el encocado, pescado que se cocina con **leche de coco.**

Este joven ecuatoriano cuida sus **ovejas** cerca del Parque Nacional Chimborazo. De las ovejas se aprovechan la carne en comida y la lana en suéteres, mantas, etc. Además, los **campesinos** usan la leche para hacer queso y yogur. Junto a la carne de **cordero,** la de **res** y la de **cerdo** son las que más se usan en la comida de Ecuador y se venden en los mercados y en las carnicerías.

En el mercado de Zumbahua se encuentran los productos que se usan en las muchas **recetas** de la comida de Ecuador. La forma de combinar estos productos con el cilantro y otras **hierbas** y **especias** dan fama a la gastronomía ecuatoriana.

PRÁCTICA

10-1

Escucha y confirma. Match the letter of the photo to the description you hear.

1. _____
2. _____
3. _____
4. _____
5. _____

Definiciones. Asocia las definiciones a continuación con las palabras que aparecen en los textos y fotos anteriores.

1. una lista de ingredientes y de instrucciones para elaborar una comida

2. un animal del que se aprovecha la lana, la leche y la carne

3. una fruta alargada que se pela y que les gusta mucho a los monos

4. un plato ecuatoriano que se cocina con pescado y leche de coco

5. una tienda donde se vende pescado

6. las personas que cultivan productos del campo

7. dulces que se venden en las pastelerías y en los mercados

8. la carne de una oveja pequeña

Una receta ecuatoriana. Lean la siguiente receta y clasifiquen sus ingredientes según las categorías. Después, díganse cuál es su comida favorita y por qué les gusta.

1. carnes o pescados:

2. vegetales:

3. condimentos:

4. frutas:

Pescado encocado

Ingredientes:
1 coco
1 libra de camarones
2 libras de pescado crudo

Refrito:
1 cebolla paiteña finamente picada
¼ taza de cebolla blanca finamente picada
1 pimiento picado
4 cucharadas de cilantro picado
4 cucharadas de perejil picado
2 dientes de ajo machacados
4 cucharadas de aceite
1 un tomate grande rojo, pelado y picado
un poquito de achiote
sal, pimienta, comino al gusto

Elaboración:
Haga un refrito con los ingredientes. Agréguele una libra de camarones crudos, pelados y limpios y dos libras de pescado crudo, cortado en trozos. Refríalos durante un rato y luego agregue la mitad de la leche del coco. Tape la olla y deje cocinar durante 20 o 30 minutos. Después, añada la otra mitad de la leche de coco. Sirva inmediatamente, acompañado de arroz blanco y plátano verde asado.

Cómo hacer una pizza. Ordenen cronológicamente los pasos para preparar una pizza. ¿Falta algún ingrediente para preparar su pizza favorita? Inclúyanlo y preséntenlo a la clase.

MODELO __1__ Se compran los ingredientes para la pizza.

_____ Se calienta el horno a 350 °F.

_____ Se echa un poco de aceite (*oil*) antes de poner la masa en la bandeja de horno.

_____ Se agregan el queso (*cheese*), algún tipo de carne, vegetales y especias.

_____ Se pone la salsa de tomate.

_____ Se trabaja bien la masa y se extiende para formar un círculo.

_____ Se hornea por unos 20 a 25 minutos.

LENGUA

These are some useful words that appear in the recipe: **almejas** (*clams*), **perejil** (*parsley*), **paiteña** (*a type of onion*), **diente de ajo** (*clove of garlic*), **picado** (*chopped*), and **comino** (*cumin*). Other cooking expressions include **picar** (*chop*), **pelar** (*peel*), **machacar** (*crush*), **tapar** (*cover*), **agregar/añadir** (*add*), **taza** (*cup*), and **cucharada** (*spoonful*).

En el supermercado

Las frutas y las verduras

- el ajo
- los pimientos verdes
- las zanahorias
- los pepinos
- las espinacas
- el maíz / el elote / el choclo
- las cebollas
- los plátanos / las bananas
- las peras
- las manzanas
- las toronjas / los pomelos
- las uvas
- los aguacates / las paltas
- las cerezas
- las fresas / las frutillas

Los productos lácteos y los huevos

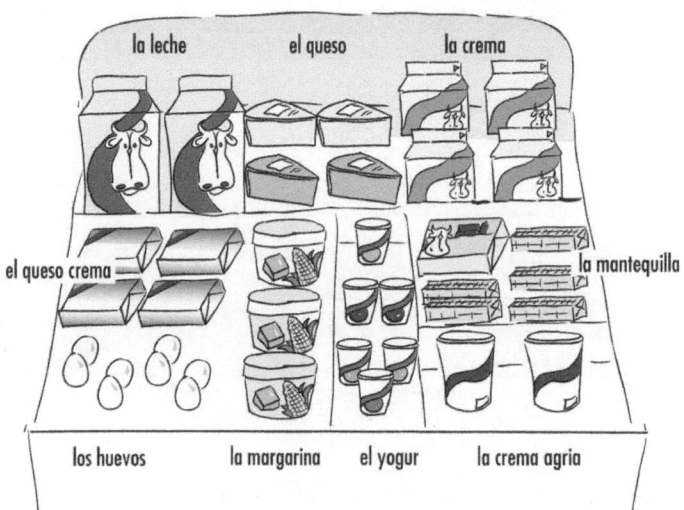

- la leche
- el queso
- la crema
- el queso crema
- la mantequilla
- los huevos
- la margarina
- el yogur
- la crema agria

El pescado y la carne

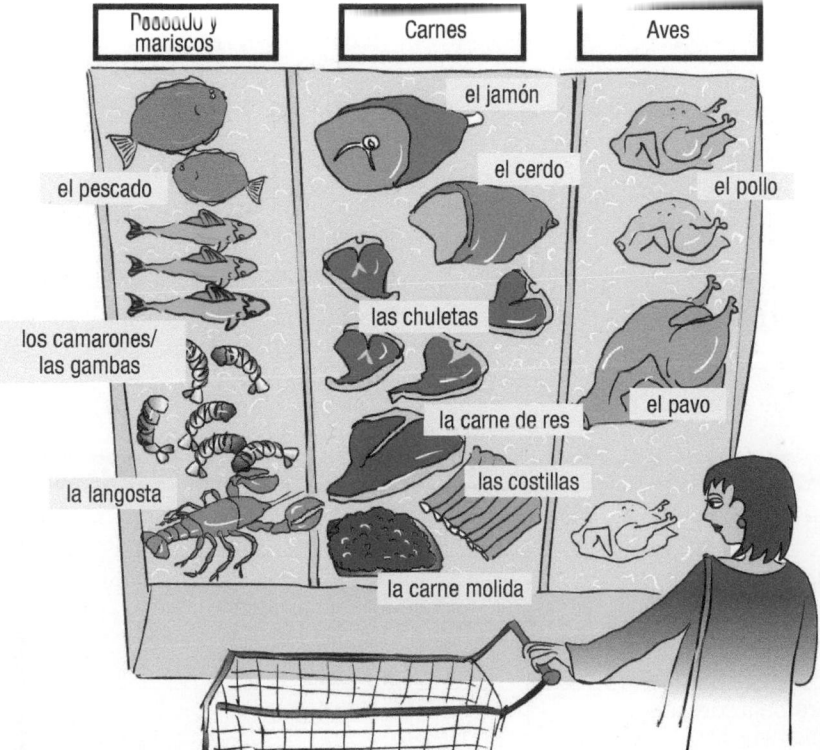

Pescado y mariscos	Carnes	Aves

- el pescado
- los camarones / las gambas
- la langosta
- el jamón
- el cerdo
- las chuletas
- la carne de res
- las costillas
- la carne molida
- el pollo
- el pavo

■ ■ ■ ■ ■
EN OTRAS PALABRAS

The words for some vegetables and spices vary from region to region. **Aguacate** is known as **palta** in some South American countries; **maíz** is known as **elote** in Mexico and in some Central American countries and as **choclo** in parts of South America.

Names of fruits also vary: **plátano** in Spain becomes **cambur** in Venezuela; in other places, **banano** (Colombia) or **banana** (Uruguay) is used. Other examples include **melocotón** (Spain)/**durazno** (Latin America); **fruta de la pasión** (Spain)/**maracuyá** (Colombia)/**parchita** (Venezuela, Mexico).

■ ■ ■ ■ ■
EN OTRAS PALABRAS

Other names of foods that vary by country are **pavo,** which is **guajolote** in Mexico, and **camarones,** which are **gambas** in Spain. **Puerco** is also commonly used in place of **cerdo.**

Los condimentos y las legumbres

la sal

la pimienta

la mostaza la vainilla

la harina

el aceite

el aderezo

el/la azúcar el vinagre

la mayonesa

la manteca la salsa de tomate

los frijoles las lentejas los garbanzos

El pan y las bebidas

el pan

los churros

las galletas el pan dulce

el vino tinto

el vino blanco

los refrescos los vinos

PRÁCTICA

10-5

Para confirmar. Asocien cada explicación con la palabra adecuada y comenten si les gustan o no estos alimentos.

1. _____ Se toma mucho en el verano, cuando hace calor.

2. _____ Se pone en la ensalada.

3. _____ Se usan para hacer vino.

4. _____ Se come en el desayuno con huevos fritos.

5. _____ Se prepara para el Día de Acción de Gracias.

6. _____ Se usa para preparar un sándwich de atún o de pollo.

a. el jamón

b. las uvas

c. la mayonesa

d. el helado

e. el aderezo

f. el pavo

10-6

Dietas diferentes.

PREPARACIÓN. Completen la tabla con las comidas o productos adecuados para estas dietas.

DIETA	SE DEBE COMER	NO SE DEBE COMER
vegetariana		
para diabéticos		
para fortalecer (*strengthen*) los músculos		
para bajar de peso (*lose weight*)		

INTERCAMBIOS. Completen las siguientes oraciones con sus recomendaciones para cada una de estas personas. Digan por qué recomiendan eso.

1. Laura, que es vegetariana,…

2. Mi padre, que es diabético,…

3. Luis, que levanta pesas (*weights*),…

4. Joaquín y Amalia quieren bajar de peso. Por lo tanto,…

Cultura
■ ■ ■ ■ ■

Muchos hispanohablantes que viven en Estados Unidos mantienen las tradiciones y costumbres alimentarias de su país natal (*native*). Estas tradiciones y costumbres, que varían mucho de un país a otro, se reflejan en las recetas, maneras de cocinar y aun en las horas diferentes de comer. Hay productos, como los frijoles, el arroz, los chiles, los plátanos y el maíz, que constituyen la base de la dieta de muchos países de Hispanoamérica y que se encuentran en casi todos los supermercados de Estados Unidos.

Comparaciones. ¿Qué productos son populares en la comida de tu país o región? ¿Qué platos se preparan con estos productos? ¿Cuáles son los postres especiales? ¿Se comen en una época determinada?

10-7

¿Qué necesitamos?

PREPARACIÓN. Ustedes son estudiantes de intercambio en Ecuador y quieren preparar una cena para su familia ecuatoriana. Describan el menú y hagan una lista de los ingredientes que necesitan.

 INTERCAMBIOS. Compartan su menú con otra pareja.

10-8

Los estudiantes y la comida. PREPARACIÓN. Respondan a las siguientes preguntas.

1. ¿Qué comieron hoy?

2. ¿Cuándo y dónde comieron?

3. ¿Cuánto gastaron en comida?

INTERCAMBIOS. Hagan una lista de recomendaciones para una dieta estudiantil más saludable (*healthier*) y compártanla con el resto de la clase.

La mesa

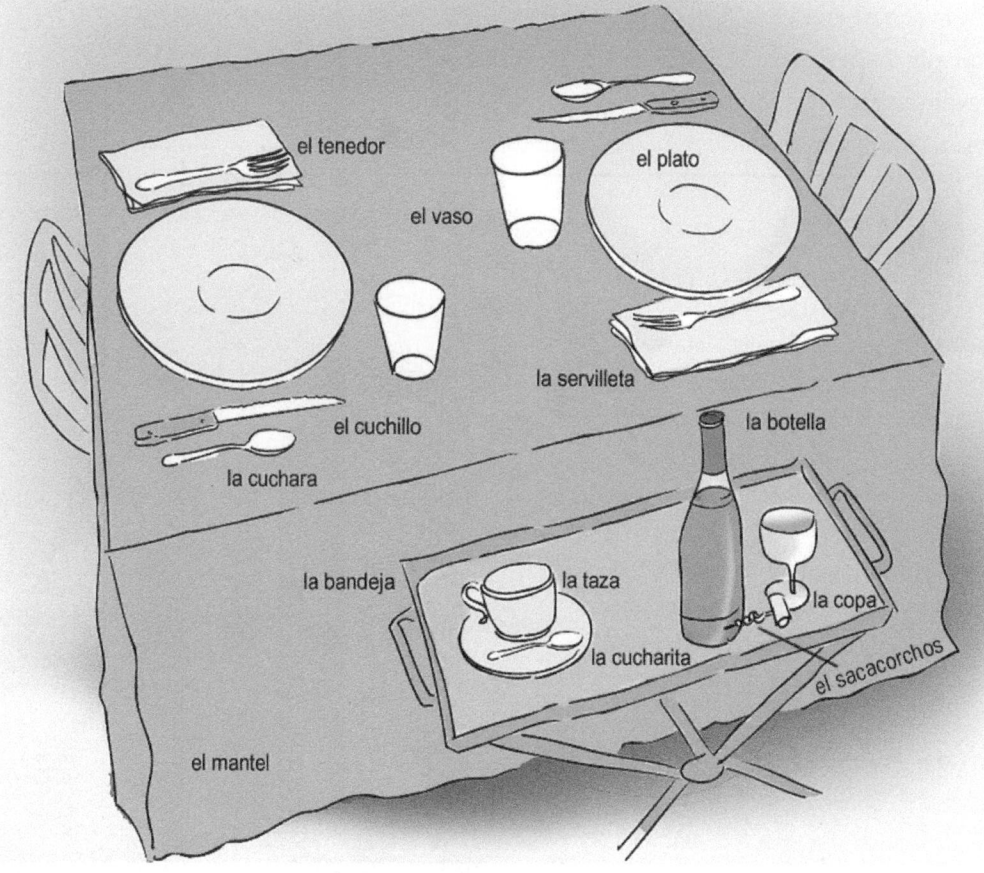

el tenedor
el plato
el vaso
la servilleta
el cuchillo
la botella
la cuchara
la bandeja
la taza
la copa
la cucharita
el sacacorchos
el mantel

PRÁCTICA

10-9

Para confirmar. Indica qué tipo de utensilios se necesitan en las siguientes situaciones. Compara tus respuestas con las de tu compañero/a.

1. para cortar un bistec
2. para tomar sopa
3. para beber vino
4. para poner azúcar en el café
5. para llevar comida a la mesa
6. para cubrir la mesa
7. para limpiarse la boca (*mouth*)
8. para destapar una botella de vino

10-10

El camarero nuevo. Ustedes son camareros/as en un restaurante pero uno/a de ustedes es nuevo/a. El/La experto/a debe decirle a la persona nueva dónde debe poner cada cosa de acuerdo con la foto. Después, cambien de papel.

 MODELO   E1: *Pon el cuchillo a la derecha del plato.*

E2: *Muy bien. ¿Y dónde pongo la copa?*

10-11

Los preparativos. Ustedes deben organizar una fiesta formal para sus mejores amigos que se gradúan de la universidad este año. Primero, preparen un presupuesto (*budget*), una lista de invitados, un menú y una lista de compras. Luego, divídanse el trabajo y dense instrucciones entre ustedes sobre lo siguiente:

1. la decoración del salón
2. la preparación de la mesa
3. la comida y las bebidas
4. los invitados
5. el lugar, la hora, el día
6. …

10-12

Una cena. Estuviste muy ocupado/a ayer porque tuviste invitados a cenar. Dile a tu compañero/a todas las cosas que hiciste. Él/Ella te va a preguntar dónde hiciste las compras, a quién invitaste, qué serviste y si lo pasaste bien. Después, cambien de papel.

En directo

To express that you had a good time:

Lo pasé muy bien./Lo pasamos muy bien. *I/We had a great time.*

Fue estupendo. *It was wonderful.*

Estuvo muy divertido. *It was very fun.*

Listen to a conversation with these expressions.

Cultura

Platos típicos

En Ecuador, al igual que en Perú, el ceviche de pescado o de camarón es muy popular. Otro plato ecuatoriano muy popular es la fritada, una combinación de diversas carnes con plátano (*plantain*) maduro, plátano tostado y maíz. Y entre los postres, además de los pasteles, es muy sabroso el dulce de higos (*candied figs*).

Comunidades. Piensa en los supermercados que hay en tu ciudad. ¿Qué productos típicos de la cultura hispana puedes encontrar en ellos? ¿Cuáles de estos productos se usan en tu casa?

▲ Dulce de higos

10-13

Una cena perfecta. PREPARACIÓN. You will listen to a couple talk about their plans for their dinner party tonight. Before you listen, make a list of four ingredients that you will need for a salad and an entrée. Share your list with a classmate.

  ESCUCHA. Now listen to the conversation. As you listen, mark (✓) the appropriate ending to each statement.

1. Rodolfo es…

_____ un buen cocinero.

_____ muy perezoso.

_____ vegetariano.

2. Manuela va a…

_____ preparar ceviche.

_____ poner la mesa.

_____ llamar a los invitados.

3. Rodolfo va a comprar…

_____ pescado y maíz.

_____ limón y camarones.

_____ espinacas y aguacates.

4. Manuela tiene…

_____ todos los ingredientes.

_____ muchos vegetales y frutas.

_____ casi todos los ingredientes.

MOSAICO *cultural*

Comida callejera

Para Claudia Acosta, encontrar comida en la Ciudad de México no es nada difícil. "La variedad de restaurantes en la ciudad es increíble", comentó Acosta; pero estas opciones no siempre son económicas para una estudiante, especialmente para una que viene

de fuera. Por esta razón ha preferido comer en los puestos de la calle durante los cuatro años que lleva viviendo en México y estudiando en la UNAM. "En mis primeros años cuando vine de Ecuador a estudiar aquí, siempre encontraba un puesto de tacos y tortillas cada tres o cuatro calles", dijo Acosta.

En una ciudad de casi nueve millones de personas, la cantidad de puestos de comida callejera crece constantemente. La mayoría se encuentra en estaciones de metro, áreas de negocios, estadios y parques. Los puestos ofrecen una variedad de carnes, verduras y tortillas para hacer una comida. ¡Y es más barata que en los restaurantes!

Los puestos callejeros han existido en Latinoamérica desde la época de la colonia. Cada país ha mantenido sus costumbres de alimentación y en los puestos se venden productos típicos. En Argentina están los choripanes (pan con chorizo) y las empanadas. En Venezuela se venden arepas rellenas (*filled*) con carnes y vegetales. En todo el mundo hispano se puede conseguir gran variedad de platos típicos. Claudia ha disfrutado de la comida mexicana, pero también ha extrañado (*missed*) la comida de su país: "He tenido días en que cambiaría todo por un buen plato de arroz con menestra y carne asada como el que comía en casa".

Compara

1. ¿Es común encontrar puestos de comida callejera en tu comunidad? ¿Qué tipo de comida venden? Explica detalladamente.

2. En general, ¿cuáles son las comidas que más has consumido en tu vida como estudiante?

3. ¿Se venden comidas extranjeras en tu comunidad?

4. ¿Probaste alguna vez las arepas, los choripanes, los tacos, las empanadas u otras comidas hispanas callejeras? ¿Cómo son en comparación con las comidas callejeras típicas de tu región?

▼ **Empanadas argentinas**

Funciones y formas

1 Stating impersonal information

PROFESOR: En Estados Unidos **se consumen** muchos carbohidratos y mucha grasa. ¿Sabían ustedes que en este país **se comen** 23 libras de pizza por persona al año?

RICARDO: [*piensa*] ¿Cuánta cerveza **se bebe** con 23 pizzas?

PROFESOR: **Se comen** solo 16 libras de manzanas, bla bla bla…

RICARDO: [*piensa*] En esta clase **se duerme** mucho.

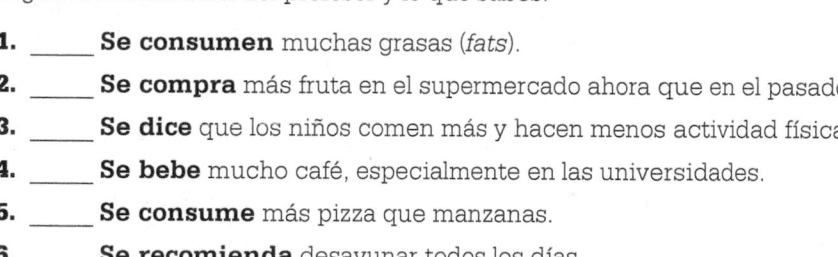

e Piénsalo. ¿Cuánto más sabes sobre la dieta estadounidense? Indica si las siguientes afirmaciones son ciertas (**C**) o falsas (**F**), según la información del profesor y lo que sabes.

1. _____ **Se consumen** muchas grasas (*fats*).

2. _____ **Se compra** más fruta en el supermercado ahora que en el pasado.

3. _____ **Se dice** que los niños comen más y hacen menos actividad física.

4. _____ **Se bebe** mucho café, especialmente en las universidades.

5. _____ **Se consume** más pizza que manzanas.

6. _____ **Se recomienda** desayunar todos los días.

Se + verb constructions

- Spanish uses the **se** + *verb* construction to emphasize the occurrence of an action rather than the person(s) responsible for that action. The noun (what is bought, sold, offered, etc.) usually follows the verb. The person who buys, sells, offers, and so on, is not mentioned. This is normally expressed in English with the passive voice (is/are + *past participle*).

Se habla español en este restaurante.	*Spanish is spoken in this restaurant.*

- Use a singular verb with singular nouns and a plural verb with plural nouns.

Se necesita un horno para hacer galletas.	*An oven is needed to make cookies.*
Se venden vegetales allí.	*Vegetables are sold there.*

- Use a singular verb when the **se** + *verb* construction is followed by an adverb, an infinitive, or a clause. This is expressed in English with indefinite subjects such as *they, you, one,* and *people*.

Se trabaja mucho en ese manzanal.	*They work a lot in that apple orchard.*
Se puede comprar una variedad de manzanas allí.	*You can buy a variety of apples there.*
Se dice que venden sidra excelente también.	*People say they sell excellent cider too.*

PRÁCTICA

10-14

Asociaciones. PREPARACIÓN. Asocia las actividades con los lugares donde ocurren. Compara tus respuestas con las de tu compañero/a.

1. _____ Se cambian cheques en… **a.** un almacén o tienda.

2. _____ Se vende ropa en… **b.** un restaurante.

3. _____ Se toma el sol y se nada en… **c.** un banco.

4. _____ Se sirven comidas en… **d.** una playa.

INTERCAMBIOS. Piensa en un edificio o lugar público que te gusta mucho y dile a tu compañero/a qué se hace allí.

 Me gusta mucho la zona peatonal (pedestrian area) de mi ciudad. Allí se camina mucho y en el verano se escucha la música de grupos locales.

10-15

El supermercado y las tiendas del barrio. Indica (✓) los productos y/o servicios que se encuentran solo en los supermercados y los que se encuentran en las tiendas de tu barrio. Compara tus respuestas con las de tu compañero/a. Después, dile a tu compañero/a qué productos compras con más frecuencia.

PRODUCTOS/SERVICIOS	SUPERMERCADO SOLAMENTE	SUPERMERCADO Y TIENDA DEL BARRIO
productos lácteos	_____	_____
carnes orgánicas	_____	_____
frutas de América del Sur	_____	_____
detergente para lavadoras	_____	_____
alimentos enlatados (_canned_)	_____	_____
pescado fresco	_____	_____
DVD para alquilar	_____	_____

EN OTRAS PALABRAS

The concept of _convenience stores_ is expressed differently depending on the country. In Mexico they are **tiendas de conveniencia,** translated directly from English. In Costa Rica the term **tiendas de gasolinera** is used. **La tienda de la esquina** o **del barrio** is frequently used in several Spanish-speaking countries to refer to the small or medium-sized stores located in residential neighborhoods. Convenience stores in Spain that are open 24/7 are called **tiendas de 24 horas.**

10-16

Recetas creativas.

PREPARACIÓN. Lean estas recetas originales. Luego, intercambien opiniones sobre cuáles les gustaría probar y cuáles no. Digan por qué.

Ponche a la romana: Se muelen (_grind_) unas rodajas de piña. Se mezcla con una botella de champaña y helado de piña; se agrega azúcar; se enfría en el refrigerador antes de servir.

E1: _Me gustaría probar el ponche, pero no bebo alcohol. ¿Se puede preparar sin champaña?_

E2: _Por supuesto, se puede hacer con jugo de piña._

1. Plátano derretido (_melted_): Se corta un plátano en rebanadas (_slices_) no muy finas. Se echa azúcar. Se calienta en el microondas por uno o dos minutos.

2. Batido de tarta de manzana (_Apple pie smoothie_): Se ponen en la licuadora (_blender_): media taza de jugo de manzana, tres cucharadas de helado de vainilla y media cucharadita de canela (_cinnamon_). Se bate por un minuto.

3. Hamburguesa y salsa con queso (_nacho cheese sauce_): Se calienta la parrilla. Se pone la hamburguesa en la parrilla. Se pone la salsa con queso en el panecillo y se calienta. Se pone la hamburguesa en el panecillo.

4. Ensalada de pollo: Se abre una bolsa de lechuga prelavada. Se cortan en rebanadas dos pechugas de pollo (_chicken breasts_) cocidas, y se corta media libra de queso en cubos pequeños. Se combinan los ingredientes en una fuente (_bowl_). Se agrega un aderezo de vinagre balsámico.

INTERCAMBIOS. Escriban juntos una receta para compartir con la clase. Si es posible, prepárenla para la clase.

10-17

¿Cómo se prepara este plato? PREPARACIÓN. Tu compañero/a y tú quieren darle una sorpresa a otra persona y deciden prepararle su plato favorito. Primero, seleccionen uno de estos platos.

▲ Espaguetis a la boloñesa

▲ Tacos al carbón

Luego, escriban en cada columna una lista de los ingredientes que se necesitan para hacer este plato.

CARNES	VERDURAS/ VEGETALES	ESPECIAS	OTROS

INTERCAMBIOS. Tú sabes cocinar, pero tu amigo/a no. Responde a sus preguntas mientras preparan el plato. Los siguientes verbos pueden ser útiles.

asar	dorar (*brown*)	rallar (*grate*)
cocinar	hervir	(so)freír
cortar	hornear	tostar

Situación

PREPARACIÓN. Lean la situación. Luego, compartan ejemplos de vocabulario, gramática y otra información que necesitan para desarrollar la conversación.

Role A. You are an international student who has just arrived in town. A student has offered to help with your orientation. You are not familiar with shopping in the United States, so you ask:

a. where one buys personal items like vitamins and toothpaste (**pasta de dientes**);
b. where on campus one can find a decent meal;
c. where one goes to buy fresh fruit; and
d. where one can get good American pizza.

Ask follow-up questions to be sure you understand the answers.

Role B. You have offered to show a new international student around campus. Answer his/her questions about where one goes to buy different things. Offer several options, and be prepared to answer your new friend's questions.

	ROLE A	ROLE B
Vocabulario	Vocabulary related to food Question words	Vocabulary related to food Question words
Funciones y formas	Asking and answering questions Verifying information Thanking someone	Answering questions Giving instructions on how things are done Making comparisons between options

INTERCAMBIOS. Practica la conversación con tu compañero/a incorporando el vocabulario y las funciones de *Preparación*. Luego, represéntenla ante la clase.

To propose an idea:

Tengo una idea. *I have an idea.*

¿Qué te parece esto? *What do you think of this?*

Se me ocurrió una idea. *I just thought of an idea.*

To agree with someone's idea:

Me parece perfecto. *That seems perfect.*

Suena muy bien. *Sounds great.*

¡Qué buena idea! *What a great idea!*

 Listen to a conversation with these expressions.

MODELO E1: *Vamos a preparar pollo asado. ¿Cómo se hace?*

E2: *Primero se lava bien el pollo. Luego se ponen la sal y pimienta.*

E1: *¿Y después?*

E2: *Se asa en el horno por dos horas.*

2 Talking about the recent past

ALICIA: Hola, César, ¿qué tal?

CÉSAR: Hola, Alicia. **¿Has visto** a Javier? ¡Estoy muy molesto!

ALICIA: ¿Por qué? ¿Qué te pasa?

CÉSAR: Como sabes, el examen de literatura es pasado mañana y yo no **he leído** el libro todavía. ¿Lo **has leído** tú? ¿Lo **ha leído** Javier? ¿Javier te **ha dado** sus notas? No sé qué voy a hacer sin sus notas. ¡Las necesito para estudiar!

ALICIA: Cálmate, César. Yo **he leído** el libro y **he escrito** unas notas. **He hablado** con Javi. No **ha terminado** el libro todavía, pero va a llamarte esta tarde.

Piénsalo. Lee las afirmaciones e indica a quién(es) se refiere cada una: a Alicia (**A**), a César (**C**) y/o a Javier (**J**).

1. _____ **Ha hablado** con Javier.

2. _____ **Ha escrito** unas notas.

3. _____ **Ha leído** una parte del libro.

4. _____ No **ha hecho** mucho en su curso de literatura.

5. _____ No **han visto** a Javier.

6. _____ No **ha abierto** el libro.

Present perfect and participles used as adjectives

■ **Present perfect.** Use the present perfect to refer to a past event, action, or condition that has some relation to the present.

He lavado **los platos.**	*I have washed the dishes.*
Cecilia nunca ha vivido **en otro país.**	*Cecilia has never lived in another country.*

■ Form the present perfect by using the present tense of **haber** as an auxiliary verb with the past participle of the main verb. In English, past participles are often formed with the endings *-ed* and *-en,* as in *finished* or *eaten.*

PRESENT TENSE OF HABER	+ PAST PARTICIPLE
yo **he**	
tú **has**	
Ud., él, ella **ha**	**hablado**
nosotros/as **hemos**	**comido**
vosotros/as **habéis**	**vivido**
Uds., ellos/as **han**	

Los cocineros **han trabajado** mucho en el banquete.	*The cooks have worked a lot at the banquet.*
Unos miembros de la organización ya **han traído** los manteles.	*Some members of the organization have already brought the tablecloths.*

- All past participles of **-ar** verbs end in **-ado,** whereas past participles of **-er** and **-ir** verbs generally end in **-ido.** If the stem of an **-er** verb ends in a vowel, use a written accent on the **i** of **-ido** (leer → le**í**do).

Lucho, ¿ya **has leído** la receta de la paella?	*Lucho, have you read the recipe for paella yet?*
No, no **he leído** la receta todavía.	*No, I have not read the recipe yet.*

- Some **-er** and **-ir** verbs have irregular past participles. Here are some of the more common ones:

IRREGULAR PAST PARTICIPLES			
hacer	**hecho**	abrir	**abierto**
poner	**puesto**	escribir	**escrito**
romper	**roto**	cubrir	**cubierto**
ver	**visto**	decir	**dicho**
volver	**vuelto**	morir	**muerto**

- Place object and reflexive pronouns before the auxiliary **haber.** Do not place any word between **haber** and the past participle.

¿**Le** has dado las servilletas a César?	*Have you given César the napkins?*
No, todavía no **se las** he dado.	*No, I have not given them to him yet.*

Participles used as adjectives. Spanish uses **estar** + *past participle* to express a state or condition resulting from a previous action.

ACTION	RESULT
Ella preparó la sopa.	La sopa **está preparada.**
Luego cerró las ventanas.	Las ventanas **están cerradas.**

- When a past participle is used as an adjective, it agrees with the noun it modifies.

una puerta **cerrada**	*a closed door*
los restaurantes **abiertos**	*the open restaurants*
unas botellas **lavadas**	*some washed bottles*

■ ■ ■ ■ ■
LENGUA

To state that something has just happened use the present tense of **acabar** + **de** + *infinitive,* not the present perfect.

Acabamos de volver del supermercado.

We have just returned from the supermarket.

Acabo de probar la sopa y está deliciosa.

I have just tasted the soup, and it is delicious.

---

e **¿COMPRENDES?**

Escribe la forma correcta del presente perfecto para indicar la acción y la forma del participio pasado para indicar el resultado de esa acción.

Acción	Resultado
1. Yo _____ la comida. (preparar)	1. La comida está _____. (preparar)
2. Nosotros _____ los ingredientes. (comprar)	2. Los ingredientes están _____. (comprar)
3. Tú no _____ la mesa todavía. (poner)	3. La mesa aún no está _____. (poner)
4. El niño _____ dos ventanas. (romper)	4. Las ventanas están _____. (romper)
5. Los estudiantes ya _____ su tarea. (hacer)	5. Las tareas ya están _____. (hacer)

MySpanishLab

Learn more using Amplifire Dynamic Study Modules, Grammar Tutorials, and Extra Practice activities.

10-18

Lo que no he hecho. Tu compañero/a y tú deben decir las cosas de cada lista que no han hecho. Después, comparen sus respuestas con las de otros estudiantes.

1. Yo nunca he estado en…
   a. Paraguay.
   b. Guatemala.
   c. Ecuador.
2. Yo nunca he visto…
   a. las islas Galápagos.
   b. un volcán activo.
   c. un huracán.
3. Yo nunca he comido…
   a. aguacate.
   b. un postre con leche de coco.
   c. langosta.
4. Yo nunca he roto…
   a. una taza.
   b. un vaso.
   c. un plato.

10-19

Robo (*Robbery*) en un restaurante. El siguiente incidente ocurrió en el restaurante del chef Marco Tovares. Llena los espacios con la forma correcta del participio pasado de los verbos entre paréntesis.

El chef Marco Tovares salió de la cocina para asegurarse de que todo iba bien. Vio que el locutor de televisión Jorge Ramos estaba (1) _____ (sentar) en una mesa con otras personas. Marco vio que la bolsa de una de las mujeres estaba (2) _____ (abrir) y que un hombre en otra mesa la miraba. Como la mujer estaba (3) _____ (distraer), el hombre aprovechó el momento (4) _____ (esperar). Sacó la billetera de la bolsa de ella. Marco lo vio todo. Se acercó a la mesa y le dijo al hombre: "¿Cómo está la comida esta noche?". El hombre parecía muy nervioso, y curiosamente tenía las manos (5) _____ (cerrar). Marco le dijo: "¿Podría acompañarme, por favor?". El hombre fue con Marco, le dio la billetera (6) _____ (robar) y salió. Marco se acercó a la mesa de Jorge Ramos y les explicó lo ocurrido. Todos estaban muy (7) _____ (sorprender). La mujer dijo: "Hace diez años que vivo en Nueva York, y ¡nunca he (8) _____ (ser) víctima de un robo hasta esta noche!".

10-20

Hispanos famosos.

PREPARACIÓN. Piensen en un hispano famoso/una hispana famosa y preparen una lista de cinco cosas que creen que ha hecho para tener éxito (*to be successful*). Después, compartan su lista con la de otra pareja.

 E1: *Cameron Díaz es una actriz famosa.*
E2: *Ha protagonizado más de treinta películas…*

INTERCAMBIOS. Digan tres cosas que ustedes han hecho que los/las han ayudado a tener éxito en su vida personal, académica o profesional.

10-21

Una cena importante.
Ustedes van a preparar una cena para su profesor/a de español. Háganse preguntas para ver qué preparativos ha hecho cada uno/a para la cena.

 comprar la carne

E1: *¿Has comprado la carne?*
E2: *No, no la he comprado todavía.*

1. leer las recetas
2. cortar los vegetales
3. hacer el postre
4. decidir qué música tocar
5. poner la mesa
6. decorar el lugar de la cena
7. …

10-22

Justo ahora. Digan qué han hecho estas personas. Den la mayor información posible.

 Maricarmen y sus amigos ya no tienen hambre.

E1: *Han comido toda la comida.*
E2: *Han dejado la nevera vacía.*

1. Juan y Ramiro salen del estadio.
2. Pedro y Alina salen de una tienda donde se alquilan películas.
3. Mercedes y Paula traen palomitas de maíz (*popcorn*) para todo el grupo.
4. Un hombre sale corriendo de un banco.
5. Jorge y Rubén salen de un supermercado.
6. Frente a todos sus amigos, Rubén le da una sorpresa a su novia.

10-23

¿Qué ha pasado? Después de unas horas de haber limpiado y ordenado su apartamento, ustedes encuentran todo muy desordenado. Túrnense para describirle al/a la policía lo que han hecho hoy para ordenar el apartamento y lo que ven ahora.

MODELO las ventanas
(cerrar, abrir)

    E1: *¿Qué ha pasado con las ventanas?*

    E2: *Las he cerrado esta mañana… pero ahora están abiertas.*

1. el espejo (usar, romper)

2. la cama (tender, desordenar)

3. el televisor (apagar, encender)

4. las camisas (colgar, tirar al piso)

5. la puerta del apartamento (cerrar, abrir)

6. la comida en el refrigerador (tapar [*cover*], destapar [*to uncover*])

Situación

PREPARACIÓN. Lean esta situación. Luego, compartan ejemplos de vocabulario, gramática y otra información que necesitan para desarrollar la conversación.

Role A. You are a student residence hall assistant at your university. Today you are meeting with a student who lives in the dorm. Explain that other students have complained that:

a. he/she has had parties in the dorm;
b. his/her friends have broken furniture in the public areas; and
c. his/her loud music has bothered everyone on the floor.

Say that you are worried about him/her and ask questions to find out what is prompting this behavior.

Role B. You live in a dorm at your school. The residence hall assistant tells you about complaints that he/she has received regarding your behavior. Respond to his/her comments and questions in detail.

	ROLE A	ROLE B
Vocabulario	University life Music Furniture	University life
Funciones y formas	Talking about the recent past Asking questions Giving advice	Talking about the recent past Stating your case Giving details

INTERCAMBIOS. Practica la conversación con tu compañero/a incorporando el vocabulario y las funciones de *Preparación.*. Luego, represéntenla ante la clase.

3 | Giving instructions in informal settings

Marcos, la buena alimentación es fundamental para la buena salud. **Desayuna** siempre. Es la comida más importante del día. Para tener energía, **consume** carbohidratos y proteínas en las tres comidas. **Come** carbohidratos complejos, como pasta y pan, pero siempre integrales (*made from whole grains*). **No olvides** las frutas, las verduras y la leche; son muy buenas para la salud. **Evita** comer grasas y azúcares en grandes cantidades.

Piénsalo. Según las sugerencias del enfermero, escoge los alimentos o bebidas que Marcos debe consumir o evitar para alimentarse bien.

1. _____ Come…	**a.**	helado todos los días.
2. _____ Evita…	**b.**	pan blanco.
3. _____ Bebe…	**c.**	manzanas, peras, plátanos, uvas.
	d.	suficiente leche.
	e.	pollo y pescado.
	f.	refrescos.

Informal commands

- To ask a friend to do or not to do something, use an informal command. Use that form with anyone else you address as **tú,** such as someone your own age or someone with whom you have a close relationship.

Pásame la sal.	*Pass me the salt.*
Mira esta foto.	*Look at this photo.*
Lee las instrucciones.	*Read the instructions.*
Préstame tu lápiz.	*Lend me your pencil.*

- To form the affirmative **tú** command, use the present indicative **tú** form without the final -s.

	PRESENT INDICATIVE	AFFIRMATIVE *TÚ* COMMAND
cocinar	cocinas	**cocina**
beber	bebes	**bebe**
consumir	consumes	**consume**

- For the negative **tú** command, use the negative **usted** command form and add the final **-s.**

	NEGATIVE *USTED* COMMAND	NEGATIVE *TÚ* COMMAND
preparar	no prepar**e**	no prepar**es**
comer	no com**a**	no com**as**
subir	no sub**a**	no sub**as**

- Placement of object and reflexive pronouns with **tú** commands is the same as with **usted** commands.

AFFIRMATIVE COMMAND	NEGATIVE COMMAND
Prepárelo (usted).	No **lo** prepare (usted).
Bébela (tú).	No **la** bebas (tú).

- The plural of **tú** commands in Spanish-speaking America is the **ustedes** command.

Cocina (tú).	**Cocinen (ustedes).**
Bebe (tú).	**Beban (ustedes).**
Sube (tú).	**Suban (ustedes).**

- Some **-er** and **-ir** verbs have shortened affirmative **tú** commands, but their negative command is regular.

	AFFIRMATIVE	NEGATIVE
poner	**pon**	**no pongas**
salir	**sal**	**no salgas**
tener	**ten**	**no tengas**
venir	**ven**	**no vengas**
hacer	**haz**	**no hagas**
decir	**di**	**no digas**
ir	**ve**	**no vayas**
ser	**sé**	**no seas**

Sal a las tres si quieres llegar a las cuatro.	*Leave at 3:00 if you want to arrive at 4:00.*
No salgas sin paraguas; va a llover.	*Don't leave without an umbrella; it is going to rain.*
Sé generoso con tus amigos.	*Be generous with your friends.*
No seas impaciente.	*Don't be impatient.*
Dime la verdad.	*Tell me the truth.*
No nos digas mentiras.	*Don't tell us any lies.*

|e| ¿COMPRENDES?

Completa la siguiente conversación con la forma correcta del verbo entre paréntesis.

MARIO: ¿Cómo preparo un buen asado?

XIMENA: (1) _____ (Comprar) carne blanda.
No (2) _____ (comprar) carne barata.

MARIO: ¿Y luego?

XIMENA: (3) _____ (Poner) sal y pimienta a la carne.
No (4) _____ (poner) demasiada sal.

MySpanishLab

Learn more using Amplifire Dynamic Study Modules, Grammar Tutorials, and Extra Practice activities.

PRÁCTICA

10-24

Consejos. Escoge los consejos más adecuados, según cada situación. Compara tus respuestas con las de tu compañero/a y después añade otra situación. Tu compañero/a te va a dar un consejo.

1. _____ Tu compañero/a comió demasiado en una fiesta de cumpleaños y ahora le duele mucho el estómago.

   a. Come más para recuperarte.
   b. Llama al médico.
   c. Ve a la farmacia y compra medicamentos.
   d. Camina una hora esta tarde.
   e. Practica deportes para olvidarte del dolor de estómago.
   f. No te acuestes.

2. _____ Tu hermana está enferma. Está congestionada y tiene fiebre.

   a. Toma sopa de pollo.
   b. Come una hamburguesa.
   c. No duermas mucho.
   d. Bebe jugos y agua.
   e. No bebas vino ni cerveza.
   f. No consumas mucha cafeína.

3. _____ A tu amiga le fascina la comida basura (*junk food*), por eso, subió diez libras en un mes.

   a. Ve a los restaurantes de comida rápida.
   b. Bebe muchas gaseosas.

   c. Come en casa, no en restaurantes.
   d. No tomes alcohol.
   e. Evita los batidos de McDonald's.
   f. No pidas ensaladas.

4. _____ Tu mamá quiere alimentarse mejor para tener más energía y bajar de peso.

   a. Evita la grasa.
   b. Toma muchos helados.
   c. Come huevos moderadamente.
   d. Compra papas fritas.
   e. Acuéstate y descansa.
   f. Si no tienes energía, consume mucha cafeína.

5. _____ Tu mejor amigo quiere preparar una cena espectacular para su novia.

   a. Compra pizza.
   b. Haz un plato sofisticado.
   c. No te olvides de comprar un buen vino.
   d. Prepara la mesa el día anterior.
   e. No le pongas chile picante al plato. Ella detesta la comida picante.
   f. Ponle mucha sal a la comida.

Cultura

■ ■ ■ ■ ■

Las termas de Papallacta

En la cordillera de los Andes, a una hora de la capital de Quito, se encuentran las termas de Papallacta. Son famosas por sus características curativas. Además, es un gran centro turístico por su ubicación en un área medioambiental muy diversa e interesante, cercana a reservas ecológicas y a la región amazónica.

Comparaciones. ¿Dónde se pueden encontrar baños medicinales en Estados Unidos? ¿Has visitado tú o alguien de tu familia uno de estos lugares? Busca información sobre uno de ellos y descríbeselo a la clase.

10-25

Una cura de reposo. Tu amigo/a estuvo muy enfermo/a y su médico le recomendó pasar dos semanas de descanso en las termas de Papallacta en Ecuador. Como tú has visitado este lugar, dile a tu amigo/a qué puede hacer allí. Después, cambien de papel.

MODELO disfrutar de la tranquilidad

E1: *Disfruta de la tranquilidad y no escuches música en tu iPod.*

E2: *Y, ¿qué más puedo hacer?*

1. disfrutar del sol
2. respirar aire puro y descansar
3. no hacer la tarea
4. tomar fotos y hacer videos
5. probar un plato típico ecuatoriano
6. salir por las noches y conversar con las personas del lugar
7. tomar baños termales a diario
8. asistir a un concierto de música andina

10-26

Buenos hábitos alimenticios. PREPARACIÓN. Ustedes están preocupados por los hábitos de comida de su amigo/a. Lean lo que esta persona come y bebe en un día típico e identifiquen los problemas que tiene.

> Todos los días se levanta al mediodía. Tan pronto se levanta, toma varias tazas de café. Una hora más tarde, come tres huevos fritos con tocino y tostadas. Toma dos tazas de café cubano con bastante azúcar. Luego, lee el periódico en su dormitorio, mira televisión y come chocolate mientras habla por teléfono con sus amigos. Por la tarde, llama por teléfono al restaurante de la esquina, pide una hamburguesa con papas fritas y toma unas cervezas. Después, duerme una siesta larga. Por la noche, tiene problemas para dormir, por eso, toma un batido.

INTERCAMBIOS. Hagan una lista con cinco recomendaciones o instrucciones que su amigo/a debe seguir. Comparen su lista con las de otros grupos.

10-27

Cocina paso a paso (step by step). PREPARACIÓN. Escojan una receta para un plato que se consume en su país y escriban una lista de los ingredientes.

INTERCAMBIOS. Presenten su receta a la clase. Sigan los siguientes pasos: a) describan el plato; b) presenten sus ingredientes; y c) expliquen cómo se prepara.

Situación

PREPARACIÓN. Lean esta situación. Luego, compartan ejemplos de vocabulario, gramática y otra información que necesitan para desarrollar la conversación.

Role A. To improve your health, you call your friend who is studying to become a nutritionist. Explain what you generally eat for breakfast, lunch, and dinner. Ask questions and answer the nutritionist's questions.

Role B. You are studying to become a nutritionist and a friend calls you for help with eating habits. Ask what he/she eats for breakfast, lunch, and dinner. Advise him/her:

a. to eat fruits, vegetables, fish, and chicken;
b. not to drink soft drinks or alcohol;
c. to consume foods with lots of fiber; and
d. to do physical activity daily.

Answer your friend's questions.

	ROLE A	ROLE B
Vocabulario	Food-related vocabulary	Food-related vocabulary
Funciones y formas	Explaining food habits Asking and answering questions Thanking someone for the advice	Asking and answering questions Giving advice Giving instructions

INTERCAMBIOS. Practica la conversación con tu compañero/a incorporando el vocabulario y las funciones de *Preparación*. Luego, represéntenla ante la clase.

4 Talking about the future

CIENTÍFICA: Según los expertos, para el año 2030 la población geriátrica **se duplicará** en comparación con la del presente. La gente **comerá** mejor, **vivirá** más años y **tendrá** buena salud.

JULIA: ¿Y nuestra dieta **será** semejante a la de hoy? ¿Qué **comeremos**?

CIENTÍFICA: Se piensa que **consumiremos** más alimentos naturales, porque más gente **comprenderá** sus beneficios. Al mismo tiempo, muchos alimentos **serán** modificados genéticamente. Los individuos **tratarán** de protegerse de ciertas afecciones y enfermedades, como la diabetes y el cáncer.

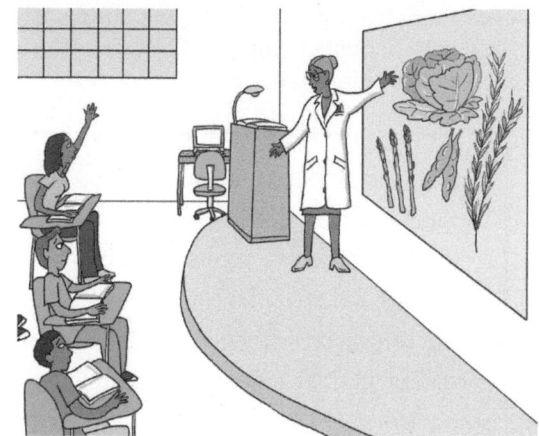

e **Piénsalo.** Indica si las siguientes afirmaciones son ciertas (**C**) o falsas (**F**) o no se sabe (**NS**).

1. _____ **Habrá** menos personas mayores en el futuro.

2. _____ Las personas **tendrán** una vida más larga.

3. _____ Más personas **comprenderán** los beneficios de los alimentos naturales.

4. _____ La gente **será** más alta.

5. _____ La gente **podrá** comer grasas y dulces porque la ciencia los protegerá contra las enfermedades.

The future tense

■ You have been using the present tense and **ir a** + *infinitive* to express future plans. Spanish also has a future tense. Although you have other ways to express a future action, event, or state, it is important to be able to recognize the future tense in reading and in listening.

■ The future tense is formed by adding the endings **-é, -ás, -á, -emos, -éis,** and **-án** to the infinitive. All verbs, **-ar, -er, -ir,** regular or irregular, use these endings.

FUTURE TENSE			
	HABLAR	**COMER**	**VIVIR**
yo	hablar**é**	comer**é**	vivir**é**
tú	hablar**ás**	comer**ás**	vivir**ás**
Ud., él, ella	hablar**á**	comer**á**	vivir**á**
nosotros/as	hablar**emos**	comer**emos**	vivir**emos**
vosotros/as	hablar**éis**	comer**éis**	vivir**éis**
Uds., ellos/as	hablar**án**	comer**án**	vivir**án**

Rafael **visitará** Ecuador el mes próximo.	*Rafael will visit Ecuador next month.*
Él y sus colegas **volverán** después de dos semanas	*He and his colleagues will return after two weeks.*
Se reunirán con los dueños de unas haciendas de café.	*They will meet with the owners of some coffee plantations.*

■ Some verbs have irregular stems in the future tense and can be grouped into three categories according to the irregularity. The first group drops the **-e** from the infinitive ending.

IRREGULAR FUTURE—GROUP 1		
Infinitive	**New Stem**	**Future Forms**
poder	**podr-**	podré, podrás, podrá, podremos, podréis, podrán
querer	**querr-**	querré, querrás, querrá, querremos, querréis, querrán
saber	**sabr-**	sabré, sabrás, sabrá, sabremos, sabréis, sabrán

■ The second group replaces the **e** or **i** of the infinitive ending with a **-d.**

IRREGULAR FUTURE—GROUP 2		
poner	**pondr-**	pondré, pondrás, pondrá, pondremos, pondréis, pondrán
salir	**saldr-**	saldré, saldrás, saldrá, saldremos, saldréis, saldrán
tener	**tendr-**	tendré, tendrás, tendrá, tendremos, tendréis, tendrán
venir	**vendr-**	vendré, vendrás, vendrá, vendremos, vendréis, vendrán

■ The third group consists of two verbs whose stems in the future tense are quite different from their respective infinitives.

IRREGULAR FUTURE—GROUP 3		
decir	**dir-**	diré, dirás, dirá, diremos, diréis, dirán
hacer	**har-**	haré, harás, hará, haremos, haréis, harán

Los estudiantes **sabrán** más sobre la nutrición después de tomar el curso.	*The students will know more about nutrition after taking the course.*
Tendrán que leer mucho.	*They will have to read a lot.*
También **harán** un proyecto de investigación.	*They will also do a research project.*
¿A qué hora **vendrán** a cenar?	*What time will they be coming for dinner?*
Querrán probar un poco de todo.	*They will want to try a little of everything.*

PRÁCTICA

Cultura

Quito y Guayaquil

Tanto Quito como Guayaquil son dos ciudades grandes y dinámicas de Ecuador. Quito, la capital, está situada en lo alto de los Andes mientras que Guayaquil está cerca de la costa del Pacífico. Las dos son importantes centros de turismo y de poder económico. El centro histórico de Quito es el mejor preservado de Latinoamérica mientras que en Guayaquil los proyectos de regeneración urbana, como el del Malecón 2000, reflejan su tradición comercial. Aunque muy diferentes entre sí, cada ciudad tiene su verdadero encanto.

Comparaciones. En tu opinión, ¿cuál es la ciudad más importante y dinámica en tu país? ¿Por qué? Explica.

▲ Basílica del Voto Nacional, Quito

▲ El Malecón 2000, Guayaquil

10-28

¿Qué lugares de Ecuador visitarán estas personas? Completa las oraciones de la izquierda con la acción en la columna de la derecha. Añade un lugar que te interesa y dile a tu compañero/a lo que harás o adónde irás.

1. A Carlos y Eugenia les gusta comer bien. _____ al restaurante especializado en la cocina de Guayaquil.

2. A doña Lourdes y a su hija les fascinan la zoología y la botánica. _____ un viaje juntas a las islas Galápagos para ver la gran variedad de especies animales.

3. Don Jorge y yo _____ el mercado indígena de Cuenca para comprar artesanía ecuatoriana.

4. A ti te gusta disfrutar del aire libre, ver la arquitectura colonial y las montañas. _____ por la Plaza San Blas en Quito.

5. A mí… _____.

a. caminarás

b. irán

c. visitaremos

d. harán

Cultura

Reservas ecológicas

Ecuador tiene muchos parques nacionales y reservas ecológicas cuyo propósito es conservar la riqueza natural de las cuatro regiones del país: las islas Galápagos, la costa, la sierra y la selva amazónica. En las reservas se encuentran muchas especies de flora y fauna. Para los visitantes, hay muchas maneras de explorar las reservas y gozar de la naturaleza.

Comparaciones. ¿Hay reservas naturales en tu país? ¿Dónde están? ¿Qué se protege? ¿Alguna vez has visitado alguno de estos lugares? ¿Qué se puede hacer allí?

 10-29

Un viaje a Guayaquil. PREPARACIÓN. Ramiro va a Guayaquil a visitar a su familia y a conocer lugares nuevos. Háganse preguntas y contesten según la agenda que preparó Ramiro.

 MODELO E1: *¿Qué hará Ramiro el jueves por la mañana?*

E2: *Viajará al Parque Nacional Cajas.*

E1: *¿Cuándo irá al cine con los primos?*

E2: *Irán al cine el martes.*

LUNES	MARTES	MIÉRCOLES	JUEVES	VIERNES
salir para Guayaquil	visitar el Parque de las Iguanas	salir de compras al Mercado Artesanal	viajar al Parque Nacional Cajas	empacar las maletas
cenar con los tíos	visitar a otros familiares	ir a un museo	caminar en la reserva, sacar fotos	almorzar con toda la familia
acostarse temprano	ir al cine con los primos	cenar con unos amigos	dormir en el parque	regresar a Estados Unidos

INTERCAMBIOS. Hagan una lista de cinco actividades que Ramiro probablemente hará al regresar a Estados Unidos. Expliquen por qué.

 10-30

Planes de fiesta. PREPARACIÓN. Planifiquen una fiesta de matrimonio para sus amigos ecuatorianos José y Silvia. Consideren lo siguiente:

- número de invitados
- lugar de la fiesta
- menú que ofrecerán (comida y bebida)
- actividades para los invitados (música, baile, etc.)

 INTERCAMBIOS. Compartan sus planes con otra pareja. Hagan una lista de tres semejanzas y tres diferencias entre las dos fiestas.

10-31

¿Qué recomendaciones seguirá? Maricela sufre de estrés, insomnio y anemia. Después de leer las recomendaciones que le hacen su mejor amiga y su nutricionista, decidan qué hará ella probablemente.

RECOMENDACIONES DE LA NUTRICIONISTA	RECOMENDACIONES DE SU MEJOR AMIGA
1. Coma en pequeñas cantidades por lo menos cuatro veces al día.	**1.** Come cuando quieras. Si subes de peso puedes seguir una dieta.
2. No consuma cafeína para tener energía. Consuma proteínas.	**2.** Para tener energía, come mucho chocolate y, luego, haz ejercicio.
3. Consuma calcio. Beba leche y coma espinacas.	**3.** Toma helado todos los días porque la leche tiene mucho calcio.
4. Para eliminar la tensión y relajarse, haga yoga.	**4.** Escucha música suave y no contestes el teléfono de la oficina.
5. Compre verduras y carnes orgánicas en supermercados especializados en productos naturales.	**5.** Pide ensalada con pollo en los restaurantes de comida rápida y un refresco de dieta.

Situación

PREPARACIÓN. Lean esta situación. Luego, compartan ejemplos de vocabulario, gramática y otra información que necesitan para desarrollar la conversación.

Role A. You are organizing a picnic and some of the guests are vegetarians. Call your nutritionist friend (your classmate) to discuss what food to serve. Say that:

a. you will prepare vegetarian and non-vegetarian food;
b. for the vegetarians, you will make salads and a Spanish tortilla;
c. for the meat eaters, you will serve a chicken salad and hamburgers; and
d. you will serve beer, soft drinks, and juice.

Ask your friend for advice.

Role B. A friend is calling to ask for advice regarding the menu for a picnic that will include both vegetarian and non-vegetarian guests. Give your friend feedback on the proposed menu and offer additional advice.

	ROLE A	ROLE B
Vocabulario	Food-related vocabulary Drinks	Food-related vocabulary Drinks
Funciones y formas	Asking for advice Thanking someone Using proper phone etiquette	Asking and answering questions Giving advice Using proper phone etiquette

INTERCAMBIOS. Practica la conversación con tu compañero/a incorporando el vocabulario y las funciones de *Preparación*. Luego, represéntenla ante la clase.

EN ACCIÓN

¡Hay que celebrar!

10-32 Antes de ver

El restaurante ideal. En este segmento, Esteban invitará a Yolanda a comer en un restaurante para celebrar su cumpleaños. Marca (✓) las cinco sugerencias que tú le harías (*you would make*) a Esteban para elegir el restaurante ideal.

1. _____ Visita el restaurante antes de hacer la reservación.
2. _____ Busca un restaurante en el centro.
3. _____ Acuérdate que Yolanda es vegana.
4. _____ Pregunta si tienen descuento para estudiantes.
5. _____ Mira si el menú es variado.
6. _____ Habla con los camareros.
7. _____ Prueba la especialidad de la casa.
8. _____ Haz investigación en Internet sobre el restaurante.
9. _____ Consulta el libro de quejas (*complaints*).
10. _____ Averigua quién es el chef.

10-33 Mientras ves

A comer. Esteban, Yolanda, Fernando y Vanesa hablan sobre sus comidas favoritas y sobre las comidas típicas de sus países. Indica si las siguientes oraciones son ciertas (**C**) o falsas (**F**) según la información de este segmento de video. Corrige las oraciones falsas.

En el restaurante:

1. _____ Yolanda pedirá dos pupusas.
2. _____ Federico pedirá bistec con ensalada.
3. _____ Esteban probará la yuca con chicharrones y plátanos.

Comidas típicas de Costa Rica:

4. _____ Lo más típico de la comida costarricense es el arroz con frijoles.
5. _____ La *soda* es un tipo de restaurante caro y elegante.
6. _____ El *gallo pinto* es un plato que se come en la cena.
7. _____ En los restaurantes de barrio se sirve comida fresca.

Las tapas españolas:

8. _____ Se preparan solamente en casa.
9. _____ El origen de las tapas es muy antiguo.
10. _____ Se sirven en porciones pequeñas.

10-34 Después de ver e

La comida. PREPARACIÓN. Marca (✓) los temas que aparecen en este episodio, implícita o explícitamente.

1. _____ las comidas tradicionales de algunos países hispanos
2. _____ algunas costumbres asociadas con comidas típicas
3. _____ los peligros del consumo excesivo de carne
4. _____ la importancia de hacer ejercicio
5. _____ el origen de algunas comidas

INTERCAMBIOS. Comparen sus respuestas de *Preparación* y háganse las siguientes preguntas relacionadas.

1. ¿En qué ocasiones se ve la importancia de la comida como conexión social?
2. ¿Cómo cambiarán nuestras costumbres alimentarias en el futuro? Expliquen o den ejemplos.

Mosaicos

ESCUCHA

10-35

Preparación. Antes de escuchar, prepara una lista de productos que compras regularmente y otra de aquellos que solo compras en ocasiones especiales. Compártela con la clase.

ESTRATEGIA

Make notes of relevant details

In previous chapters, you have practiced the strategy of focusing on information that is relevant to your purpose for listening. Note-taking is a useful strategy for remembering important information. Listening more than once also helps you to remember relevant details.

10-36

Escucha. Andrea, Carolina, Roberto, and Darío have each offered to contribute a dish for their friend Óscar's birthday party. Each has bought some kind of vegetable, meat, or seafood to prepare his/her dish. As you listen, mark (✓) the foods that each of them bought. Note that not all the items purchased are listed below.

Comprueba

I was able to …

_____ distinguish between key and secondary information.

_____ listen for and make note of relevant details.

ANDREA	CAROLINA	ROBERTO	DARÍO
_____ sal	_____ ajos	_____ mermelada	_____ huevos
_____ pollo	_____ cerdo	_____ pepinos	_____ ajos
_____ carne molida	_____ espinacas	_____ pimienta	_____ fruta
_____ azúcar	_____ jamón	_____ aceite	_____ jamón
_____ zanahorias	_____ langosta	_____ pavo	_____ aderezo
_____ aguacates	_____ maíz	_____ aguacates	_____ pimientos verdes
_____ camarones	_____ pollo	_____ zanahorias	_____ pasta

10-37

Un paso más. Túrnense para hacerse las siguientes preguntas.

1. ¿Cuál es tu plato favorito?
2. ¿Qué productos o ingredientes necesitas para prepararlo?
3. ¿Con quién compartes generalmente tu plato favorito? ¿Por qué?
4. ¿Qué dice esta persona cuando preparas este plato?

> ## LENGUA
>
> **Pimienta** refers to the spice (*ground pepper*) and **pimiento** refers to the vegetable. Therefore, **pimienta roja** is the red (*cayenne*) pepper that one sprinkles on pizza, and **pimiento rojo** is a red bell pepper. The word for hot, spicy peppers is **chile** or **ají**, as in **chile habanero, chile jalapeño,** and so forth.

HABLA

10-38

Preparación. Marca cuáles de los siguientes alimentos son más saludables (+) o menos saludables (−).

____ los camarones	____ las espinacas	____ el jamón	____ el pollo
____ la carne de res	____ la fruta	____ las legumbres	____ el queso
____ la cerveza	____ las galletas	____ el pan blanco	____ los refrescos
____ los dulces	____ el helado	____ las papas	____ el vino

Intercambios. Escribe en la tabla los productos o alimentos de *Preparación* que en general producen los siguientes efectos. Explica por qué.

ENGORDAN	NO ENGORDAN	DAN ENERGÍA	AUMENTAN EL COLESTEROL

10-39

Habla. Entrevista a tres compañeros/as para averiguar las preferencias de comida en las siguientes categorías. ¿Qué comida les gusta más y cuál les gusta menos?

 MODELO los mariscos

E1: ¿Te gustan los mariscos? E2: Me encantan. ¿Y a ti? E1: A mí no me gustan.

ALIMENTO	ENCANTAR	GUSTAR MUCHO	GUSTAR	NO GUSTAR
la fruta				
las verduras				
la carne				
los mariscos				
los productos lácteos				
los pasteles				

10-40

Un paso más. Preparen un informe comparando los resultados obtenidos en la actividad 10-39 sobre las categorías de alimentos que más consumen los estudiantes. Usen las siguientes preguntas como guía. Después, presenten su informe a la clase.

1. ¿Qué tipos de comida se comen más?

2. En general, ¿sus compañeros se alimentan bien o mal? ¿Por qué?

3. ¿Deben ustedes mejorar su dieta? ¿Qué deben hacer?

ESTRATEGIA

Give and defend reasons for a decision

When you make a decision that you wish to communicate effectively to others, it is important to a) state your decision clearly; b) present and explain your reasons logically; and c) urge your listeners to consider your point of view.

En directo

To influence someone's decision:

Es mejor/menos dañino (*harmful*) + *infinitive* ...

¿No te/le(s) parece más saludable + *infinitive* ... ?

¿Qué te/le(s) parece si + *indicative* ... ?

Listen to a conversation with these expressions.

Comprueba

In my conversation ...

_____ I expressed my decision clearly.

_____ I explained my reasons logically.

_____ I encouraged my listener to consider my point of view.

LEE

10-41

Preparación. Lean el título y los subtítulos de la lectura en la página siguiente, miren las fotos y lean sus leyendas. Luego, hablen entre ustedes de lo que esperan encontrar en el artículo guiándose por las preguntas siguientes. Expliquen sus respuestas.

1. ¿Qué información esperan encontrar en el artículo?

    a. _____ una definición del término *fusión culinaria*

    b. _____ recetas para platos de cocina fusión

    c. _____ información sobre la influencia china en la cocina de un país

    d. _____ información sobre la cocina Tex-Mex

2. Marquen (✓) los elementos que los ayudaron a responder a la pregunta 1.

    a. _____ el título y los subtítulos

    b. _____ las fotos junto con sus leyendas

3. ¿Qué es la fusión culinaria? Marquen (✓) la definición más lógica.

    a. _____ la combinación de la cocina con otras artes, como la decoración de interiores

    b. _____ una cocina que combina la influencia de dos tradiciones culinarias

4. Preparen una lista de comidas Tex-Mex que conozcan. ¿Cuáles les gustan más?

ESTRATEGIA

Learn new words by analyzing their connections with known words

As you read in a second language, you encounter words that are unfamiliar to you. In some cases, you can skip over a word and still understand the overall meaning of the sentence or paragraph. In other cases, you should focus on the unfamiliar word and guess its meaning. You can figure out the meanings of unfamiliar words and expand your vocabulary by mentally linking them to words you know that are related in meaning or in grammatical form.

10-42

Lee. Según el contenido del artículo, ¿son las siguientes afirmaciones ciertas (**C**) o falsas (**F**)? Si la afirmación es falsa, corrige la información.

1. _____ El artículo afirma que la cocina fusión se limita a la combinación de influencias asiáticas en la cocina del Oeste.

2. _____ La cocina peruana incorpora influencias culinarias de muchos países.

3. _____ La inmigración de muchos chinos a Perú empezó al principio del siglo XX.

4. _____ El chifa es un término que se refiere a la cocina chino-peruana.

5. _____ La cocina Tex-Mex es igual a la cocina mexicana.

6. _____ Se usa menos carne y menos queso en la cocina Tex-Mex que en la cocina mexicana tradicional.

7. _____ Los nachos y los tacos fritos son invenciones de la cocina Tex-Mex.

8. _____ El chile con carne que se come en San Antonio, Texas, se prepara con especias similares a las que se usan en Marruecos, en el norte de África.

Comprueba

I was able to …

_____ **use words I know to guess the meaning of new words.**

_____ **understand the main points of the reading.**

LA FUSIÓN CULINARIA: UNA TENDENCIA NUEVA CON UNA HISTORIA LARGA

LA FUSIÓN EN LA COCINA CONTEMPORÁNEA

Todos hemos comido platos que combinan la cocina de dos países o culturas. El llamado *California roll* es un ejemplo; la *taco pizza* es otro. La fusión culinaria, o cocina fusión, ejemplifica la mezcla de ingredientes y estilos culinarios de diferentes culturas en el menú de un restaurante o en un mismo plato. Hoy en día es común encontrar restaurantes en Estados Unidos con nombres como *Roy's Hawaiian Fusion Cuisine* o *Fusion Restaurant and Lounge*. Hay muchas posibles combinaciones, limitadas solamente por la creatividad del chef y los gustos de los clientes.

LA FUSIÓN EN LA HISTORIA CULINARIA

A pesar de la creciente popularidad de estas combinaciones gastronómicas, sería un error pensar que la cocina fusión es un fenómeno nuevo. Dos ejemplos de este antiguo fenómeno en las Américas son la cocina chino-peruana y la cocina mexicano-norteamericana, o Tex-Mex.

EL CHIFA: LA COCINA FUSIÓN DE PERÚ

La cocina peruana es una mezcla de muchas influencias: indígena, española, africana, china y japonesa. El chifa, o cocina chino-peruana, es el resultado de la mezcla de la comida criolla de Lima con la cocina traída por los inmigrantes chinos desde mediados del siglo XIX.

▲ Plato chino-peruano o chifa

Los chinos que fueron a Perú se adaptaron a la sociedad y a sus costumbres, pero siempre mantuvieron sus tradiciones culinarias. Con el progreso económico, importaron de China especias y otros productos esenciales para su comida, pero por lo general tenían que cultivar las verduras que necesitaban o sustituirlas por ingredientes locales.

La cultura chino-peruana revolucionó la gastronomía. Algunos platos considerados típicamente peruanos, como el arroz chaufa (preparado con carne picada, cebollitas, pimentón, huevos y salsa de soja) y el tacu tacu (una tortilla hecha de un puré de frijoles, arroz, ajo, ají y cebolla) reflejan la influencia de la cocina china.

LA COMIDA TEX-MEX: LA COCINA MEXICANA EN ESTADOS UNIDOS

Un ejemplo de la cocina fusión que se conoce en todas partes de Estados Unidos es la cocina Tex-Mex. Se trata de la fusión del estilo de México y del de Texas. La cocina que conocemos hoy en día como Tex-Mex empezó como una mezcla de la comida del pueblo nativo de Texas y la cocina española.

▲ Nachos, un plato popular de la cocina Tex-Mex

Los indígenas contribuyeron con ingredientes como los frijoles pintos, los nopales (las hojas de un cacto), las cebollas silvestres[1] y el mesquite. La influencia española empezó con la llegada del ganado[2] a la región, traído por los colonizadores al final del siglo XVI. Pero también hay influencias del norte de África. Un grupo de colonizadores de las islas Canarias y de Marruecos inmigraron en el siglo XVIII a lo que es ahora San Antonio, Texas. De ellos vinieron nuevas especias, cilantro y chiles. El *chili con carne* de San Antonio todavía retiene los sabores de la cocina marroquí.

En los últimos treinta años se ha intentado separar *la cocina mexicana* de *la cocina mexicana americanizada*, o Tex-Mex. La Tex-Mex utiliza más carne y usa las tortillas para envolver mayor variedad de rellenos. Los nachos, los tacos fritos, las chalupas, el chile con queso y el chile con carne son invenciones Tex-Mex que no se encuentran en la cocina mexicana tradicional. La costumbre universal en los restaurantes Tex-Mex de servir las *tortilla chips* con salsa picante como aperitivo tampoco existe en la cocina mexicana tradicional.

[1]*wild*   [2]*cattle*

10-43

Un paso más. PREPARACIÓN. Hagan una lista de platos que se sirven en restaurantes y que son ejemplos de la cocina fusión. Luego, seleccionen uno de estos platos.

INTERCAMBIOS. Preparen una presentación sobre algún plato de cocina fusión que conocen y sus antecedentes culinarios, y preséntenla a la clase.

ESCRIBE

10-44

Preparación. Lee una vez más el artículo "La fusión culinaria: una tendencia nueva con una historia larga". Identifica las secciones del artículo y pasa tu marcador (*highlighter*) por las ideas centrales de cada sección.

ESTRATEGIA

Summarize information

A good summary maintains the structure of the original text, synthesizes its principal ideas and information, and accurately captures the central meaning of the original. To write a summary:

- ■ Read the text carefully for the main ideas more than once.
- ■ In your own words, write one or two sentences that summarize the main idea of each section you identify in the text.
- ■ Do not inject your own opinion or add anything not in the original text.

10-45

Escribe. Escribe en tus propias palabras un resumen del artículo, usando las ideas principales que marcaste en *Preparación*.

10-46

Un paso más. Envíale tu resumen a un compañero editor/una compañera editora para que te dé su opinión.

Comprueba

I was able to …

_____ identify the main ideas in each section of the reading.

_____ relay the main ideas in my own words.

_____ focus on factual information rather than my opinion.

En este capítulo...
Comprueba lo que sabes

Go to *MySpanishLab* to review what you have learned in this chapter. Practice with the following:

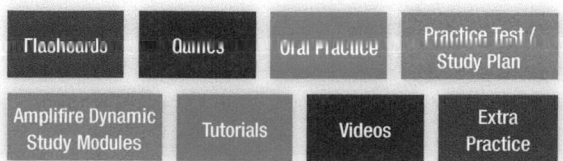

Flashcards | Quizzes | Oral Practice | Practice Test / Study Plan
Amplifire Dynamic Study Modules | Tutorials | Videos | Extra Practice

 Vocabulario

LAS ESPECIAS Y LOS CONDIMENTOS
Spices and seasonings

el aceite   *oil*
el aderezo   *salad dressing*
el azúcar   *sugar*
las especias   *spices*
las hierbas   *herbs*
la mayonesa   *mayonnaise*
la mostaza   *mustard*
la pimienta   *pepper*
la sal   *salt*
la salsa de tomate   *tomato sauce*
la vainilla   *vanilla*
el vinagre   *vinegar*

LAS FRUTAS Y LAS VERDURAS
Fruits and vegetables

el aguacate   *avocado*
el ajo   *garlic*
la cebolla   *onion*
la cereza   *cherry*
las espinacas   *spinach*
la fresa   *strawberry*
el limón   *lemon*
el maíz   *corn*
la manzana   *apple*
el maracuyá   *passion fruit*
el melón   *melon*
la papaya   *papaya*
el pepino   *cucumber*
la pera   *pear*
el pimiento verde   *green pepper*
la piña   *pineapple*
el plátano/la banana   *banana, plantain*
la toronja/el pomelo   *grapefruit*
la uva   *grape*
la zanahoria   *carrot*

EL PESCADO Y LA CARNE
Fish and meat

las aves   *poultry, fowl*
el camarón/la gamba   *shrimp*
la carne   *meat*
  molida   *ground meat*
  de res   *beef/steak*
el cerdo   *pork*
la chuleta   *chop*
el cordero   *lamb*
la costilla   *rib*
la langosta   *lobster*
los mariscos   *shellfish*
la oveja   *sheep*
el pavo   *turkey*

OTROS PRODUCTOS
Other products

los churros   *fried dough*
la crema   *cream*
el dulce   *candy/sweets*
la galleta   *cookie*
los garbanzos   *garbanzo beans*
la harina   *flour*
la leche de coco   *coconut milk*

EN LA MESA *On the table*

la bandeja   *tray*
la botella   *bottle*
la copa   *(stemmed) glass*
la cuchara   *spoon*
la cucharita   *teaspoon*
el cuchillo   *knife*
el mantel   *tablecloth*
el plato   *plate, dish*
el sacacorchos   *corkscrew*
la servilleta   *napkin*
la taza   *cup*
el tenedor   *fork*
el vaso   *glass*

VERBOS *Verbs*

agregar/añadir   *to add*
batir   *to beat*
consumir   *to consume*
freír (i)   *to fry*
hervir (ie, i)   *to boil*
probar (ue)   *to try, to taste*
recomendar (ie)   *to recommend*
tapar   *to cover*

LAS DESCRIPCIONES
Descriptions

agrio/a   *sour*
dulce   *sweet*
asado/a   *roasted*
frito/a   *fried*
lácteo/a   *dairy (product)*

las legumbres   *legumes*
las lentejas   *lentils*
la manteca/la mantequilla   *butter*
la margarina   *margarine*
el pan dulce   *bun, small cake*
el pastel   *pastry*
el queso crema   *cream cheese*
el yogur   *yogurt*

PALABRAS Y EXPRESIONES ÚTILES
Useful words and expressions

el/la campesino/a   *peasant*
la receta   *recipe*
todavía   *still, yet*
ya   *already*

Stress and Written Accents in Spanish

Rules for Written Accents

The following rules are based on pronunciation.

1. If a word ends in *n*, *s*, or a vowel, the penultimate (second-to-last) syllable is usually stressed.

Examples: cami**nan**
              muchos
              silla

2. If a word ends in a consonant other than *n* or *s*, the last syllable is stressed.

Example: fa**tal**

3. Words that are exceptions to the preceding rules have an accent mark on the stressed vowel.

Examples: sar**tén**
              lápices
              ma**má**
              fácil

4. Separation of diphthongs. When *i* or *u* is combined with another vowel, the two vowels are pronounced as one sound (a diphthong). When each vowel sound is pronounced separately, a written accent mark is placed over the stressed vowel (either the *i* or the *u*).

Example: gracias   día

Because the written accents in the following examples are not determined by pronunciation, the accent mark must be memorized as part of the spelling of the words as they are learned.

5. Homonyms. When two words are spelled the same, but have different meanings, a written accent is used to distinguish and differentiate meaning.

Examples:	de	*of*	dé	*give* (formal command)
	el	*the*	él	*he*
	mas	*but*	más	*more*
	mi	*my*	mí	me
	se	*him/herself,*	sé	*I know, be* (formal
		(to) him/her/them		command)
	si	*if*	sí	*yes*
	te	*(to) you*	té	*tea*
	tu	*your*	tú	*you*

6. Interrogatives and exclamations. In questions (direct and indirect) and exclamations, a written accent is placed over the following words: **dónde, cómo, cuándo, cuál(es), quién(es), cuánto(s)/cuánta(s),** and **qué.**

Word Formation in Spanish

Recognizing certain patterns in Spanish word formation can be a big help in deciphering meaning. Use the following information about word formation to help you as you read.

- **Prefixes.** Spanish and English share a number of prefixes that shade the meaning of the word to which they are attached: **inter-** (between, among); **intro/a-** (within); **ex-** (former, toward the outside); **en-/em-** (the state of becoming); **in-/a-** (not, without), among others.

inter-	interdisciplinario, interacción
intro/a-	introvertido, introspección
ex-	exponer (*expose*)
en-/em-	enrojecer (*to turn red*), empobrecer (*to become poor*)
in-/a-	inmoral, incompleto, amoral, asexual

- **Suffixes.** Suffixes and, in general, word endings will help you identify various aspects of words such as part of speech, gender, meaning, degree, etc. Common Spanish suffixes are **-ría, -za, -miento, -dad/tad, -ura, -oso/a, -izo/a, -(c)ito/a,** and **-mente.**

-ría	place where something is made and/or bought: **panadería, zapatería** (*shoe store*), **librería**
-za	feminine, abstract noun: **pobreza** (*poverty*), **riqueza** (*wealth, richness*)
-miento	masculine, abstract noun: **empobrecimiento** (*impoverishment*), **entrenamiento** (*training*)
-dad/tad	feminine noun: **ciudad** (*city*), **libertad** (*liberty, freedom*)
-ura	feminine noun: **verdura, locura** (*craziness*)
-oso/a	adjective meaning having the characteristics of the noun to which it's attached: **montañoso, lluvioso** (*rainy*)
-izo/a	adjective meaning having the characteristics of the noun to which it's attached: **rojizo** (*reddish*), **enfermizo** (*sickly*)
-(c)ito/a	diminutive form of noun or adjective: **Juanito, mesita** (*little table*), **Carmencita**
-mente	attached to the feminine form of adjective to form an adverb: **rápidamente, felizmente** (*happily*)

- **Compounds.** Compounds are made up of two words (e.g., *mailman*), each of which has meaning in and of itself: **altavoz** (*loudspeaker*) from **alto/a** and **voz**; **sacacorchos** (*corkscrew*) from **sacar** and **corcho.** Your knowledge of the root words will help you recognize the compound; and likewise, learning compounds can help you to learn the root words. What do you think **sacar** means?

- **Spanish–English associations.** Learning to associate aspects of word formation in Spanish with aspects of word formation in English can be very helpful. Look at the associations below.

SPANISH	ENGLISH
es/ex + consonant	*s* + consonant
esclerosis, extraño	*sclerosis, strange*
gu-	*w-*
guerra, Guillermo	*war, William*
-tad/dad	*-ty*
libertad, calidad	*liberty, quality*
-sión/-ción	*-sion/-tion*
tensión, emoción	*tension, emotion*

Verb Charts

Regular Verbs: Simple Tenses

Infinitive Present Participle Past Participle	Indicative					Subjunctive		Imperative
	Present	Imperfect	Preterit	Future	Conditional	Present	Imperfect	Commands
hablar hablando hablado	hablo hablas habla hablamos habláis hablan	hablaba hablabas hablaba hablábamos hablabais hablaban	hablé hablaste habló hablamos hablasteis hablaron	hablaré hablarás hablará hablaremos hablaréis hablarán	hablaría hablarías hablaría hablaríamos hablaríais hablarían	hable hables hable hablemos habléis hablen	hablara hablaras hablara habláramos hablarais hablaran	habla (tú), no hables hable (usted) hablemos hablad (vosotros), no habléis hablen (Uds.)
comer comiendo comido	como comes come comemos coméis comen	comía comías comía comíamos comíais comían	comí comiste comió comimos comisteis comieron	comeré comerás comerá comeremos comeréis comerán	comería comerías comería comeríamos comeríais comerían	coma comas coma comamos comáis coman	comiera comieras comiera comiéramos comierais comieran	come (tú), no comas coma (usted) comamos comed (vosotros), no comáis coman (Uds.)
vivir viviendo vivido	vivo vives vive vivimos vivís viven	vivía vivías vivía vivíamos vivíais vivían	viví viviste vivió vivimos vivisteis vivieron	viviré vivirás vivirá viviremos viviréis vivirán	viviría vivirías viviría viviríamos viviríais vivirían	viva vivas viva vivamos viváis vivan	viviera vivieras viviera viviéramos vivierais vivieran	vive (tú), no vivas viva (usted) vivamos vivid (vosotros), no viváis vivan (Uds.)

Regular Verbs: Perfect Tenses

Indicative											Subjunctive			
Present Perfect		Past Perfect		Preterit Perfect		Future Perfect		Conditional Perfect			Present Perfect		Past Perfect	
he has ha hemos habéis han	hablado comido vivido	había habías había habíamos habíais habían	hablado comido vivido	hube hubiste hubo hubimos hubisteis hubieron	hablado comido vivido	habré habrás habrá habremos habréis habrán	hablado comido vivido	habría habrías habría habríamos habríais habrían	hablado comido vivido		haya hayas haya hayamos hayáis hayan	hablado comido vivido	hubiera hubieras hubiera hubiéramos hubierais hubieran	hablado comido vivido

Irregular Verbs

Infinitive Present Participle Past Participle	Indicative					Subjunctive		Imperative
	Present	Imperfect	Preterit	Future	Conditional	Present	Imperfect	Commands
andar andando andado	ando andas anda andamos andáis andan	andaba andabas andaba andábamos andabais andaban	anduve anduviste anduvo anduvimos anduvisteis anduvieron	andaré andarás andará andaremos andaréis andarán	andaría andarías andaría andaríamos andaríais andarían	ande andes ande andemos andéis anden	anduviera anduvieras anduviera anduviéramos anduvierais anduvieran	anda (tú), no andes ande (usted) andemos andad (vosotros), no andéis anden (Uds.)
caer cayendo caído	caigo caes cae caemos caéis caen	caía caías caía caíamos caíais caían	caí caíste cayó caímos caísteis cayeron	caeré caerás caerá caeremos caeréis caerán	caería caerías caería caeríamos caeríais caerían	caiga caigas caiga caigamos caigáis caigan	cayera cayeras cayera cayéramos cayerais cayeran	cae (tú), no caigas caiga (usted) caigamos caed (vosotros), no caigáis caigan (Uds.)
dar dando dado	doy das da damos dais dan	daba dabas daba dábamos dabais daban	di diste dio dimos disteis dieron	daré darás dará daremos daréis darán	daría darías daría daríamos daríais darían	dé des dé demos deis den	diera dieras diera diéramos dierais dieran	da (tú), no des dé (usted) demos dad (vosotros), no deis den (Uds.)
decir diciendo dicho	digo dices dice decimos decís dicen	decía decías decía decíamos decíais decían	dije dijiste dijo dijimos dijisteis dijeron	diré dirás dirá diremos diréis dirán	diría dirías diría diríamos diríais dirían	diga digas diga digamos digáis digan	dijera dijeras dijera dijéramos dijerais dijeran	di (tú), no digas diga (usted) digamos decid (vosotros), no digáis digan (Uds.)
estar estando estado	estoy estás está estamos estáis están	estaba estabas estaba estábamos estabais estaban	estuve estuviste estuvo estuvimos estuvisteis estuvieron	estaré estarás estará estaremos estaréis estarán	estaría estarías estaría estaríamos estaríais estarían	esté estés esté estemos estéis estén	estuviera estuvieras estuviera estuviéramos estuvierais estuvieran	está (tú), no estés esté (usted) estemos estad (vosotros), no estéis estén (Uds.)
haber habiendo habido	he has ha hemos habéis han	había habías había habíamos habíais habían	hube hubiste hubo hubimos hubisteis hubieron	habré habrás habrá habremos habréis habrán	habría habrías habría habríamos habríais habrían	haya hayas haya hayamos hayáis hayan	hubiera hubieras hubiera hubiéramos hubierais hubieran	
hacer haciendo hecho	hago haces hace hacemos hacéis hacen	hacía hacías hacía hacíamos hacíais hacían	hice hiciste hizo hicimos hicisteis hicieron	haré harás hará haremos haréis harán	haría harías haría haríamos haríais harían	haga hagas haga hagamos hagáis hagan	hiciera hicieras hiciera hiciéramos hicierais hicieran	haz (tú), no hagas haga (usted) hagamos haced (vosotros), no hagáis hagan (Uds.)

Irregular Verbs *(continued)*

Infinitive Present Participle Past Participle	Indicative					Subjunctive		Imperative
	Present	Imperfect	Preterit	Future	Conditional	Present	Imperfect	Commands
ir yendo ido	voy vas va vamos vais van	iba ibas iba íbamos ibais iban	fui fuiste fue fuimos fuisteis fueron	iré irás irá iremos iréis irán	iría irías iría iríamos iríais irían	vaya vayas vaya vayamos vayáis vayan	fuera fueras fuera fuéramos fuerais fueran	ve (tú), no vayas vaya (usted) vamos, no vayamos id (vosotros), no vayáis vayan (Uds.)
oír oyendo oído	oigo oyes oye oímos oís oyen	oía oías oía oíamos oíais oían	oí oíste oyó oímos oísteis oyeron	oiré oirás oirá oiremos oiréis oirán	oiría oirías oiría oiríamos oiríais oirían	oiga oigas oiga oigamos oigáis oigan	oyera oyeras oyera oyéramos oyerais oyeran	oye (tú), no oigas oiga (usted) oigamos oíd (vosotros), no oigáis oigan (Uds.)
poder pudiendo podido	puedo puedes puede podemos podéis pueden	podía podías podía podíamos podíais podían	pude pudiste pudo pudimos pudisteis pudieron	podré podrás podrá podremos podréis podrán	podría podrías podría podríamos podríais podrían	pueda puedas pueda podamos podáis puedan	pudiera pudieras pudiera pudiéramos pudierais pudieran	
poner poniendo puesto	pongo pones pone ponemos ponéis ponen	ponía ponías ponía poníamos poníais ponían	puse pusiste puso pusimos pusisteis pusieron	pondré pondrás pondrá pondremos pondréis pondrán	pondría pondrías pondría pondríamos pondríais pondrían	ponga pongas ponga pongamos pongáis pongan	pusiera pusieras pusiera pusiéramos pusierais pusieran	pon (tú), no pongas ponga (usted) pongamos poned (vosotros), no pongáis pongan (Uds.)
querer queriendo querido	quiero quieres quiere queremos queréis quieren	quería querías quería queríamos queríais querían	quise quisiste quiso quisimos quisisteis quisieron	querré querrás querrá querremos querréis querrán	querría querrías querría querríamos querríais querrían	quiera quieras quiera queramos queráis quieran	quisiera quisieras quisiera quisiéramos quisierais quisieran	quiere (tú), no quieras quiera (usted) queramos quered (vosotros), no queráis quieran (Uds.)
saber sabiendo sabido	sé sabes sabe sabemos sabéis saben	sabía sabías sabía sabíamos sabíais sabían	supe supiste supo supimos supisteis supieron	sabré sabrás sabrá sabremos sabréis sabrán	sabría sabrías sabría sabríamos sabríais sabrían	sepa sepas sepa sepamos sepáis sepan	supiera supieras supiera supiéramos supierais supieran	sabe (tú), no sepas sepa (usted) sepamos sabed (vosotros), no sepáis sepan (Uds.)

Irregular Verbs (continued)

Infinitive Present Participle Past Participle	Indicative					Subjunctive		Imperative
	Present	Imperfect	Preterit	Future	Conditional	Present	Imperfect	Commands
salir saliendo salido	salgo sales sale salimos salís salen	salía salías salía salíamos salíais salían	salí saliste salió salimos salisteis salieron	saldré saldrás saldrá saldremos saldréis saldrán	saldría saldrías saldría saldríamos saldríais saldrían	salga salgas salga salgamos salgáis salgan	saliera salieras saliera saliéramos salierais salieran	sal (tú), no salgas salga (usted) salgamos salid (vosotros), no salgáis salgan (Uds.)
ser siendo sido	soy eres es somos sois son	era eras era éramos erais eran	fui fuiste fue fuimos fuisteis fueron	seré serás será seremos seréis serán	sería serías sería seríamos seríais serían	sea seas sea seamos seáis sean	fuera fueras fuera fuéramos fuerais fueran	sé (tú), no seas sea (usted) seamos sed (vosotros), no seáis sean (Uds.)
tener teniendo tenido	tengo tienes tiene tenemos tenéis tienen	tenía tenías tenía teníamos teníais tenían	tuve tuviste tuvo tuvimos tuvisteis tuvieron	tendré tendrás tendrá tendremos tendréis tendrán	tendría tendrías tendría tendríamos tendríais tendrían	tenga tengas tenga tengamos tengáis tengan	tuviera tuvieras tuviera tuviéramos tuvierais tuvieran	ten (tú), no tengas tenga (usted) tengamos tened (vosotros), no tengáis tengan (Uds.)
traer trayendo traído	traigo traes trae traemos traéis traen	traía traías traía traíamos traíais traían	traje trajiste trajo trajimos trajisteis trajeron	traeré traerás traerá traeremos traeréis traerán	traería traerías traería traeríamos traeríais traerían	traiga traigas traiga traigamos traigáis traigan	trajera trajeras trajera trajéramos trajerais trajeran	trae (tú), no traigas traiga (usted) traigamos traed (vosotros), no traigáis traigan (Uds.)
venir viniendo venido	vengo vienes viene venimos venís vienen	venía venías venía veníamos veníais venían	vine viniste vino vinimos vinisteis vinieron	vendré vendrás vendrá vendremos vendréis vendrán	vendría vendrías vendría vendríamos vendríais vendrían	venga vengas venga vengamos vengáis vengan	viniera vinieras viniera viniéramos vinierais vinieran	ven (tú), no vengas venga (usted) vengamos venid (vosotros), no vengáis vengan (Uds.)
ver viendo visto	veo ves ve vemos veis ven	veía veías veía veíamos veíais veían	vi viste vio vimos visteis vieron	veré verás verá veremos veréis verán	vería verías vería veríamos veríais verían	vea veas vea veamos veáis vean	viera vieras viera viéramos vierais vieran	ve (tú), no veas vea (usted) veamos ved (vosotros), no veáis vean (Uds.)

Stem-Changing and Orthographic-Changing Verbs

Infinitive Present Participle Past Participle	Indicative					Subjunctive		Imperative
	Present	Imperfect	Preterit	Future	Conditional	Present	Imperfect	Commands
almorzar (ue) (c) almorzando almorzado	almuerzo almuerzas almuerza almorzamos almorzáis almuerzan	almorzaba almorzabas almorzaba almorzábamos almorzabais almorzaban	almorcé almorzaste almorzó almorzamos almorzasteis almorzaron	almorzaré almorzarás almorzará almorzaremos almorzaréis almorzarán	almorzaría almorzarías almorzaría almorzaríamos almorzaríais almorzarían	almuerce almuerces almuerce almorcemos almorcéis almuercen	almorzara almorzaras almorzara almorzáramos almorzarais almorzaran	almuerza (tú), no almuerces almuerce (usted) almorcemos almorzad (vosotros), no almorcéis almuercen (Uds.)
buscar (qu) buscando buscado	busco buscas busca buscamos buscáis buscan	buscaba buscabas buscaba buscábamos buscabais buscaban	busqué buscaste buscó buscamos buscasteis buscaron	buscaré buscarás buscará buscaremos buscaréis buscarán	buscaría buscarías buscaría buscaríamos buscaríais buscarían	busque busques busque busquemos busquéis busquen	buscara buscaras buscara buscáramos buscarais buscaran	busca (tú), no busques busque (usted) busquemos buscad (vosotros), no busquéis busquen (Uds.)
corregir (i, i) (j) corrigiendo corregido	corrijo corriges corrige corregimos corregís corrigen	corregía corregías corregía corregíamos corregíais corregían	corregí corregiste corrigió corregimos corregisteis corrigieron	corregiré corregirás corregirá corregiremos corregiréis corregirán	corregiría corregirías corregiría corregiríamos corregiríais corregirían	corrija corrijas corrija corrijamos corrijáis corrijan	corrigiera corrigieras corrigiera corrigiéramos corrigierais corrigieran	corrige (tú), no corrijas corrija (usted) corrijamos corregid (vosotros), no corrijáis corrijan (Uds.)
dormir (ue, u) durmiendo dormido	duermo duermes duerme dormimos dormís duermen	dormía dormías dormía dormíamos dormíais dormían	dormí dormiste durmió dormimos dormisteis durmieron	dormiré dormirás dormirá dormiremos dormiréis dormirán	dormiría dormirías dormiría dormiríamos dormiríais dormirían	duerma duermas duerma durmamos durmáis duerman	durmiera durmieras durmiera durmiéramos durmierais durmieran	duerme (tú), no duermas duerma (usted) durmamos dormid (vosotros), no durmáis duerman (Uds.)
incluir (y) incluyendo incluido	incluyo incluyes incluye incluimos incluís incluyen	incluía incluías incluía incluíamos incluíais incluían	incluí incluiste incluyó incluimos incluisteis incluyeron	incluiré incluirás incluirá incluiremos incluiréis incluirán	incluiría incluirías incluiría incluiríamos incluiríais incluirían	incluya incluyas incluya incluyamos incluyáis incluyan	incluyera incluyeras incluyera incluyéramos incluyerais incluyeran	incluye (tú), no incluyas incluya (usted) incluyamos incluid (vosotros), no incluyáis incluyan (Uds.)

Stem-Changing and Orthographic-Changing Verbs (continued)

Infinitive Present Participle Past Participle	Indicative					Subjunctive		Imperative
	Present	Imperfect	Preterit	Future	Conditional	Present	Imperfect	Commands
llegar (gu) llegando llegado	llego llegas llega llegamos llegáis llegan	llegaba llegabas llegaba llegábamos llegabais llegaban	llegué llegaste llegó llegamos llegasteis llegaron	llegaré llegarás llegará llegaremos llegaréis llegarán	llegaría llegarías llegaría llegaríamos llegaríais llegarían	llegue llegues llegue lleguemos lleguéis lleguen	llegara llegaras llegara llegáramos llegarais llegaran	llega (tú), no llegues llegue (usted) lleguemos llegad (vosotros), no lleguéis lleguen (Uds.)
pedir (i, i) pidiendo pedido	pido pides pide pedimos pedís piden	pedía pedías pedía pedíamos pedíais pedían	pedí pediste pidió pedimos pedisteis pidieron	pediré pedirás pedirá pediremos pediréis pedirán	pediría pedirías pediría pediríamos pediríais pedirían	pida pidas pida pidamos pidáis pidan	pidiera pidieras pidiera pidiéramos pidierais pidieran	pide (tú), no pidas pida (usted) pidamos pedid (vosotros), no pidáis pidan (Uds.)
pensar (ie) pensando pensado	pienso piensas piensa pensamos pensáis piensan	pensaba pensabas pensaba pensábamos pensabais pensaban	pensé pensaste pensó pensamos pensasteis pensaron	pensaré pensarás pensará pensaremos pensaréis pensarán	pensaría pensarías pensaría pensaríamos pensaríais pensarían	piense pienses piense pensemos penséis piensen	pensara pensaras pensara pensáramos pensarais pensaran	piensa (tú), no pienses piense (usted) pensemos pensad (vosotros), no penséis piensen (Uds.)
producir (zc) (j) produciendo producido	produzco produces produce producimos producís producen	producía producías producía producíamos producíais producían	produje produjiste produjo produjimos produjisteis produjeron	produciré producirás producirá produciremos produciréis producirán	produciría producirías produciría produciríamos produciríais producirían	produzca produzcas produzca produzcamos produzcáis produzcan	produjera produjeras produjera produjéramos produjerais produjeran	produce (tú), no produzcas produzca (usted) produzcamos producid (vosotros), no produzcáis produzcan (Uds.)
reír (i, i) riendo reído	río ríes ríe reímos reís ríen	reía reías reía reíamos reíais reían	reí reíste rió/rio reímos reísteis rieron	reiré reirás reirá reiremos reiréis reirán	reiría reirías reiría reiríamos reiríais reirían	ría rías ría riamos riáis/riais rían	riera rieras riera riéramos rierais rieran	ríe (tú), no rías ría (usted) riamos reíd (vosotros), no riáis/riais rían (Uds.)
seguir (i, i) (ga) siguiendo seguido	sigo sigues slgue seguimos seguís siguen	seguía seguías seguía seguíamos seguíais seguían	seguí seguiste siguió seguimos seguisteis siguieron	seguiré seguirás seguirá seguiremos seguiréis seguirán	seguiría seguirías seguiría seguiríamos seguiríais seguirían	siga sigas siga sigamos sigáis sigan	siguiera siguieras siguiera siguiéramos siguierais siguieran	sigue (tú), no sigas siga (usted) sigamos seguid (vosotros), no sigáis sigan (Uds.)

Stem-Changing and Orthographic-Changing Verbs *(continued)*

Infinitive Present Participle Past Participle	Indicative					Subjunctive		Imperative
	Present	Imperfect	Preterit	Future	Conditional	Present	Imperfect	Commands
sentir (ie, i) sintiendo sentido	siento sientes siente sentimos sentís sienten	sentía sentías sentía sentíamos sentíais sentían	sentí sentiste sintió sentimos sentisteis sintieron	sentiré sentirás sentirá sentiremos sentiréis sentirán	sentiría sentirías sentiría sentiríamos sentiríais sentirían	sienta sientas sienta sintamos sintáis sientan	sintiera sintieras sintiera sintiéramos sintierais sintieran	siente (tú), no sientas sienta (usted) sintamos sentid (vosotros), no sintáis sientan (Uds.)
volver (ue) volviendo vuelto	vuelvo vuelves vuelve volvemos volvéis vuelven	volvía volvías volvía volvíamos volvíais volvían	volví volviste volvió volvimos volvisteis volvieron	volveré volverás volverá volveremos volveréis volverán	volvería volverías volvería volveríamos volveríais volverían	vuelva vuelvas vuelva volvamos volváis vuelvan	volviera volvieras volviera volviéramos volvierais volvieran	vuelve (tú), no vuelvas vuelva (usted) volvamos volved (vosotros), no volváis vuelvan (Uds.)

Spanish-English Glossary

This vocabulary includes all words and expressions presented in the text, except for proper nouns spelled the same in English and Spanish, diminutives with a literal meaning, typical expressions of the Hispanic countries presented in the *Enfoque cultural*, and cardinal numbers (found on page 23). Cognates and words easily recognized because of the context are not included either.

The number following each entry in bold corresponds to the **capítulo** in which the the word is introduced for active mastery. Non-bold numbers correspond to introduction of words for receptive use.

A

a *at, to* **P**
a menos que *unless* 14
a pesar de *despite* 15
¿A qué hora es? *At what time is [it]?* **P**
a sí misma/o(s) *himself/herself/themselves* 4
a través de *through* 13
a veces *sometimes* 1; 3 *at times* 12
abandonar *to abandon* 14
el/la abogado/a *lawyer* 9
abrazar(se) (c) *to embrace* 13
el abrazo *hug* 4
el abrigo *coat* 6
abril *April* **P**
abrir *to open* 10
la abuela *grandmother* 4
el abuelo *grandfather* 4
abundar *to abound* 13
aburrido/a *boring* 1, 4, 6; *bored* 6
aburrirse *to get bored* 7, **8**
a caballo *horseback* 8
acabar(se) *to run out of* 9, 15
el acceso *access* 15
el accesorio *accessory* 6
el aceite *oil* 10
la aceituna *olive* 3
acompañar *to accompany* 8
aconsejar *to advise* 5
el acontecimiento *event* 13
acostar(se) (ue) *to put to bed; to go to bed* **4**, 7 *; to lie down* 4
el actor/la actriz *actor/actress* 9
actual *present, current* 14
actualmente *at the present time* 9
la adaptación *adjustment, adaptation* 14
Adelante. *Come in.* 5
el adelanto *advance* 15
el ademán *gesture* 15

además *in addition* 3, *besides, furthermore* 11
el aderezo *salad dressing* 10
adiós *good-bye* **P**
adivinanza *guess* 2
adivinar *to guess* 5
¿adónde? *where (to)?* **3**
adornado/a *decorated* 8
la aduana *customs* 12
la aerolínea/línea aérea *airline* 12
el/la aeromozo/a *flight attendant* 12
afeitar(se) *to shave; to shave (oneself)* 4
las afueras *outskirts* 5
la agencia de viajes *travel agency* 12
el/la agente de viajes *travel agent* 12
agosto *August* **P**
agradable *nice* 2
agregar *to add* 10, 15
agrícola *agricultural* 9
el/la agricultor/a *farmer* 9
la agricultura *farming* 9
agrio/a *sour* 10
el agua *water* 3
el aguacate *avocado* 6, 10
las aguas residuales *sewage* 15
el agujero *hole* 15
ahora *now* 1
ahorrar *to save* 14, 15
el aire acondicionado *air conditioning* **5**
el ají *pepper (hot, spicy)* 10
el ajo *garlic* 10
al *(contraction of* **a** + **el***) to the* **3**
al aire libre *outdoors* 3
al fondo *at the back, in the rear* **13**
al lado (de) *next to* **P**
el ala *wing* 14
alegrarse (de) *to be glad (about)* 11
alegre *happy, glad* 2
la alegría *joy* 8
alemán/alemana *German* 2
la alergia *allergy* 11
el alfabetismo *literacy* 14

el alfiler *pin* 15
la alfombra *carpet, rug* 5
algo *something* 1, *anything* 12
alguien *someone, anyone* 12
algún, alguno (-os, -as) *some, any, several* 12
alguna vez *sometime, ever* 12
algunas veces *sometimes* 12
el alivio *relief* 15
el almacén *department store; warehouse* 6
la almeja *clam* 10
la almohada *pillow* 5
almorzar (ue) *to have lunch* 4
el almuerzo *lunch* 3
¿Aló? *Hello? (on the telephone)* 3
el alojamiento *lodging* 12
alquilar *to rent* 1, 2
el alquiler *rent* 5
alto/a *tall* 2
el/la alumno/a *student* 1
el ama/o de casa *housewife, homemaker* 9
la amabilidad *kindless* 9
amarillo/a *yellow* 2
el ambiente *setting* 8
el amigo/la amiga *friend* **P**, 2
la amistad *friendship* 6, **13**, 13
el amor *love* 13
amplio/a *ample* 14
el analfabetismo *illiteracy* 14
analfabeto/a *illiterate* 14
el análisis *test* 11
anaranjado/a *orange* 2
ancho/a *wide* 6
el anillo *ring* 6
animado/a *lively* 8
el ánimo *mood* 5
anoche *last night* 6
la ansiedad *anxiety* 12
ante(a)noche *the night before last* 6
anteayer *the day before yesterday* 6
el antepasado *ancestor* 8

antes *before* **8**
antes de eso *before that* **6**
antes (de) que *before* **14**
el antibiótico *antibiotic* **11**
antiguo/a *old* **1**
antipático/a *unpleasant* **2**
la antropología *anthropology* **1**
el anuncio *ad, advertisement* **5**, **9**
añadir *to add* **10**, **4**, **15**
el año *year* **P**
el año/mes pasado *last year/month* **6**
el Año Nuevo *New Year's Day* **8**
apagar *to extinguish, turn off* **9**, **15**
el apagón *power outage* **9**
el apartamento *apartment* **5**
apoyar *to support* **7**, **14**
aprender *to learn* Pr, **1**
aquel/aquella/aquello *that (over there)* **5**
aquellos/aquellas *those (over there)* **5**
el árbitro *umpire, referee* **7**
el árbol *tree* **7**
el arete *earring* **6**
argentino/a *Argentinian* **2**
el armario *closet, armoire* **5**
el aro *earring* **6**
el arpa *harp* **13**
el/la arquitecto/a *architect* **9**
la arquitectura *architecture* **1**
arrepentirse (ie) *to regret* **7**
el arroz *rice* **3**
la artesanía *handicrafts* **6**
el/la artesano/a *craftsman/woman, craftsperson* **13**
el artículo de belleza *beauty item* **11**
asado/a *roasted* **10**
el ascensor *elevator* **4**
el aserrín *sawdust* **8**
el asiento *seat* **12**
el asiento de pasillo/ventanilla *aisle/window seat* **12**
la asignatura *subject* **1**
asistir *to attend* **1**
el asma *asthma* **11**
asomarse *to look inside* **13**
la aspiradora *vacuum cleaner* **5**
atender (ie) *to help* (a customer) **9**
atentamente *kindly* **4**
aterrizar (c) *to land* **15**
el atletismo *track and field* **7**
atreverse *to dare* **7**
aunque *although, even though, even if* **12**, **14**
el auto *car* **2**
el autobús/bus *bus* **12**
la autopista *freeway* **12**
el autorretrato *self-portrait* **13**

el/la auxiliar de vuelo *flight attendant* **12**
avanzar (c) *to advance* **15**
la avenida *avenue* Pr
averiguar *to find out* **5**
las aves *poultry, fowl* **10**
el avión *plane* **12**
ayer *yesterday* **6**
ayudar *to help* **1**, **4**, **5**
el/la azafato/a *flight attendant* **12**
el azúcar *sugar* **10**
azul *blue* **2**

B

bailar *to dance* **1**, **6**
el bailarín/la bailarina *dancer* **13**
la bajada *slope* **7**
bajar *to download* **1**, **3**, **15**
bajar de peso *lose weight* **3**, **10**
bajo *under* **5**
bajo/a *short (in stature)* **2**, **2**
la ballena jorobada *humpback whale* **11**
el balón/la pelota/bola *ball* **7**, **7**
el baloncesto/el básquetbol *basketball* **7**
el banano *banana, plantain* **10**
el banco de peces *shoal; school of fish* **15**
la bandeja *tray* **9**, **10**
la bandera *flag* **2**
la bañadera *bathtab* **5**
bañar(se) *to bathe; to take a bath* **4**
la bañera *bathtub* **5**, **5**
el baño *bathroom* **5**
barato/a *inexpensive, cheap* **6**; *moderate* **12**
la barbacoa *barbecue pit; barbecue (event)* **5**
el barco *ship/boat* **12**
barrer *to sweep* **5**
el barrio *neighborhood* **5**
bastante bien *rather well* **P**
la basura *garbage, trash* **5**
la bata *robe* **6**
el bate *bat* **7**
el batido *shake* **3**; *smothie* **10**
batir *to beat* **10**
el bautizo *baptism, christening* **4**
beber *to drink* **1**; *beber(se)* **10**
la bebida *drink* **3**
la beca *scholarship* **1**
el béisbol *baseball* **7**
besar(se) *to kiss* **13**
el beso *kiss* **4**
la biblioteca *library* **1**; *digital* digital library **15**
el/la bibliotecario/a *librarían* **9**

bien *well* **P**, **2**
bien/mal aparcado *well/badly parked* **12**
bilingüe *bilingual* **2**
el billete *ticket* **12**
la billetera *wallet* **6**
el bistec *steak* **3**
blanco/a *white* **2**
blando/a *soft* **13**
la blusa *blouse* **6**
la boca *mouth* **10**, **11**
el boleto/el pasaje *ticket* **12**
el bolígrafo *ballpoint pen* **P**
boliviano/a *Bolivian* **2**
la bolsa/el bolso *purse* **6**
el/la bombero/a *firefighter* **9**
bonito/a *pretty* **2**, **2**
el borrador *eraser* **P**
el bosque *forest* **9**, **15**
las botas *boots* **6**
la botella *bottle* **10**
el brazo *arm* **6**, **11**
¡Buena suerte! *Good luck!* **1**
buenas noches *good night* **P**
buenas tardes *good afternoon/good evening* **P**
¡Bueno! *Hello? (on the telephone)* **3**
bueno/a *good* **1**; *well* (health); *physically attractive* **6**
buenos días *good morning* **P**
la bufanda *scarf* **6**
el burgués/la burguesa *middle class person* **13**
el buscador *search engine* **15**
buscar *to look for* **1**, **11**, **15**
la butaca *armchair* **5**

C

el cabello *hair* **11**
la cabeza *head* **6**, **11**
cada *each* **4**
cada día *each* **3**
cada... horas *every ... hours* **11**
la cadera *hip* **11**
caer bien (y) *to like* **6**
caer mal (y) *to dislike* **6**
caer simpático *to be liked* **15**
caer(se) (y) *to fall* **11**
café (color) *brown* **2**
el café *cafe, coffee shop* **1**; *coffee* **3**
la cafetería *cafetería* **1**
la caja fuerte *safe* **12**
el cajero automático *ATM* **12**
el/la cajero/a *cashier* **9**
los calcetines *socks* **6**
la calculadora *calculator* **P**
la calefacción *heating* **5**

el calentamiento *warm-up* 7; *warming* 15

la calidad *quality* 6, **13**

caliente *hot* 3

callado/a *quiet* 2

la calle *street* Pr, **15**

el calzado *footwear* 6

calzar (c) *to wear a shoe size* 6

los calzoncillos *boxer shorts* 6

la cama *bed* 5

la Cámara de Representantes *Congress* 3

el/la camarero/a *server, waiter/ waitress* 3, 9

el camarón/la gamba *shrimp* 10

cambiar *to change, to exchange* 3, **6**, 8

el cambio *change* 14

el cambur *plantain* 10

caminar *to walk* 1

el camión *bus* 12

la camisa *shirt* 6; **de manga corta** *short sleeve shirt* 15

la camiseta *T-shirt* 6

el camisón *nightgown* 6

la campanada *bell chime* 8

el campeón/la campeona *champion* 7

el campeonato *championship* 7, *tournament* 7

el/la campesino/a *peasant* 10

el campo *field* 7; *countryside* 9

el campo de fútbol *soccer field* 7

canadiense *Canadian* 2

cancelar *to cancel* 12

la cancha *court, golf course* 7

la canción *song* 3

la canela *cinnamon* 10

cansado/a *tired* 2

cantar *to sing* 3, *6*

la capa de ozono *ozone layer* 15

el capó *hood* 12

la cápsula *capsule* 15

la cara *face* 4, **11**

el cargador *charger* 5

carmelita *brown* 2

el carnaval *carnaval* 8

la carne *meat*; **de res** *beef/steak*; **molida** *ground meat* 10

caro/a *expensive* 6

el/la carpintero/a *carpenter* 9

la carrera *race* 7

la carrera *major* 1

la carreta *cart, wagon* 8

la carretera *highway* 12

el carro *car* 2

la carroza *float (in a parade)* 8

la casa *house, home* 1

casado/a *married* 2, 4

casar(se) *to get married* 4, *5, 8*

el casco *helmet* 7

casi *almost* 1

castaño/a *brown* 2

el catarro *cold* 11

la cebolla *onion* 10

la ceja *eyebrow* 11

el cel/celular *cell phone* 15

la celebración *celebration* 3, **8**

celebrar *to celebrate* 3

la célula troncal *stem cell* 14

el cementerio *cemetery* 8

la cena *dinner, supper* 3

cenar *to have dinner* 3, **7**

Cenicienta *Cinderella* 3

el centro *downtown, center* 5

el centro comercial *shopping center* 6

el centro turístico privado *resort* 11

cerca (de) *near, close (to)* 3, **5**

el cerdo *pork* 10

el cereal *cereal* 3

el cerebro *brain* 11

la cereza *cherry* 10

cerrar (ie) *to close* 4

el certamen *contest* 9

la cerveza *beer* 3

el césped *lawn* **5**, *grass* 5

el cesto *wastebasket* P

el cesto/la cesta *basket, hoop* **7**

el ceviche *dish of marinated raw fish* 3

chao (chau) *good-bye* P

la chaqueta *jacket* 6

el/la chef *chef* 9

el chico/la chica *boy/girl* P

el chile *pepper (hot, spicy)* 10

chileno/a *Chilean* 2

la chimenea *fireplace* 5

chino/a *Chinese* 2

el chip electrónico *integrated circuit* 15

la chiva *bus* 12

el choclo *corn* 10

el/la chofer, chófer *driver* 9

la chuleta *chop* 10

los churros *fried dough* 10

el ciclismo *cycling* 7

el/la ciclista *cyclist* 7

el cielo *sky* 7

cien/ciento *hundred* 3

la ciencia ficción *science fiction* 15

las ciencias *sciences* 1

las ciencias políticas *political science* 1

el/la científico/a *scientist* 9

cierto *true* Pr

el cine *movies* 2, 3

el/la cineasta *filmmaker* 13

la cintura *waist* 11

el cinturón *belt* 6

ciudad *city* 3

¡claro! *of course!* 3

la clase turista *tourist class* 12

la clave *key* 13

el/la cliente/a *client* 9

climatizado/a *air-conditioned* 15

la clínica/el centro de salud/el sanatorio *clinic* 11

la clonación *cloning* 15

el clóset *closet* 5

la cobija *blanket* 5

el coche *car* 2

la cocina *kitchen* 5; *stove* 5

cocinar *to cook* 5

codiciado/a *sought after* 13

el codo *elbow* 11

coger (j) *to hold* 13

el colectivo *bus* 12

el collar *necklace* 6

colombiano/a *Colombian* 2

el color *color* 2

el comedor *dining room* 5

comenzar (ie) *to start* 1, *to begin* 6, **8**

comer *to eat* **1**, 3, 6

comer(se) *to eat* 10

la cometa *kite* 8

la comida *food; meal; dinner, supper* 3

la comida basura *junk food* 10

el comienzo *origen* 7; *beginning* 8

el comino *cumin* 10

¿cómo? *how?/what?* 1

¿Cómo es? *What is he/she/it like?* P

¿Cómo está? *How are you? (formal)* P

¿Cómo estás? *How are you? (familiar)* P, 2

¡Cómo no! *Of course!* 9

¿Cómo se dice… en español? *How do you say … in Spanish?* P

¿Cómo se llama usted? *What's your name? (formal)* P

como si *as if, as though* 15

¿Cómo te llamas? *What's your name? (familiar)* P

¿Cómo te va? *How is it going?* 1

cómoda *dresser* 5

cómodo/a *comfortable* 9

el/la compañero/a *partner, classmate* 1, 2; **de cuarto** *roommate* 2

la compañía (de danza, de teatro) *(dance, theater) company* 13

la compañía/la empresa *company* 9

la comparsa *group dressed in similar costumes* 8

compartir *to share* 4

el comportamiento *behavior* 9

comprar *to buy* 1, *6*

las compras *shopping* 6

¿Comprenden?/¿Comprendes? *Do you understand?* P

comprender *to understand* 1, *10*

el compromiso *engagement* 8

el/la computador/a *computer* 1

la computadora portátil *laptop* **P**
la comunicación *communication* **3**
comunicarse con *to reach out to* 14
con *with* **1**
con cariño *affectionately* 4
con ellos/ellas *with them* 7
con mucho cariño *with much love* 4
Con mucho gusto. *With pleasure./ Gladly.* 1
con permiso *pardon me, excuse me* **P**
con qué frecuencia *how often* 1
con quien *with whom* 12
con tal (de) que *provided that* 14
el concejo municipal *city council* 14
la concha *shell* 8
concordar (ue) *to agree* 14
el concurso *contest* 5
el condimento *seasoning* 10
conectarse *to connect* 15
conectarse a *to connect to* 4
confiable *trustworthy* 13
la confianza *trust* 14
congelar(se) *to freeze* 7
conmigo *with me* 7, 7
conocer (zc) *to know* 3, 13
conocer(se) (zc) *to meet; to know (each other)* 13
el conocimiento *knowledge* 15
el/la consejero/a *adviser* 1
el consejo *advice* 5
el consenso *consensus* 12
la conservación *preservation* 15
la consola de videojuegos *games console* 5
construir (y) *to develop* 7, *to build* 15
el consultorio *office (of doctor, dentist, etc.)* 9
consumir *consume* 10
el/la contador/a, el/ la contable *accountant* 9, 9
contar (ue) *to count* 3, 6; *to tell* 15
contento/a *happy, glad* 2
contestar *to answer* 4
Contesten, por favor./Contesta, por favor. *Please answer.* P
contigo *with you (familiar)* 7, 7
continuar *to continue* 15
contraer *to contract* 11
contrario/a *opposing* 7
el/la contratista *contractor* 9
contribuir (y) *to contribute* 15
controlar *to control* 7, 8
conversador/a *talkative* 2
conversar *to talk, to converse* 1
la copa *(stemmed) glass* 10
el corazón *heart* 11
la corbata *tie* 6
el cordero *lamb* 10

correr *to run* 1
la correspondencia *mail* 9
la corrida (de toros) *bullfight* 8, 2
la corriente *current* 12
cortar *to cut; to mow (lawn)* 5
la cortesía *courtesy* P
la cortina *curtain* 5
corto/a *short (in length)* 2, 2
la cosa *thing* 6
cosechar *to harvest* 9
costar (ue) *to cost* 4, 13
costarricense *Costa Rican* 2
la costilla *rib* 10
la costumbre *custom* 8
la costurera *seamstress* 13
cotidiano/a *everyday* 13
crear *to create* 15
crecer *to grow* 5
creer (y) *to believe* 5, 7
la crema *cream* 10
el crucero *cruise* 12
el cuaderno *notebook* P
cuadra *city block* 12
el cuadro *picture, painting* 5
¿Cuál es la fecha? *What is the date today?* P
¿cuál(es)? *which?* 1
cuando *when* 14
¿cuándo? *when?* 1
¿Cuántas clases tienes? *How many classes do you have?* 1
¿cuánto/a? *how much?* 1
¿Cuánto cuesta? *How much is it?* 1
¿Cuánto tiempo hace que...? *How long has it been since...?* 4
¿cuántos/as? *how many?* 1
Cuaresma *Lent* 4
cuarto/a *fourth* 5
el cuarto *room; bedroom* 2, 5
cubano/a *Cuban* 2
cubierto *overcast (sky)* 7
cubista *cubist* 13
cubrir *to cover* 10
la cuchara *spoon* 10
la cucharada *spoonful* 10
la cucharita *teaspoon* 10
el cuchillo *knife* 10
el cuello *neck* 6, 11
la cuenca *(river) basin* 15
la cuenta *bead* 8
el cuento *story* 13
el cuero *leather* 6
el cuerpo *body* 6
cuidar(se) (de) *to take care of* 11
cultivar *to grow, cultivate* 9
el cumpleaños *birthday* 3
cumplir *to fulfill* 7
cumplir (requisitos) *meet (requirements)* 9

curar *to cure* 11
el currículum *résumé* 9
el cuy *guinea pig* 10

D

dañino/a *harmful* 10
dar *to give, to hand* 6, 6, 10
dar de comer *to feed* 9
dar órdenes *to order around* 5
dar una vuelta *to take a walk* 8
darse cuenta *to realize* 14
los datos *data* 14
de *of, from* 2
de acuerdo con *according to* 4
de color entero *solid* 6
de cuadros *plaid* 6
de estatura mediana *average, medium height* 2
de ida y vuelta *round trip* 12
de la mañana *A.M. (from midnight to noon)* P
de la noche *P.M. (from nightfall to midnight)* P
de la tarde *P.M. (from noon to nightfall)* P
de lunares *dots* 6
de moda *stylish* 6
de nada *you're welcome* P
de ninguna manera *absolutely not* 2
¿de quién? *whose?* 2
de rayas *stripes* 6
debajo (de) *under* P
deber *should* 1
debido a *due to* 15
débil *weak* 2
décimo/a *tenth* 5
decir (g, i) *to say, to tell* 4, 6, 7, 10, 11, 15
el décuplo *tenfold* 15
dedicar *to dedicate* 4
el dedo *finger* 11
defender (ie) *to defend* 14
la deforestación *deforestation* 15
dejar *to leave* 9
del *of the (contraction of de + el)* 1, 2
delgado/a *thin* 2
la democracia *democracy* 14
denunciar *to denounce* 13
el departamento *apartment* 5
el dependiente/la dependienta *salesperson* 1
el deporte *sport* 1, 4
el/la deportista *sportsman, sportswoman* 7
la derecha *right* 4
derecho *law* 1
el derecho *right* 14

entre *between, among* **P, 7**
entregar *to turn in* 9
el/la entrenador/a *coach* 7
la entrevista *interview* 1, **9**
entrevistar(se) *to interview (each other)* 4
enviar *to send* 3, **9**
en vivo *live* 8
el equipaje *luggage* 11, **12**
el equipo *team; equipment* 7
eres *you are (familiar)* **P**
es *you are (formal), he/she is* **P**
la escala *stopover* 12
la escalera *stair* 5
el escaparate *store window* 6
la escena *scene* 13
escoger *to choose* 4
Escribe. *Write.* **P**
escribir *to write* 1, 6, 10
escribirse *to write to each other* 4
el/la escritor/a *writer* 13
el escritorio *desk* **P**
escuchar *to listen (to)* 1
el/la escultor/a *sculptor* 13
ese/a *that (adjective)* P
ese/esa/eso *that* 5
esos/esas *those* 5
los espaguetis *spaghetti* 3
la espalda *back* 11
el español *Spanish* 1
español/a *Spanish* 2
la especialidad *specialty* 9
las especias *spices* 10
el espejo *mirror* **5; retrovisor** *rearview mirror* 12
la esperanza de vida *life expectancy* 14
esperar *to wait for* 9; *to wish* 11
las espinacas *spinach* 10
la esposa *wife* 2, 4
el esposo *husband* 2, 4
el esquí *skiing, ski* 7
esquiar *to ski* 7
la esquina *corner* 12
está *he/she is, you are (formal)* **P**
está despejado *it's clear* 7
esta noche *tonight* 3
está nublado *it's cloudy* 7
la estación *season* 6
el estadio *stadium* 7
la estadística *statistics* 1
el estado libre asociado *commonwealth* 2
estadounidense *U.S. citizen* 2
estar *to be,* **P, 1,** 1, 2, 5, 6, 7, 8, 12
estar aburrido/a *to be bored* 2
estar cansado/a *to be tired* 2
estar contento/a *to be happy* 2, 11

estar de acuerdo *to agree* 11
estar de moda *to be fashionable* 6
estar en forma *to keep in shape* 7
estar enojado/a *to be angry* 2
estar listo/a *to be ready* 2
estar malo/a *to be ill* 2
estar verde *to be unripe* 2
estás *you are (familiar)* **P**
este/a *this* **1,** 1
este/esta/esto *this* 5
el estilo *style* 5
estimado/a *dear* 4
el estómago *stomach* 2, **11**
estornudar *to sneeze* 11
estos/estas *these* 5
estrecho/a *narrow, tight* 6
la estrella *star* 13
estremecerse *to tremble* 13
el/la estudiante *student* **P**
estudiar *to study* 1
estudioso/a *studious* 1
la estufa *stove* 5
¡estupendo! *fabulous!* 3
la etnia *ethnicity* 14
evitar *avoid* 2, 10
el examen *test* 1
examinar *to examine* 11
excelente *excellent* 1
la excursión *outing, trip* 12
exigir *to demand* 14
el éxito *success* 13
la experiencia *experience* 9
explicar *to explain* 4, 15
explicarse *to explain to each other* 6
explotar *to exploit* 9
exponer (g) *to exhibit* 13
la exportación *export* 9, **14**
la expresión *expression* P
la extinción *extinction* 15
extinguido/a *extinguished* 15
extrañar *to miss* 10
extrovertido/a *extrovert, outgoing* 4

F

fabuloso/a *fabulous, great* 3
fácil *easy* 1
facturar *to check in (luggage)* 12
la facultad *school, department* 1
la falda *skirt* 6
falso/a *false* Pr
la familia *family* 4
el fantasma *ghost* 8
el/la farmacéutico/a *pharmacist* 11
la farmacia *pharmacy* 11
fascinar *to fascinate, to be pleasing to* **6,** 6

favorito/a *favorite* 1
febrero *February* P
felicidades *congratulations* 3
felicitar *to congratulate* 11
feo/a *ugly* 2
el festival *festival* 8; *event or celebration (public)* 8
la festividad, la fiesta *festivity; holiday; celebration* 8; *(public) festivity* 8
la ficha *note card* 7
la fiebre *fever* 11
fielmente *faithfully* 7
la fiesta *party* 3; *holiday, celebration* 8
fijar(se) *to focus* 4; *to take note* 14
el fin de semana *weekend* 1
finalmente *finally* 5, 6
la finca *ranch, farm* 9
la flor *flower* 2
el/la fontanero/a *plumber* 9
la forma *shape, form* 13
fortalecer (zc) *to strenghten* 10
la foto(grafía) *photo(graph)* 4
el fracaso *failure* 13
fracturar(se) *to fracture, to break* 11
francés/francesa *French* 2
la frazada *blanket* 5
la frecuencia *frequency* 1
frecuentemente *frequently, often* **4,** 5, 8
el fregadero *kitchen sink* 5
freír (i) *to fry* 10
la frente *forehead* 11
la fresa *strawberry* 10
frijoles *beans* 3
frío/a *cold* 3
frito/a *fried* 3, 10
la fruta *fruit* 3, 10; **de la pasión** *passion fruit* 10
los fuegos artificiales *fireworks* 8
la fuente *bowl* 10; *source* 8, **15**
la fuente de ingresos *source of income* 9
fuerte *strong* 2
la fuerza laboral *workforce* 9
fumar *to smoke* 11
funcionar *to work* 4
la fundación *founding (noun)* 13
el fútbol (americano) *soccer (football)* 3, **7**

G

las gafas de sol *sunglasses* 6
la galleta *cookie* 10
las gambas *shrimp* 10
el ganado *cattle* 10
ganar *to win* 3, **7,** 12, 14; *to earn (money)* 14
la ganga *bargain* 6

el garaje *garaje* **5**
los garbanzos *garbanzo beans* **10**
la garganta *throat* **11**
la garra *claw* **14**
gastar *to spend* **6**, 13
gemelo/a *twin* **4**
generalmente *generally* **8**
genéticamente *genetically* **15**
la gente *people* **8**
la geografía *geography* **1**
el/la gerente (de ventas) *(sales)
    manager* **9**
el gimnasio *gymnasium* **1**
el gitano *gypsy* **13**
gobernante *ruler* **8**
gobernar (ie) *to govern* **14**
el gobierno *government* **11**
el gol *goal* **7**
el golf *golf* **7**
gordo/a *fat* **2**
la gorra *cap* **6**
grabar *to record* 13
gracias *thanks* **P**
¡Gracias a Dios! *Thank
    goodness!* **15**
graduarse *to graduate* 14
grande *big* **1**
grave *serious* **11**; *seriously ill* 6
la gripe *flu* **11**
gris *gray* **2**
la guagua *bus* 12
el guajolote *turkey* 10
el guante *glove* **6**
la guantera *glove compartment* 12
guapo/a *good-looking,
    handsome* **2**
guardar silencio *to keep silent* 14
guatemalteco/a *Guatemalan* **2**
la guía *guide* 6
la guitarra *guitar* 3
el/la guitarrista *guitar player* 13
gustar *to like* **2**; *to be pleasing to, to
    like* **6**, 11

H

haber consenso *to agree* 12
la habitación *bedroom* 5
la habitación doble/sencilla *double/
    single room* 12
el/la habitante *inhabitant* 14
hablar *to speak* **1**, 9, 10
Hablen (sobre...) *Talk (about . . .)* **P**
hace *ago* 7
Hace (+ expresión de tiempo) que...
    It's been (time expression) since... 4
Hace buen/mal tiempo. *The weather
    is good.* **P**, 7
hace fresco *it's cool* **7**

Hace sol. *It's sunny.* **P**
hace un día/mes/año (que) *it has been
    a day/month/year since* 6
hace viento *it's windy* **7**
hacer (g) *to do* 1, 9, 7, 9, 10, 18
hacer cola *to stand in line* 12
hacer la cama *to make the bed* **3**
hacer malabarismo *to juggle* 9
hacer parapente *to go paragliding* **7**
hacer surf *to surf* **7**
hacerse *to become* 14
hacerse daño *to hurt oneself* 8
la hamburguesa *hamburger* **3**
la harina *flour* **10**
hasta *even* 7; *including* 13
hasta luego *see you later* **P**
hasta mañana *see you
    tomorrow* **P**
hasta pronto *see you soon* **P**
hasta que *until* 14
hay *there is, there are* **P**
el hecho *fact* 6
la heladera *refrigerator* 5
el helado *ice cream* **3**
la herida *wound* 11
la hermana *sister* **4**, 1
el hermano *brother* **4**
hervir (ie, i) *to boil* **10**
el hielo *ice* 7
las hierbas *herbs* 10
el hierro *iron* 9
la hija *daughter* **4**
el hijo *son* **4**
el hijo único/la hija única *only
    child* 4
el/la hincha *fan* 7
hinchado/a *swollen* 11
la hinchazón *swelling* 11
hispano/a *Hispanic* **2**
la historia *history* **1**
el hockey sobre hierba *field
    hockey* 7
hoja *leaf* 5
hola *hi, hello* P
el hombre *man* **3**
el hombre/la mujer de
    negocios *businessman/woman* **9**
el hombro *shoulder* **11**
el homenaje *homage* 8
hondureño/a *Honduran* **2**
la honestidad *honesty* 14
el hospital *hospital* **11**
hoy *today* **P**
hoy en día *nowadays* 8
Hoy es (día de la semana). *Today is
    (day of the week.)* **P**
el hueso *bone* 8, **11**
el huevo *egg* **3**
las humanidades *humanities* **1**

I

la iglesia *church* 8
la igualdad *equality* 14
Igualmente. *Likewise.* **P**
el impermeable *raincoat* **6**
la impresora *printer* 5
el incendio *fire* 9
independizarse *to become
    independent* 5
la industria textil *textile industry* **9**
la infancia *childhood* 7
infantil *children's* **14**
la infección *infection* **11**
influir (y) *to influence* 3, 13
la información de fondo *background
    information* 8
la informática/la computación
    computer science **1**, 1
el informe *report* 9
la infraestructura *infrastructure* **15**
el/la ingeniero/a *engineer* **9**
la inmigración *immigration* **14**, 14
el/la inmigrante *immigrant* 14
la inmundicia *filth* 14
el inodoro *toilet* 5
inolvidable *unforgettable* 13
el/la inspector/a de aduana *customs
    agent* 12
el intercambio *exchange* 15
interesante *interesting* **1**
interesar *to interest* **6**, 6
el/la intérprete *interpreter
    9; performer, artist* 13
interrumpir *to interrupt* 15
la inundación *flood* 15
invertir (ie) *to invest* 15
el invierno *Winter* **6**, 7
la invitación *invitation* 8
invitar *to invite* 8
la inyección *injection* **11**
ir *to go* **3**, 6, 11
ir bien con... *to go well with* 6
ir de bowling *to bowl* 7
ir de compras *to shop* 3, *to go
    shopping* 6
ir de tapas *to go out for tapas* 1
ir(se) *to go away, to leave* **7**, 7, 11
irse la luz *to be a blackout* 8
la izquierda *left* 4

J

el jabón *soap* 5
jamás *never, (not ever)* 12
el jamón *ham* **3**
japonés/japonesa *Japanese* **2**
el jardín *garden* 5
el/la jefe/a *boss* 9

joven *young* 2
el/la joven *young man/woman* 3
la joya *jewel* 4; *piece of jewelry* 6
jubilarse *to retire* 14
el juego/el partido *game* 7
jueves *Thursday* P
el/la juez *judge* 9
el/la jugador/a *player* 7
jugar (ue) *to play (a game, sport)* 4
jugar (ue) a los bolos/(al) boliche *to bowl* 4, **7,** 7
el jugo *juice* 3
el juguete *toy* 6
julio *July* P
junio *June* P
juntos/as *together* 4

L

el labio *lip* 11
lácteo/a *dairy (product)* 10
el/la ladrón/a *thief* 8
el lago *lake* 7
lamentar *to be sorry* 11
la lámpara *lamp* 5
la langosta *lobster* 10
lanzar *to throw* 7
el lápiz *pencil* P
largo/a *long* 2
la lástima *shame* 11
el lavabo *bathroom sink* 5
la lavadora *washer* 5
la lavandería *laundry room* 5
el lavaplatos *dishwasher* 4, 5
lavar(se) *to wash (oneself)* **4**
le gusta(n) *you (formal) like* 2
la leche *milk* 3
la leche de coco *coconut milk* 10
la lechuga *lettuce* 3
Lee. *Read.* P
leer *to read* 1, **7,** 10
las legumbres *legumes* 10
lejos (de) *far (from)* 4, **5**
las lentejas *lentils* 10
lentes de contacto *contact lenses* 2
Levanta la mano. *Raise your hand.* P
levantar pesas *to lift weights* 7
levantar(se) *to raise; to get up* 4, 7
levantarse con el pie izquierdo *to get up on the wrong side of the bed* 7
la libertad *freedom* 14; **de expresión** *freedom of expression* 14
la librería *bookstore* **1**
el libro *book* P
la licencia de conducir *driver's license* 12
el limón *lemon* 10
el limpiaparabrisas *windshield wiper* 12
limpiar *to clean* **5,** 11; **en seco** *to dry clean* 14

limpio/a *clean* 5
listo/a *smart; ready* **2;** *clever* 6
la literatura *literature* **1**
el litio *lithium* 13
llamarse *to be called* **4,** 8
la llanta *tire* 12
la llave *key* 12
la llegada *arrival* 12
llegar *to arrive* 1, 6
llenar *to fill (out)* 9
lleno/a *full* 12
llevar *to take* 4; *to wear, to take* 6
llorar *to cry* 8
llover (ue) *to rain* 7
Llueve./Está lloviendo. *It's raining.* P
la lluvia *rain* 7
lo importante *the important thing* 9
lo mismo *the same* 5
lo siento *I'm sorry (to hear that)* P
el/la locutor/a *radio announcer* 9
lograr *to accomplish* 7; *to achieve* 12
los/las *the (plural)* 1
las luces intermitentes *flashers/ hazard lights* 12
la lucha *fight* 14
luchar *to fight* 14
luego *after, later* 3
luego *then* 4, 5, 6
el lugar *place* 1
el lujo *luxury* 12
luna de miel *honeymoon* 4
lunes *Monday* P
la luz (las luces) *light(s)* 12

M

machacar *to crush* 10
la madera *wood* 9
la madrastra *stepmother* 4
la madre *mother* 4
la madrina *godmother* 4
magnífico/a *great* 6
el maíz *corn* 10
mal *bad* P
la maleta *suitcase* 6, 12
el maletero/el baúl *trunk* 12
el maletín *briefcase* 12
malo/a *bad* 1; *ill* 6
la malva *mallow* 11
la mamá *mom* 4
la mami/mamita *mommy* 4
mandar *to send* **9**
mandar saludos *to say hello* 5
manejar *to drive* 12
la mano *hand* 6, **11**
la manta *blanket* 5
la manteca/la mantequilla *butter* 10
el mantel *tablecloth* 10

mantener (g, ie) *to maintain* 8
mantenerse *to stay* 14
mantenerse en contacto *to stay in touch* 13
mantenerse en forma *to keep in shape* 11
la manzana *apple* 10
manzanilla *chamomile* 11
mañana (adv.) *tomorrow* P; 3
la mañana *morning* P
el mapa *map* 1
maquillar(se) *to put makeup on (someone); to put makeup on (oneself)* 4
el mar *sea* 3
el maracuyá *passion fruit* 10
maravilloso/a *marvelous* 8
la marca *brandname* 6; *brand* 7
el marcador *scoreboard* 5
el marcador/el rotulador *marker* P; *highlighter* 10
la margarina *margarine* 10
el marido *husband* 4
los mariscos *shellfish* 3, **10**
marrón *brown* 2
marroquí *Moroccan* 2
martes *Tuesday* P
marzo *March* P
más (+ adj.) *most (+ adj.)* 1
Más alto, por favor. *Louder, please.* P
más de *more than* 8
Más despacio/lento, por favor. *More slowly, please.* P
más o menos *about, more or less* P
más tarde *later* 3, 4, 5, 6
el/la más... *the most...* 8
más... que *more...than* 8
matar *to kill* 8
la materia *subject* 1
el material *material* 6
el matrimonio *marriage* **4**
mayo *May* P
la mayonesa *mayonnaise* 10
mayor *old* 2
mayor que *older than* 8
el/la mayor *the oldest* 4
la mayoría *majority* 14
me gusta(n) *I like* 2
Me gustaría... *I would like . . .* 3, 6
Me llamo... *My name is...* P
el médano *sand dune* 7
la media hermana *half-sister* 4
las medias *stockings, socks* 6, 6
la medicina *medicine* 1, 11
el/la médico/a *medical doctor* 9
el/la médico/a de cabecera/de familia *doctor (primary care)* 11
el medio ambiente *environment* 11
el medio hermano *half-brother* 4

la mejilla *cheek* **11**

el/la mejor *the best* 8

mejor que *better than* 4, 8

mejorar *to improve* **14**

el melocotón *peach* 10

la melodía *melody* 8

el melón *melon* 10

el/la menor *the youngest* **4**

menos... que *less...than* 8

el mensaje *message* **15**

el mercado *market* 6

la merienda *snack* 12

el mes *month* **P**

la mesa *table* **P**

meter *to insert* 15

meter un gol *to score a goal* **7**

el metro *subway* 12

el metro cuadrado *square meter* 4

mexicano/a *Mexican* **2**

mi amor *(term of endearment)* 3

mi vida *(term of endearment)* 3

mi(s) *mine* **2**

mi(s) *my* P

el micro *bus* 12

la microcirugía *microsurgery* **15**

el (horno de) microondas *microwave (oven)* 5

mientras *while* **3, 8,** 14

miércoles *Wednesday* **P**

la migración *migration* **14**

mil *thousand* 3

millón *million* 3

la minoría *minority* **14**

el minuto *minute* P

mirar *to look (at)* **1**

mismo/a *same* 2

mitad *half* 2

el móvil *mobile* **15**

la mochila *backpack* **P**

mojado/a *wet* 7

módico/a *moderate* 12

moler (ue) *to grind* 10

molestar(le) *to bother, be bothered by* 11

montar (en bicicleta) *to ride (a bicycle)* 1

morado/a *purple* **2**

moreno/a *brunette; of African ancestry; of dark skin or hair color* 2

morir (ue) *to die* 6, 7, 10, 13

la mortalidad *mortality* **14**

la mostaza *mustard* 10

el mostrador *counter* **12**

mostrar (ue) *to show* **6**

el motor *motor* 12

mover(se) *to move* 7

el móvil *cell phone* 15

muchas veces *many times* **1**

mucho *(adv.) much, a lot* **2**

mucho/a *(adj.) many* **2**

Mucho gusto. *Nice to meet you.* **P**

mudar(se) *to move* 5

los muebles *furniture* **5**

muerto/a *dead* **8,** *deceased* 6

la mujer *woman* **3;** *wife* 4

la multa *fine* **12,** 15

la muñeca *wrist* 11

el mural *mural* 13

el/la muralista *muralist* **13**

el músculo *muscle* **11**

la música *music* 3

muy *very* P, 2

N

nacer *to be born* 8

la nacionalidad *nationality* **2**

nada *nothing* 12

nadar *to swim* **3, 7**

nadie *no one, nobody* 12

la [la naranja] **naranja** *orange* **3;** (color) *orange* 2

la nariz *nose* 6, **11**

la natación *swimming* **7**

natal *native* 10

la naturaleza *nature* **7,** 15

la Navidad *Christmas* **8**

necesario/a *necessary* 11

necesitar *to need* **1,** 13

negro/a *black* **2;** *of African ancestry; of dark skin or hair color* 2

el nervio *nerve* 11

nervioso/a *nervous* **2**

nevar (ie) *to snow* **7**

la nevera *refrigerator* 5

ni... ni *neither . . . nor* 12

nicaragüense *Nicaraguan* **2**

la nieta *granddaughter* 4

el nieto *grandson* 4

la nieve *snow* 7

nigeriano/a *Nigerian* **2**

ningún, ninguno/a *no, not any, none* 12

el niño/la niña *child* **4**

nivel *level* **14**

¿no? *isn't it?* 1

No comprendo. *I don't understand.* **P**

no obstante *however* 11

No sé. *I don't know.* **P**

la Nochebuena *Christmas Eve* **8**

la Nochevieja *New Year's Eve* **8**

nominar *to nominate* **13**

norteamericano/a *North American* **1**

nosotros/as *we* 1

la noticia *news* 4

las noticias *news* 2

la novela *novel* 13

el/la novelista *novelist* **13**

noveno/a *ninth* 5

la novia *fiancée; girlfriend* **4,** 2

noviembre *November* **P**

el novio *fiancé; boyfriend* 2, **4**

nuestro(s), nuestra(s) *our* **2**

nuevo/a *new* **2**

el número *size (shoes)* **6**

nunca *never* 1 *(not ever)* 12

O

o... o *either ... or* 12

la obra *work* **13**

el/la obrero/a *worker* 9

octavo/a *eighth* **5**

octubre *October* **P**

ocupado/a *busy* **4**

ocurrir *to occur* 10

odiar *to hate* **8**

la odontología *dentistry* 11

la oficina *office* **1**

ofrecer (zc) *to offer* **9**

el oído *(inner) ear* **11**

Oiga, por favor. *Listen, please.* 1

¡Oigo! *Hello? (on the telephone)* 3

oír *to listen to* 3, **7**

ojalá que... *I/we hope that . . .* 11

el ojo *eye* **2**

la ola *wave* 7

olvidar *to forget* 10, 15

el ómnibus *bus* 12

ordenado/a *tidy* 5

el ordenador *computer* 1

ordenar *to tidy up* **5**

la oreja *(outer) ear* 6, **11**

el oro *gold* **6**

la orquesta *orchestra* **8**

oscuro/a *dark* 2

el otoño *fall* 6, **7**

Otra vez. *Again.* P

otro/a *other, another* 3

la oveja *sheep* 10

el OVNI *UFO* 15

¡Oye! *Hey!* 1

P

el/la paciente *patient* **11**

el padrastro *stepfather* 4

el padre *father* **4**

los padres *parents* 2, **4**

el padrino *godfather* 4

pagar *to pay (for)* **6**

el país *country, nation* 1, **3**

el paisaje *landscape* 13

la paiteña *a type of onion* 10

la palabra *word* **P**

las palomitas de maíz *popcorn* 10

los palos *golf clubs* **7**

la palta *avocado* 10

el pan dulce *bun, small cake* 10

el pan tostado/la tostada *toast* 3

panameño/a *Panamanian* **2**
la pantalla *earring* **6**; *screen* **P**
los pantalones *pants;* **cortos** *shorts* **6**
las pantimedias *pantyhose* **6**
el pañuelo *handkerchief* **6**
el papá *dad* **4**
la papa *potato* **3**
las papas fritas *French fries* **3**
la papaya *papaya* **10**
el papi/papito *daddy* **4**
para *in order (to); towards* **3;** *for, to* **3, 1**
para mí *for me* **7**
para que *so that* **14**
¿para qué? *why?/what for?* **1**
para ti *for you (familiar)* **7**
el parabrisas *windshield* **12**
el paraguas *umbrella* **6**
paraguayo/a *Paraguayan* **2**
la parchita *passion fruit* **10**
pardo/a *brown* **2**
parecer (zc) *to seem* **6;** *to think* **14**
parecido *similar* **1**
la pareja *couple* **4**
el parentesco *kinship* **4**
el pariente *relative* **4**
el parque de atracciones *amusement park* **3**
participar *to participate* **1**
pasado mañana *the day after tomorrow* **3**
el/la pasajero/a *passenger* **12**
el pasaporte *passport* **12**
pasar *to spend (time)* **4;** *to happen* **13**
pasar (muy) bien/pasarlo bien *to have a good time* **3, 8**
pasar la aspiradora *to vacuum* **5**
la Pascua *Easter* **8**
Pase(n). *Come in.* **5**
pasear *to take a walk, to stroll* **4**
el pasillo *corridor, hall* **5**
el paso *step* **5**
la pasta de dientes *toothpaste* **10**
el pastel *cake* **5;** *pastry* **10**
la pastilla *pill* **11;** *medication* **11**
la pata *foot, leg (in animals and furniture)* **2**
patinar *to skate* **7**
patriótico/a *patriotic* **8**
patrocinar *to sponsor* **12**
el pavo *turkey* **10**
el pecho *chest* **11**
la pechuga de pollo *chicken breast* **10**
pedir (i) *to ask for; to order* **4, 7;** *to request* **15**
pedir la palabra *to request the floor* **15**
peinar(se) *to comb (someone's hair); to comb (one's hair)* **4**
pelar *to peel* **10**
pelear *to argue* **4**

la película *movie, film* **2, 3**
el peligro *danger* **8**
pelirrojo/a *redhead* **2**
el pelo *hair* **2**
la peluquería *beauty salon, barbershop* **9**
el/la peluquero/a *hairdresser* **9**
el penalti *penalty (in sports)* **7**
el pendiente *earring* **6**
pensar (en) (ie) *to think (about)* **3, 4, 6, 11**
pensar (ie) + *infinitive to plan to* + *verb* **4**
el pepino *cucumber* **10**
pequeño/a *small* **1**
la pera *pear* **10**
percibido/a *noticed* **13**
perder (ie) *to lose* **7, 15**
perderse *to miss out on* **8;** *to get lost* **12**
la pérdida *loss* **15**
perdón *pardon me, excuse me* **P**
¿Perdón? *What?* **1**
el/la peregrino/a *pilgrim, traveller* **8**
el perejil *parsley* **10**
el perezoso (Zool.) *sloth* **12**
perezoso/a *lazy* **2, 4**
perfecto/a *perfect* **10**
el periódico *newspaper* **3, 1**
el/la periodista *journalist* **9**
permitir *to allow* **5, 11**
pero *but* **1**
el/la perro/a *dog* **5**
la persona *person* **P**
el personaje principal *main character* **13**
las personas *people* **P**
las pertenencias *things you own* **2**
peruano/a *Peruvian* **2**
la pesa *weight* **10**
la pesadilla *nightmare* **12**
el pescado *fish* **3, 10**
la pestaña *eyelash* **11**
el petróleo *petroleum* **9**
picado/a *chopped* **10**
picante *spicy* **8**
picar *to chop* **10**
el pico *peak* **14**
el pie *foot* **2, 6, 11**
la piel *skin* **11**
la pierna *leg* **6, 11, 12**
el pijama *pajamas* **6**
la píldora anticonceptiva *birth control pill* **15**
la pileta *pool* **7**
la pimienta *pepper* **10;** *ground pepper* **10; roja** *cayenne* **10**
el pimiento *pepper (vegetable);* **rojo** *red bell pepper* **10 ; verde** *green pepper* **10**

pintar *to paint* **13**
el/la pintor/a *painter* **13**
la pintura *painting* **13**
la piña *pineapple* **10**
piscina *swimming pool* **5, 7**
el piso *floor* **4, 5;** *apartment* **5**
la pista *slope; court; track* **7**
pitar *to whistle* **7**
el/la piyama *pajamas* **6**
la pizarra *chalkboard* **P**
la placa *license plate* **12**
planchar *to iron* **5**
el planeta *planet* **15**
la planta baja *first floor, ground floor* **5;** *lobby* **4**
la plata *silver* **6**
el plátano/la banana *banana, plantain* **10**
el plato *plate* **5,** *dish* **5, 10**
la playa *beach* **1**
la plaza *plaza, square* **1**
el/la plomero/a *plumber* **9**
la población *population* **14**
pobre *poor* **2**
la pobreza *poverty* **14**
poco después *shortly after* **4**
poder (ue) *to be able to, can* **4, 7, 9, 10, 15**
el poema *poem* **13**
la poesía *poetry* **13**
el/la poeta *poet* **13**
polaco/a *Polish* **2**
polémico/a *controversial* **7**
el/la policía *policeman/woman* **9**
políglota *polyglot, multilingual* **14**
la pollera *skirt* **6**
el pollo *chicken* **3**
poner (g) *to put* **4, 10, 15**
poner (la tele) (g) *to turn on (the TV)* **3**
poner la mesa (g) *to set the table* **3**
poner una película *to show a movie* **3**
ponerse (g) la ropa *to put one's clothes on* **4**
popularizar (c) *to popularize* **13**
por *along* **3;** *for* **2, 3;** *per* **1;** *through* **3**
por ciento *percent* **3**
por cierto *by the way* **9**
por ejemplo *for example* **3**
por eso *for this reason* **3**
por favor *please* **P**
por fin *at last* **3;** *finally* **15**
por lo menos *at least* **3, 5**
Por otro lado... *On the other hand . . .* **4, 11**
por primera vez *for the first time* **3**
por qué *why* **3**
¿por qué? *why?* **1**
por supuesto *of course* **1, 3**

por último *finally* 4

Por un lado... *On the one hand . . .* 4, 11

el porcentaje *percentage* 14

porque *because* **1, 3**

portugués/portuguesa *Portuguese* **2**

la posición *position* P

practicar *to practice* 1

preceder *to precede* 14

el precio *price* 6

precioso/a *beautiful* 6

preferir (ie) *to prefer* **4,** 7, 11

el premio *award, prize* 13

prendas de vestir *articles of clothing* 6

preocupar(se) *to be worried* 11

preparar *to train* **7;** *to prepare* **8,** 11

el preparativo *preparation* 8

la presentación *introduction* P

Presente. *Here (present).* P

el/la presidente/a *president* 14

prestar *to lend* **6,** 13

el presupuesto *budget* 10

la primavera *spring* **6, 7**

el primer piso *second floor* 4

la primera clase *first class* 12

la primera planta *second floor* 4

primer/primero/a *first* 4, **5,** 6

el primo/la prima *cousin* 4

probar (ue) *to try, to taste* 10

probarse (ue) *to try on* 6

la procesión *procession* 8

producir *produce* 15

el/la profesor/a *professor, teacher* **P,** 2, 4

el promedio *average* 8, **14**

prometedor/a *promising* 13

promover *to promote* 15

el pronóstico del tiempo *weather forecast* 7

propio/a *own* 9

proponer (g) *to propose* 14

el propósito *purpose* 4

protestar *to protest* 14

la próxima semana *next week* 3

la proximidad *proximity* 14

próximo/a *next* 5

el próximo mes/año *next month/year* 3

la psicología *psychology* 1

el/la (p)sicólogo/a *psychologist* 9

el pueblo *village* 5

el puerco *pork* 10

la puerta *door* **P; de salida** *departure gate* 12

puertorriqueño/a *Puerto Rican* **2**

el puesto *position* 9

el pulmón *lung* 11

la pulsera *bracelet* 6

el punto de vista *point of view* 11

Q

¿qué? *what?* Pr, **1**

¡Qué aburrido! *How boring!* 1, 3

¡Qué bien! *How nice!* 3

¡Qué casualidad! *What a coincidence!* 1

¿Qué día es hoy? *What day is today?* **P**

¡Qué divertido! *How funny!* 1, 3

¿Qué fecha es hoy? *What date is today?* **P**

¿Qué hay? *Hello? (on the telephone)* 3

¿Qué hora es? *What time is it?* **P**

¡Qué increíble! *That's unbelievable!* 1

¡Qué interesante! *That's so interesting!* 1, 3, 8

¡Qué lástima! *What a pity!* **1**

¡Qué lata! *What a nuisance!* 3

¡Qué maravilla! *How wonderful!* 3

¡Qué suerte! *How lucky!* 3

¿Qué tal? *What's up? What's new? (familiar)* **P,** 2

¿qué te parece? *what do you think?* 3

¿Qué te/le(s) pasa? *What's wrong (with you/them)?* **11**

¿Qué tiempo hace? *What's the weather like?* **P**

quedar *to be left over; to fit;* **6;** *to leave something behind* 15;

quedar(se) *to stay* 11, 14

quejarse *to complain* 5, 7

querer (ie) *to want* 3, **4,** 7, 9, 11; *to wish* 3, 11; *to love* 8

querido/a *dear* 3

el queso *cheese* **3; crema** *cream cheese* 10

¿Quién es...? *Who is . . . ?* **P**

¿quién(es)? *who?* 1

la quinceañera *celebration for a girl's 15th birthday* 4

quinto/a *fifth* 5

Quisiera... *I would like . . .* 3, 6

quitar(se) *to take away; to take off* 4

R

el radiador *radiator* 12

el/la radio *radio* 5

rápido/a *fast* 3

la raqueta *racquet* 7

el rasgo *trait* 14

la razón *reason* 4

realizar (c) *to carry out* 14

realmente *actually* 9

la rebaja *sale* 6

rebajado/a *marked down* 6

la rebanada *slice* 10

la recepción *front desk* 12

la receta *recipe* 10; *prescription* 11

recetar *to prescribe* 11

reciclado/a *recycled* 15

reclamar *to demand* 14

recoger (j) *to pick up* 3, **5**

recomendar (ie) *to recommend* 10, 11

el reconocimiento *recognition* 7

recopilar *to compile* 14

recordar (ue) *to remember* 2, 4, 8

recorrer *to travel, to cover (distance)* **7, 12**

el recuerdo *memory* 13

los recuerdos *souvenirs* 6

los recursos *resources* 15

la red *net* 7

las redes sociales *social networks* 3

reducir *to reduce* 11

reflejar *to reflect* 5, 13

el refrán *proverb* 12

el refresco *soda, soft drink* 3

el refrigerador *refrigerator* 5

regalar *to give (a present)* 6

el regalo *gift* 3, *present* 6

regar (ie) *to water* 5

regatear *to haggle* **6**

el régimen *regime* 14

regular *fair* P

reír (i) *to laugh* 7

rellenar *fill out* 1

relleno/a *filled* 10

el reloj *clock* P

el remedio *remedy, medicine* 11

remunerado/a *paid* 9

el renacimiento *rebirth* 8

el rendimiento *performance* 9

reparar *to fix* 5

repetir (i) *to repeat* **4,** 7

Repite./Repitan. *Repeat.* P

repoblar *to reforest* 15

el repollo *cabbage* 6

la reserva natural *nature preserve* 15

reservar *to make a reservation* 12

respetar(se) *to respect (each other)* 13

respirar *to breathe* 11

responder *to respond* **1,** 9

el reto *challenge* 15

retratar *to portray* 13

la reunión *meeting, gathering* 3

la revista *magazine* 3

la revista del corazón *gossip magazine* 13

rico/a *rich, wealthy* **2;** *delicious (food)* 6

el riel *rail* 15

el robot *robot* 15

rociar *to spray, to sprinkle* 8

rodear *to surround* 13

la rodilla *knee* **11**
rojo/a *red* **2**
romper *to break* **10**; *to tear* **15**
la ropa *clothes* **6**
la ropa interior *underwear* **6**
rosado/a, rosa *pink* **2**
rubio/a *blond* **2**
la rueda *wheel* **12**
el ruido *noise* **8**
las ruinas *ruins* **5**

S

sábado *Saturday* **P**
la sábana *sheet* **5**
saber *to know* **3, 9**
el sacacorchos *corkscrew* **10**
sacar buenas/malas notas *to get good/bad grades* **1**
sacar *to take out* **5, 6**
el saco *blazer, jacket* ***6***
la sal *salt* **10**
la sala *living room* **5**; **de espera** *waiting room* **12**
la salida *departure* **12**
la salida de emergencia *emergency exit* **12**
salir *to go out* **3**; *to leave* **12**
el salón de clase *classroom* **P**
la salsa con queso *nacho cheese sauce* **10**
la salsa de tomate *tomato sauce* **10**
saludable *healthful* **2, 10**
saludar *to greet* **13**
el saludo *greeting* **P**
salvadoreño/a *Salvadoran* **2**
el sanatorio *hospital* **11**
las sandalias *sandals* **6**
el sándwich *sandwich* **3**
la sangre *blood* **11**
el satélite *satellite* **15**
el saúco *elder* **11**
Se me congeló la pantalla. *The screen froze up on me.* **15**
Se me fue el alma a los pies. *My heart sank.* **15**
Se me fue la lengua. *I gave myself away.* **15**
Se me puso la piel de gallina. *I got goosebumps.* **15**
la secadora *dryer* **5**
secar(se) *to dry (oneself)* **4, 5**
seco/a *dry* **5**
seguir (i) *to follow, to go on* **4, 7, 11**
seguir (i) derecho *to go straight* **12**
según *according to* **4, 5**; *as* **14**
segundo/a *second* **5**
la seguridad *security* **8**
la semana *week* **P**

la semana pasada *last week* **6**
la semilla *seed* **8**
sentarse (ie) *to sit down* **4**
el sentimiento *feeling* **3**
sentir (ie, i) *to feel* **11**; *to be sorry* **11**
sentir(se) (ie) *to feel* **4,** *7*
la señal *signal* **9**
el señor (Sr.) *Mr.* **P**
la señora (Sra.) *Ms., Mrs.* **P**
la señorita (Srta.) *Ms, Miss* **P**
septiembre *September* **P**
séptimo/a *seventh* **5**
ser *to be* **P, 2,** 6, 8, 10, 11, 12, 13, 15
ser aburrido/a *to be boring* **2**
ser listo/a *to be clever, smart* **2**
ser malo/a *to be bad/evil* **2**
ser verde *to be green* **2**
serio/a *serious* **11**
la servilleta *napkin* **10**
servir (i) *to serve* **4,** *7*
sexto/a *sixth* **5**
si *if* **3**
sí *yes* **P**
siempre *always* **1, 8,** *12*
Siga(n). *Come in.* **5**
siguiente *following* **12**
la silla *chair* **P, 5**
silvestre *wild* **10**
el símbolo *symbol* **13**
simpático/a *nice, charming* **2**
sin embargo *nevertheless* **1, 9,** *6, 11*
sin fines de lucro *non-profit* **7**
sin nosotros/as *without us* **7**
sin que *without* **14**
sino que *but rather* **1**
el síntoma *symptom* **11**
sobre *on, above* **P**
el sobrenombre *nickname* **5**
sobrevivir *to survive* **9**
la sobrina *niece* **4**
el sobrino *nephew* **4**
la sociología *sociology* **1**
el sofá *sofa* **5**
solicitar *to apply (for)* **9**
la solicitud *application* **9**
solo *only* **1,** *2*
soltero/a *single* **2**; *unmarried* **5**
el sombrero *hat* **6**
la sopa *soup* **3**
la sorpresa *surprise* **4**
el sostén *bra* **6**
el sótano *basement* **5**
soy *I am* **P**
su(s) *your (formal), his, her, its, their* **2**
suave *soft* **8**
subir *upload* **9**
subir a *to get into* **15**
subir de peso *to gain weight* **3**
subrayar *to underline* **15**

sucio/a *dirty* **5**
la sucursal *branch (business)* **14**
la sudadera *sweatshirt; jogging suit* **6**
el sueldo *salary, wage* **9**
el suéter *sweater* **6**
sugerir (ie) *to suggest* **11**
el supermercado *supermarket* **6**
surgir (j) *to emerge* **13**
surrealista *surrealist* **13**
sustentar *to support* **12**

T

la tableta *tablet* **P, 15**
la tala *felling* **15**
la talla *size (clothes)* **6**
los tallarines *spaghetti* **3**
el taller *workshop* **9**
los tamales *tamales* **3**
el tamaño *size* **6**
también *also* **1**; *also, too* **12**
tampoco *neither, not* **12**
tan bien como *as well as* **8**
tan bueno/a como *as good as* **8**
tan pronto (como) *as soon as* **14**
tan... como *as . . . as* **8**
tanto/a... como *as much . . . as* **8**
tapar *to cover* **10**
tarde *late* **4**
la tarea *homework* **1**
La tarea, por favor. *Homework please.* **P**
la tarjeta de crédito *credit card* **6**; **de embarque** *boarding pass*; **magnética** *key card* **12**
la tarta de manzana *apple pie* **10**
la tasa *rate* **14**
la taza *cup* **10**
te gusta(n) *you (familiar) like* **2**
el té *tea* **3**
el teatro *theater* **8**
el/la técnico/a *technician* **9**
la tela *fabric* **6**
el teléfono *telephone* **3**; **celular/móvil** *cell pone* **15**
el televisor *television set* **P**
el tema *topic* **4**; *theme* **13**
temer *to fear* **11**
temprano *early* **4**
tender (ie) *to hang (clothes)* **5**
el tenedor *fork* **10**
tener (g, ie) *to have* **4,** *7, 10, 11, 12, 13, 14, 15*
tener calor *to be hot* **5**
tener cuidado *to be careful* **5**
tener dolor de... *to have a(n) ... ache* **11**
tener éxito *to be successful* **10, 13**
tener frío *to be cold* **5**
tener hambre *to be hungry* **5**

tener la palabra *to have the floor* **15**
tener mala cara *to look terrible* **11**
tener miedo *to be afraid* **5**
tener prisa *to be in a hurry* **6**
tener que *to have to* **4**
tener razón *to be right* **5**
tener sed *to be thirsty* **5**
tener sueño *to be sleepy* **5**
tener suerte *to be lucky* **5**
tener tiempo *to have time* **3**
tener... años *to be . . . years old* **5**
tengo/tienes *I have/you have* **1**
Tengo... años. *I am . . . years old.* **2**
el tenis *tennis* **7**
el/la tenista *tennis player* **7**
la tensión/la presión (arterial) *(blood) pressure* **11**
tercer/tercero/a *third* **5**
terminar *to finish* **4**, **6**, **10**, **14**
el termómetro *thermometer* **11**
la terraza *deck, balcony* **5**
el terreno *land* **9**
la tía *aunt* **4**
el tiburón *shark* **5**
el tiempo *weather* **7**
el tiempo libre *free time* **3**
la tienda *store* **6**; *tent* **12**
la tienda de 24 horas *convenience store* **10**
la tienda de conveniencia *convenience store* **10**
la tienda de gasolinera *convenience store* **10**
la tienda de la esquina o del barrio *convenience store* **10**
tiene *he/she has; you (formal) have* **2**
¿Tienen preguntas?/¿Tienes preguntas? *Do you have any questions?* **P**
la tierra *land, soil* **15**
tímido/a *shy* **4**
la tina *bathtab* **5**
la tintorería *dry cleaner* **14**
el tío *uncle* **4**
típico/a *typical* **3**
titular(se) *to be called* **13**
el título *degree* **14**
la toalla *towel* **5**
el tobillo *ankle* **11**
el toca DVD *DVD player* **P**
tocar (un instrumento) *to play (an instrument)* **3**
todas las semanas *every week* **1**
todavía *still, yet* **10**
todo *everything* **12**
todos los días *every day* **1**
todos los meses *every month* **1**

todos/as *everybody* **2**; *all* **12**
tomar *to drink* **3**, **11**; *to take, to drink* **1**, **10**
tomar apuntes/notas *to take notes* **1**
tomar asiento *to have/take a seat* **9**
tomar el sol *to sunbathe* **3**
el tomate *tomato* **3**
tonto/a *silly, foolish* **2**
torcer(se) (ue) *to twist* **11**
el torero *bullfighter* **2**
el torneo *tournament* **7**
el toro *bull* **8**
la toronja/el pomelo *grapefruit* **10**
la tos *cough* **11**
toser *to cough* **11**
trabajador/a *hardworking* **2**
trabajar *to work* **1**, **10**, **14**
trabajo *job* **1**
el trabajo *work* **5**
la tradición *tradition* **8**
traducir (zc) *to translate* **7**, **7**
traer (j) *to bring* **3**, **7**, **11**, **13**
el tráfico de drogas *drug trafficking* **14**
el traje *suit* **6**; **de baño** *bathing suit* **6**
el tramo *stretch* **12**
el tratado *treaty* **15**
tratar *to treat, be about* **11**, **13**; *to try* **5**, **10**
trazado/a *drawn* **3**
el tren *train* **12**
trigo *wheat* **2**
trigueño/a *of lightbrown skin color* **2**
triste *sad* **2**, **11**, **15**
tropezarse *to stumble* **15**
tú *you (familiar)* **P**, **Pr**
tú *you (familiar)* **P**
tu(s) *your (familiar)* **P**
tu(s) *your (familiar)* **2**
turnarse *to take turns* **4**
Túrnense. *Take turns* **P**

U

la ubicación *location* **4**, **5**
último/a *last* **8**
un/una *a, an* **P**, **1**
Un cordial saludo. *Yours; Sincerely* **4**
un poco *a little* **4**
una semana atrás *a week ago* **6**
una vez *once* **3**, **12**
unificar (qu) *to unify* **15**
la universidad *university* **1**
unos/as *some* **1**
unos/unas *some (plural)* **1**
urgente *urgent* **11**
uruguayo/a *Uruguayan* **2**
usar *to use* **2**, **15**
usted *you (formal)* **P**
ustedes *you (plural)* **1**

útil *useful* **P**
la uva *grape* **10**

V

las vacaciones *vacation* **3**
la vacante *opening* **9**
vacío/a *empty* **12**
la vainilla *vanilla* **10**
valer (g) *to be worth* **6**
los vaqueros/los jeans *jeans* **6**
el vaso *glass* **3**, **10**
Vayan a la pizarra./Ve a la pizarra. *Go to the board.* **P**
el/la vecino/a *neighbor* **5**
el vegetal/la verdura *vegetable* **3**, **10**
la velocidad *speed* **12**
¡Ven/Anda, anímate! *Come on, cheer up!* **3**
la vena *vein* **11**
el/la vendedor/a *salesman, saleswoman* **9**
vender *to sell* **6**, **13**
venerar *to worship* **8**
venezolano/a *Venezuelan* **2**
venir (g, ie) *to come* **4**, **7**, **8**
la ventaja *advantage* **5**
la ventana *window* **P**
las ventas *sales* **9**
ver *to see* **1**, **10**, **13**
ver(se) *to look* **6**
el verano *summer* **6**, **7**
el verbo *verb* **P**
¿verdad? *don't you?, right?* **1**
verde *green* **2**; *unripe* **6**
el verso *line (poem)* **13**
el vestido *dress* **6**
vestir(se) (i) *to dress; to get dressed* **4**, **7**
vestuario *lockerroom* **7**
el/la veterinario/a *vet* **9**
viajar *to travel* **12**, **13**
viaje *trip* **3**
la vida *life* **2**
el videojuego *video game* **15**
viejo/a *old* **2**, **8**
el viento *wind* **6**
viernes *Friday* **P**
el vinagre *vinegar* **10**
el vino *wine* **3**
la viruela *smallpox* **11**
virtualmente *virtually* **15**
visitar *to visit* **4**
la vista *view* **5**
viudo/a *widower; widow* **4**
la vivienda *housing* **5**
vivir *to live* **1**, **8**, **5**, **10**
vivo/a *lively (personality); alive* **6**
volador/a *flying* **15**

el volante *steering wheel* **12**
volar (ue) *to fly* 6
el vóleibol/volibol *volleyball* **7**
volver (ue) *to return* **4,** 6, 10,
vosotros/as *you (familiar, plural)* **1**
votar *to vote* 14
la voz *voice* **13**
el vuelo *flight* **12**
vuestro(s), vuestra(s) *your (familiar plural)* 2

Y

y *and* **P**
yuca frita *fried yuca* **3**
Y tú, ¿cómo te llamas? *And what is your name?* **P**
ya *already* **10**
ya que *since* 5
yo *I* **P**
el yogur *yogurt* **10**

Z

la zanahoria *carrot* **10**
las zapatillas *slippers* **6; de deporte** *tennis shoes* **6**
los zapatos *shoes;* **de tacón** *highheeled shoes* **6**
el zarcillo *earring* 6
la zona *area* **5**
la zona peatonal *pedestrian area* 10

English-Spanish Glossary

A

a little un poco
a lot (adv.) mucho
a week ago una semana atrás
a week ago una semana atrás
a, an un/una
A.M. (from midnight to noon) de la mañana
to abandon abandonar
to abound abundar
about más o menos
above sobre
absolutely not de ninguna manera
access el acceso
accessory el accesorio
to accompany acompañar
to accomplish lograr
according to según, de acuerdo con
accountant el/la contador/a , el/la contable (*Spain*)
to ache doler
actor/actress el actor/la actriz
actually en realidad
actually realmente
ad el anuncio
adaptation la adaptación
to add agregar/añadir
adjustment la adaptación
to advance avanzar
advance el adelanto
advantage la ventaja
advertisement el anuncio
advice el consejo
to advise aconsejar
adviser el/la consejero/a
affectionately con cariño
after después (de) que
after después, luego
again otra vez
ago hace
to agree concordar; estar de acuerdo; haber consenso
agricultural agrícola
air conditioning el aire acondicionado
air-conditioned climatizado/a
airline la aerolínea, la línea aérea
aisle seat el asiento de pasillo
alive vivo/a

all todos/as
allergy la alergia
to allow permitir
almost casi
alone solo/a
along por
already ya
also también
although aunque
always siempre
among entre
ample amplio/a
amusement park el parque de atracciones
amusing divertido/a
ancestor el antepasado
And what is your name? Y tú, ¿cómo te llamas?
and y
angry enojado/a
ankle el tobillo
another otro/a
to answer contestar
anthropology la antropología
antibiotic el antibiótico
anxiety la ansiedad
any algún, alguno (-os, -as)
anyone alguien
anything algo
apartment el apartamento, el departamento, el piso (*Spain*)
to apologize disculparse
apple la manzana
apple pie la tarta de manzana
appliances los electrodomésticos
application la solicitud
to apply (for) solicitar
April abril
architect el/la arquitecto/a
architecture la arquitectura
area la zona
Argentinian argentino/a
to argue discutir, pelear
arm el brazo
armchair la butaca
armoire el armario, el clóset
arrival la llegada
to arrive llegar
articles of clothing prendas de vestir

as . . . as tan... como
as good as tan bueno/a como
as if como si
as much . . . as tanto/a... como
as según
as soon as en cuanto
as soon as tan pronto (como)
as though como si
as well as tan bien como
to ask for pedir
asthma el asma
at a
at last por fin
at least por lo menos
at the back al fondo
at the present time actualmente, en la actualidad
at times a veces
At what time is it? A qué hora es?
ATM el cajero automático
attachment, attached document el documento adjunto
to attend asistir
August agosto
aunt la tía
avenue la avenida
average el promedio
average height de estatura mediana
avocado el aguacate, la palta
avoid evitar
award el premio

B

back la espalda
background information la información de fondo
backpack la mochila
bad malo/a
badly parked mal aparcado
balcony la terraza
ball el balón, la pelota/bola
ballpoint pen el bolígrafo
banana el banano (*Colom.*), la banana (*Urug.*), el plátano (*Spain*), el cambur (*Venez.*)
bank el banco
baptism el bautizo

barbecue pit; barbecue (event) la barbacoa
barbershop la peluquería
bargain la ganga
baseball el béisbol
basement el sótano
basin (river) la cuenca
basket el cesto/la cesta
basketball el baloncesto/básquetbol
bat el bate
to bathe bañar
bathing suit el traje de baño
bathroom el baño
bathroom sink el lavabo
bathtub la bañera, la bañadera, la tina
to be ser; estar
to be . . . years old tener... años
to be a blackout irse la luz
to be able to, can poder
to be about tratar
to be afraid tener miedo
to be angry estar enojado/a
to be bad/evil ser malo/a
to be bored estar aburrido/a
to be boring ser aburrido/a
to be born nacer
to be called lamarse
to be called titularse
to be clever ser listo/a
to be careful tener cuidado
to be cold tener frío
to be fashionable estar de moda
to be glad (about) alegrarse (de)
to be green ser verde
to be happy estar contento/a
to be hot tener calor
to be hungry tener hambre
to be ill estar malo/a
to be in a hurry tener prisa
to be left over quedar
to be liked caer simpático
to be lucky tener suerte
to be not ripe estar verde
to be pleasing fascinar
to be pleasing to gustar
to be ready estar listo/a
to be right tener razón
to be sleepy tener sueño
to be smart ser listo/a
to be sorry sentir, lamentar
to be successful tener éxito
to be thirsty tener sed
to be tired estar cansado/a
to be worried preocuparse
to be worth valer
beach la playa
bead la cuenta
beans los frijoles

to beat batir
beautiful precioso/a
beauty item el artículo de belleza
beauty salon la peluquería
because porque
to become hacerse
to become independent independizarse
bed la cama
bedroom el cuarto
beef la carne de res
beer la cerveza
before antes, antes (de) que
to begin comenzar, empezar
beginning el comienzo
behavior el comportamiento
behind detrás (de)
to believe creer
bell chime la campanada
belt el cinturón
besides además
better than mejor que
between entre
bicycle la bicicleta
big grande
bilingual bilingüe
birth control pill la píldora anticonceptiva
birthday el cumpleaños
black negro/a
blanket la manta, la cobija, la frazada
blazer el saco
blond rubio/a
blood la sangre
blouse la blusa
blue azul
boarding pass la tarjeta de embarque
body el cuerpo
to boil hervir
Bolivian boliviano/a
bone el hueso
book el libro
bookstore la librería
boots las botas
boring aburrido/a
boss el/la jefe/a
to bother, be bothered by molestar
bottle la botella
to bowl jugar a los bolos, jugar (al) boliche, ir de bowling
bowl la fuente
boxer shorts los calzoncillos
boy el chico
boyfriend el novio
bra el sostén
bracelet la pulsera
brain el cerebro
branch (business) la sucursal
brand, brandname la marca

bread el pan
to break fracturarse; romper; descomponerse
to break down descomponerse
breakfast el desayuno
to breathe respirar
briefcase el maletín
to bring traer
brother el hermano
brown marrón, café, carmelita, castaño/a, pardo/a
brunette moreno/a
budget el presupuesto
to build construir
building el edificio
bull el toro
bullfight la corrida de toros
bullfighter el torero
bun, small cake el pan dulce
to bury enterrar
bus el autobús/bus, el camión (*Mex.*), el colectivo (*Arg.*), el micro (*Chile*), el bus/la guagua (*P.R., Cuba*), la chiva (*Colom.*), el ómnibus (*Peru*)
businessman el hombre de negocios
businesswoman la mujer de negocios
busy ocupado/a
but pero
but rather sino que
butter la manteca/mantequilla
to buy comprar
by the way por cierto

C

cabbage el repollo
cafe el café
cafeteria la cafetería
cake el pastel
calculator la calculadora
Canadian canadiense
to cancel cancelar
candied figs el dulce de higos
candy/sweets el dulce
cap la gorra
capsule la cápsula
car el auto/carro/coche
careful cuidado
carnival el carnaval
carpenter el/la carpintero/a
carpet la alfombra
carrot la zanahoria
to carry out realizar
cart la carreta
cashier el/la cajero/a
cast elenco
cattle el ganado
cayenne la pimienta roja

to celebrate celebrar
celebration (public) el festival
celebration for a girl's 15th birthday la quinceañera
celebration la celebración/fiesta
celebration la festividad, la fiesta
cell phone el teléfono móvil/celular, el móvil/celular/cel
cemetery el cementerio
center el centro
cereal el cereal
chair la silla
chalkboard la pizarra
challenge el reto, el desafío
chamomile la manzanilla
champion el campeón/la campeona
championship el campeonato
to change cambiar
change el cambio
charger el cargador
charming simpático/a
cheap barato/a
to check in (luggage) facturar
cheek la mejilla
cheese el queso
chef el/la chef
cherry la cereza
chest el pecho
chicken el pollo
chicken breast la pechuga de pollo
to achieve lograr
child el niño/la niña
childhood la infancia
children's infantil
Chilean chileno/a
Chinese chino/a
to choose elegir, escoger
to chop picar
chop la chuleta
chopped picado/a
christening el bautizo
Christmas Eve la Nochebuena
Christmas la Navidad
church la iglesia
Cinderella Cenicienta
cinnamon la canela
city block la cuadra
city council el concejo municipal
city la ciudad
clam la almeja
classmate el/la compañero/a
classroom el salón de clase
claw la garra
to clean limpiar
clean limpio/a
clever listo/a
client el/la cliente/a
clinic la clínica, el centro de salud, el sanatorio

clock el reloj
clock el reloj
cloning la clonación
close (to) cerca (de)
to close cerrar
closet el clóset, el armario
clothes la ropa
clove of garlic el diente de ajo
coach el/la entrenador/a
coat el abrigo
coconut milk la leche de coco
coffee el café
coffee shop el café
cold el catarro
cold el frío; **(adj.)** frío/a
Colombian colombiano/a
color el color
to comb (one's hair) peinar(se)
Come in. Pase(n). Adelante. Siga(n). *(Colomb.)*
Come on, cheer up! ¡Ven/Anda, anímate!
to come venir
comfortable cómodo/a
commonwealth el estado libre asociado
communication la comunicación
company (dance, theater) la compañía (de danza, de teatro)
company la compañía, la empresa
to compile recopilar
to complain quejarse
computer la computadora, el computador, el ordenador *(Spain)*
computer science la computación, la informática *(Spain)*
conclusion la conclusión
to congratulate felicitar
congratulations las felicidades
Congress la Cámara de Representantes
to connect conectarse
to connect to conectarse a
consensus el consenso
to consume consumir
contact lenses los lentes de contacto
contest el certamen, el concurso
to continue continuar
to contract contraer
contractor el/la contratista
to contribute contribuir
to control controlar
controversial polémico/a
convenience store la tienda de conveniencia *(Mex.)*, de gasolinera *(C.R.)*, de la esquina/del barrio, de 24 horas *(Spain)*
to converse conversar

to cook cocinar
cookie la galleta
corkscrew el sacacorchos
corn el maíz, el elote *(Mex./Central America)*, choclo *(South America)*
corner la esquina
corridor el pasillo
to cost costar
Costa Rican costarricense
cough la tos
to cough toser
to count contar
counter el mostrador
country el país
countryside el campo
couple la pareja
court la pista
court (golf) la cancha
courtesy la cortesía
cousin el/la primo/a
to cover cubrir; tapar; **(distance)** recorrer
craftsman/woman, craftsperson el/la artesano/a
cream cheese el queso crema
cream la crema
to create crear
credit card la tarjeta de crédito
cruise el crucero
to crush machacar
to cry llorar
Cuban cubano/a
cubist cubista
cucumber el pepino
to cultivate cultivar
cumin el comino
cup la taza
to cure curar
current actual
current la corriente
curtain la cortina
custom la costumbre
customs la aduana; **agent** el/la inspector/a de aduana
to cut cortar
cycling el ciclismo
cyclist el/la ciclista

D

dad el papá
daddy el papi/papito
dairy (product) lácteo/a
to dance bailar
dance club la discoteca
dancer el bailarín/la bailarina
danger el peligro
to dare atreverse
dark oscuro/a

darse cuenta to realize
data los datos
daughter la hija
day before yesterday anteayer
day el día
dead difunto/a, muerto/a
dear estimado/a; querido/a; mi amor/ vida/corazón *(terms of endearment)*
deceased muerto/a
December diciembre
deck la terraza
decorated adornado/a
to dedicate dedicar
to defend defender
deforestation la deforestación
degree el título
delicious rico/a
description la descripción
to delight encantar
to demand exigir; reclamar
democracy la democracia
to denounce denunciar
dentistry la odontología
department store el almacén
departure la salida
depressed deprimido/a
to describe describir
design el diseño
desk el escritorio
despite a pesar de
to develop desarrollar; contruir
development el desarrollo
dictatorial dictatorial
dictatorship dictadura
dictionary el diccionario
to die morir
difficult difícil
dining room el comedor
dinner la cena
dinner la comida
to direct dirigir
dirty sucio/a
disadvantage la desventaja
disappearance la desaparición
to disassemble desarmar
discovery el descubrimiento
dish el plato
dish of marinated raw fish el ceviche
dishwasher el lavaplatos
to dislike caer mal
dispersal la diseminación
displacement el desplazamiento
disposable desechable
to disseminate difundir
dissemination la diseminación
to dissolve deshacer
to distinguish distinguir
diversification la diversificación
divorced divorciado/a

to do hacer
Do you have any questions? ¿Tienen preguntas?/¿Tienes preguntas?
Do you understand? ¿Comprenden?/¿Comprendes?
doctor (primary care) el/la médico/a de familia/de cabecera; el/la doctor/a
dog el/la perro/a
Dominican dominicano/a
don't you? ¿verdad?
door la puerta
dots de lunares
double room la habitación doble
doubt la duda
to download bajar
downtown el centro
drawing el dibujo
drawn trazado/a
dress el vestido
to dress; to get dressed vestir(se)
dresser la cómoda
to drink beber, tomar
drink la bebida
to drive manejar
driver el/la chofer
driver's license la licencia de conducir
drug trafficking el tráfico de drogas
to dry (oneself) secar(se)
to dry clean limpiar en seco
dry cleaner la tintorería
dry seco/a
dryer la secadora
due to debido a
to duplicate duplicar
during durante
DVD el DVD
DVD player el toca DVD

E

each cada
each day cada día
ear (inner) el oído
ear (outer) la oreja
ear la oreja
early temprano
to earn ganar
earring el arete, el aro, el pendiente, el zarcillo, la pantalla
Easter la Pascua
easy fácil
to eat comer
economic económico/a
economics economía
Ecuadorian ecuatoriano/a
efficiency la eficiencia
egg el huevo
eighth octavo

either ... or o... o
elbow el codo
elder (herb) el saúco
to elect elegir
election la elección
electrician el/la electricista
elevator el ascensor
to embrace abrazar(se)
to emerge surgir
emergency exit la salida de emergencia
emergency la emergencia
emigrant el/la emigrante
to emigrate emigrar
emigration la emigración
employee el/la empleado/a
empty vacío/a
encounter el encuentro
energetic enérgico/a
engagement el compromiso
engineer el/la ingeniero/a
to enjoy disfrutar, divertirse
to enter entrar en
entertainment la diversión
environment el medio ambiente
equality la igualdad
equipment el equipo
eraser el borrador
ethnicity la etnia
even hasta
even if, even though aunque
event el acontecimiento
event el festival
ever alguna vez
every ... hours cada… horas
every day todos los días
every month todos los meses
every week todas las semanas
everybody todos/as
everyday cotidiano/a
everything todo
to examine examinar
excellent excelente
to exchange cambiar
exchange el intercambio
excuse me perdón; con permiso
executive el/la ejecutivo/a
expensive caro/a
experience la experiencia
to explain explicar
to exploit explotar
export la exportación
expression la expresión
extinction la extinción
to extinguish apagar, extinguir
extinguished extinguido/a
extroverted extrovertido/a
eye el ojo
eyebrow la ceja
eyelash la pestaña

F

fabric la tela
fabulous estupendo, fabuloso/a
face la cara
fact el hecho
failure el fracaso
fair regular
faithfully fielmente
to fall asleep dormirse
to fall caer(se)
fall el otoño
false falso/a
family la familia
fan (admirer) el/la hincha
fan el ventilador
far (from) lejos (de)
farm la finca
farmer el/la agricultor/a
farming la agricultura
to fascinate fascinar
fast rápido/a
fat gordo/a
father el padre
Father's Day el Día del Padre
favorite favorito/a
to fear temer
February febrero
to feed dar de comer
to feel sentir(se)
feeling el sentimiento
felling la tala
festival el festival
festivity (public) la festividad, la fiesta
fever la fiebre
fiancé/fiancée el novio/la novia
field el campo
field hockey el hockey sobre hierba
fifth quinto/a
fight la lucha
to fight luchar
to fill (out) llenar, rellenar
filled relleno/a
film la película
filmmaker el/la cineasta
filth la inmundicia
finally finalmente; por fin; por último
to find encontrar
to find out enterarse, averiguar
fine la multa
finger el dedo
to finish terminar
to fire despedir
fire el incendio
firefighter el/la bombero/a
fireplace la chimenea
fireworks los fuegos artificiales
first class la primera clase
first floor la planta baja

first primer/o/a, primer
fish el pescado
to fit quedar
to fix reparar
flag la bandera
flashers las luces intermitentes
flight attendant el/la auxiliar de vuelo, el/la azafato/a *(Spain)*, el/la aeromozo/a *(Latin Am.)*
flight el vuelo
float (in a parade) la carroza
flood la inundación
floor el piso
flour la harina
flower la flor
flu la gripe
to fly volar
flying volador/a
to focus enfocarse, fijarse
to fold doblar
to follow seguir
following siguiente
food la comida
foolish tonto/a
foot (in animals) la pata
foot el pie
football el fútbol (americano)
footwear el calzado
for por, para
for example por ejemplo
for me para mí
for the first time por primera vez
for this reason por eso
for you (familiar) para ti
forehead la frente
forest el bosque
to forget olvidar
fork el tenedor
founding (noun) la fundación
fourth cuarto/a
fowl las aves
to fracture fracturarse
free time el tiempo libre
freedom la libertad
freedom of expression la libertad de expresión
freeway la autopista
to freeze congelar(se)
French francés/francesa
French fries las papas fritas
frequency la frecuencia
frequently frecuentemente
Friday viernes
fried frito/a
fried dough los churros
fried yuca yuca frita
friend el/la amigo/a
friendship la amistad
from de

front desk la recepción
fruit la fruta
to fry freír
to fulfill cumplir
full lleno/a
fun, funny divertido/a
furniture los muebles
furthermore además

G

to gain weight subir de peso
game el juego/el partido
games console la consola de videojuegos
garage el garaje
garbage la basura
garbanzo beans los garbanzos
garden el jardín
garlic el ajo
gate (departure) la puerta (de salida)
gathering la reunión
generally generalmente
genetically genéticamente
geography la geografía
German alemán/alemana
gesture el ademán
to get angry enfadarse
to get bored aburrirse
to get good/bad grades sacar buenas/ malas notas
to get into subir a
to get lost perderse
to get married casarse
to get up levantarse
to get up on the wrong side of the bed levantarse con el pie izquierdo
ghost el fantasma
gift el regalo
girl la chica
to give (a present) dar, regalar
to give a shower to duchar
to give dar
glad contento/a, alegre
glass (stemmed) la copa
glass el vaso
glove compartment la guantera
glove el guante
Go to the board. Vayan a la pizarra. *(plural);* Ve a la pizarra. *(sing./fam.)*
to go ir
to go away irse
to go in entrar en
to go on seguir
to go out for tapas ir de tapas
to go out salir
to go paragliding hacer parapente
to go shopping ir de compras
to go straight seguir derecho

to go to bed acostarse
to go well with... ir bien con...
goal el gol
godchild el/la ahijado/a
godfather el padrino
godmother la madrina
gold el oro
golf clubs los palos
golf course la cancha de golf
golf el golf
good bueno/a
Good afternoon. Buenas tardes.
Good evening. Buenas tardes.
Good luck! ¡Buena suerte!
Good morning. Buenos días.
Good night. Buenas noches.
good-bye adiós, chao (chau)
good-looking guapo/a
gossip magazine la revista del corazón
to govern gobernar
government el gobierno
to graduate graduarse
granddaughter la nieta
grandfather el abuelo
grandmother la abuela
grandson el nieto
grape la uva
grapefruit la toronja, el pomelo
grass el césped
gray gris
great magnífico/a
green verde
green pepper el pimiento verde
to greet saludar
greeting el saludo
to grind moler
ground floor la planta baja
ground meat la carne molida
ground pepper la pimienta
group dressed in similar costumes la comparsa
to grow crecer
to grow cultivar
Guatemalan guatemalteco/a
guess la adivinanza
to guess adivinar
guide la guía
guinea pig el cuy
guitar la guitarra
guitar player el/la guitarrista
gymnasium el gimnasio
gypsy el gitano

H

to haggle regatear
hair el cabello, el pelo
hairdresser el/la peluquero/a
half la mitad

half-brother el medio hermano
half-sister la media hermana
hall el pasillo
Halloween el Día de las Brujas
ham el jamón
hamburger la hamburguesa
to hand dar
hand la mano
handicrafts la artesanía
handkerchief el pañuelo
handsome guapo, bien parecido, buen mozo
to hang (clothes) tender
to happen pasar
happy, alegre, contento/a
hard-working trabajador/a
harmful dañino/a
harp el arpa
to harvest cosechar
hat el sombrero
to hate odiar
to have tener
to have a good time pasar (muy) bien
to have a(n) ... ache tener dolor de...
to have a seat tomar asiento
to have breakfast desayunar
to have dinner cenar
to have fun divertirse
to have lunch almorzar
to have the floor tener la palabra
to have time tener tiempo
to have to tener que
hazard lights las luces intermitentes
he él
he/she has; you (formal) have tiene
head la cabeza
healthful saludable
healthy saludable
heart el corazón
heating la calefacción
hello hola
Hello? (on the telephone) ¿Diga?/ ¿Dígame? *(Spain),* ¡Bueno! *(Mex.),* ¿Aló? *(Arg., Peru, Chile),* ¡Oigo!/¿Qué hay? *(Cuba)*
helmet el casco
to help (a customer) atender
to help ayudar
her su(s)
herbs las hierbas
Here (present). Presente.
herself a sí mismo/a(s)
Hey! ¡Oye!
hi hola
highheeled shoes los zapatos de tacón
highlighter el marcador, el rotulador
highway la carretera
himself a sí mismo/a(s)
hip la cadera

his su(s)
Hispanic hispano/a
history la historia
to hold coger
hole el agujero
holiday (legal) el día feriado
holiday el día festivo, la festividad, la fiesta
homage el homenaje
home la casa
homework la tarea
Homework please. La tarea, por favor.
Honduran hondureño/a
honesty la honestidad
honeymoon la luna de miel
hood el capó
hoop el cesto/la cesta
horseback a caballo
hospital el hospital, el sanatorio, la clínica
hot caliente
house la casa
housewife, homemaker el ama/o de casa
housing la vivienda
How are you? (formal) ¿Cómo está?
How are you? (informal) ¿Cómo estás?
How boring! ¡Qué aburrido!
How do you say. . . in Spanish? ¿Cómo se dice... en español?
How fun!/How funny! ¡Qué divertido!
How interesting! ¡Qué interesante!
How is it going? ¿Cómo te va?
How long has it been since. . .? ¿Cuánto tiempo hace que...?
How lucky! ¡Qué suerte!
how many? ¿cuántos/as?
How many classes do you have? ¿Cuántas clases tienes?
How may I help you? ¿En qué puedo servirle(s)?
How much is it? ¿Cuánto cuesta?
how much? ¿cuánto/a?
How nice! ¡Qué bien!
how often con qué frecuencia
How wonderful! ¡Qué maravilla!
how? ¿cómo?
however no obstante, sin embargo
hug el abrazo
humanities las humanidades
humpback whale la ballena jorobada
hundred cien/ciento
to hurt doler
to hurt oneself hacerse daño
husband el esposo, el marido

I

I yo
I am soy
I am ... years old. Tengo... años.

I don't know. No sé.
I don't understand. No comprendo.
I gave myself away. Se me fue la lengua
I got goosebumps. Se me puso la piel de gallina.
I have tengo
I hope that . . . Ojalá que...
I like me gusta(n)
I would like ... Quisiera/ Me gustaría…
I'm sorry (to hear that) lo siento
ice cream el helado
ice el hielo
if si
ill person el/la enfermo/a
illiteracy el analfabetismo
illiterate analfabeto/a
illness la enfermedad
immediately enseguida
immigrant el/la inmigrante
immigration la inmigración
to improve mejorar
in addition además
in contrast . . . en contraste…
in en
in fact en realidad, realmente
in front of enfrente (de)
in order (to) para
in search of en busca de
in the rear al fondo
inappropriate inapropiado/a
including hasta
inexpensive barato/a
infection la infección
to influence influir
infrastructure la infraestructura
inhabitant el/la habitante
injection la inyección
to insert meter
to inspect revisar
instead of en vez de
integrated circuit el chip electrónico
to interest interesar
interesting interesante
interpreter el/la intérprete
to interrupt interrumpir
to interview (each other) entrevistar(se)
interview la entrevista
introduction la presentación
to invest invertir
invitation la invitación
to invite invitar
iron el hierro
to iron planchar
isn't it? ¿no?
it has been a day/month/year since hace un día/mes/año (que)

It is (time of the day). Es la/Son las (hora del día).
it's clear está despejado
it's cloudy está nublado
it's cool hace fresco
it's raining llueve, está lloviendo
it's sunny hace sol
it's windy hace viento
It's been (time expression) since... Hace (+ expresión de tiempo) que… **4**
its su(s)

J

jacket el saco, la chaqueta
January enero
Japanese japonés/japonesa
jeans los vaqueros/jeans
jewel la joya
jeweller el/la joyero/a
job el trabajo
jogging suit la sudadera
journalist el/la periodista
joy la alegría
judge el/la juez
to juggle hacer malabarismo
juice el jugo
July julio
June junio
junk food la comida basura

K

to keep in shape estar en forma, mantenerse en forma
to keep silent guardar silencio
key card la tarjeta magnética
key la llave; la clave
to kill matar
kindless la amabilidad
kindly atentamente
kinship el parentesco
to kiss besar(se)
kiss el beso
kitchen la cocina
kitchen sink el fregadero
kite la cometa
knee la rodilla
knife el cuchillo
to know (each other) conocer(se)
to know conocer; saber
knowledge el conocimiento

L

lake el lago
lamb el cordero
lamp la lámpara
to land aterrizar

land el terreno (terrain); la tierra (ground, soil)
landscape el paisaje
laptop la computadora portátil
last último/a
to last durar
last night anoche
last week la semana pasada
last year/month el año/mes pasado
last último/a; por último
late tarde
later después, luego, más tarde
to laugh reír
laundry room la lavandería
law derecho
lawn el césped
lawyer el/la abogado/a
layout la distribución
lazy perezoso/a
leaf la hoja
to learn aprender
leather el cuero
to leave dejar; irse
to leave something behind quedar
leavetaking la despedida
left la izquierda
leg la pierna
legumes las legumbres
lemon el limón
to lend prestar
Lent la Cuaresma
lentils las lentejas
less . . . than menos… que
lettuce la lechuga
level el nivel
librarian el/la bibliotecario/a
library la biblioteca
license plate la placa
to lie down acostarse
life expectancy la esperanza de vida
life la vida
to lift weights levantar pesas
light(s) la luz (las luces)
to like gustar; caer bien
Likewise. Igualmente.
line (in a poem) el verso
link el enlace
lip el labio
to listen (to) escuchar; oír
Listen, please. Oiga, por favor.
literacy el alfabetismo
literature la literatura
lithium el litio
live en vivo
to live vivir
lively animado/a, vivo/a
living room la sala
lobby la planta baja
lobster la langosta

location la ubicación
to lock up encerrar
locker room el vestuario
lodging el alojamiento
long largo/a
to look at mirar
to look for buscar
to look inside asomarse
to look terrible tener mala cara
to look ver(se)
to lose perder
to lose weight bajar de peso
loss la pérdida
Louder, please. Más alto, por favor.
love el amor
to love querer; encantar
luggage el equipaje
lunch el almuerzo
lung el pulmón
luxury el lujo

M

magazine la revista
mail la correspondencia
main character el personaje
    principal
to maintain mantener
major la carrera
majority la mayoría
to make a reservation reservar
to make the bed hacer la cama
mallow la malva
man el hombre
manager, (sales) manager el/la
    gerente (de ventas)
many (adj.) mucho/a
many times muchas veces
map el mapa
March marzo
margarine la margarina
marked down rebajado/a
marker el marcador/el rotulador
market el mercado
marriage el matrimonio
married casado/a
marvelous maravilloso/a
marvelously estupendamente
material el material
May mayo
mayonnaise la mayonesa
meal la comida
meat la carne
medical doctor el/la médico/a
medication la pastilla
medicine el remedio; la medicina
medium height de estatura mediana
to meet conocer; **(each
    other)** conocer(se)

to meet (requirements) cumplir
    (requisites)
meeting la reunión
melody la melodía
melon el melón
melted derretido/a
memory el recuerdo
mess el desorden
message el mensaje
Mexican Independence Day el Día de
    la Independencia de México
Mexican mexicano/a
microsurgery le microcirugía
microwave (oven) el (horno de)
    microondas
middle class person el burgués/la
    burguesa
migration la migración
milk la leche
million millón
mine mi(s)
minority la minoría
minute el minuto
mirror el espejo
to miss extrañar
to miss out on perderse
mobile el móvil barato/a
mom la mamá
mommy la mami/mamita
Monday lunes
money el dinero
money (in cash) el dinero (en efectivo)
month el mes
mood el ánimo
more . . . than más… que
more or less más o menos
More slowly, please. Más despacio/
    lento, por favor.
more than más de
morning la mañana
Moroccan marroquí
mortality la mortalidad
most (+ adj.) más (+ adj.)
mother la madre
Mother's Day el Día de la Madre
motor el motor
mouth la boca
to move mover(se); mudarse
movement el desplazamiento
movie la película
movies el cine
to mow (lawn) cortar
Mr. el señor (Sr.)
Ms, Miss la señorita (Srta.)
Ms., Mrs. la señora (Sra.)
much mucho/a
multilingual políglota
mural el mural
muralist el/la muralista

muscle el músculo
music la música
mustard la mostaza
my mi(s)
My heart sank. Se me fue el alma a
    los pies.
My name is… Me llamo…

N

nacho cheese sauce la salsa con queso
napkin la servilleta
narrow estrecho/a
nation el país
nationality la nacionalidad
native natal
nature la naturaleza
nature preserve la reserva natural
near cerca de
necessary necesario/a
neck el cuello
necklace el collar
to need necesitar
neglect el descuido
neighbor el/la vecino/a
neighborhood el barrio
neither . . . nor ni… ni
neither, not tampoco
nephew el sobrino
nerve el nervio
nervous nervioso/a
net la red
never (not ever) jamás, nunca
nevertheless sin embargo
new nuevo/a
New Year's Day el Año Nuevo
New Year's Eve la Nochevieja
news la noticia
newspaper el periódico
next month/year el próximo mes/año
next próximo/a
next to al lado (de)
next week la próxima semana
Nicaraguan nicaragüense
nice agradable, simpático/a
Nice to meet you. Mucho gusto.
nickname el sobrenombre
niece la sobrina
Nigerian nigeriano/a
nightgown el camisón
nightmare la pesadilla
ninth noveno
no one nadie
no, not any, none ningún, ninguno/a
nobody nadie
noise el ruido
to nominate nominar
non-profit sin fines de lucro
North American norteamericano/a

nose la nariz
note card la ficha
notebook el cuaderno
nothing nada
novel la novela
novelist el/la novelista
November noviembre
now ahora
nowadays hoy en día
nurse el/la enfermero/a

O

to occur ocurrir
October octubre
of de
of African ancestry moreno/a, negro/a
of course por supuesto
Of course! ¡Cómo no!/¡Claro!
of dark skin moreno/a, negro/a
of lightbrown skin color trigueño/a
of the (contraction of de + el) del
to offer ofrecer
office (of doctor, dentist, etc.) el consultorio
office la oficina
often frecuentemente
oil el aceite
old antiguo/a
old mayor; viejo/a
older than mayor que
olive la aceituna
on sobre
on the dot (time) en punto
On the one hand . . . Por un lado…
On the other hand . . . En cambio/Por otro lado…
On what page? ¿En qué página?
once una vez
onion la cebolla
only child el hijo único/la hija única
only solo
to open abrir
opening la vacante
opposing contrario/a
orange (adj.) anaranjado/a, naranja; **(noun)** la naranja
orchestra la orquesta
to order around dar órdenes
to order pedir
origen el comienzo
other otro/a
our nuestro(s), nuestra(s)
outdoors al aire libre
outgoing extrovertido/a
outing la excursión
outskirts las afueras
outstanding destacado/a
overcast (sky) cubierto

own propio/a
ozone layer la capa de ozono

P

P.M. (from nightfall to midnight) de la noche
P.M. (from noon to nightfall) de la tarde
paid remunerado/a
pain el dolor
to paint pintar
painter el/la pintor/a
painting el cuadro
painting la pintura
pajamas el/la piyama, el pijama *(Spain)*
Panamanian panameño/a
pants los pantalones
pantsuit el traje pantalón
pantyhose las pantimedias
papaya la papaya
parade el desfile
Paraguayan paraguayo/a
pardon me perdón; con permiso
parents los padres
parsley el perejil
to participate participar
partner el/la compañero/a
party la fiesta
passenger el/la pasajero/a
passion fruit el maracuyá *(Colom.)*, la fruta de la pasión *(Spain)*, la parchita *(Venez., Mex.)*
passport el pasaporte
pastry el pastel
patient el/la paciente
patrotic patriótico/a
to pay (for) pagar
peach el melocotón *(Spain)*, el durazno *(Latin America)*
peak el pico
pear la pera
peasant el/la campesino/a
pedestrian area la zona peatonal
to peel pelar
penalty (in sports) el penalti
pencil el lápiz
people la gente, las personas
pepper la pimienta; **(hot, spicy)** el chile/ají **(vegetable)** el pimiento
per por
percent por ciento
percentage el porcentaje
percibido/a noticed
perfect perfecto/a
performance el rendimiento
performer, artist el/la intérprete
person la persona
Peruvian peruano/a

petroleum el petróleo
pharmacist el/la farmacéutico/a
pharmacy la farmacia
photo(graph) la foto(grafía)
to pick up recoger
picture el cuadro
piece of jewelry la joya
pilgrim el/la peregrino/a
pill la pastilla
pillow la almohada
pin el alfiler
pineapple la piña
pink rosado/a, rosa
place el lugar
plaid de cuadros
to plan to + verb pensar + *infinitive*
plane el avión
planet el planeta
plantain el plátano/la banana
plate el plato
to play (a game, sport) jugar
to play (an instrument) tocar (un instrumento)
player el/la jugador/a
Please answer. Contesten, por favor./ Contesta, por favor.
please por favor
Pleased/Nice to meet you. Encantado/a.
plumber el/la plomero/a, el/la fontanero/a *(Spain)*
poem el poema
poet el/la poeta
poetry la poesía
point of view el punto de vista
policeman/woman el/la policía
Polish polaco/a
political science las ciencias políticas
polyglot el/la políglota
pool la piscina, la pileta
poor pobre
popcorn las palomitas de maíz
to popularize popularizar
population la población
pork el cerdo, el puerco
to portray retratar
Portuguese portugués/portuguesa
position el puesto; la posición
potato la papa
poultry las aves
poverty la pobreza
power outage el apagón
to practice practicar
to precede preceder
to prefer preferir
preparation el preparativo
to prepare preparar
to prescribe recetar
prescription la receta

present actual
present el regalo
preservation la conservación
president el/la presidente/a
pressure (blood) la tensión/la presión (arterial)
pretty bonito/a, linda, guapa
price el precio
printer la impresora
prize el premio
procession la procesión
to produce producir
professor el/la profesor/a
promising prometedor/a
to promote promover
to propose proponer
to protest protestar
proverb el refrán
provided that con tal (de) que
proximity la proximidad
psychologist el/la sicólogo/a
psychology la psicología
Puerto Rican puertorriqueño/a
purple morado/a
purpose el propósito
purse la bolsa/el bolso
to put poner
to put makeup on (someone); to put makeup on (oneself) maquillar(se)
to put one's clothes on ponerse la ropa
to put to bed acostar

Q

quality la calidad
quiet callado/a

R

race la carrera
racquet la raqueta
radiator el radiador
radio announcer el/la locutor/a
radio el/la radio
rail el riel
rain forest el bosque tropical
rain la lluvia
to rain llover
raincoat el impermeable
to raise levantar
Raise your hand. Levanta la mano.
ranch la finca
rate la tasa
rather well bastante bien
to reach out to comunicarse con
to read leer
Read. Lee.
ready listo/a

to realize darse cuenta
really en realidad, realmente
rearview mirror el espejo retrovisor
reason la razón
rebirth el renacimiento
recipe la receta
recognition el reconocimiento
to recommend recomendar
to record grabar
recycled reciclado/a
red bell pepper el pimiento rojo
red rojo/a
redhead pelirrojo/a
to reduce reducir
referee el árbitro
to reflect reflejar
to reforest repoblar
refrigerator el refrigerador
refrigerator el refrigerador/la nevera/ heladera
regime el régimen
to regret arrepentirse
relative el/la pariente
relief el alivio
remedy el remedio
to remember recordar
to rent alquilar
rent el alquiler
Repeat. Repite./Repitan.
to repeat repetir
report el informe
to request pedir
to request the floor pedir la palabra
resort el centro turístico privado
resources los recursos
to respond responder
to rest descansar
résumé el currículum
to retire jubilarse
to return an item devolver
to return volver
rib la costilla
rice el arroz
rich rico/a
to ride (a bicycle) montar (en bicicleta)
right el derecho; la derecha
to be right tener razón
right? ¿verdad?
ring el anillo
roasted asado/a
robe la bata
robot el robot
room el cuarto
roommate el/la compañero/a de cuarto
round trip de ida y vuelta
rug la alfombra
ruins las ruinas
ruler el/la gobernante

to run correr
to run into encontrarse
to run out of acabarse

S

sad triste
safe la caja fuerte
salad dressing el aderezo
salad la ensalada
salary el sueldo
sale la rebaja
sales las ventas
salesman, saleswoman el/la vendedor/a
salesperson el dependiente/la dependienta
salt la sal
Salvadoran salvadoreño/a
same mismo/a
sand dune el médano
sandals las sandalias
sandwich el sándwich
satellite el satélite
Saturday sábado
to save ahorrar
sawdust el aserrín
to say decir
to say goodbye despedirse
to say hello mandar saludos
scarf la bufanda
scene la escena
scholarship la beca
school of fish el banco de peces
school, department la facultad
science fiction la ciencia ficción
sciences las ciencias
scientist el/la científico/a
to score a goal meter un gol
scoreboard el marcador
screen la pantalla
sculptor el/la escultor/a
sea el mar
seafood los mariscos
seamstress la costurera
search engine el buscador
season la estación
seasoning el condimento
seat el asiento
second floor el primer piso; la primera planta
second segundo
security la seguridad
to see ver
see you later hasta luego
see you soon hasta pronto
see you tomorrow hasta mañana
seed la semilla
to seem parecer
self-portrait el autorretrato

to sell vender
to send enviar, mandar
September septiembre
serious (situation) grave; serio/a
seriously ill grave
to serve servir
server el/la camarero/a
to set the table poner la mesa
setting el ambiente
seventh séptimo/a
several algún, alguno (-os, -as)
sewage las aguas residuales
shake el batido
shame la lástima
shape la forma
to share compartir
shark el tiburón
sharp (time) en punto
to shave; to shave (oneself) afeitar(se)
she ella
sheep la oveja
sheet la sábana
shell la concha
shellfish los mariscos
ship/boat el barco
shirt la camisa
shoal el banco de peces
shoes los zapatos
to shop ir de compras
shopping center el centro comercial
shopping las compras
short (in length) corto/a
short (in stature) bajo/a
short sleeve shirt camisa de manga
    corta
shortly after poco después
shorts los pantalones cortos
should deber
shoulder el hombro
to show mostrar
to show a movie poner una película
shower la ducha
shrimp el camarón, la gamba (Spain)
to shut in encerrar
shy tímido/a
sick enfermo/a
signal la señal
silly tonto/a
silver la plata
similar parecido/a
since desde; ya que
to sing cantar
single room la habitación sencilla
single soltero/a
sister la hermana
to sit down sentarse
sixth sexto/a
size el tamaño (clothes) la talla;
    (shoes) el número

to skate patinar
to ski esquiar
skiing, ski el esquí
skin la piel
skirt la falda, pollera (Arg., Uruy.)
sky el cielo
to sleep dormir
slice la rebanada
slippers las zapatillas
slope la bajada; la pista
sloth el perezoso (Zool.)
small pequeño/a
smallpox la viruela
smart listo/a
to smoke fumar
smothie el batido
snack la merienda
to sneeze estornudar
snow la nieve
to snow nevar
so that para que
soap el jabón
soccer el fútbol
soccer field el campo de fútbol
social networks las redes sociales
sociology la sociología
socks los calcetines, las medias
soda el refresco
sofa el sofá
soft blando/a; suave
soft drink el refresco
soil la tierra
solar energy la energía solar
solid de color entero
some algún, alguno (-os, -as)
some unos/as
someone alguien
something algo
sometime alguna vez
sometimes a veces, algunas veces
son el hijo
song la canción
sought after codiciado/a
soup la sopa
sour agrio/a
source la fuente
source of income la fuente de ingresos
souvenirs los recuerdos
spaghetti los espaguetis, tallarines
Spanish español/a; el español
to speak hablar
specialty la especialidad
speech el discurso
speed la velocidad
to spend gastar; (time) pasar
spices las especias
spicy picante
spinach las espinacas
to sponsor patrocinar

spoon la cuchara
spoonful la cucharada
sport el deporte
sportsman, sportswoman el/la
    deportista
to spray rociar
to spread difundir
spring la primavera
to sprinkle rociar
square la plaza
square meter el metro
    cuadrado
stadium el estadio
stairs la escalera
to stand in line hacer cola
to stand out destacarse
star la estrella
to start comenzar, empezar
statistics la estadística
to stay quedarse
to stay in touch mantenerse en
    contacto
steak el bistec, la carne de res
steering wheel el volante
stem cell la célula troncal
step el paso
stepbrother el hermanastro
stepfather el padrastro
stepmother la madrastra
stepsister la hermanastra
still todavía
stockings las medias
stomach el estómago
stopover la escala
store la tienda
store window el escaparate
story el cuento
stove la estufa, la cocina
strawberry la fresa
street la calle
to strenghten fortalecer
stretch el tramo
stripes de rayas
stroke la campanada
to stroll pasear
strong fuerte
student el/la estudiante,
    alumno/a
studious estudioso/a
to study estudiar
to stumble tropezarse
style el estilo
stylish de moda
subject la materia, la asignatura
subway el metro
success el éxito
sugar el azúcar
to suggest sugerir
suit el traje

suit el traje de chaqueta
suitcase la maleta
summer el verano
to sunbathe tomar el sol
Sunday domingo
sunglasses las gafas de sol
supermarket el supermercado
supper la cena, la comida
to support apoyar; sustentar
to surf hacer surf
surprise la sorpresa
surrealist surrealista
to surround rodear
to survive sobrevivir
sweater el suéter
sweatshirt la sudadera
to sweep barrer
swelling la hinchazón
to swim nadar
swimming la natación
swimming pool la piscina
swollen hinchado/a
symbol el símbolo
symptom el síntoma

T

table la mesa
tablecloth el mantel
tablet la tableta
to take a bath bañarse
to take a nap dormir la siesta
to take a seat tomar asiento
to take a shower ducharse
to take a walk dar una vuelta; pasear
to take advantage aprovechar
to take away quitar
to take care of cuidar(se) (de)
to take llevar
to take note fijar(se)
to take notes tomar apuntes/notas
to take off (airplane) despegar
to take off quitarse
to take out sacar
to take tomar
to take turns turnarse
Take turns Túrnense.
Talk (about ...) Hablen (sobre...)
to talk conversar
talkative conversador/a
tall alto/a
to taste probar
tea el té
teacher el/la profesor/a
team el equipo
to tear romper
teaspoon la cucharita
technician el/la técnico/a

telephone el teléfono
television set el televisor
to tell decir; contar
Tell your partner ... Dile a tu compañero/a...
tenfold el décuplo
tennis el tenis
tennis player el/la tenista
tennis shoes las zapatillas de deporte
tent la tienda
tenth décimo/a
test el análisis; el examen
to exhibit exponer
textile industry industria textil
Thank goodness! ¡Gracias a Dios!
thanks gracias
Thanksgiving Day el Día de Acción de Gracias
that (adjective) ese/a
that (over there) aquel/aquella/aquello
that ese/esa/eso
That's so interesting! ¡Qué interesante!
That's unbelievable! ¡Qué increíble!
thaw, thawing el deshielo
the (singular) el/la; **(plural)** los/las
the best el/la mejor
the day after tomorrow pasado mañana
the day before yesterday anteayer
the important thing lo importante
the most el/la... más
the night before last ante(a)noche
the oldest el/la mayor
the same lo mismo
The screen froze up on me. Se me congeló la pantalla.
The weather is good/bad. Hace buen/ mal tiempo.
the youngest el/la menor
theater el teatro
their su(s)
theme el tema
themselves a sí mismo/a(s)
then entonces, luego
there is, there are hay
thermometer el termómetro
these estos/estas
they ellos/ellas
thief el/la ladrón/a
thin delgado/a
thing la cosa
things you own las pertenencias
to think parecer; **(about)** pensar (en)
third tercero/la, tercer
this este/esta/esto
those esos/esas

those (over there) aquellos/aquellas
thousand mil
throat la garganta
through a través de; por
to throw lanzar
Thursday jueves
ticket el boleto, el pasaje, el billete (Spain)
tidy ordenado/a
to tidy up ordenar
tie la corbata
tight estrecho/a
tire la llanta
tired cansado/a
to a; para
to the al (contraction of **a** + **el**)
toast el pan tostado, la tostada
today hoy
Today is (day of the week.) Hoy es (día de la semana).
together juntos/as
toilet el inodoro
tomato el tomate
tomato sauce la salsa de tomate
tomorrow mañana
tonight esta noche
too también
tooth el diente
toothpaste la pasta de dientes
topic el tema
tourist class la clase turista
tournament el campeonato, el torneo
towards para
towel la toalla
toy el juguete
to turn doblar
track and field el atletismo
track la pista
tradition la tradición
train el tren
to train prepararse
trait el rasgo
to translate traducir
trash la basura
travel agency la agencia de viajes
travel agent el/la agente de viajes
to travel viajar; recorrer
traveller el/la viajero/a
tray la bandeja
to treat tratar
treaty el tratado
tree el árbol
to tremble estremecerse
trip la excursión
trip el viaje
true cierto/a
trunk el maletero, el baúl
trust la confianza
trustworthy confiable

to try on probarse
to try tratar; probar
T-shirt la camiseta
Tuesday martes
turkey el pavo, el guajolote *(Mex.)*
to turn in entregar
to turn off apagar
to turn on encender; (the TV) poner
twice dos veces
twin gemelo/a
to twist torcer(se)
typical típico/a

U

U.S. citizen estadounidense
UFO el OVNI
ugly feo/a
umbrella el paraguas
umpire el árbitro
uncle el tío
to uncover destapar
under bajo; debajo (de)
to underline subrayar
to understand comprender, entender
underwear la ropa interior
unemployment el desempleo
unforgettable inolvidable
to unify unificar
university la universidad
unless a menos que
unmarried soltero/a
unpleasant antipático/a
unripe verde
until hasta(que)
to upload subir
urgent urgente
Uruguayan uruguayo/a
to use usar
useful útil

V

vacation las vacaciones
vacuum cleaner la aspiradora
to vacuum pasar la aspiradora
Valentine's Day el Día de los Enamorados/del Amor y la Amistad
vanilla la vainilla
vegetable el vegetal, la verdura
vein la vena
Venezuelan venezolano/a
verb el verbo
very muy
vet el/la veterinario/a
video game el videojuego
view la vista

village el pueblo
vinegar el vinagre
virtual library la biblioteca virtual
virtually virtualmente
to visit visitar
voice la voz
volleyball el vóleibol/volibol
to vote votar

W

wage el sueldo
wagon la carreta
waist la cintura
to wait for esperar
waiter/waitress el/la camarero/a
waiting room la sala de espera
to wake up despertarse
to wake someone up despertar
to walk caminar
wallet la billetera
to want querer, desear
warehouse el almacén
warming el calentamiento
warm-up el calentamiento
to wash (oneself) lavar(se)
washer la lavadora
waste los desperdicios
wastebasket el cesto
water el agua
to water regar
wave la ola
We hope that… Ojalá que…
we nosotros/as
weak débil
wealthy rico/a
to wear a costume disfrazarse
to wear a shoe size calzar
to wear llevar
weather el tiempo
weather forecast el pronóstico del tiempo
wedding la boda
Wednesday miércoles
week la semana
weekend el fin de semana
weight la pesa
well bien
well parked bien aparcado
wet mojado/a
What a coincidence! ¡Qué casualidad!
What a nuisance! ¡Qué lata!
What a pity! ¡Qué lástima!
What day is today? ¿Qué día es hoy?
What do you think? ¿qué te parece?
What for? ¿para qué?
What is he/she/it like? ¿Cómo es?

What is the date today? ¿Qué fecha es hoy?/¿Cuál es la fecha?
What time is it? ¿Qué hora es?
What? ¿Qué?; ¿Cómo?; ¿Perdón?
What's the weather like? ¿Qué tiempo hace?
What's up? What's new? (informal) ¿Qué tal?
What's your name? (familiar) ¿Cómo te llamas?
What's your name? (formal) ¿Cómo se llama usted?
What's wrong (with you/them)? ¿Qué te/le(s) pasa?
wheat el trigo
wheel la rueda
when cuando
When? ¿Cuándo?
Where (to)? ¿Adónde?
Where is … ? ¿Dónde está…?
where, wherever donde
Where? ¿Dónde?
Which? ¿Cuál(es)?
while mientras
to whistle pitar
white blanco/a
Who is … ? ¿Quién es…?
Who? ¿Quién(es)?
whose? ¿De ¿quién?
why por qué
Why? ¿Para qué?; ¿Por qué?
wide ancho/a
widower viudo/a
wife la esposa, la mujer *(Spain)*
wild silvestre
to win ganar
wind el viento
window la ventana
window seat el asiento de ventanilla
windshield el parabrisas
windshield wiper el limpiaparabrisas
wine el vino
wing el ala
winter el invierno
to wish desear; esperar; querer
with con
with me conmigo
with much love con mucho cariño
With pleasure./Gladly. Con mucho gusto.
with them con ellos/ellas
with whom con quien
with you (familiar) contigo
without sin(que)
without us sin nosotros/as
woman la mujer
wood la madera
word la palabra

work el trabajo; la obra
to work trabajar; funcionar
worker el/la obrero/a; el/la trabajador/a
workforce la fuerza laboral
workshop el taller
to worship venerar
wound la herida
wrist la muñeca
to write escribir
to write to each other escribirse
Write. Escribe.
writer el/la escritor/a

Y

year el año
yellow amarillo/a
yes sí
yesterday ayer
yet todavía
yogurt el yogur
you (familiar) like te gusta(n)
you (familiar) tú; **(plural)** vosotros/as *(Spain)*
you (formal) like le gusta(n)

you (formal) usted; **(plural)** ustedes
you are (familiar) eres; estás
you are (formal) es; está
you have (familiar) tienes
you're welcome de nada
young joven
young man/woman el/la joven
your (familiar plural) vuestro(s), vuestra(s)
your (familiar) tu(s)
your (formal) su(s)
Yours, sincerely. Un cordial saludo.

Text & Photo Credits

Text Credits

Capítulo 13

p. 453: Gabriela Mistral, "Dame la mano." La Orden Franciscana de Chile autoriza el uso de la obra de Gabriela Mistral. Lo equivalente a los derechos de autoría es entregado a la Orden Franciscana de Chile, para los niños de Montegrande y de Chile, de conformidad a la voluntad testamentaria de Gabriela Mistral; **p. 475:** Gloria Fuertes, "Las Cosas" by Gloria Fuertes from OBRAS INCOMPLETAS, Cátedra, 2006. Used by permission of Fundación Gloria Fuertes

Capítulo 14

p. 506: "La mosca que soñaba que era un aguila" by Augusto Monterroso from EL PARAÍSO IMPERFECTO: ANTOLOGÍA TÍMIDA. Debolsillo, 2013. Used by permission of International Editors Company, S. L.

Photo Credits

Front Matter

p. ix: adimas/fotolia; **p. x:** LUIS ACOSTA/AFP/ Getty Images; **p. xi:** Monkey Business Images/ Shutterstock/Dorling Kindersley, Ltd.; **p. xiii(t):** Marcos Brindicci/Reuters/Corbis; **p. xiii(b):** Eduardo Rivero/Shutterstock; **p. xiv(r):** Christian Kieffer/Shutterstock ; **p. xiv(l):** Skymuor/ Shutterstock; **p. xv:** Andresr/Shutterstock; **p. xvi:** Nik Niklz/Shutterstock; **p. xvii:** Jose Luis Stephens/Alamy; **p. xiii:** Fotolia; **p. xxiii(l):** Fotolia; **p. xxiii:** Fotolia; **p. xviii:** Imagery-Majestic/Shutterstock; **p. xxxvi(b):** Elizabeth E. Guzman; **p. xxxvi:** Judith Liskin-Gasparro

Capítulo Preliminar

p. 2: Contrastwerkstatt / Fotolia; **p. 3:** Jeff Greenberg / Alamy; **p. 4(tl):** Mikesch112 / Fotolia; **p. 4(tr):** Atm2003 / Fotolia; **p. 4(c):** Joan Albert Lluch / Fotolia; **p. 4(bl):** BlueOrange Studio / Fotolia; **p. 5:** Zurijeta / Shutterstock; **p. 6(t):** Michael Jung / Fotolia; **p. 7(tl):** Ian O'Leary /Getty Images; **p. 7(tc):** Dorling Kindersley, Ltd; **p. 7(bl):** Shutterstock; **p. 8(tr):** Mike Good / Dorling Kindersley, Ltd; **p. 9(bl):** Bonga1965 / Fotolia; **p. 10-11(tl):** Priganica / Fotolia; **p. 11(br):** Brenda Carson / Fotolia; **p. 13(tc):** Alexmillos / Fotolia; **p. 14(bl):** Vannphoto / Fotolia; **p. 14(b):** Vmelinda/fotolia; **p. 16(b):** Diego Cervo / Fotolia; **p. 18(tl):** Pedrosala / Fotolia; **p. 18(cr):** Alex Havret / DK Images; **p. 18(bc):** StockLite / Shutterstock; **p. 20:** Runzelkorn / Fotolia; **p. 22(b):** Chokniti / Fotolia; **p. 23(tr):** Scanrail / Fotolia; **p. 23(b):** Petr Vaclavek / Fotolia; **p. 24(cl):** Adimas / Fotolia; **p. 24(bl):** Brad Pict / Fotolia; **p. 25(tl):** Faraways / Fotolia; **p. 25(tr):** Paul Bricknell / Dorling Kindersley, Ltd; **p. 25(c):** Barone Rosso / Fotolia; **p. 25(bl):** Andy Crawford / Dorling Kindersley, Ltd; **p. 25(br):** Tim Ridley / Dorling Kindersley, Ltd; **p. 26(b):** Silkstock / Fotolia; **p. 27(cr):** Igor Mojzes / Fotolia;

Capítulo 1

p. 30(cr): Yuraliaits Albert / Shutterstock; **p. 31(c):** Matt Trommer / Shutterstock; **p. 31(cr):** Pilar Echevarria / Shutterstock; **p. 31(tc):** Dorota Jarymowicz and Mariusz Ja / DK Images; **p. 31(c):** Rafael Ramirez Lee / Shutterstock; **p. 31(tl):** Carlos Nieto / Age Fotostock / Robert Harding; **p. 31(bl):** Album / Prisma / Newscom; **p. 32(tl):** Akulamatiau / Fotolia; **p. 32(bl):** Aleksandar Todorovic / Fotolia; **p. 32(cr):** Travelwitness / Fotolia; **p. 32(cl):** Mrks V / Fotolia; **p. 33(cr):** Andresr / Shutterstock; **p. 33(bl):** Pkchai / Shutterstock; **p. 34(br):** Andres Rodriguez; **p. 35(tr):** Jenkedco /Shutterstock; **p. 36:** Roman Sigaev / Fotolia; **p. 38(br):** Hemeroskopion / Fotolia; **p. 39:** Santiago Pais / Fotolia; **p. 40(b):** Tim Draper / Dorling Kindersley,Ltd; **p. 41(tr):** Pearson Education Ltd; **p. 41(br):** Yakor / Fotolia; **p. 41(cl):** Fxegs / Fotolia; **p. 47(cl):** Aaron Amat / Fotolia; **p. 47(br):** Hill Street Studios / Blend Images/Alamy; **p. 48(tr):** JHershPhoto / Shutterstock; **p. 49(tr):** Mimohe / Fotolia; **p. 55(tc):** Spencer Grant / PhotoEdit; **p. 56:** Auremar / Fotolia; **p. 57(tr):** Gabriel Blaj / Fotolia LLC; **p. 62:** Dmitriy Shironosov / Shutterstock;

Capítulo 2

p. 64(cr): Andres Rodriguez / Fotolia; **p. 65(l):** Everett Collection Inc / Alamy; **p. 65(l):** Everett Collection Inc / Alamy; **p. 65(tc):** April Turner / Shutterstock, **p. 65(bc):** Robin Hidden Sr / Shutterstock, **p. 65(cr):** Hola Images / Alamy; **p. 65(tr):** EPA / Alamy; **p. 65(c):** Gvictoria / Shutterstock; **p. 65(br):** Images / Alamy; **p. 66(tc):** Alessandra Santarell i/ Jeoff Davis / Dorling Kindersley,Ltd; **p. 66(cr):** Everett Collection Inc / Alamy; **p. 66(bl):** Henryk Sadura / Fotolia; **p. 66(br):** ZUMA Press, Inc. / Alamy; **p. 67(tl):** Andres Rodriguez / Fotolia; **p. 67(tc):** Samuel Borges / Fotolia; **p. 67(tr):** Mel Lindstrom / Mira; **p. 67(l):** Mangostock / Fotolia; **p. 67(br):** Andresr / Shutterstock; **p. 68(br):** Avava / Fotolia; **p. 71(cl):** Wallenrock / Shutterstock; **p. 71(cl):** Dallas Events Inc / Shutterstock; **p. 71(c):** Michaeljung / Fotolia; **p. 71(cr):** Shutterstock; **p. 71(b):** Wong Sze Fei / Fotolia; **p. 72(tl):** EPA / Alamy; **p. 72(tr):** EPA / Alamy; **p. 73(bl):** Greg Roden / Dorling Kindersley,Ltd; **p. 74(tr):** Berc / Fotolia; **p. 75(br):** Max / Fotolia; **p. 75(tl):** Igorigorevich / Fotolia; **p. 75(tr):** Dgmata / Fotolia; **p. 77(br):** Shutterstock; **p. 78(tr):** WavebreakMediaMicro / Fotolia; **p. 78(bl):** Michael Germana / Landov; **p. 78(bc):** Front Row Photos; **p. 78(b):** Taylor Jones / The Palm Beach Post / Zumapress / Alamy; **p. 78(br):** Ramon Espinosa / AP Images; **p. 78(cl):** Max Alexander / DK Images; **p. 80(tr):** AP Images; **p. 81** Tyler Olson / Shutterstock; **p. 86(tr):** Dwphotos / Shutterstock; **p. 87(tr):** Andresr / Shutterstock; **p. 89(tl):** Andres Rodriguez / Fotolia; **p. 89(cl):** ArchMen / Fotolia; **p. 90(tl):** Andres Rodriguez / Fotolia LLC; **p. 91(br):** Andres Rodriguez / Fotolia LLC; **p. 92(tr):** Skylines / Shutterstock; **p. 94(br):** Shutterstock; **p. 95(tc):** Alliance Images /

Alamy; **p. 96(br):** Scanrail / Fotolia; **p. 97** Andresr / Shutterstock; **p. 98** Leonidovich / Shutterstock;

Capítulo 3

p. 100(cr): Auremar / Fotolia; **p. 101(tl):** Suzanne Porter / Dorling Kindersley, Ltd; **p. 101(cl):** Mike Von Bergen / Shutterstock; **p. 101(cr):** Shutterstock; **p. 101(bl):** Mireille Vautier / Alamy; **p. 102(tl):** Ocphoto / Shutterstock; **p. 102(cl):** Bob Krist / Corbis; **p. 102(bl):** Richard Smith / Corbis; **p. 102(cr):** Silvia Izquierdo/Reuters/Corbis; **p. 103(tl):** Creatas / Thinkstock; **p. 103(tl):** Tim Draper / Rough Guides / DK Images; **p. 103(tc):** iStockphoto / Thinkstock; **p. 103(tr):** Mangostock / Fotolia; **p. 104** Travel Pictures / Alamy; **p. 105(cr):** Luis Santos /shutterstock; **p. 105(tr):** Giuseppe_R / Shutterstock; **p. 105(br):** Goodluz / Fotolia; **p. 106** Grant Hindsley / AP images; **p. 107(br):** Subbotina Anna / Shutterstock; **p. 107(tl):** Jennifer Boggs / Amy Paliwoda / Alamy; **p. 107(bl):** Cameron Whitman / Shutterstock; **p. 107(tr):** Dinner, Allison / the food passionates /Corbis; **p. 108** Jeff Greenberg / Alamy; **p. 109(bc):** John Van Hasselt / Sygma / Corbis; **p. 110(tr):** karelnoppe / Fotolia; **p. 110(cl):** Segismundo Trivero / Fotolia; **p. 110(br):** Jeff Greenberg / Alamy; **p. 113(br):** James Thew / Fotolia; **p. 115(br):** Kitch Bain / Shutterstock; **p. 116(bl):** Fotolia; **p. 116(bc):** Aaron Oberlander / Getty Images; **p. 116(br):** Oscar Pinto Sanchez, **p. 116(br):** Jeff Greenberg / Alamy; **p. 117(br):** Elenathewise / Fotolia; **p. 122** Germanskydive110 / Fotolia; **p. 124** Zuma Press, Inc / Alamy; **p. 125(t):** Robert Lerich / Fotolia; **p. 125(b):** Neale Cousland / Shutterstock; **p. 134** iPics / Fotolia;

Capítulo 4

p. 136(cr): Andres Rodriguez / Fotolia; **p. 137(tc):** Amra Pasic / Shutterstock; **p. 137(cr):** Pies Specifics / Alamy; **p. 137(cl):** Archivo el Tiempo / El Tiempo de Colombia / Newscom; **p. 137(cr):** Richard Gunion / Thinkstock / Getty Images; **p. 137(bl):** Galyna Andrushko / Shutterstock; **p. 137(br):** Marlborough Gallery; **p. 138(tl):** Luis Acosta / AFP / Getty Images; **p. 138(bl):** Fotolia; **p. 138(tr):** Rodrigo Arangua / AFP / Getty Images / Newscom; **p. 138(br):** Jenny Leonard / Shutterstock; **p. 139(tl):** Paloma Lapuerta; **p. 139(tr):** bst2012 / Fotolia; **p. 139(br):** Blend Images / Shutterstock; **p. 139(bl):** Ton Koene / Horizons WWP / Alamy; **p. 141(b):** JackF / Fotolia; **p. 142(tr):** Montserrat Diez / EPA / Newscom; **p. 142(br):** Fotoluminate LLC / Fotolia; **p. 143(cr):** Lucky Dragon USA / Fotolia; **p. 145(bl):** Dennis jacobsen / Fotolia; **p. 145(br):** Monkey Business Images / Shutterstock; **p. 146(br):** Jose R. Aguirre / Cover / Getty Images; **p. 146(t):** Jupiterimages / Brand X Pictures / Thinkstock; **p. 147(tr):** Scott Griessel / Fotolia; **p. 147(br):** Africa Studio /

Fotolia; **p. 148(tr):** Samuel Borges / Fotolia; **p. 149(bl):** Monkey Business Images / Shutterstock / Dorling Kindersley, Ltd., **p. 149:** Vision images / Fotolia; **p. 150(t):** Doruk Sikman / Fotolia; **p. 150(b):** Noam / Fotolia; **p. 151(bl):** Monkey Business / Fotolia; **p. 151(tr):** Nick White / Getty Images; **p. 152(tr):** Blend Images / Thinkstock; **p. 154(tl):** Stefanolunardi / Fotolia; **p. 155(br):** Giuseppe R / Fotolia; **p. 155(tr):** Gabriel Blaj / Fotolia; **p. 156(tr):** Blaz Kure / Shutterstock; **p. 157(br):** Daria Filiminova / Fotolia; **p. 158(bl):** Helen Kattai / Shutterstock; **p. 159(tr):** GalinaSt / Fotolia; **p. 161:** AVAVA / Shutterstock; **p. 163(tc):** Omkara.V / Fotolia; **p. 164(tc):** Orange Line Media / Fotolia; **p. 166(tl):** Shutterstock; **p. 166(br):** Bill Aron / PhotoEdit; **p. 167(br):** Andres Rodriguez / Fotolia; **p. 168(br):** Ra2studio / Shutterstock;

Capítulo 5

p. 170(cr): Rtimages / Fotolia; **p. 171(tc):** Oscar Espinosa / Shutterstock; **p. 171(cl):** Tatiana Popova / Shutterstock; **p. 171(cr):** Getty Images; **p. 171(bc):** Getty Images; **p. 171(br):** Eli Coory/Fotolia; **p. 171(l):** Shutterstock.com; **p. 171(bl):** Cindy Miller Hopkins / Danita Delimont / Alamy; **p. 172(cr):** Christian Heeb / JAI / Corbis; **p. 172(bl):** Tazzymon / Fotolia; **p. 172(tc):** Ariane Citron / Fotolia; **p. 173(cr):** Nik Wheeler / Alamy; **p. 175(br):** Kochneva Tetyana / Shutterstock; **p. 176(br):** Oswaldo Rivas / Reuters / Corbis; **p. 180(br):** Ruth Jenkinson / DK Images; **p. 181(bc):** Andres Rodriguez / Alamy; **p. 181(br):** Robert Harrison / Alamy; **p. 184(tl):** Randy Green / Alamy; **p. 184(c):** Bruce Ayres / Getty Images; **p. 184(cr):** Jan Sochor / Alamy; **p. 188(tl):** Tony Freeman / PhotoEdit; **p. 188(tr):** Fotolia; **p. 188(cr):** Erwinova / Fotolia; **p. 192(tr):** Enigmatico / Fotolia; **p. 199(bl):** Diego Cervo / Shutterstock; **p. 200(tc):** Kablonk Micro / Fotolia; **p. 201(br):** Giovanni Cancemi / Fotolia;

Capítulo 6

p. 204(cr): Conrado/Shutterstock; **p. 205(tl):** E Mike / Fotolia; **p. 205(tc):** Enrique Molina / Age Fotostock; **p. 205(cl):** Gastromedia / Alamy; **p. 205(cr):** Mark Cosslett / National Geographic Image Collection / Getty Images; **p. 205(bl):** Simon Bolivar (1783-1830) (chromolitho), . / Private Collection / Archives Charmet / The Bridgeman Art Library; **p. 205(bc):** Malcolm Schuyl / Alamy; **p. 206** Volff / Fotolia; **p. 206(tl):** Malcolm Schuyl / Alamy; **p. 206(cl):** Volff / Fotolia; **p. 206(tr):** Vladimir Melnik / Fotolia; **p. 206(cr):** Hemeroskopion / Fotolia; **p. 207(tr):** Dan Herrick / Alamy; **p. 207(tl):** Rob Crandall/Stock Connection / Glow Images; **p. 207(tc):** Jeff Greenberg / PhotoEdit, Inc.; **p. 208(cr):** Adam Gregor / Fotolia; **p. 209(cl):** Brand X Pictures / Thinkstock; **p. 212(tr):** lunamarina / Fotolia; **p. 214(c):** Glamour / Shutterstock; **p. 215(bl):** Dorothy Alexander / Alamy; **p. 215(tr):** Scott Dalton / Bloomberg / Getty Images; **p. 220(tr):** Patrick Keen / Getty Images; **p. 220(tl):** JKaczka Digital Imaging / Fotolia; **p. 220(bl):** Yann Arthus-Bertrand / Documentary / Corbis; **p. 220(br):** Juan Silva / The Image Bank / Getty Images; **p. 224(cr):** Carlos / Fotolia; **p. 228(bc):** Gelpi JM / Shutterstock; **p. 228(br):** Jason Maehl / Shutterstock; **p. 228(bl):** East / Shutterstock; **p. 228(bc):** Iko / Shutterstock; **p. 228(cr):** Paco Ayala / Fotolia; **p. 229(bc):** Sauletas / Fotolia; **p. 232(br):** Monkey Business Images /Shutterstock; **p. 232(tr):**

Antonio Guillem / Shutterstock; **p. 232(bl):** Kurhan / Shutterstock; **p. 232(cr):** Konradbak / Fotolia; **p. 233(tl):** Goodluz / Shutterstock; **p. 233(tc):** Artem Furman / Shutterstock; **p. 233(tr):** Viacheslav Nikolaenko / Shutterstock; **p. 235(cr):** Julia Pivovarova / Shutterstock; **p. 237(cl):** WoGi / Fotolia;

Capítulo 7

p. 240(cr): Jiang Dao Hua / Shutterstock; **p. 241** Zurbaran Galeria / SuperStock; **p. 241(tc):** Elxeneize / Fotolia; **p. 241(bc):** Christopher Pillitz/Alamy; **p. 241(cr):** Eye Ubiquitous / Robert Harding; **p. 241(tl):** Galina Barskaya / Shutterstock; **p. 242(tl):** Demetrio Carrasco / DK Images; **p. 242(bl):** Nicoletaraftu / Fotolia; **p. 242(br):** Kseniya Ragozina / Fotolia; **p. 242(cl):** Fernando Giani / Fotolia; **p. 242(cr):** Toniflap / Fotolia; **p. 243(tl):** Marcos Brindicci / Reuters / Corbis; **p. 243(bl):** Bikeriderlondon / Shutterstock; **p. 243(cr):** Daily Mail / Rex / Alamy; **p. 244(cr):** Gal Schweizer / Getty Images; **p. 245(br):** Corbis Sports/Corbis; **p. 245(bl):** Tim Farrell / Corbis Sports / Corbis; **p. 245(bc):** Fred Thornhill / Reuters / Corbis; **p. 249(cl):** Photocreo / Fotolia; **p. 250(cl):** Maxi Failla / LatinContent / Getty Images; **p. 250(tr):** Alfredo Herms / LatinContent / Getty Images; **p. 250(br):** Richard Rad / LatinContent / Getty Images; **p. 253(bc):** Fotokostic / Shutterstock; **p. 254(cr):** Cusp / SuperStock; **p. 254(tc):** Carlos / Fotolia; **p. 254(br):** Bikeriderlondon / Shutterstock; **p. 261(tr):** Tobias Titz / Getty Images; **p. 264(bl):** Fotolia; **p. 270(br):** Morten Andersen/Corbis; **p. 272(br):** Nicolas Celaya / Xinhua /Landov; **p. 273(cl):** Fotokostic / Shutterstock; **p. 273(tr):** Fotoember / Fotolia;

Capítulo 8

p. 276(cr): Monkey Business /Fotolia; **p. 277(tc):** Chris Ronneseth / Getty Images; **p. 277(tr):** Steven Allan / Getty Images; **p. 277(bc):** Nathalie Speliers Ufermann / Shutterstock; **p. 277(tl):** Ken Welsh / Age Fotostock; **p. 277(cr):** Kinetic Imagery / Shutterstock; **p. 277(bl):** Frida Kahlo / Museo Nacional de Arte Moderno,2001 Banco de Mexico Diego Rivera & Frida Kahlo Museums Trust/Artists Rights Society (ARS), NY. Av./D.F. Reproduction authorized by the Instituto Nacional de Bellas Artes y Literatura / Christie's Images / Corbis; **p. 278(tl):** Ulga / Fotolia; **p. 278(br):** DK Images; **p. 278(bl):** Danny Lehman / Corbis; **p. 278(tr):** Horticulture / Fotolia; **p. 279(tl):** German_click / Fotolia; **p. 279(tc):** Kim Karpeles / Alamy; **p. 279(tr):** Eduardo Rivero /Shutterstock; **p. 279(bl):** Phil Clarke-Hill / Robert Harding World Imagery / Alamy; **p. 279(bc):** Fabienne Fossez / Alamy; **p. 279(br):** Jan Sochor / Alamy; **p. 280(c):** Orlando Sierra / AFP / Getty Images; **p. 281(br):** Danita Delimont / Alamy; **p. 282(bc):** Nito / Fotolia; **p. 283(tr):** Phase4Photography / Fotolia; **p. 284(cl):** Guillermo Gonzalez / Notimex / Newscom; **p. 285(cl):** Jan Sochor / Demotix / Corbis; **p. 285(tr):** Jan Sochor / Demotix / Corbis; **p. 285(br):** Jmstock / Getty Images; **p. 291(bl):** DmitriMaruta / Shutterstock; **p. 291(bc):** Juriah Mosin / Shutterstock; **p. 291(br):** Anetlanda / Shutterstock; **p. 294(bc):** Dan Bannister / DK Images; **p. 294(br):** Hector Vivas / Jam Media / LatinContent / Getty Images; **p. 295(bc):** John Mitchell / Alamy; **p. 295(br):** Sandra van der Steen / Fotlia; **p. 296(tl):** EPA / Alamy; **p. 296(tr):** Peter Kneffel / EPA / Newscom;

p. 298(tr): Memofoto / Fotolia; **p. 307(tr):** Mireille Vautier / Alamy; **p. 307(cl):** Holbox / Shutterstock; **p. 308(br):** Michaeljung / Fotolia;

Capítulo 9

p. 310(cr): Goodluz / Shutterstock; **p. 311(tc):** Kschrei / Shutterstock; **p. 311(tr):** Linda Whitwam / DK Images; **p. 311(cr):** Robert Lerich / Fotolia; **p. 311(bl):** Kim Seidl / Shutterstock; **p. 311(bc):** Stefano Paterna / Alamy; **p. 311(bl):** Arte Maya; **p. 312(cr):** Simon Dannhauer / Fotolia; **p. 312(cl):** hotshotsworldwide / Fotolia; **p. 312(bl):** Johan Ordonez / AFP / Getty Images; **p. 312(tl):** Tim Draper / DK Images; **p. 313(br):** EPA / Corbis; **p. 313(bl):** Karl Kummels / SuperStock; **p. 313(bc):** Fernando Morales / AFP / Newscom; **p. 313(tc):** Arte Maya; **p. 313(tr):** Arte Maya; **p. 313(tl):** Arte Maya; **p. 315(tl):** Science Photo Library / Alamy; **p. 315(tc):** Shutterstock; **p. 315(tr):** Kokotewan /Fotolia; **p. 315(bl):** Fotolia; **p. 315(bc):** Tsian / Shutterstock; **p. 315(br):** Wavebreakmedia / Shutterstock; **p. 316(bl):** Gabriela Trojanowska / Shutterstock; **p. 317(cr):** Andres Rodriguez / Fotolia; **p. 318(bl):** Dave Rock / Shutterstock; **p. 318(tl):** Shutterstock; **p. 320(bl):** Monkey Business / Fotolia; **p. 320(br):** Snowwhiteimages / Fotolia; **p. 321(tr):** Blickwinkel / LO / Alamy; **p. 321(cr):** Christian Kieffer / Shutterstock; **p. 321(bl):** Homer Sykes / Photonica World / Getty Images; **p. 324(tl):** Lev Kropotov / Shutterstock; **p. 325(tr):** Yuri Arcurs / Shutterstock; **p. 328(br):** Wavebreakmedia /Shutterstock; **p. 329(tr):** Corepics VOF / Shutterstock; **p. 336(cr):** Scott T. Baxter / Photodisc /Getty Images; **p. 341(bc):** Paul Kennedy / Alamy; **p. 342(br):** Daboost / Fotolia; **p. 342(bl):** Daboost / Fotolia; **p. 342(bc):** Daboost / Fotolia; **p. 343(br):** Mark Harmel / Alamy; **p. 343(tc):** A. Ramey / PhotoEdit;

Capítulo 10

p. 346(cr): Lucky Business / Shutterstock; **p. 347(bc):** Jennifer Elizabeth / Fotolia; **p. 347(tc):** iStockphoto / Getty Images; **p. 347(bl):** Steve100 / Fotolia; **p. 347(tl):** Kletr / Shutterstock; **p. 347(cr):** Andrew Linscott / Alamy; **p. 347(br):** Yumbo Indian from the neighbourhood of Quito, Ecuador, with various fruits and trees (oil on canvas), American School, (18th century) / Museo de America, Madrid, Spain / Index / The Bridgeman Art Library; **p. 348(tl):** Rechitan Sorin / Shutterstock; **p. 348(tr):** PB Pictures / Fotolia; **p. 348(bl):** Alexander / Fotolia; **p. 348(br):** Tommypic / Fotolia; **p. 349(tl):** Owen Franken / Corbis; **p. 349(tr):** Greg Roden / Rough Guides / DK Images; **p. 349(bl):** Arco Images G / Newscom; **p. 349(bc):** Imagebroker / Alamy; **p. 349(tc):** Janice Hazeldine / Alamy; **p. 353(cr):** Redav / Shutterstock; **p. 355(cr):** Santiago Cornejo / Shutterstock; **p. 356(cl):** Sven Schermer / Shutterstock; **p. 356(tc):** Margie Politzer / Lonely Planet Images / Getty Images; **p. 356(br):** Pablo Aneli / AP Images; **p. 359(tl):** Lily / Fotolia; **p. 359(tc):** Paul Brighton / Fotolia; **p. 363(tr):** Sergey Peterman / Fotolia; **p. 366(bc):** John Mitchell / Alamy; **p. 367(cr):** Skylines / Shutterstock; **p. 370(cr):** Greg Roden / Dorling Kindersely,Ltd; **p. 370(cl):** Robert Lerich / Fotolia; **p. 371(tr):** Danita Delimont / Alamy; **p. 377(tr):** Julenochek / Fotolia; **p. 377(tc):** Christian Vinces / Shutterstock; **p. 378(bl):** Pressmaster / Fotolia;

Capítulo 11

p. 380(tr): Mangostock / Fotolia; **p. 381(tl):** Alex James Bramwell / Shutterstock; **p. 381(cl):** Dibbu / Shutterstock; **p. 381(c):** Elias H. Debbas II / Shutterstock; **p. 381(cr):** Rob Huntley / Shutterstock; **p. 381(bl):** Mireille Vautier / Alamy; **p. 382(tl):** Fotolia; **p. 382(cr):** Brolsbil / Fotolia; **p. 382(cl):** Salazar / Fotolia; **p. 382(tr):** Cstyle / Fotolia; **p. 383(tl):** Andresr / Shutterstock; **p. 383(tr):** Adam Eastland / Alamy; **p. 383(bl):** Dorothy Alexander / Alamy; **p. 383(br):** Nigel Hicks / Dorling Kindersely, Ltd; **p. 384(c):** Simone Voigt / Shutterstock; **p. 390(tc):** Paul Almasy / Corbis; **p. 390(tr):** Greg Roden / DK Images; **p. 390(br):** Jorge Adorno / Reuters / Corbis; **p. 391(tr):** Rob Bayer / Shutterstock; **p. 397(tr):** Donya Nedomam / Shutterstock; **p. 398(cr):** Graham Harrison / Alamy; **p. 401(tl):** Linda Whitwam / Dorling Kindersley,Ltd; **p. 401(cl):** Galina Barskaya / Fotolia; **p. 409(br):** Angellodeco / Fotolia; **p. 410(tr):** BrazilPhotos / Alamy; **p. 411(c):** Pablocalvog / Fotolia; **p. 412(b):** Rangizzz / Fotolia;

Capítulo 12

p. 414(c): vilainecrevette / Fotolia; **p. 415(cr):** Marcus / Fotolia; **p. 415(tr):** Jim Lipschutz / Shutterstock; **p. 415(c):** RJ Lerich / Shutterstock; **p. 415(tl):** Brandon / Shutterstock; **p. 415(cl):** Jon Spaull / Dorling Kindersley, Ltd.; **p. 415(bl):** Kevin Schafer / Alamy; **p. 416(t):** Vilant / Fotolia; **p. 416(cr):** AustralianDream / Fotolia; **p. 416(cl):** Searagen / Fotolia; **p. 416(b):** Fotolia; **p. 417(tl):** Jose Luis Stephens / Alamy; **p. 417(tr):** Prisma Archivo / Alamy; **p. 417(bl):** Aleksey Stemmer / Shutterstock; **p. 419(tr):** Michaeljung / Fotolia; **p. 420(bl):** Ethan Daniels / Shutterstock; **p. 421(tr):** Getty Images; **p. 422(bl):** Alfredo Maiquez / Alamy; **p. 425(cl):** Nik Niklz / Shutterstock; **p. 425(tc):** Ariane Citron / Fotolia; **p. 425(cr):** Greg Roden / Dorling Kindersley, Ltd.; **p. 425(c):** Isaac Koval / The Agency Collection /Getty Images; **p. 425(bc):** Ty Milford / Radius Images / Getty Images; **p. 425(br):** Jordan Siemens / Digital Vision / Getty Images; **p. 425(cr):** Todd Warnock / Stockbyte / Getty Images; **p. 426(tr):** Jarno Gonzalez Zarraonandia / Shutterstock; **p. 428(cr):** Blaine Harrington III / Corbis; **p. 429(cl):** Jarno Gonzalez Zarraonandia / Shutterstock; **p. 439(br):** Stuart Pearce / Age Fotostock; **p. 440(tr):** Tony Northrup / Shutterstock; **p. 442(br):** Maisant Ludovic / Hemis / Alamy; **p. 445(br):** Csaba

Peterdi / Fotolia; **p. 446(bl):** Fuste Rag a/ Age Fotostock / Getty Images;

Capítulo 13

p. 448(cr): Bikeriderlondon / Shutterstock; **p. 449(tl):** Shutterstock; **p. 449(cl):** Katarzyna Citko / Shutterstock; **p. 449(cr):** Ildar Turumtaev / Fotolia; **p. 449(br):** Leeman / Thinkstock / Getty Images; **p. 449(tc):** Travelscape Images / Alamy; **p. 449(c):** Vario Images GmbH & Co.KG / Alamy; **p. 449(bl):** Gianni Dagli Orti / The Art Archive at Art Resource, NY; **p. 450(tl):** Julio Etchart / Alamy; **p. 450(cl):** Juan Karita / AP Images; **p. 450(tr):** Aukasz Kurbiel / Fotolia; **p. 450(c):** AdStock RF / Shutterstock; **p. 451(tr):** Ulf Andersen / Hulton Archive / Getty Images; **p. 451(tl):** Piero Pomponi / Liaison / Getty Images; **p. 451(c):** Bettmann / Corbis; **p. 451(br):** Carlos Alvarez / Getty Images Entertainment / Getty Images; **p. 452(bl):** Ppicture-Alliance / Geisler-Fotopres / Clemens Niehaus/AP Images; **p. 453(cr):** Victor Potasyev / Shutterstock; **p. 454(tl):** Francis G. Mayer / Corbis; **p. 454(cr):** The Museum of Modern Art /Licensed by SCALA / Art Resource, NY; **p. 454(bl):** Museum Associates / LACMA/ Licensed by Art Resource, NY; **p. 455(bc):** Ray Roberts / Alamy; **p. 455(t):** Mondadori / Getty Images; **p. 456 (tl):** Enrique Arnal; **p. 456(bl):** Francis G. Mayer / Corbis; **p. 456(bl):** Bridgeman-Giraudon / Art Resource, NY; **p. 456(cl):** Adam Lee / Alamy; **p. 457(tr):** Dale Mitchell / Fotolia; **p. 457(c):** Marcos Brindicci / Reuters / Corbis; **p. 457(cr):** Riccardo Cesari / Splash News / Corbis; **p. 457(br):** Sue Cunningham Photographic / Alamy; **p. 458(cr):** Salah Malkawi / Getty Images; **p. 459(cr):** Robert Harding World Imagery / Alamy; **p. 460(tl):** Brent Winebrenner / Lonely Planet Images / Getty Images; **p. 460(bl):** Benoit Paill / Flickr / Getty Images; **p. 460(tr):** Krzysztof Dydynski / Lonely Planet Images / Getty Images; **p. 462(br):** Fotomicar / Shutterstock; **p. 464(tr):** Thinkstock; **p. 466(b):** RoxyFer / Shutterstock.com; **p. 467(tr):** MJ Photography / Alamy; **p. 474(br):** Paco Torrente / AFP / Newscom;

Capítulo 14

p. 478(cr): Gianni Muratore / Alamy; **p. 479(tl):** Jeremy Horner / Corbis; **p. 479(cl):** Art Wolfe / The Image Bank / Getty Images; **p. 479(tc):** Marc C. Johnson / Shutterstock;

p. 479(c): Ene / Shutterstock; **p. 479(bc):** Travel Bug / Shutterstock; **p. 479(bl):** Stephanie Jackson / Photographsofaustralia / Alamy; **p. 480(tl):** Nataliya Hora /Shutterstock; **p. 480(c):** Michele Pautasso / Fotolia; **p. 480(tc):** Pablo Rogat /Shutterstock; **p. 480(cl):** Tero Hakala / Shutterstock; **p. 480(tr):** Tifonimages / Shutterstock; **p. 480(bc):** Travel Bug / Shutterstock; **p. 481(tl):** Rodrigo Arangua / AFP / Getty Images; **p. 481(tr):** Jorge Villegas / Age Fotostock / Alamy; **p. 481(br):** Martin Alipaz / epa / Corbis; **p. 483(tr):** Bill Bachmann / Alamy; **p. 485(tl):** Monkey Business / Fotolia; **p. 485(cr):** Db2stock/Blend Images / Corbis; **p. 487(cl):** Philippe Lissac / Godong / Corbis; **p. 487(tr):** Hans Neleman / Corbis; **p. 488(tr):** Jack Kurtz / The Image Works; **p. 493(tr):** Jorge Villegas / Xinhua / Newscom; **p. 496(tr):** Corbis; **p. 499(tr):** Carlos Carrion / Sygma / Corbis; **p. 500(tr):** Prisma Archivo / Alamy; **p. 503(br):** Diego Cervo / Fotolia; **p. 505(cr):** Moises Castillo / AP Images; **p. 506(b):** Africa Studio / Fotolia; **p. 508(b):** PhotoSG / Fotolia;

Capítulo 15

p. 510(cr): Alexander Raths / Fotolia; **p. 511(tl):** David Parker / Science Source; **p. 511(tc):** Lori Froeb / Shutterstock; **p. 511(tr):** Eddtoro / Shutterstock; **p. 511(c):** Joseph / Shutterstock; **p. 511(cr):** Richard Ellis / Alamy; **p. 511(bl):** Zulia Gotay de Anderson / Alamy; **p. 512(tl):** Hemis / Alamy; **p. 512(cl):** Tim Draper / Dorling Kindersley,Ltd; **p. 512(bc):** Thais Llorca / EPA / Newscom; **p. 512(cr):** Torkil Adsersen / EPA / Newscom; **p. 513(tl):** Liv Friis-Larsen / Shutterstock; **p. 513(tr):** Sadeugra / E+ / Getty Images; **p. 513(bl):** Ilolab / Shutterstock; **p. 513(br):** David R. Frazier Photolibrary, Inc. / Alamy; **p. 514(cr):** Interfoto / Alamy; **p. 515(br):** Jennifer Stone / Shutterstock; **p. 515(bl):** Xico Putini / Fotolia; **p. 516(bl):** Joseph / Shutterstock; **p. 517(tl):** Andrea Crisante / Alamy; **p. 517(tr):** Jack Jackson / Robert Harding; **p. 517(bl):** Ziqiu / Fotolia; **p. 517(br):** Vadym Andrushchenko / Shutterstock; **p. 518(tl):** Antonis Papantoniou / Shutterstock; **p. 518(tr):** Jim West / Alamy; **p. 519 (tr):** iLexx/Getty Images; **p. 519(bl):** Lunatic67 / Shutterstock; **p. 520(cl):** Cesar Carrion / Notimex / Newscom; **p. 520(tr):** Ted Spiegel / Nomad / Corbis; **p. 523(br):** Kirill Kedrinski / Fotolia; **p. 526(cr):** Alberto Paredes / Alamy; **p. 527(b):** WavebreakMediaMicro / Fotolia; **p. 536(c):** Ra2 Studio / Fotolia

Communicative Functions and Learning Strategies Index

actions
  describing, 144, 153, 179
  indicating to whom or for whom they may take place, 222
  organizing sequentially, 145
adjectives, using to enrich your description, 98
advice, giving, 353, 411, 446
affirmation, expressing, 426
agreement, reporting, 439
answering questions
  agreeing to answer, 44
appropriateness (or not), ways of stating, 228
asking for what you need, 16, 60
asking questions, 5, 21, 27, 55
  choosing Indicative or subjunctive for, 431
  interrupting to ask, 44
  to gather information, 60
  word order when, 492
attention, getting someone's, 44
  to an unusual fact, 121
attitudes, expressing, 398
audience
  identifying, 134
  focusing on, 344

brainstorming, 62

characteristics, expressing, 69, 76–77, 83–84, 98
chronological order, indicating, 238, 308
clarification, requesting, 16, 62
closings in correspondence, 134
comparisons
  making, 293
  making contrasts and, 164
  organizing information to make, 164
complaints
  about someone or something, 469
  from a friend or family member, 192
  to a friend or family member, 192
concern, expressing, 411
conclusions, drawing, 305
  presenting group's conclusion, 504
  supporting group's conclusion, 504
conditions, expressing changeable, 83
congratulating, 408
conjecture, expressing, 488
  expressing conjecture or certainty, 491
connecting events, 238

content
  anticipating, 165
  focusing on, 344
  predicting and guessing, 272
  selecting appropriate, 202
context, using to figure out meaning, 237, 339
conversation, maintaining the flow of, 152
convincing someone, 121
courtesy expressions, 8

daily activities, talking about, 111, 153
decisions
  defending, 375
  gathering information strategically to express, 340
  giving, 375
  influencing, 375
  supporting, 443, 473
descriptions
  adjective use to enrich, 98
details
  asking for, 268
  providing supporting, 274
  recording relevant, 374
  selecting and sequencing, 308
diminutives, 141
dislikes, expressing, 90, 226
doubt, expressing, 437
dramatic stories, techniques for, 534, 535
duration, expressing, 127, 160

e-mail writing, 134
emotional states, describing, 185
emotions, expressing, 408
  feelings that may change, 83
  in poetry, 507
empathy, showing, 305
endearment, terms of, 134, 140
enlisting the help of a friend or family member, 192
events
  describing, 230
  sequencing, 238, 308
expectations, expressing, 391

facts
  differentiating from opinions, 270
  expressing, 274
  using to offer good advice, 446
familiarity, expressing, 134
feelings, expressing, 147

food, ordering, 109
formal tone, using appropriately, 167
  judging degrees of, 6
future, talking about the, 368
  hypothesizing about, 525

gender, specifying, 50
goals, expressing, 401
good time, expressing, 355
greetings, 7, 9
  formal, 60
guessing, contextual, 237, 339

haggling, expressions for, 236
happiness, expressing, 408, 535
  sharing someone's, 305
hopes, expressing, 391
humor in stories, techniques for including, 534, 535, 538
hypothetical situations, talking about, 430, 464
  identifying the speaker's intentions, 472
  the present and the future, 525

ideas
  contrasting, 412
  discussing, 271, 359
  listening for main, 407
  putting together cohesively, 412
illustrations, using to anticipate content, 165
impersonal information, stating, 357
indirect objects, indicating, 222
inferences, making, 304, 306
informal tone, using appropriately, 167
information
  clarifying, 263
  emphasizing, 263
  focusing on key, 271
  focusing on relevant, 409
  gathering, 340
  introducing information about personality, 95
  introducing information on physical characteristics, 95
  listening for, 94
  organizing, 342
  organizing for a survey, 132
  organizing to make comparisons, 164
  presenting factual, 443

Index